举旗帜
聚民心
育新人
兴文化
展形象

习近平

广电蓝皮书

BLUE BOOK OF CHINA'S RADIO, FILM AND TELEVISION

中国广播电影电视发展报告
（2020）

ANNUAL REPORT ON DEVELOPMENT
OF CHINA'S RADIO, FILM AND TELEVISION
（2020）

国家广播电视总局发展研究中心　编著

主　编　祝燕南

副主编　杨明品（常务）　崔承浩

中国广播影视出版社

图书在版编目（CIP）数据

中国广播电影电视发展报告.2020／国家广播电视总局发展研究中心编著.— 北京：中国广播影视出版社，2020.7

ISBN 978-7-5043-8470-6

Ⅰ.①中… Ⅱ.①国… Ⅲ.①广播事业—研究报告—中国—2020②电影事业—研究报告—中国—2020③电视事业—研究报告—中国—2020 Ⅳ.①G229.2

中国版本图书馆 CIP 数据核字（2020）第 119651 号

中国广播电影电视发展报告（2020）

国家广播电视总局发展研究中心　编著

责任编辑	王　佳
封面设计	嘉信一丁
责任校对	龚　晨

出版发行	中国广播影视出版社
电　　话	010-86093580　010-86093583
社　　址	北京市西城区真武庙二条9号
邮　　编	100045
网　　址	www.crtp.com.cn
微　　博	http://weibo.com/crtp
电子信箱	crtp8@sina.com

| 经　　销 | 全国各地新华书店 |
| 印　　刷 | 河北鑫兆源印刷有限公司 |

开　　本	710毫米×1000毫米　1/16
字　　数	420（千）字
印　　张	30.5
版　　次	2020年7月第1版　2020年7月第1次印刷

| 书　　号 | ISBN 978-7-5043-8470-6 |
| 定　　价 | 118.00元 |

（版权所有　翻印必究·印装有误　负责调换）

《中国广播电影电视发展报告（2020）》编辑委员会

主　任	聂辰席
副主任	高建民　朱咏雷　孟　冬
委　员	王效杰　吴保安　戈　晨　马　黎　高长力　袁同楠
	魏党军　杨　杰　许家奇　谢东晖　余爱群　邓慧文
	毛　羽　桂本东　杨国瑞　宋起柱　黄晓兵　陶嘉庆
	杨一曼　祝燕南　冯胜勇　邹　峰　余　英　许秀中
	易　凯　刘　颖　李晓东　纪宏巍　黄　炜　赵　刚
	杨　烁　余俊生　游庆波　王　奕　王离湘　武鸿儒
	李海渊　刘英魁　姜伯彦　王雪峰　刘向阳　曲福丛
	王成胜　许云鹏　李己华　李锡文　于秀芬　王建军
	缪志红　卜　宇　张伟斌　吕建楚　陈　烨　聂庆义
	李　强　曾祥辉　杨六华　梁　勇　李昌文　吕　芃
	李宏伟　王仁海　陈正祥　郭　忠　张　严　张华立
	刘小毅　蔡伏青　张　虹　黄　宇　林光强　孔德明
	刘　旗　牟丰京　李　酌　刘成安　耿　杰　刘　冲
	李　涛　和亚宁　德吉卓嘎　张先群　王福豹　刘　兵
	彭鸿嘉　王晓岚　申红兴　周贤安　马宇桢　王杨宝
	徐贵相　姚　兰　王子彬　代立民
主　编	祝燕南
副主编	杨明品（常务）　崔承浩

目 录

总报告 ·················· 国家广播电视总局发展研究中心课题组（001）

第一章 专题研究报告

第一节 高举旗帜、勇担使命，积极作为、砥砺奋进
　　　　推动广播电视和网络视听高质量创新性发展 ········ 聂辰席（003）

第二节 正本清源 守正创新 推动网络视听高质量创新性发展
　　　　·· 高建民（016）

第三节 牢记初心使命 坚持守正创新 加快推动电视剧创作生产
　　　　高质量发展 ·· 朱咏雷（025）

第四节 深入实施"视听中国"播映工程 开创全媒体时代
　　　　广电国际传播新局面 ································· 孟　冬（033）

第二章 发展报告

第一节 广播电视政策法规 ························· 戈　晨　李　岚（043）

第二节 广播电视新闻宣传与文艺宣传 ············· 马　黎　戚　雪（055）

第三节 电视剧创作与产业发展 ····················· 高长力　董潇潇（076）

第四节　广播电视传媒管理与发展 …………… 袁同楠　李秋红（091）
第五节　视听新媒体发展与管理 ……………… 魏党军　陈　林（108）
第六节　广电媒体融合发展 …………………… 杨　杰　莫　桦（132）
第七节　广播电视科技发展与融合应用………… 许家奇　彭　锦（154）
第八节　广播电视安全传输保障与传输覆盖 …… 谢东晖　王　羽（165）
第九节　广播电视规划与发展…………………… 余爱群　张苗苗（176）
第十节　广播电视公共服务建设 ……………… 邓慧文　于秀娟（187）
第十一节　广播电视对外交流合作 …………… 毛　羽　朱新梅（199）
第十二节　广播电视和网络视听人才队伍建设 … 桂本东　黄田园（217）
第十三节　电影创作与产业发展 ………………………… 孙　晖（234）
第十四节　广播电视战线抗击新冠肺炎疫情阻击战报告
　　　　　………………………………………… 吕岩梅　戚　雪（254）

第三章　发展亮点报告

第一节　2019年中央广播电视总台创新发展亮点 …………（269）
　一、守正创新，开拓进取，奋力打造国际一流新型主流媒体
　　　…………………………………………… 中央广播电视总台（269）
第二节　2019年广电总局直属单位创新发展亮点 …………（278）
　一、2019年中国广播电视网络有限公司发展情况与2020年发展展望
　　　………………………………………………………… 宋起柱（278）
　二、坚持守正创新，全力推动卫星传输高质量发展 …… 黄晓兵（281）
　三、创新、提质、增效 用"智慧监管"赋能"智慧广电"
　　　………………………………………………………… 陶嘉庆（283）

四、完善直播卫星公共服务体系 扩大公共服务覆盖面和适用性
………………………………………………………… 杨一曼（286）

五、2019年广播电视科学研究院创新发展亮点
——不忘初心、凝心聚力、守正创新、砥砺奋进
………………………………………………………… 邹　峰（288）

六、广播电视规划院：聚焦重点促发展，服务大局谱新篇
………………………………………………………… 余　英（291）

七、守正协同 创新转型 全面助力广播电视和网络视听高质量发展
………………………………………………………… 许秀中（294）

八、牢记初心使命 坚持守正创新 进一步建好建强广播电视教育
培训主阵地 ………………………………………… 刘　颖（297）

九、聚焦广电人才核心职能，大力做好人才服务工作
………………………………………………………… 李晓东（300）

十、牢记初心使命 不断改革创新 服务广播电视行业高质量发展
………………………………………………………… 黄　炜（303）

十一、中国广播电视国际经济技术合作总公司2019年度创新
发展亮点综述 …………………………………… 赵　刚（306）

十二、服务广电总局工作部署 努力打造特色新型智库
………………………………………………………… 祝燕南（309）

第三节　2019年全国各省（区、市）广播电视管理与发展亮点　（312）

一、坚持首善标准 构筑北京广电模式 ………………… 杨　烁（312）

二、天津广电：凝心聚力 守正创新 推动广播电视与网络视听
高质量发展 ………………………………………… 游庆波（315）

三、聚集主题主线 突出主责主业 奋力开创河北广电事业产业
新局面 ……………………………………………… 王离湘（318）

四、山西广电：忠实履行职责使命 推动高质量创新发展
………………………………………………………… 李海渊（321）

五、内蒙古广电：守初心 担使命 促发展 ………… 姜伯彦（323）

六、聚焦使命任务 坚持守正创新 推动辽宁广播电视高质量发展
………………………………………………………… 刘向阳（325）

七、吉林广电：稳中求进 开拓创新 推动"五个能力"不断提升
………………………………………………………… 王成胜（328）

八、黑龙江广电：改革创新闯新路 开创发展新局面
………………………………………………………… 李己华（330）

九、上海广电：深化改革创新 打造精品力作 ……… 于秀芬（332）

十、江苏广电：开启建设广播电视强省新航程 ……… 缪志红（335）

十一、守正创新 开拓进取 浙江广播电视网络视听工作取得
新发展 ……………………………………………… 张伟斌（337）

十二、安徽广电开启创新发展新征程 ……………………… 陈 烨（340）

十三、坚持守正创新 打造"五个广电" 推动福建广播电视和
网络视听高质量发展 ……………………………… 李 强（342）

十四、聚焦主责主业 践行守正创新 推动江西广播电视高质量
创新性发展 ………………………………………… 杨六华（344）

十五、山东广电：以新作为谋划改革发展新篇章 ……… 李昌文（347）

十六、创新实施"1234转型工程" 推动河南广电高质量发展
………………………………………………………… 李宏伟（350）

十七、坚持守正创新 聚焦主责主业 湖北广电高质量发展谱新篇
………………………………………………………… 陈正祥（352）

十八、守正创新 开拓进取 谱写广电湘军新篇章 ……… 张 严（356）

十九、广东广电：乘湾区之势 献广电之力 …………… 刘小毅（359）

二十、聚焦主责主业 坚持创新发展——2019年广西广播电视工作
　　　实现新作为 ………………………………………… 张　虹（361）

二十一、强化行业管理 推进政策落地 不断提升海南自贸港
　　　　广播电视国际化水平 ……………………………… 林光强（364）

二十二、重庆广电：牢记职责使命 坚持守正创新 全力推动广播
　　　　电视高质量创新性发展 ……………………………… 刘　旗（367）

二十三、守底线 促发展 推动四川广播电视工作不断强起来
　　　　…………………………………………………………… 李　酌（370）

二十四、贵州广电：对标高质量 全力推动智慧广电创新发展
　　　　…………………………………………………………… 耿　杰（372）

二十五、努力推动云南广播电视高质量创新性跨越式发展取得
　　　　新业绩 ………………………………………………… 李　涛（374）

二十六、不忘初心 牢记使命 奋力开创西藏广播电视工作新局面
　　　　……………………………………………………… 德吉卓嘎（377）

二十七、陕西广电：以"五项工程"为抓手 全力推进广播电视
　　　　高质量发展 …………………………………………… 王福豹（380）

二十八、甘肃广电：传承丝绸之路精神 加快智慧广电建设
　　　　………………………………………………………… 彭鸿嘉（383）

二十九、高举旗帜 守正创新 推动青海广播电视工作高质量发展
　　　　………………………………………………………… 申红兴（385）

三十、聚焦主线 服务大局 宁夏广播电视工作取得新成效
　　　　………………………………………………………… 马宇桢（387）

三十一、聚焦意识形态领域安全 新疆广播电视阵地管理工作取得
　　　　新成效 ………………………………………………… 徐贵相（390）

三十二、围绕中心服务大局 新疆生产建设兵团打造公益传播工作
　　新亮点 ………………………………………… 王子彬（392）
附录一　2019 年中国广播电影电视发展大事记 ……………… 王德慧（397）
附录二　2019 年全国各省、自治区、直辖市广播电视发展基本
　　　　数据一览表 ……………………………………… 沈雅婷（412）
附录三　2019 年全国广播电视发展主要指标一览表
　　　　………………………………… 王高峰　姚宁洲　李学伟（418）
附录四　2019 年全国广播电视总收入构成情况图表
　　　　………………………………… 王高峰　姚宁洲　李学伟（422）
附录五　2019 年全国广播电视广告收入分布情况图表
　　　　………………………………… 王高峰　姚宁洲　李学伟（425）
附录六　2019 年全国公共广播电视制作、播出情况图表
　　　　………………………………… 王高峰　姚宁洲　李学伟（427）
附录七　2019 年全国广播电视人才队伍情况图表
　　　　………………………………… 王高峰　姚宁洲　李学伟（431）

CONTENTS

General Report ·················· *Development Research Center of NRTA* (001)

Chapter I   Theme Research

Section 1   Holding High the Banner, Shouldering the Mission, Contributing Positively and Overcoming the Difficulties, Promoting the High-Quality, Innovative Development of Radio and Television and Online Audio-Visual Media ·················· *Nie Chenxi* (003)

Section 2   Holding to Fundamental Rectification, Persisting in Cultural Inheritance and Innovation, Promoting the High Quality Development of Radio and Television ·················· *Gao Jianmin* (016)

Section 3   Remaining to Our Original Goal and Mission, Adhering in Cultural Inheritance and Innovation, Promoting the High Quality Development of TV DramaCreation ·················· *Zhu Yonglei* (025)

Section 4   Deepening the Implementation of Audio-Visual China Broadcasting Project, Opening the New Situation of International Communication of Radio and Television in the All Media Era ······ *Meng Dong* (033)

Chapter Ⅱ Development Report

Section 1　Radio and Television Policies and Regulations
　　　　　　·· *Ge Chen*, *Li Lan*（043）

Section 2　Radio and Television Publicity and Literary, Art Propaganda
　　　　　　··· *Ma Li*, *Qi Xue*（055）

Section 3　TV Drama Creation and Industrial Development
　　　　　　······················· *Gao Changli*, *Dong Xiaoxiao*（076）

Section 4　Development and Management of Radio and Television Media
　　　　　　····························· *Yuan Tongnan*, *Li Qiuhong*（091）

Section 5　Development and Management on the New Audio-Visual Media
　　　　　　····································· *Wei Dangjun*, *Chen Lin*（108）

Section 6　Media Convergence and Development
　　　　　　······································· *Yang Jie*, *Mo Hua*（132）

Section 7　Development and Application of Radio, Film and Television Technology ·································· *Xu Jiaqi*, *Peng Jin*（154）

Section 8　Radio and TelevisionSafety Broadcasting Protection and Transmitting Coverage ················ *Xie Donghui*, *WangYu*（165）

Section 9　Radio and Television Planning and Development
　　　　　　··································· *Yu Aiqun*, *Zhang Miaomiao*（176）

Section 10　Construction of Radio and Television Public Service
　　　　　　······································· *Deng Huiwen*, *Yu Xiujuan*（187）

Section 11　External Exchange, Communication and Cooperation of Radio, Film and Television ················ *Mao Yu*, *Zhu Xinmei*（199）

Section 12　Construction of Radio and Television's Talent Team
　　　　　　····························· *Gui Bendong*, *Huang Tianyuan*（217）

Section 13　Film Creation and Industry Development ············ *Sun Hui*（234）

Section 14　Report of Battlefront of Radio and Television in the Epidemic Prevention and Control ·················· *Lv Yanmei*, *Qi Xue*（254）

Chapter Ⅲ　Development Highlights Report

Section 1　Innovation and Development Highlights of China Media Group, 2019
　　···（269）
　　3.1.1　Persisting in Cultural Inheritance and Innovation, Making Hard and Pioneering Efforts, Striving for Building World-Class New Mainstream Media ······················ *China Media Group*（269）
Section 2　Innovation and Development Highlights of Institutions Directly under the NRTA, 2019 ································（278）
　　3.2.1　Development of China Broadcasting Network Co., Ltd. in 2019 and Development Prospect in 2020 ············· *Song Qizhu*（278）
　　3.2.2　Adhering in Cultural Inheritance and Innovation, Making Whole Efforts to Promote the High-Quality Development of Satellite Transmission ······················ *Huang Xiaobing*（281）
　　3.2.3　Innovation, Upgrading, Improving Efficiency, Intelligent Regulation Empowering Intelligent Radio and Television
　　　　·· *Tao Jiaqing*（283）
　　3.2.4　Improving the System of Public Service of DTH, Expanding the Coverage and Applicability ···················· *Yang Yiman*（286）
　　3.2.5　Innovation and Development Highlights of Academy of Broadcast Science, 2019——Keeping the Original Mind, Firming Convictions, Adhering to Cultural Inheritance and Innovation, Working Hard and Overcome Difficulties ························ *Zou Feng*（288）
　　3.2.6　Academy of Broadcasting Planning: Focusing on the Key Point to Promoting Development, Serving the Overall Interests and Innovation
　　　　·· *Yu Ying*（291）

3.2.7 Adhering to Cultural Inheritance and Coordination, Reforming and Innovating, Supporting the High Quality Development of Radio and Television ·················· *Xu Xiuzhong* (294)

3.2.8 Remaining True to Our Original Aspiration and Mission, Adhering to Cultural Inheritance and Innovation, Strengthening the Construction of Main Position forthe Education of Radio and Television Industry ·· *Liu Ying* (297)

3.2.9 Focusing on the Core Functions of Radio and Television Talents, Improving Talent Service with Whole Efforts ·· *Li Xiaodong* (300)

3.2.10 Remaining True to Our Original Aspiration and Mission, Keeping Reforming and Innovating, Serving for the High Quality Development of Radio and Television Industry ································ *Huang Wei* (303)

3.2.11 Summary of Innovation and Development Highlights of CRTV, 2019 ·· *Zhao Gang* (306)

3.2.12 Serving the Overrall Arrangement of NRTA, Creating A New Type of Think Tank with Characteristics ·············· *Zhu Yannan* (309)

Section 3 Management and Development Highlights of China Radio and Television in Each Province (Autonomous Region and Municipality), 2019 ·· (312)

3.3.1 Sticking to the Best Standard of Radio, Film and Television, Constructing Beijing Model ·················· *Yang Shuo* (312)

3.3.2 Tianjin Radio and Television: Uniting Thoughts and Efforts, Adhering to Cultural Inheritance and Innovation, Promoting the High Quality Development of Radio and Television and Audio-Visual Media ·· *You Qingbo* (315)

3.3.3　Focusing on the Main Theme, Highlighting the Main Responsibility and Mission, Working Hard to Promote New Progress of Hebei Radio andTelevision Industry ·················· *Wang Lixiang* (318)

3.3.4　Shanxi Radio and Television: Faithfully Perform Duties and Missions, Promoting HighQuality Innovation and Development
·· *Li Haiyuan* (321)

3.3.5　Inner Mongolia Radio and Television: Remain True to Our Original Aspiration, Undertaking Our Mission, Promoting Development
·· *Jiang Boyan* (323)

3.3.6　Focusing on the Mission, Adhering to Cultural Inheritance and Innovation, Promoting the HighQuality Development of Liaoning Radio and Television ·················· *Liu Xiangyang* (325)

3.3.7　Jilin Radio and Television: Making Progress While Maintaining Stability, Forging ahead in an Innovative and Enterprising Spirit, Promoting the Continuous Improvement of the "Five Abilities"
·· *Wang Chengsheng* (328)

3.3.8　Heilongjiang Radio and Television: Reforming and Innovating to Explore the New Direction, Opening the New Situation of Development
·· *Li Jihua* (330)

3.3.9　Shanghai Radio and Television: Deepening the Reform and Innovation, Producing Quality Works ··············· *Yu Xiufen* (332)

3.3.10　Jiangsu Radio and Television: Starting New Progress to Build Strong Province of Radio and Television ·········· *Miao Zhihong* (335)

3.3.11　Adhering to Cultural Inheritance and Innovation, Innovating with Enterprising Spirit, Forming New Development of Audio – Visual Media Network in Zhejiang Radio and Television
·· *Zhang Weibin* (337)

3.3.12　Starting the New Chapter of Innovative Development of Anhui Radio and Television ·················· *Chen Ye*（340）

3.3.13　Adhering to Cultural Inheritance and Innovation, Achieving the "Five Requirements of Radio and Television", Promoting the High-Quality Development of Radio and Television and Audio-Visual Media Network in Fujian ················· *Li Qiang*（342）

3.3.14　Focusing on the Main Responsibility, Adhering to Cultural Inheritance and Innovation, Promoting High Quality Innovative Development of Radio and Television in Jiangxi Province
················· *Yang Liuhua*（344）

3.3.15　Shandong Radio and Television: Using New Achievements to Plan a New Situation of Reform and Development
················· *Li Changwen*（347）

3.3.16　Innovatively Conducting The Transitioning Project of One Channel Frequency, Two Combination, Three Services and Four Companies, Promoting the High-Quality Development of Henan Radio and Television ················· *Li Hongwei*（350）

3.3.17　Adhering to Cultural Inheritance and Innovation, Focusing on the Main Responsibility and Mission, Promoting the New Situation of the High-Quality Development of Hubei Radio and Television
················· *Chen Zhengxiang*（352）

3.3.18　Adhering to Cultural Inheritance and Innovation, Innovating with Enterprising Spirit, Achieving New Development of Hunan Radio and Television ················· *Zhang Yan*（356）

3.3.19　Guangdong Radio and Television: Taking Advantage of the Potential of the Bay Area, Contributing the Efforts of radio and television
················· *Liu Xiaoyi*（359）

CONTENTS

3.3.20 Focusing on the Main Responsibility and Mission, Sticking to Innovative Development, Creating New Achievement of Guangxi Radio and Television in 2019 ·················· *Zhang Hong* (361)

3.3.21 Strengthening the Management of the Industry, Promoting the Implementation of Policies, Constantly Improving the Internationalization of Radio and Television of Hainan Free Trade Port
·················· *Lin Guangqiang* (364)

3.3.22 Chongqing Radio and Television: Sticking to Responsibility and Mission, Making Whole Efforts to Promoting the High-Quality and Innovative Development of Radio and Television
·················· *Liu Qi* (367)

3.3.23 Holding the Baseline, Promoting Development, Improving the Continuous Strengthening of Sichuan Radio and Television
·················· *Li Zhuo* (370)

3.3.24 Guizhou Radio and Television: Benchmarking the High-Quality, Making Whole Efforts to Promote the Innovative Development of Intelligent Radio and Television ·················· *Geng Jie* (372)

3.3.25 Striving to Promote New Achievements of High-Quality and Innovative Leap-Forward Development of Yunnan Radio and Television
·················· *Li Tao* (374)

3.3.26 Remaining True to Our Original Aspiration, Sticking to Our Mission, Promoting New Area of Tibet Radio and Television
·················· *Dekyi Dolkar* (377)

3.3.27 Shanxi Radio and Television: Holding to the requirements of "Five Programs", Promoting the High-Quality Development of Radio and Television ·················· *Wang Fubao* (380)

3.3.28 Gansu Radio and Television: Passing the Spirt of The Silk Road, Accelerating the Construction of Intelligent Radio and Television
·················· *Peng Hongjia* (383)

3.3.29　Holding High the Banner, Persisting in Cultural Inheritance and Innovation, Promoting the High Quality Development of Qinghai Radio and Television ……………… *Shen Hongxing*（385）

3.3.30　Focusing on the Main Theme, Serving for the Overall Work, Achieving New Development of Ningxia Radio and Television
……………………………………………… *Ma Yuzhen*（387）

3.3.31　Focusing on the Ideological Safety, Achieving New Development of the Management of Xinjiang Radio and Television
……………………………………………… *Xu Guixiang*（390）

3.3.32　Focusing on the Central Task, Serving the Overall Interests, Producing New Highlights of Public Interest Communication of Xinjiang Production and Construction Corps ………… *Wang Zibin*（392）

Appendix Ⅰ　Chronicle of China's Radio, Film and Television Development, 2019
……………………………………………… *Wang Dehui*（397）

Appendix Ⅱ　List of the Development of China's Radio and Television in Each Province, Autonomous Region and Municipality, 2019
……………………………………………… *Shen Yating*（412）

Appendix Ⅲ　List of Main Indicators for the Development of China's Radio and Television, 2019
………… *Wang Gaofeng, Yao Ningzhou, Li Xuewei*（418）

Appendix Ⅳ　Revenue Structure of China's Radio and Television, 2019
………… *Wang Gaofeng, Yao Ningzhou, Li Xuewei*（422）

Appendix Ⅴ　Advertising Revenue Share of China's Radio and Television, 2019
………… *Wang Gaofeng, Yao Ningzhou, Li Xuewei*（425）

Appendix Ⅵ　Content Production and Broadcast of China's Public Radio and Television, 2019
………… *Wang Gaofeng, Yao Ningzhou, Li Xuewei*（427）

Appendix Ⅶ　List of Human Resources of China's Radio and Television, 2019
………… *Wang Gaofeng, Yao Ningzhou, Li Xuewei*（431）

总报告

国家广播电视总局发展研究中心课题组

2019年以来，全国广电系统以习近平新时代中国特色社会主义思想为指导，全面贯彻党的十九大和十九届二中、三中、四中全会精神，深入贯彻落实习近平总书记的重要指示批示精神，增强"四个意识"，坚定"四个自信"，做到"两个维护"，紧紧围绕主题主线强化宣传创新，宣传舆论工作成绩斐然，视听节目精品比重显著提高，广电媒体融合纵深推进，全面深化改革取得重大突破，在媒体主战场的话语权主动权持续增强，在国家治理体系和治理能力现代化建设中发挥着越来越大的作用。

2020年是极不平凡和具有里程碑意义的一年。我们在以习近平同志为核心的党中央坚强领导下，充分发挥中国特色社会主义的制度优势，以强大的动员组织能力彰显中国力量、中国速度、中国效率，奋力夺取疫情防控和实现经济社会发展目标的双胜利。脱贫攻坚决战叠加疫情防控阻击战，任务更艰巨、责任更重大。境外疫情加速扩散蔓延，世界经济下行风险加剧，不稳定不确定因素明显增加。扎实做好"六稳"工作、全面落实"六保"任务，是针对当前新形势，坚持稳中求进工作总基调的重大部署。与此同时，疫情冲击为数字经济按下快进键，中国经济社会数字化转型加快。这为中国广播电视发展营造了新环境、确定了新坐标、提出了新要求，广播电视加快深化改革和迭代升级刻不容缓。总体来看，中国广播电视发展面临空前的挑战，也迎来一个大变革大发展的新契机。我们应该着眼未来，把握趋势，化危为机，把暴露出来的短板和弱项尽快补起来，把新业态新模式壮大起来，以时不我待、只争朝夕的使命感紧迫感，塑造新时代广播电视的全新形象和强大影响力竞争力。

在第一章中，刊载了中共中央宣传部副部长，国家广播电视总局党组书记、局长聂辰席同志的文章，文章以习近平新时代中国特色社会主义思想为统领，贯彻落实党的十九大、十九届二中、三中、四中全会精神，全面总结了2019年广播电视工作开拓进取取得的成效，着眼"两个大局"，深入分析了当前广播电视工作面临的新形势、新要求，明确了今后加快高质量创新性发展的思路和部署。以此为纲，2020年广电蓝皮书立足新形势，通过专题研究报告、发展报告、发展亮点报告，全面记录2019年以来广播电视改革发展进展，分析广播电视发展的新态势，提出改革创新对策思考。

一、2019年以来广播电视发展亮点分析

（一）庆祝新中国成立70周年宣传浓墨重彩，主题主线宣传创新成效明显

广播电视与网络视听同频共振，新闻宣传创新创优。全系统将庆祝新中国成立70周年作为2019年新闻宣传工作的重中之重。国家广播电视总局[①]调度资源，统一步伐，形成合力，组织全国各级广播电视机构圆满完成庆祝中华人民共和国成立70周年大会、阅兵仪式、群众游行和首都群众联欢活动的直播转播工作，扎实推进"壮丽70年·奋斗新时代""爱国情奋斗者"采访报道，策划打造了长江流域12省市《长江之恋》大型媒体行动，深入开展"新时代 新气象 新作为"主题报道，策划推出《思想的田

---

① 全书除特别标注外，国家广播电视总局简称国家广电总局或广电总局；各省（自治区、直辖市）广播电视局等广播电视行政管理部门，简称省（区、市）广电局或省（区、市）局。各省（自治区、直辖市）广播电视台（集团），简称省（区、市）台。

野》《中国正在说》等理论节目，精心组织"我们的70年"网络视听专题频道，点击量超过150亿次，开展"歌唱祖国·一首歌一座城"全媒体宣传活动，唱响了礼赞新中国、奋进新时代的昂扬旋律。

主题宣传活动声势浩大，全民爱国热情空前高涨。广电总局策划开展"我爱你中国——优秀电视剧百日展播"活动，推出了《伟大的转折》《可爱的中国》《外交风云》《在远方》等优秀剧目；组织开展"精品网络视听节目展播季""精彩短视频礼赞新中国"主题宣传月等活动，《我爱你中国·人间正道是沧桑》《我和我的祖国》等网络视听作品广受关注；全系统组织创作展播活动，开展纪录片、动画片、文艺节目、公益广告创作展播等品牌活动，推出《彩色新中国》《绿水青山》等纪录片，《大禹治水》《愚公移山》等动画片，《跨越时空的回信》《我同祖国共成长》等文艺节目，《本色》《我爱你中国》等公益广告作品，宣传一浪高过一浪，确保了主旋律响亮、正能量强劲。

（二）全力投入新冠疫情防控阻击战，营造良好舆论氛围和强大精神力量

加强宣传舆论力度和内容供给，营造强信心、暖人心、聚民心的良好氛围。面对突如其来的疫情，广电总局第一时间组织全国广播电视和网络视听战线，坚决贯彻落实以习近平同志为核心的党中央决策部署，统筹网上网下、国际国内，做好权威信息发布、舆论引导、防疫抗疫知识传播等工作。组织全国广播电视台在重点新闻节目头条位置突出报道习近平总书记关于疫情防控工作的重要指示，聚焦反映习近平总书记和党中央始终把人民群众生命安全和身体健康放在极其重要的位置。全国各省级广播电视台紧急启动突发事件新闻宣传预案，调整节目编排，推出《众志成城抗疫情》等50余档新闻直播、特别节目，真实记录防控战"疫"一线医务工作者、人民解放军指战员、志愿者等的感人事迹，在全社会激发正能量。开展广播电视公益广告创作，先后制作、精选四批共26件防疫主题公益广告作品，纳入"全国优秀公益广告作品库"，同时在广电总局官网设立疫情防

控公益广告专栏进行推荐。"村村响"应急广播工程全天滚动播出疫情防控相关政策、消息，将防控信息传遍田间地头，助力基层治理。据不完全统计，在疫情防控宣传中，全国各省区市6182个乡镇、近10.5万个行政村（社区）共使用127.2万只广播音箱、高音喇叭和音柱等农村应急广播设备，覆盖人口2亿。加大优质文化内容供给，广电总局组织捐赠《外科风云》《养生堂》《大禹治水》《医者·脊梁》等三批次近2000小时的优秀电视剧、纪录片、动画片、少儿节目播出版权，极大缓解湖北省及武汉市节目播出的燃眉之急，保障全国人民群众居家抗疫的文化需求，广播电视作为党的舆论阵地、以人民为中心的宗旨得到了全面的检验和充分的体现。

加强全媒体传播和综合服务，形成防疫抗疫宣传"环绕立体声"。广电媒体积极构建融媒体宣传矩阵，制播并聚合短视频、微纪录片、广播微剧、公益歌曲、公益广告、H5、Vlog（视频日志）、网络直播、应急广播等多种形式的防疫抗疫内容，凸显主流媒体公信力影响力和创新力。广电总局组织芒果TV、爱奇艺、优酷、腾讯视频等重点网络视频平台在首页首屏开设"战疫情"等频道专区，每天24小时滚动更新，精准推送、广泛宣传防护知识。广电总局联合国家卫生健康委（以下简称国家卫健委）在抖音、快手、微博等平台组织开办3场"新型冠状病毒感染的肺炎科普知识"直播答题。部署和指导全国有线电视网络和网络视听媒体采取多种费用减免措施，丰富特殊时期百姓家庭文化生活。指导中国广播电视网络有限公司利用全国有线电视互动平台统一推出疫情防控开机画面；全国各地广电网络充分发挥技术及平台优势，提供远程问诊、在线课堂、在线助农、电商直播、智慧社区等服务，助力疫情防控、复工复产和"停课不停学"。

发挥特色优势，助力全球共同抗疫。广电总局联合中共中央对外联络部信息传播局、国家卫健委等部门制作多语种抗疫短视频，向国际社会分享知识经验；会同福建广电局、泉州市电视台等广电机构向菲律宾捐赠优质中国电视节目以及抗疫物资。中国国际电视总公司、五岸传播、四达时代等机构利用海外全媒体发行渠道资源，通过组织开展"共同抗疫"海外联播活动、推出"疫情特别报道"等方式，制作、推广、播出抗疫主题节目，传播防疫知识，讲述中国人民疫情中的温情与大爱，积极、客观传达中国政府抗疫信心和举措经验。

（三）大力实施精品工程，精品佳作不断涌现

强化创作规划和引导扶持，"三重"题材电视剧创作成效显著。广电总局坚持以精品奉献人民、用明德引领风尚，加强电视剧创作规划引领，集中资源扶持优秀项目，加强创作生产传播的全程引导，创作扶持引导机制日益健全。2019年推出《可爱的中国》《外交风云》《破冰行动》《小欢喜》《在远方》《麦香》《陆战之王》等类型广泛、风格多样、口碑良好的电视剧，主旋律突出、现实题材为主、类型多样、题材均衡的创作格局基本形成，为人们提供了丰沛的文化滋养。紧紧围绕2020年决胜全面建成小康社会、决战脱贫攻坚和2021年中国共产党成立100周年等党和国家大事，加强重大革命、重大历史、重大现实题材创作规划，集中精兵强将打造精品力作，确定《功勋》《闽宁镇》《光荣与梦想》《大国担当》四部"三重"项目选题。疫情期间，广电总局迅速组织创作力量深入武汉一线采风，抗疫电视剧正在创作之中。

创新创优活力迸发，广电文艺创作从"高原"迈向"高峰"。广电总局召开全国广播电视创新创优工作座谈会，指导创作《长江之恋》《伊犁河》《我的青春在丝路》《粤港澳大湾区》等一批带有鲜明时代印记、彰显时代精神的纪录片精品项目，为新时代中国特色社会主义建设的伟大事业营造了良好氛围、注入了精神动力。启动中华文化广播电视传播工程，指导、扶持了《跨越时空的回信（第二季）》《神奇的汉字》《传家宝里的新中国》等优秀广播电视节目。中国经典民间故事动漫创作工程成果丰硕，扶持创作《大禹治水》《愚公移山》《八仙过海》《百鸟朝凤》等电视动画片项目，扶持《中华英才少年》《中国好故事》等网络动画片项目，社会反响良好。

（四）公共服务补短板强弱项，助力脱贫攻坚成效显著

以政策促发展，老少边贫地区广播电视公共服务建设力度加大。广电总局出台《关于加强广播电视公共服务体系建设的指导意见》（广电发〔2020〕1号），提出2025年要实现基本公共服务标准体系全面建立、全国应急广播体系基本建成、公共服务覆盖面和适用性显著提高。2019年，落实中央财政资金，支持197个深度贫困县应急广播体系建设，180座无线发射台站、53个国家贫困县级台设备升级改造，重点惠民工程扎实推进。截至2020年3月，全国直播卫星户户通用户达1.4亿户，已有高清电视频道450个、4K超高清频道2个，全国高清用户超过1亿户。少数民族地区节目供给能力全面提升，精神文化生活的获得感、幸福感显著增强。

广电扶贫多措并举，全行业动员聚力脱贫攻坚。广电总局与国务院扶贫办联合印发《关于进一步加强广播电视和网络视听精准扶贫工作的通知》（广电发〔2019〕78号），指导和协调组织广播电视和网络视听精准扶贫工作；印发《关于开展智慧广电专项扶贫行动的通知》，全国广电部门承担起行业扶贫主体责任，创新升级功能服务，助力决战决胜脱贫攻坚。各台推出扶贫节目，不断拓展扶贫方式和领域，《我们在行动》《脱贫大决战》《决不掉队》等节目创新公益传播，整合社会资源聚力脱贫攻坚取得显著成效；芒果TV、优酷、腾讯视频、快手、抖音等主要网络视听服务机构开发"短视频+扶贫""直播+扶贫"等新业态，搭建线上产销对接平台，宣推贫困地区文化旅游和特色产品，发挥了产销助农、品牌强农的巨大作用。电视文艺扶贫着力讲好脱贫攻坚故事，广电总局推出脱贫攻坚重点剧目，开启脱贫攻坚电视剧播出季，在全社会引起广泛反响。2020年年初，广电总局定点扶贫的四川德格县、山西平顺县、对口支援县青海囊谦县脱贫摘帽。决战脱贫攻坚的广电篇章越写越精彩。

（五）媒体融合进入纵深发展新阶段

推动媒体融合发展全国"一盘棋"，示范引领、创新推动作用显著。广电总局专设媒体融合发展司，主抓推动全国广电媒体融合纵深发展，强化

融合发展的行政推动，以新理念新措施引领广电媒体加快向新型主流媒体迭代升级。2019年以来，广电总局创建广播电视媒体融合发展创新中心，聚焦理论研究、模式探索、技术应用、项目孵化，强化应用示范，推动广播电视媒体融合专业化、规模化、高质量发展；首家"中国（湖北）广播电视媒体融合发展创新中心"正式创建，着力建构广电媒体融合发展的创新空间和孵化平台；首创媒体融合先导单位、典型案例和成长项目的征集和评选工作，发挥先进典型的示范作用和重点项目的带动作用；创建媒体融合发展专家库，组织研讨培训，促进互学互鉴，加快补齐"人才短板"。

积极参与和推动县级融媒体中心建设，省级平台广电模式优势凸显。广电总局印发《县级融媒体中心建设规范》《县级融媒体中心省级技术平台规范要求》两项核心标准规范，以及《县级融媒体中心网络安全规范》《县级融媒体中心运行维护规范》《县级融媒体中心监测监管规范》等三项配套标准，及时推动建设县级融媒体中心标准体系，为全国各地推进县级融媒体中心建设提供有力技术指导和标准支撑。省级广播电视台和有线网络公司积极承建省级技术平台，成为县级融媒体中心建设中坚力量，推动内容、渠道、服务和技术等方面的互联互通，省市县级媒体纵向一体化连接不断拓展，形成湖北、浙江、江苏、陕西、山东、广东等多个典型发展模式，浙江长兴、浙江安吉、江苏邳州、河南项城、湖南浏阳等为代表的县级台积极探索、深耕本地，"新闻+政务+服务+商务"的做法成效显著，标志着县级融媒体中心建设改革的成功实践。

（六）全国有线网络整合与广电5G建设一体推进取得实质性进展

中国广电获得5G牌照，技术标准与发展规划同步推进。2019年6月6日，中国广播电视网络有限公司[①]获颁基础电信业务经营许可证，标志中国广播电视事业翻开5G时代新篇章，广电总局加快从云化、IP化、融合化、智慧化四个方面推动全国有线电视网络技术改造、转型升级、业务拓展。广电5G技术标准体系通过专家论证；中国广电700MHz大宽带提案成为5G

---

① 全书除特别标注外，中国广播电视网络有限公司简称中国广电或国网公司。

国际标准,为促进我国自主创新、加速全球 700MHz 产业链成熟,加快建设广电特色 5G 网络,提供了技术和标准支撑。中国广电 5G 积极参与疫情防控阻击战,首个 5G 基站在雷神山医院安装并免费提供公共 WIFI 服务;通过广电 5G 信号直播湖北省抗疫新闻发布会、国新办在湖北的新闻发布会,实现"700MHz+4.9GHz"广电 5G 全球首次实战。湖北、北京、贵州、陕西等地广电网络公司部署广电 5G 网络进入定点医院,结合有线网络资源优势,提供"网络+内容"的综合服务。广电总局和各省(区、市)积极推进全国地面数字电视 700MHz 频率迁移,为广电 5G 发展提供良好条件。

全国一网整合与 5G 建设一体化推进按下快进键。2020 年 2 月 25 日,中共中央宣传部(以下简称中宣部)、国家广电总局等九部委联合印发《全国有线电视网络整合发展实施方案》(中宣发〔2020〕4 号),明确"全国一网"整合将行政推动、市场运作,统一部署、分类进行,统筹兼顾、积极实施,中国广电牵头组建"全国一网"股份公司,建设具有广电特色的 5G 网络,加强有线电视网络和 5G 网络的相互协同,推动一体化发展,全面实施智慧广电战略。福建、江西、甘肃等省党委政府进行专题部署,推动一网整合。截至 2020 年 4 月 15 日,全国 28 个省(区、市)和新疆生产建设兵团已成立有线电视网络整合发展领导小组办公室,推动广电 5G 发展进入快车道。

(七)"智慧广电"建设全面突破,新应用新业态落地开花

智慧广电战略纳入地方经济社会发展规划。目前,全国已有 10 余个省(区、市)制定发布智慧广电建设实施方案,贵州积极完善多彩贵州"广电云"、四川实施"高清四川智慧广电"、广西实施"壮美广西·智慧广电"工程,广东、浙江、上海等地大力实施"智慧广电+"工程,以技术创新引领广电智慧转型,积极探索"智慧广电+政务""智慧广电+生活""智慧广电+安防""智慧广电+融媒",建设和运营综合信息服务平台。智慧广电已成为宽带中国、数字经济、智慧城市、乡村振兴建设的重要内容。

加快构建"智慧广电+"生态体系。广电总局不断强化智慧广电的技术

支撑，推动人工智能、云计算、大数据、物联网、5G、VR/AR、4K/8K等新一代信息技术在广电行业的创新应用。指导设立"广播电视人工智能应用""智慧媒体制播应用""广播电视与视听新媒体智慧监管""超高清视频产品测试""5G高新视频多场景应用"5个广电总局重点实验室，谋划5G条件下广播电视和网络视听的新业务、新业态。组织编制发布了《中国广电·青岛5G高新视频实验园区规划》，为推动广电5G的内容新供给提供支撑和服务。积极推进4K超高清视频产业发展，工业和信息化部、国家广电总局、中央广播电视总台[①]发布《超高清视频产业发展行动计划（2019-2022年）》（工信部联电子〔2019〕56号），提出了我国未来三年加快超高清视频产业发展的目标任务和行动举措。截至2020年2月底，全国各级播出机构经批准高清播出的电视频道已达431个，海南、新疆、浙江、内蒙古4省（区）的省级电视频道全部实现高清化。

（八）统筹谋划事业产业，着力构建产业发展新机制

强化产业促进政策指引。广电总局印发《关于推动广播电视和网络视听产业高质量发展的意见》（广电发〔2019〕74号）、《关于推动国家广播电视和网络视听产业基地（园区）建设发展的通知》（广电发〔2019〕61号）、《关于建立广播电视和网络视听产业发展项目库的通知》（广电发〔2019〕60号）等三个政策文件，着力优化产业结构布局、整合资源、培育新型业态和消费模式，为广播电视和网络视听产业做优做强做大提供政策指引。2019年全国广播电视行业总收入8107.45亿元，同比增长16.62%，保持了良好发展态势。

加快打造产业基地。积极组织开展国家级广播电视和网络视听产业基地（园区）的申报审批工作，充分发挥产业基地（园区）示范先导和辐射带动作用。2019年，广电总局批复"中国（北京）星光视听产业基地"更名，批复中国（湖北）网络视听产业园、中国（成都）网络视听产业基地

[①] 全书除特别标注外，中央广播电视总台简称总台；中央广播电视总台中央电视台、中央人民广播电台、中国国际广播电台，分别简称总台央视、总台央广、总台国广。

和中国（成都）超高清创新应用产业基地设立。加强部省合作，广电总局与湖南省政府合作，共建中国（长沙）马栏山视频文创产业园。

（九）网络视听主阵地不断壮大，高质量发展迈上新台阶

网络视听实力与规模持续扩大，短视频与直播成为增长新引擎。2019年，中国互联网广告总收入4367亿元，其中视频类平台广告收入545亿元，同比增长43%。截至2020年3月，网络视频用户（含短视频）规模达到8.5亿，较2018年年底增长1.26亿，占网民整体的94.1%；短视频用户达7.73亿，较2018年年底增长1.25亿，占网民整体的85.6%，用户时间和注意力继续从长视频向短视频转移，刷短视频已成为重要娱乐方式。网络直播用户达5.6亿，较2018年年末增长41.1%。网络视听行业无论是规模还是社会影响力持续扩大，由高速增长阶段进入到精细化运营的高质量发展阶段。

网络视听节目承载主题主线宣传能力提升，节目形态创新加快。2019年，网络视听节目的一个显著变化是重大主题宣传能力不断增强，广电总局指导芒果TV、优酷、爱奇艺、腾讯视频四家视频网站联合出品《见证初心和使命的"十一书"》网络视听节目，节目播出后11天，全网点击量高达2.5亿次；指导制作宣传阐述党的十九届四中全会精神的系列短视频"V观中国之治"在网络空间掀起舆论与学习热潮。网络视听在创作、播出以及节目形态方面加大创新力度，视听内容形态不断迭代，互动视频、竖屏视频、Vlog受到平台追捧，成为行业重要的创新亮点。

网络视听产业进入精细化运营开发阶段。2019年，爱奇艺、腾讯视频付费会员数量双双破亿，用户红利与时长红利趋缓，各网络视听机构加强优质内容生产、提升用户服务体验，深掘用户价值，推进可持续发展。各网络视听平台更加注重开拓国内下沉市场，进军海外市场，挖掘用户增量；更加注重通过跨平台生态合作不断丰富会员权益，与电商、音频平台、终端厂商等业内外机构合作打造组合会员，提升会员价值；探索会员付费新模式，商业模式和产业链不断创新。

（十）从"走出去"到"走进去"，加快创建广电国际交流合作新局面

全力配合元首外交和主场外交，广播电视"先遣队""排头兵"作用更加显著。广电总局紧密配合国家主席习近平出访希腊、古巴，组织策划"视听中国"系列播映活动，推动《习近平治国方略》等优秀影视作品在希腊、古巴、土耳其等国主流媒体播出，积极宣传推介习近平新时代中国特色社会主义思想，展现习近平主席大国领袖形象，在营造良好外交氛围方面发挥越来越重要作用。牵头举办好亚洲文明对话大会"亚洲文明全球影响力"分论坛和"亚洲影视周"；成功举办"中国—东盟媒体交流年""第四届中国—阿拉伯国家广播电视合作论坛"，习近平总书记均发来贺信，充分肯定广播电视媒体对推动对外交流合作的重要作用。

实施"视听中国全球播映"活动，更加聚焦传播当代中国故事。隆重举办"壮丽七十年荧屏庆华诞"——"视听中国全球播映"活动，在全球50多个国家60多家主流媒体播出70余部中国优秀电视节目，声势浩大，影响深远。相比以往，这些作品更加注重记录中国经济社会发展的生动实践，记录中国人民追梦圆梦的激情与奋斗，记录中国当下正在发生的精彩故事，成为公共外交活动的新亮点。"丝绸之路影视桥工程""中国当代作品翻译工程""中非影视合作创新提升工程"稳步实施，"中国联合展台"规模继续扩大，视听内容海外传播不断提档升级。

（十一）落细落实意识形态工作责任制，阵地管理进一步强化

强化上星频道结构化管理，出实招硬招治理行业重点问题。进一步加强卫视黄金时段和重点节目类型管理，影视明星参与的娱乐游戏、真人秀、歌唱选拔等节目大幅减少，公益类节目播出数量增加，成为新热点。深入治理高价片酬、泛娱乐化、（收视率）点击率造假、宫斗剧、"老剧翻拍"、题材扎堆和注水剧等问题，严肃查处存在导向偏差和虚假宣传等严重违规问题的广告，取得明显成效。

广播电视节目收视综合评价大数据系统初步解决行业难题。基于自主技术的广播电视节目收视综合评价大数据系统于2018年12月26日开通试运行，目前已覆盖全国 31 个省（区、市），汇集 1.4 亿有线电视和 IPTV 用户收视数据，数据客观权威可靠，从根本上促进解决多年困扰广电行业的收视管理难题，数据已实现部分统计定期发布和有关数据按需发布，获得社会高度赞誉。

坚持网上网下统一标准，推动广播电视和网络视听一体化管理。出台《未成年人节目管理规定》（国家广播电视总局令第 3 号），制定《广电总局 2019-2028 年立法工作规划》（广电发〔2019〕第 89 号），行业法治体系不断完善。强化重点网络视听节目内容审核，强化重点网络影视剧、网络综艺节目和网上境外节目内容审核，严格短视频、网上谈话类节目和电商直播广告管理，围绕各种网络综艺节目类型提出具有较强实操性的标准。大力推进 IPTV 集成播控平台与传输系统规范对接，制定《IPTV 集成播控平台与传输系统规范对接方案》，推动 IPTV 健康发展，各省局出台相关政策，加快实施步伐。坚持日常监管和专项整治相结合，清理违法违规广告和网上有害节目，营造清朗视听空间。

把安全播出摆在更加突出的位置。广电总局全程指挥调度，全国各级广播电视部门分工负责、整体协同，全系统 10.5 万名干部职工坚守一线岗位，以最严要求、最高标准、最实举措确保了庆祝新中国成立 70 周年各项重大活动安全播出。

2019 年以来，广播电视和网络视听全系统全行业坚持把"旗帜鲜明讲政治"作为第一位的标准和要求，坚定不移深化全面从严治党，压紧压实管党治党主体责任、监督责任。深入开展"不忘初心、牢记使命"主题教育和增强"四力"实践教育，加强理论武装，扎实抓好学习教育、调查研究、检视问题和整改落实。持之以恒整治"四风"特别是形式主义、官僚主义。加强人才队伍建设，全国广播电视和网络视听"领军人才"工程和"青年创新人才"工程正式实施，更加注重培养适应新时代广播电视和网络视听行业高质量创新性发展所需的重点领域人才，为新时代广播电视繁荣发展提供坚实人才保障。

二、当前广播电视发展的新态势

（一）围绕"两个大局"谋划和推动广播电视创新发展

中华民族伟大复兴的战略全局、世界百年未有之大变局，是习近平总书记以大国领袖的担当对我国发展和世界发展大势作出的重大战略判断。胸怀"两个大局"，是我们谋划一切工作的基本出发点。"两个大局"融合交汇、互相促进、相互激荡。国内外风险挑战明显增多，国内经济发展下行压力加大、社会矛盾相互交织；世界经济格局、全球治理体系、国际力量对比深刻变革，中国是大变局中的重要推动因素。内部发展与外部变化叠加，带来前所未有的新的挑战与机遇。广播电视和网络视听要紧紧围绕"两个大局"，顺势而为、抓住机遇、迎接挑战、化解风险、谋划发展，进一步提升舆论引导能力，维护意识形态安全和文化安全，提高传播力、引导力、影响力、公信力和竞争力。

"十三五"规划即将收官，"十四五"规划加紧布局，我国进入实现"两个一百年"奋斗目标的历史交汇之年。全力服务决胜全面建成小康社会、决战脱贫攻坚，这是一项重要的政治任务。截至2019年年底，我国还有551万农村贫困人口，其中多数是深度贫困人口。因疫致贫、返贫风险增多，贫困人口增收压力明显加大，贫困人口脱贫难度进一步上升。广播电视和网络视听将充分发挥行业扶贫优势，全面参与到脱贫攻坚决战中来，进一步推进宣传扶贫、产业扶贫、文化扶贫、节目扶贫、电商扶贫，做到"扶贫、扶志、扶智"三位一体，讲好决战脱贫攻坚故事，书写中国人民消除绝对贫困、全面建成小康社会的伟大史诗。与此同时，推进广播电视公共服务升级，助力乡村振兴。大力推广"公益广告、节目+消费扶贫""短视频、直播+消费扶贫"等模式，加强媒体建设与贫困地区经济发展的有机融合。"十四五"规划正在编制，必须更加注重规划的导向作用，牢牢把握当前编制规划这一关键时期，找准定位、顺应变局走向，找准目标，谋划新的重大项目，实施新的重大举措，服务战略全局。

（二）巩固扩大全媒体时代舆论阵地成为广播电视紧迫任务

2019年《中国共产党宣传工作条例》出台，为推动党的宣传舆论工作实起来、强起来提供了基本遵循；党的十九届四中全会强调"完善坚持正确导向的舆论引导工作机制"，这是推动治理体系和治理能力现代化赋予的重要政治任务；习近平总书记亲自谋划、亲自指挥疫情防控宣传战役，多次发表重要讲话、作出指示批示，这些都体现了以习近平同志为核心的党中央对加强新时代新闻舆论工作的高度重视与科学把握。进入"两个大局"历史性交汇，身处信息无处不在、无所不及、无人不用的全媒体时代，国际国内舆论斗争不会停歇并且将越来越错综复杂，斗争的攻防和阵地的争夺对宣传战线是历史性大考，宣传舆论工作的极端重要性更加凸显。

"主旋律是歌曲的主体，也是歌曲的灵魂"。听到主旋律，就会想起它是哪首歌、哪支乐曲。然而，全程媒体、全息媒体、全员媒体、全效媒体加快打破原有的舆论生态、媒体格局、传播方式，新媒体、自媒体催生"广场式"大舆论场。截至2019年年底，我国有近500万个网站，近3000亿个网页，将近370万款App，互联网原住民"Z世代"崛起，年青一代主要通过新兴媒体获取信息①。有关新冠肺炎疫情的相关调查证实，新媒体尤其社交媒体已成公众获取疫情信息的主要途径。比如此次疫情暴发，网络空间过多的信息噪音导致"信息疫情"伴生，弱化权威信息的传播效力，放大负面情绪的感染效力。在舆论广场上做好舆论引导、让主渠道主平台唱响主旋律，是一项艰巨而紧迫的任务。

舆论引导能力是广播电视的基础和关键能力。广播电视必须要不断提高政治站位，紧紧围绕使命任务，加快推进本领域治理体系和治理能力的现代化，打好舆论引导"主动仗"，加大主题主线题材精品内容供给，守住意识形态阵地，做大做强主流舆论，让主旋律始终是网上网下的最强音。要全面加强各级行政部门组织能力，进一步推广网络视听节目《见证初心和使命的"十一书"》以及新冠肺炎疫情防控宣传战的组织创新经验，形成重大主题宣传"一盘棋"调动资源力量、形成突出主旋律的宣传大合唱。

---

① 中国互联网络信息中心（CNNIC），第45次《中国互联网络发展状况统计报告》，2020年4月28日。

要统筹用好各类评优推优制度和展播展映计划，为行业树立风向标，加快建立健全重点题材内容创作生产的全流程管理制度，促进治理效能转化为提高生产效率和质量水平的动能。要聚焦主题主线宣传的密度、广度、精度、深度，在把握时度效、增强有效性上下功夫，加快构建以数据为基础、用主流价值算法驱动的全新业务流程，差异化生产、精准化推送；将主题主线宣传从内容拓展并融入综合服务中，在服务群众中引导群众，让正能量更强劲、主旋律更高昂。

（三）数字经济时代倒逼广电新一轮数字化转型

新冠肺炎疫情给我国经济社会发展带来前所未有的冲击，2020年一季度主要经济指标明显下滑。文化产业的聚集性、接触式业务板块遭受空前冲击，形势严峻。据有关机构不完全统计，疫情期间仅影视剧就有大约60个剧组停拍，100个项目延迟，预计2020年电视剧产量将比2019年减少30%。广播电视台各项收入大幅下滑，仅广告收入平均跌幅就超过30%，有线网络第一季度亏损面扩大。制作机构流动资金紧张，影视行业上市公司市值大幅缩水。据媒体报道，仅一季度全国就有6600多家影视文化机构注销[1]。但是，危中有机。全球新一轮科技革命和产业变革蓬勃兴起，我国加快转变经济发展方式、提升科技创新能力取得重大进展，数字经济成为国民经济的主战场，各行各业的商业模式加快蝶变。"十三五"收官之际，全国宽带网络将基本覆盖所有行政村，全国广播电视节目综合人口覆盖率均超99%，新产业、新业态、新模式持续兴起。在此基础上，产业数字化、数字产业化加快，疫情倒逼消费数字化转型和产业数字化升级，信息消费、网络消费、平台消费、智能消费等新兴需求快速成长，数字技术、数字产业和数字服务在抗疫中发挥着重要作用，展示出更为广泛的应用前景和增长潜力，新动能逆势成长，显现出强劲的生命力。广播电视面临新一轮数字化变革。

---

[1] 腾讯视频、爱奇艺、优酷、正午阳光、华策影视、柠萌影业、慈文传媒、耀客传媒、新丽传媒，《关于开展团结一心共克时艰行业自救行动的倡议书》，2020年5月7日。

人们普遍认为，疫情过后，我们将面对一个"全新的世界"，疫情将改变所有人的生活方式、企业的生产模式。顺应网络和信息技术的演进趋势，我国部署推动新型基础设施建设，助力数字经济转型和社会发展智能化升级。目前全国各地规划的"新基建"项目投资额已达50万亿元，相当于全国全年生产总值的一半，正在形成规模空前的蓝海①。广播电视向数字化智能化转型的紧迫性凸显，疫情期间一些数字化、网络化基础好的广电机构，主动求变，快速上马"云录制""云直播""云医疗""云教育""智慧小区"等新业态，视频会议、视频监控、雪亮工程等新业态新服务展示出广阔的前景。

广电机构一方面要把握全面深化改革的阶段性特点和要求，以问题导向推动改革，在系统集成、协同高效上下功夫，从横向纵向上加快资源整合，从制度层面推进供给侧结构性改革，积极总结全行业联动协同的战"疫"经验，加快构建"空天地"网络统一格局，形成全国范围台网高度协同的强大合力，重塑系统性竞争优势。另一方面，要把发展方向进一步调到创新上来，适应全媒体时代要求，加快向新型主流媒体转型升级，推动广播电视媒体向兼具新闻发布者、信息传播者、服务提供者、关系建构者于一体的社会治理平台转变，建立行业数据平台，开发数据资源，融入数字经济进程，全力拥抱数字经济浪潮。加快打造和用好行业创新高地，实现产业运营数字化、数字资源产业化，以应用场景打通产业落地、成果转化的"最后一公里"，危中寻机、化危为机，培育新动能、构筑新优势、做大新增量，抢占创新发展制高点。

（四）事业产业协同打造广播电视高质量创新性发展新引擎

习近平总书记指出，"辩证思维能力，就是承认矛盾、分析矛盾、解决矛盾，善于抓住关键、找准重点、洞察事物发展规律的能力"，"我们的事业越是向纵深发展，就越要不断增强辩证思维能力"。坚持辩证思维，是习近平新时代中国特色社会主义思想的重要特点。善用辩证思维，有助于提

---

① 《北京经济技术开发区奔向"新基建"蓝海》，学习强国北京学习平台，2020年5月9日。

高驾驭复杂局面、处理复杂问题的本领。要辩证认识广播电视的双重任务特征。第一任务是宣传，这是党媒姓党的根本属性决定的，是必须完成的政治任务，永远不能动摇。第二任务是发展，这是文化产业的市场共性决定的，始终不能缺位。宣传是生命线、立身之本；发展是生命力、强身之道。特别是在数字经济主导社会进步发展的时代，产品与科技、内容与服务、事业与产业在新技术条件下已经融为一体，阵地建设与业务发展越来越紧密地结合在一起。我们必须全面理解和遵循"把社会效益放在首位，社会效益与经济效益相统一"的原则，在事业产业的有机统一和良性互动中实现新的更大发展，构建事业产业协同发展的新格局，任何片面的思路和对策都不适应实践要求。

在舆论导向、市场导向、效率导向、服务导向的共同作用下，要推动实现有效的市场与有为的政府协同发力，有机统一、相互补充、相互协调、相互促进，推动广播电视持续健康发展。行政部门要不断强化服务的职能与本领，高标准高水平引导和培育市场。广电播出机构要大胆推进采编和经营两分开，推行"一个党委、两个机构、一体化运行"的有效模式，合理合规引入市场机制，奖优罚劣、奖勤罚懒、优胜劣汰，全面激发内生活力，优化供给结构，提高供给质量。

"智慧广电"工程在广播电视事业产业协同推进中才能落地生根，围绕用户服务是实现智慧广电目标的最佳路径。现在，智慧广电的政策设计基本形成，智慧广电将成为底层架构，成为广播电视的基础工程和战略工程。加快这一工程落地应聚焦用户服务需求，以产业为载体，开发新应用新业态，在用户服务中获得更大动能。广电媒体要大力推广"新闻+政务+服务+商务"模式，统筹公共服务与市场运营，加快建设平台型"枢纽"，用"信任机制"充分链接各类政府资源、社会资源，实现"云、网、边、端、业"一体化，全时域、全空间、全场景提供高质量精准服务，牢牢占据舆论引导、思想引领、文化传承、服务人民的制高点。

（五）围绕建设人类命运共同体深入开展广播电视对外交流合作

构建人类命运共同体是习近平总书记站在人类历史和时代发展的高度，

统筹国内国际两个大局，高屋建瓴地提出的重大战略思想，是马克思主义世界历史理论的当代发展，是中华优秀传统文化精髓的提炼展示，是超越意识形态差异、超越零和博弈局限的协同合作。中国彰显大国担当，展开了一系列创新实践，包括"一带一路"建设、区域双边命运共同体、网络空间命运共同体，以及金砖合作机制、亚洲基础设施投资银行等新的国际组织、机制等多边合作平台建设，推动人类命运共同体理念从理论走向实践。构建人类命运共同体已经进入多项联合国决议，价值理念得到越来越多国家和地区的积极响应，我们的朋友圈越来越大，此次新冠肺炎疫情再次证明构建人类命运共同体才是人间正道。

如今，构建人类命运共同体已成为中国梦与世界梦的衔接点，成为中国特色大国外交的一面旗帜，也成为广播电视对外交流合作必须坚持的主基调。我们要积极创新话语体系、提升全媒体传播能力，主动做好人类命运共同体理念的传播和舆论引导，积极回应国际社会关切，深化人文交流与合作互动，增强民心相通、文明互鉴。要讲好中国故事，阐述好中国方案、中国理念，讲好中国构建以合作共赢为核心的新型国际关系、秉持共商共建共享的全球治理观、倡导多边主义和国际关系民主化蕴含的价值理念，凝聚广泛共识，营造有利和平发展的舆论环境，推动共建"一带一路"向高质量发展转变。

当今，广播电视和网络视听承担着更大的使命任务，但与之相应的能力建设短板犹在，面临不少难点堵点。比如，对国际国内舆论场的主动引导能力不足，对用户视听消费升级、审美能力提升的适配能力不足，内容主业优势相对弱化；广播电视行业资源整合不够彻底，路径依赖导致将传统媒体时代条块分割发展模式又迁移到移动互联网阵地，主力军的主流地位和整体竞争力受到冲击；体制机制创新速度滞后于发展实践，创新效能低于发展需求，发展动能不足，生存压力加大，亟待从顶层设计到基层创新的双向突破；更新迭代成本高、技术体系相对封闭，导致广播电视逐渐从技术的引领者变成被动跟随者，技术驱动力不足；骨干人才流失、人才梯队建设跟不上发展节奏；部分广电机构造血机制衰退，活力和能力不足，无法形成事业产业相互带动的良性循环，等等。总体来看，必须切实增强危机意识、忧患意识，进一步提高政治站位，把政治能力转化为发展能力，优化统筹谋划，加快改革发展，努力开创广播电视工作新局面。

三、当前推动广播电视发展的对策思考

应对面临的新挑战，实现更大担当作为，我们必须进一步强化广电部门是政治机关，广电工作是政治工作的思想意识，以政治建设为统领，牢记使命任务，坚守定位职责，适应疫情防控常态化，推动事业产业协同发展，以工程带项目、抓重点带整体，加快推动广电总局部署的"六大工程"落地生根、开花结果。

（一）大力实施舆论引导能力提升工程，巩固扩大全媒体时代宣传舆论主阵地

深入实施舆论引导能力提升工程，做强主题主线宣传，唱响新时代主旋律最强音，这既是对2020年广播电视工作的重大要求，是对新形势下宣传思想舆论工作的重要部署，也是广播电视应对挑战、赢得竞争的战略举措。

广播电视要以舆论引导能力提升工程为抓手，聚合更多资源，不断推动创新创优，做大正面宣传、做强主流舆论、做优宣传实效，强信心、暖人心、聚民心。统筹全国广播电视和各类网络视听机构，统筹新闻报道、专题节目、纪录片、短视频、公益广告等各类节目形态，形成强大宣传合力。一是把握新闻宣传规律，精心做好核心宣传，把做好"两个维护"和习近平新时代中国特色社会主义思想宣传报道，作为广播电视的首要职责和核心任务，做到用心用情、平实务实、精细精准、扎实有效。二是围绕主题主线做好宣传谋划，今年的主题主线宣传要聚焦脱贫攻坚和全面建成小康社会，要适应疫情防控常态化，不断总结抗疫宣传有效做法经验，健全提升舆论引导能力工作机制，在全媒体平台保持重大主题宣传力度、热

度和声势。三是将坚持正确导向与传播新手段、新技术相结合，提高新闻宣传的针对性、有效性，增强舆论引导的系统性、协同性。广播电视和网络视听机构应充分运用可视化新闻、H5、短视频等呈现方式，在语态、形式、载体上持续创新，注重通俗化、大众化，加强节奏掌控，实现宣传效果的最优化。

（二）大力实施新时代精品工程，不断提高广播电视文艺创作质量

深入学习贯彻习近平总书记关于文艺创作的指示批示，大力实施广播电视创作新时代精品工程，为国家写史、为民族铸魂、为人民立传，不断推出思想精深、艺术精湛、制作精良的优秀作品。

近年来，广播电视和网络视听在精品化道路上奋力前行、持续深耕，形成了"高原"，但"高峰"还不多。新时代精品工程就是为了构筑"高峰"，在此工程下，广电总局部署了"五个一百部""百部重点创作规划""记录新时代工程""网络视听节目精品创作传播工程""中国经典民间故事动漫创作工程"等精品创作扶持引导项目。如何推动新时代精品工程产生更大的成效？一是按照"找准选题、讲好故事、拍出精品"的要求，聚焦新时代新思想，遵循艺术规律，着力打造扛鼎之作。立足中国特色社会主义进入新时代这一历史坐标，紧紧围绕打赢脱贫攻坚战、全面建成小康社会和建党100周年等主题主线，聚焦重大现实、重大革命、重大历史题材创作生产，将史诗性的社会实践转化为史诗性的优秀作品。二是坚持以人民为中心的创作导向，书写人民的生活、工作和情感，呼应人民的关切，大力弘扬社会主义核心价值观，传播正能量。三是提高广电创作的创新创优能力，持续推进中华优秀传统文化的创造性转化和创新性发展，展现中国力量、中国精神、中国价值。四是强化统筹规划，完善组织引导机制，优化电视剧、纪录片、动画片、网络影视剧等重点选题项目库，把主题主线创作要求转化为扶持政策。

（三）大力实施智慧广电工程，加快打造数字时代新型广电媒体

"深入实施'智慧广电'建设工程，建设智慧广电媒体、网络、公共服务、产业生态，加快行业优化升级"。这是广播电视行业深入贯彻落实党中央决策部署的重要举措。深入实施智慧广电建设工程，必须准确把握"智慧广电"在推动广电行业优化升级、高质量创新性发展全局中的战略引擎作用，给媒体深度融合注入强大动能，以"智慧化引领、结构化升级"推动实现广播电视换道超车。

一是加快推进数字化迭代升级。广播电视经历了生产制作的数字化、台内的数字化、传输的数字化，但尚未完成运营的数字化和整体数字化转型升级。适应网络化、数字化、智能化进程，广电要着力加快数据资源的建构利用，建立互联互通的行业数据平台，以数据驱动业务发展，以数据优化用户服务，兑现数字经济的红利。二是全面向移动端发力，加快构建一体化发展格局。加快深度整合资源、放大一体效能，主动布局网络直播、短视频、MCN等新业态新机制，加快进军移动互联网，通过与商业化、社会化的互联网平台展开共赢合作，扩大主流价值影响力版图，打造传统媒体与新兴媒体一体协同的全媒体精准传播矩阵。三是强化政策落地效应，统筹推进"全国一网"整合和广电5G建设，推动有线电视网络从广播电视传输向综合服务提供转变，从技术导向向用户业务导向和技术创新支撑转变，从经营产品向经营用户转变，管理要从粗放分散向统分结合、集约高效转变。四是坚持问题导向、业务驱动、面向场景，用好技术创新这把"金钥匙"，按需重点研发和布局技术应用，全面强化技术引领，促进视听业务、内容、平台、网络、终端的共融互通，加快形成智慧广电新业务、新业态、新产业链。

（四）大力实施视听中国播映工程，更好服务国家外交大局作用

"深入实施'视听中国'播映工程，增强走出去实效，讲好中国故事、传播好中国声音"。这是广电总局与全行业深入贯彻落实党中央战略部署的具体举措，旨在更好地发挥广播电视和网络视听服务国家外交的独特作用。

深入实施"视听中国"播映工程，要紧紧围绕中央外交工作大局，统筹协同国内国外宣传，统筹传统媒体和新兴载体渠道，调动各方面力量共同参与、多方推进。一是精心策划"视听中国"系列公共外交品牌活动，全力服务国家重大外交活动，不断打造对外交流合作新亮点。二是通过创作引导、中外合拍、加强译配，提供人才培训交流、拓展技术服务交流等多种方式，用定制化、精准化的优秀视听作品和服务，切实增强对外交流合作实效。三是运用新媒体新平台新渠道新业态拓宽走出去的入口，有效到达用户。

（五）大力实施安全播出工程，进一步健全安全传输保障与监管系统

深入实施安全播出工程，守住底线、筑牢防线、确保万无一失。这是广播电视工作作为政治工作的具体要求。在全媒体时代，安全播出面临严峻挑战，健全安全播出机制显得更为重要。要全力确保重要保障期安全播出，加快完善行业监测监管技术系统，不断提高安全保障能力。要及时总结广播电视和网络视听在庆祝新中国成立70周年重大活动、重要时段、重点节目直播转播，以及在疫情防控阻击战中的成功经验和做法，在"幕后"为新形势下维护意识形态安全、履行职责使命，提供让党信得过、靠得住、能放心的坚实保障。

安全播出工程是筑牢广播电视和网络视听媒体安全防线，有力服务党和国家工作大局的重要举措。一是压实意识形态工作责任制，全力确保重要保障期安全播出任务。在重要宣传节点和重大突发事件中，必须确保党中央的声音准确及时传递，广播电视安全播出责任单位必须加强组织管理、指挥调度，充分发挥全国广播电视安全播出指挥调度平台和预警发布系统的重要作用。二是全面推进运行维护和监测监管体系智慧化。各级安全传输部门要不断强化新技术应用，升级各类监测网系统，着力提升广播电视运维管理的数字化、智慧化水平。三是进一步健全网络安全管理机制，护航广播电视网络安全。

（六）大力实施管理优化工程，推进广播电视治理体系与治理能力现代化

深入实施管理优化工程，完善制度、健全体系、强化执行，提高管理

效能。这是全国广播电视和网络视听行业深入贯彻落实党的十九届四中全会精神的必然要求。强调"深入实施"是在2019年实施管理优化工程基础上,各地广电行政部门要形成系统合力,加快建设服务型政府,切实将党领导宣传工作的制度优势转化为治理效能,推进广电治理体系和治理能力现代化。

深入实施管理优化工程,要将党中央和国务院决策部署,切实转化为系统完备、科学规范、运行有效的法律法规制度。一是加快完善行业法规制度体系,以法治政府建设提高管理和服务的法治化水平,以高质量立法为新时代广电行业高质量发展提供有力支撑、重要保障和服务。二是加强行业综合治理,以数字政府建设、协同治理和创新管理,提高广电管理和服务的精细化精准化水平。三是围绕建立健全管理、服务、保障三位一体的工作体系,突出政府公共服务职能、提高服务效能,以服务型政府建设提高服务基层和全行业的支持能力。

(七) 大力促进产业发展,为广播电视事业繁荣发展提供强大经济支撑

2019年8月,广电总局出台《关于推动广播电视和网络视听产业高质量发展的意见》,为广播电视和网络视听产业发展提供了基本遵循、指明了路径方向。近年来,我国广播电视和网络视听产业不断发展,在服务党和国家工作大局、促进经济发展、满足人民精神文化生活需求等方面发挥了重要作用。当前,广播电视传统产业模式越来越不适应新的环境,在疫情的巨大冲击下,建构新的产业模式迫在眉睫。

发展新型广播电视产业要深入贯彻新发展理念,着眼广电重点领域和关键环节,特别是聚焦产业发展中的痛点、难点、堵点,精准发力推动体制机制改革和技术革新,优化产品服务,创新管理水平,完善产业政策,发展产业基地,拓展产业融合,推动包括音视频市场数据在内的产业要素的市场化配置,实现自主创新驱动发展。坚持以供给侧结构性改革为主线,加大广播电视和网络视听技术创新和产业化发展,培育产业发展新业态和新的商业模式,强化自我造血功能,以良性循环带动广播电视转型升级。

要向高新技术借力,依托创新应用同广播电视的深度融合,丰富产业生态,要推动与金融、旅游、制造等相关产业的密切联动,着力打造新的广电产业发展格局。

(八) 以政治建设为统领,加强广播电视领域全面从严治党

广电总局 2020 年全面从严治党暨党的建设工作会议提出,要坚持以党的政治建设为统领,坚决把"两个维护"落实到各领域全过程;在学懂、弄通、做实上下功夫,持续深入学习宣传贯彻习近平新时代中国特色社会主义思想;强化管党治党政治担当,压紧压实全面从严治党主体责任;树立大抓基层的鲜明导向,在基层党组织建设上高标准严要求;坚持不懈落实中央八项规定精神,大力整治形式主义、官僚主义,不断巩固拓展作风建设成效;强化监督执纪问责,一体推进不敢腐、不能腐、不想腐,筑牢拒腐防变堤坝。

以政治建设为统领,就是要抓好贯彻落实,强化责任担当。落实全面从严治党主体责任列明责任清单、任务清单,把主体责任的具体内容、落实机制进一步明确下来,为推动全面从严治党向纵深发展提供了重要保障。紧紧牵住"责任制"这个"牛鼻子",把"严"的主基调长期坚持下去,层层压实主体责任,层层落实主体责任,以责任传导压力,以压力促进落实,把全面从严治党要求传递到广播电视和网络视听领域每一个党组织、每一名党员,贯彻到广播电视建设的全过程,防止"上热中温下冷",推动抓好党的建设和广电业务,确保全面从严治党责任落到实处、增强实效。

第一章

专题研究报告

第一节　高举旗帜、勇担使命，积极作为、砥砺奋进 推动广播电视和网络视听高质量创新性发展

中共中央宣传部副部长，国家广播电视总局党组书记、局长　聂辰席

2019年是新中国成立70周年，是党和国家发展进程中具有里程碑意义的一年。在以习近平同志为核心的党中央坚强领导下，全国广播电视行业深入学习宣传贯彻习近平新时代中国特色社会主义思想，增强"四个意识"，坚定"四个自信"，做到"两个维护"，各方面工作稳中求进、守正创新，呈现新亮点、取得新成绩。一年来，全行业高举旗帜、紧跟核心，深入开展习近平新时代中国特色社会主义思想大学习、大培训，坚决贯彻以习近平同志为核心的党中央各项决策部署。一年来，全行业紧紧围绕学习宣传贯彻习近平新时代中国特色社会主义思想这一主题，围绕庆祝新中国成立70周年这条工作主线，谋划在前、主动担当，主题宣传浓墨重彩，精品力作出新出彩，安全播出万无一失，向党和人民交上了广电人的圆满答卷。一年来，全行业砥砺奋进、创新发展，舆论引导能力提升、新时代精品、"智慧广电"建设、"视听中国"播映、管理优化等五大工程深入实施，党的建设全面加强，各方面工作再上新台阶。

2020年是决胜全面小康、决战脱贫攻坚之年。根据中央精神和中宣部部署，2020年广播电视工作的总要求是：坚持以习近平新时代中国特色社会主义思想为指导，深入贯彻落实党的十九大和十九届二中、三中、四中

全会精神，落实全国宣传部长会议精神，增强"四个意识"、坚定"四个自信"、做到"两个维护"，自觉承担起"举旗帜、聚民心、育新人、兴文化、展形象"的使命任务，围绕学习宣传贯彻习近平新时代中国特色社会主义思想这个首要政治任务，围绕决胜全面建成小康社会、决战脱贫攻坚，围绕落实"六稳""六保"工作部署，坚持稳中求进工作总基调，坚持新发展理念，继续正本清源、坚持守正创新，加快广播电视和网络视听高质量创新性发展，为夺取全面建成小康社会伟大胜利提供有力舆论支持、强大精神动力和良好文化条件。

一、着眼"两个大局"，深刻认识新形势新要求，始终坚持新时代广播电视工作的正确方向

习近平总书记强调，要胸怀"两个大局"，一个是中华民族伟大复兴的战略全局，一个是世界百年未有之大变局。这两个大局相互交织、相互影响，有着多方面、深层次的联动关系，是谋划和推进广播电视工作的基本出发点、着眼点，必须深刻认识、准确把握。做好新时期广播电视工作，必须以习近平新时代中国特色社会主义思想为指导，深入学习贯彻习近平总书记关于宣传思想工作的重要思想，牢牢把握正确政治方向、舆论导向、价值取向，继续正本清源、坚持守正创新。工作中，要始终牢牢把握好"五个坚持"。

一是坚持把旗帜鲜明讲政治贯穿始终。习近平总书记强调，政治问题任何时候都是根本性的大问题。全行业都要深刻认识，广播电视工作就是政治工作，广播电视部门就是政治机关，大事小情都要讲政治，必须把讲政治作为第一位的要求，把忠诚可靠作为第一位的标准。要坚持以党的政治建设为统领，树牢"四个意识"，坚定"四个自信"，做到"两个维护"，始终在政治立场、政治方向、政治原则、政治道路上同以习近平同志为核心的党中央保持高度一致，确保习近平总书记重要指示批示精神和党中央决策部署在广电行业落地落实。要严明政治纪律和政治规矩，增强政治敏

锐性和政治鉴别力，增强斗争精神，努力防范化解意识形态领域重大风险，当好意识形态领域绝对忠诚的战士卫士。

二是坚持把党的全面领导贯穿始终。习近平总书记强调，党政军民学、东西南北中，党是领导一切的。推动广播电视工作不断强起来，要坚持党管宣传、党管意识形态、党管媒体，坚持政治家办台、办网，坚持正确的政治方向、舆论导向、价值取向。要把党的领导体现落实到各环节、全过程，全面落实"全面从严治党主体责任、监督责任和意识形态工作责任"这三个责任，牢牢掌握意识形态工作领导权，始终让党的旗帜在广电行业高高飘扬。

三是坚持把以人民为中心的工作导向贯穿始终。习近平总书记指出，人民是历史的创造者。一切成就都归功于人民，一切荣耀都归属于人民。广播电视工作与人民群众联系紧密，直接接触人民，直接服务人民，人民群众的满意度直接决定了我们的工作效果。要站稳人民立场，把镜头话筒对准人民群众，以人民群众为主角，推出更多人民群众喜爱的精品。要坚持把社会效益放在首位，不断提高广播电视服务人民群众的能力和水平，不断增强人民群众的获得感、幸福感、安全感。

四是坚持把贯彻新发展理念贯穿始终。习近平总书记在中央经济工作会议上专门强调，新时代抓发展，必须坚定不移贯彻新发展理念。我们要适应新时代新要求，把握我国社会主要矛盾的深刻变化，把注意力集中到解决行业发展不平衡不充分的问题上来。要坚定不移深化改革，抓住难点、痛点，坚持创造性转化、创新性发展，努力增强原创能力，提高智慧化发展水平，培育新型业态和消费模式，不断激发创新创造活力，加快行业高质量创新性发展。

五是坚持把推进行业治理体系和治理能力现代化贯穿始终。党的十九届四中全会历史性地提出坚持马克思主义在意识形态领域指导地位的根本制度，对繁荣发展社会主义先进文化的制度作出安排部署。全行业要深入贯彻党的十九届四中全会精神，着力固根基、扬优势、补短板、强弱项，及时把行之有效的治理理念、治理方式、治理手段转化为制度机制，构建系统完备、科学规范、运行有效的制度体系。要强化制度执行，想问题、作决策、抓落实都要自觉对标制度，严格按制度办事，不断提高治理效能。

二、继续正本清源，坚持守正创新，加快广播电视高质量创新性发展

做好2020年工作，要深入实施"六大工程"，以工程带项目、抓重点带整体，创新创优出亮点、见实效。

（一）深入实施"舆论引导能力提升"工程，做强主题主线宣传，唱响新时代主旋律最强音

习近平总书记强调，要做大做强主流思想舆论，把全党全国人民士气鼓舞起来、精神振奋起来，朝着党中央确定的宏伟目标团结一心向前进。广播电视是党和人民的喉舌，全系统要牢记48字职责使命，把新闻宣传和舆论引导工作作为重中之重，努力增强传播力、引导力、影响力、公信力。

一要用心用情用功、精心精细精准，不断把学习宣传贯彻习近平新时代中国特色社会主义思想引向深入。继续深化广播电视媒体"头条"建设和视听新媒体"首页首屏首条"建设，推动习近平新时代中国特色社会主义思想更加深入人心。要用老百姓听得懂的语言、喜闻乐见的方式，特别是要瞄准年轻一代，把鲜活的思想讲鲜活，真正入脑入心。要认真总结推广《思想的田野》《这就是中国》《长江黄河如此奔腾》等节目的成功经验，进一步做亮理论节目品牌，让马克思主义中国化最新成果"飞入寻常百姓家"。

二要精心组织重大主题宣传，保持强大力度、热度和声势。营造全面建成小康社会、打赢脱贫攻坚战的浓厚氛围，是2020年工作的主线。要按照中宣部的部署，精心组织、统筹谋划"决胜全面小康、决战脱贫攻坚"重大主题宣传，全方位、多层次、立体化展现全面建成小康社会的伟大历程、伟大成就、伟大经验，展现新时代脱贫攻坚的伟大创举。要坚持一体

化统筹，网上网下同向发力、同频共振，共同营造正面宣传的强大声势。要坚持结构化编排，划分阶段、梯次推进，打总体战、出组合拳，有步骤、有重点地开展系列宣传战役，做到逻辑链接、亮点聚合、高潮迭起。

三要持之以恒加强宣传创新，提升舆论引导实效。宣传工作做得怎么样，关键看效果。要把握"时度效"要求，遵循新闻传播规律，在牢牢把握正确导向的前提下，说群众想说的话、讲群众能懂的话，改变过于程式化、公文化的报道模式，向受众提供更多专业化、个性化、人性化的菜单式报道，真正做到春风化雨、润物无声、真心召唤、真情感染。各级广播电视台可以探索运用智能机器人 AI 播报等新手段，丰富宣传报道方式。要强化全系统协调联动，坚持全国广播电视宣传工作例会机制和总局系统宣传协调例会机制，进一步完善舆情会商机制、议题设置机制、宣传调控机制，健全超前引导、过程管控、应急处置的工作体系，增强舆论引导的系统性、协同性。

（二）深入实施"新时代精品"工程，打造精品力作，为国家写史、为民族铸魂、为人民立传

习近平总书记指出，要坚持与时代同步伐、以人民为中心、以精品奉献人民、用明德引领风尚。全行业要自觉承担记录新时代、书写新时代、讴歌新时代的使命，登"高原"攀"高峰"，不断推出思想精深、艺术精湛、制作精良的优秀作品。

一要聚焦新时代新思想，在打造重大题材史诗之作上下功夫。习近平总书记强调，要书写中华民族新史诗。全行业要以推出新时代史诗之作为目标，紧紧围绕 2020 年打赢脱贫攻坚战、全面建成小康社会和 2021 年建党 100 周年，全力抓好重大现实、重大革命、重大历史题材创作生产。各级广播电视管理部门要按照"找准选题、讲好故事、拍出精品"的要求，主动出题、主动策划，完善重点选题项目库，重点项目提早介入、重点扶持，建立台账、全程指导。广电总局建立了重大题材创作统筹推进机制，并成立了重大现实题材电视剧创作生产领导小组，将采取定制方式，加强引导激励，重点跟进指导一批重大题材项目。各地、各有关单位都要把重大现实题材作为内容创作的首要任务，集中资源、集中力量抓龙头项目，每个省（区、市）至少推出一部有亮点、有影响的重大题材作品。对于优秀作品，广电总局将推荐在重点卫视和网络平台播出，让好作品进入好平台、好时段，让好作品有好收益。广电总局和地方共同发力，2020年继续推动区域协同联动，围绕"一带一路"建设、京津冀协同发展、长江经济带发展、粤港澳大湾区建设、长三角区域一体化发展、黄河流域生态保护和高质量发展、西部大开发、东北全面振兴、中部崛起等重大战略，制作推出一批区域主题的优秀广播电视和网络视听作品。

二要强化价值引领，在弘扬社会主义核心价值观、传播正能量上下功夫。党的十九届四中全会强调，把社会主义核心价值观要求体现到文化产品创作生产全过程。广播电视和网络视听必须以培育和弘扬社会主义核心价值观为己任，各类节目、各类作品的创作、审查、播出，都要全面体现社会主义核心价值观的要求，讲品位、讲格调、讲责任，坚决抵制低俗、庸俗、媚俗。要引导各类创作者树立正确的历史观、民族观、国家观、文化观，以优秀作品弘扬中华优秀传统文化、革命文化和社会主义先进文化，促进人民群众在理想信念、价值理念、道德观念上紧紧团结在一起。2019年，广电总局打造的网络微纪录片《见证初心和使命的"十一书"》受到网民热追。2020年将策划实施党史国史视听传播工程，指导推动全行业共同打造一批理想信念宣传教育的内容品牌。

三要突出创新创造，在体现中国特色、中国风格、中国气派上下功夫。创新是文艺的生命。当下中西思想文化交锋越来越激烈，我们更要鼓励支持展现中国精神、中国价值、中国力量的原创内容。当前，热衷于引进外国节目模式的风气得到了根本扭转，要继续推进创造性转化、创新性发展。要统筹广播电视和网络视听两类机构、两类平台，强化鼓励支持原创的政策措施，各类精品资金向原创倾斜，坚持从源头抓起，从剧本抓起，引导扶持原创精品创作生产。各省要充分挖掘本地资源优势，打造具有地方特色的电视剧、纪录片、动画片。要在现有节目类型基础上，进一步探索满足观众收视新需求的节目形态。全行业要瞄准"短、精、新"，制作播出一批20分钟以内的优秀短剧、短片、短视频，开启创作新风尚。

（三）深入实施"智慧广电"建设工程，建设智慧广电媒体、网络、公共服务、产业生态，加快行业优化升级

习近平总书记在致中阿广电合作论坛的贺信中强调，推动媒体融合发展，打造智慧广电媒体，发展智慧广电网络。这既是对智慧广电建设思路的肯定，也提出了更高要求。全行业必须把智慧广电建设作为战略引擎，以"智慧化引领、结构化升级"推动实现弯道超车，争取在五个方面有新突破：

一要在媒体深度融合发展上有新突破。习近平总书记强调，要建设"四全"媒体，融为一体、合而为一。我们要按照这样的方向，加强分类指导，推动媒体融合向纵深发展。广电总局进一步加强总体设计，要推动出台加快推动广电媒体融合向纵深发展的意见，推进建设广电视听融合传播基础信息管理平台，运用区块链、大数据等技术，打通广播电视和互联网传播领域之间、视听节目制作传播各环节之间的信息孤岛，建立统一的视听节目传播信息大数据体系、统一的传播效果客观评价体系、统一的从业主体信用体系、统一的视听内容版权交易体系，为融合发展提供基础支撑。采取措施，指导、支持一批地方广播电视台特别是省级台加快建设全媒体服务、智慧化传播的新型主流媒体。适应移动化、碎片化传播趋势，积极探索5G应用场景的频道节目建设。各级广播电视台都要加快流程再造，推动制作生产、传播分发、运行管理和体制机制等各环节的共融互通，催化融合质变，提高深度融合、一体化发展水平。

二要在全国有线电视网络整合和5G建设一体化发展上有新突破。全国有线电视网络整合和广电5G建设一体化发展，是以习近平同志为核心的党中央作出的重大决策部署，我们一定要从讲政治的高度，深刻认识有线电视网络整合和广电5G建设，是全广电战线的一项重要政治任务，是当前广电行业乃至宣传思想战线重要的基础设施建设工程，必须思想上高度重视、行动上坚决有力，以敢打必胜的信念打赢这场硬仗。要抓紧推进全国有线电视网络整合和广电 5G 网络建设，加快形成富有广电特色的市场应用场景。要加快推进有线无线卫星的互联互通、共建共享共用，与互联网的互联互通、可管可控，建好用好广电网络。

三要在提高公共服务质量水平上有新突破。要巩固广播电视公共服务基础建设成果，坚持点、线、面齐头并进，以智慧化应用加速提质升级。点，主要针对贫困地区，深入实施应急广播体系建设、制播能力建设等重点工程，尽快补齐短板。广电总局将积极争取应急广播体系建设财政资金补助范围从深度贫困县扩大到老少边穷地区，进一步完善国家应急广播调度控制平台。线，主要针对边疆一线特别是边疆少数民族地区，提升边疆广播电视综合服务能力。各边疆省区要抓紧研究符合实际、操作性强的举措，广电总局将会同有关部门进一步研究论证、统筹推进。面，主要针对广大基层和农村，策划实施智慧广电乡村工程，在实现户户通基础上，完善覆盖政策，调整优化惠民工程项目实施和运维，努力实现有线、无线、卫星智能协同覆盖，朝着人人通、移动通、端端通、优质通的目标努力。打通点、线、面，必须把标准化建设摆到突出的位置。要完善广播电视基本公共服务行业标准规范，细化地方实施标准，推动直接面向群众的服务机构标准化管理。广电总局将开展基本公共服务标准化建设省级、县级试点。全行业要继续坚持扶贫与扶志扶智、输血与造血相结合，突出产业扶贫、消费扶贫，打造扶贫亮点、增强扶贫实效，服务决战脱贫攻坚。

四要在构建智慧广电发展体系上有新突破。要在继续推进"专精特新"发展的同时，着力在增强规模优势和集群优势上下功夫。紧密配合京津冀协同发展、粤港澳大湾区建设、长三角区域一体化发展等国家重大战略，推动构建区域产业协作体，提高协同发展水平。近年来，全国建设了智慧广电、高新视频、网络视听、超高清应用等一批产业基地（园区），这些基地（园区）要坚守定位，突出特色优势，增强集聚辐射效应，真正形成发展高地、创新高地。

五要在以科技创新促进行业迭代升级上有新突破。科技是行业发展的重要动力源。要实施"广播电视迭代行动计划",建立"实验室+项目+规范+示范+推广"的科技创新体系,增强创新发展支撑能力。要加强对基础技术、颠覆技术的前瞻布局,形成创新策源地,掌握创新主动权。要加强技术规划,围绕人工智能、大数据、区块链、广电5G、有线无线卫星智能协同、5G高新视频等重点领域开展研究开发,推动先进技术的综合应用、集成创新,完善技术标准体系。开展新一代电视内置机顶盒、智能遥控器、智能电视操作系统等技术攻关,着力实现智能化、内置化、便捷化,吸引观众回归大屏。2020年要加快推进全国地市以上电视主频道高清播出,并积极推进5G和4K的应用。要促进创新链与价值链深度融合,加快科研成果从实验室走向实践场,打造更高格式、更新应用场景、更美视听体验的新产品新服务新业态,形成现实生产力,为高质量创新性发展提供持续动能。

(四)深入实施"视听中国"播映工程,增强走出去实效,讲好中国故事、传播好中国声音

习近平总书记强调,要积极主动做工作,让世界更好地了解中国。全行业要紧紧围绕中央外交工作大局,以实施"视听中国"播映工程为抓手,精准施策、协同推进,形成走出去的整体合力。一要精心策划"视听中国"公共外交系列播映活动,着力做优做响,打造对外交流合作新亮点。二要实施走出去内容品牌提升计划。优秀作品在对外传播方面具有独特作用。要加强走出去内容创作扶持,精心创作、精心译配一批体现习近平新时代中国特色社会主义思想、体现新时代中国理念的优秀作品。广电总局拟定了一系列"走出去"内容制作计划,鼓励支持有实力的机构积极参与。精心策划境外展播和推介活动,深入实施"丝绸之路影视桥""中国当代作品翻译""中非影视合作创新提升""亚洲影视(广电视听)交流合作计划"等走出去工程,为国有、民营等各类主体搭建平台,在国际上打响更多中国电视剧、纪录片、动画片和节目品牌。三要实施广电技术服务交流合作计划。我国广电技术服务走出去已有很好的基础，要继续以"一带一路"和周边国家为重点，加强广电技术领域国际交流合作，推动我国自主创新的4K超高清、广电5G、应急广播、媒体融合等技术、标准、设备、服务走出去，不断扩大应用和影响。

（五）深入实施"安全播出"工程，守住底线、筑牢防线，确保万无一失

安全是广播电视的生命线。广电行业点多、线长、面广，安全播出面临不少新情况，必须加强安全播出、网络安全、设施保护一体化运行管理，不断提高安全保障能力。

要全力确保重要保障期安全播出，坚持新中国成立70周年安全保障的成功经验做法，围绕重要时间节点，开展测试评估，完善应急预案，提高基层单位运行维护能力，确保安全播出不出任何问题。广电总局安全播出指挥部每季度召开安全保障工作电视电话会议，及时通报情况、部署阶段性工作。全国各级广电行政部门、广播电视台和网络视听媒体机构要进一步健全制度、机制、流程，严细深实做好安全播出管理每一项工作。

（六）深入实施"管理优化"工程，完善制度、健全体系、强化执行，提高管理效能

习近平总书记在党的十九届四中全会上强调，紧密结合实际，推进制度创新和治理能力建设。各级广电行政部门要深入贯彻党的十九届四中全会精神，坚持制度建设与制度执行并重，创新行政方式，提高管理水平。

一要完善行业法规制度体系。广电总局重点推动《广播电视管理条例》《信息网络传播视听节目管理条例》两部行政法规的制修订工作；针对新情况新要求，加快制修订电视剧内容管理等规定。各地区各部门各单位要加大制度建设力度，坚持立改废释并举，及时将行之有效的实践成果转化为制度机制，不断提高工作的法制化制度化水平。

二要加强行业综合治理。落实意识形态工作责任制，深入推进广播电视和网络视听领域一个标准、一体管理，坚持"字字千钧、秒秒政治、天

天考试"，把好关口、管好队伍、守好阵地。完善联合惩戒机制，持续整治低俗、庸俗、媚俗、追星炒星、高价片酬、违规广告等群众反映强烈的问题，针对观众反映强烈的网络视听广告问题，联合市场监管部门加强管理，做到一视同仁、公平竞争。创新管理手段，用好广播电视节目收视综合评价大数据系统，建立完善互联网电视应用信息管理、视听网站信息登记管理、网络视听节目审核备案管理等平台。各级广电行政部门必须自觉担负属地管理责任，其他各类主体也都必须承担相应的主体责任。广电总局要进一步探索完善覆盖行业各类主体的意识形态工作责任制落实体系，强化追责问责和情况通报，层层压实责任，切实做到"谁主管、谁负责""谁主办、谁负责"，守住守好意识形态阵地。

三要健全管理、服务、保障三位一体的工作体系。我们要的不是"一池污水"，也不是"一池死水"，而是"一池清水、一池活水"。要按照建设服务型政府的要求，对各类从业主体既严格规范，又引导、激励，做好全方位服务，寓管理于服务，在服务中体现管理。要深化"放管服"改革，持续优化营商环境，巩固"优化审批服务"改革和"证照分离"改革试点成果，推动"互联网+政务服务"，加强政策解读，提高办事效率和服务效能。广电总局各部门各单位要心系基层，努力为地方广电发展做好服务、提供支持。要以开展国有影视企业社会效益评价考核为抓手，引导推动各类主体履行政治责任、社会责任、文化责任。要加强对行业重大问题的研究，着手谋划"十四五"重大工程、重大项目、重大举措，为未来发展提供有力支撑。

三、坚持政治统领，着力强基固本，全面提高党的建设和队伍建设质量

习近平总书记强调，事业成败，关键在党，关键在人。我们要贯彻新时代党的建设总要求，坚持以党的政治建设为统领，全面推进党的各方面建设，把队伍建设得更加坚强有力。

一要巩固拓展"不忘初心、牢记使命"主题教育成果，推动全行业增强"两个维护"的自觉性坚定性。"不忘初心、牢记使命"，是加强党的建设的永恒课题和全体党员、干部的终身课题。全行业要在持续推进主题教育整改落实中锤炼党员干部忠诚干净担当的政治品格。要按照学懂弄通做实的要求，推进习近平新时代中国特色社会主义思想学习宣传贯彻常态化、长效化、制度化、机制化。要针对行业队伍的特点，探索有效的思想政治教育方式方法，引导推动从业者筑牢信仰之基、补足精神之钙、把稳思想之舵。

二要深化全面从严治党，以党风带政风促行风。坚持从党的基层组织抓起、严起，开展"政治功能强、支部班子强、党员队伍强、作用发挥强"的"四强"党支部创建活动，使每名党员都成为一面鲜红的旗帜，每个党支部都成为坚强战斗堡垒。要压紧压实"全面从严治党主体责任、监督责任和意识形态工作责任"这三个责任，不断提高党建工作质量。广电总局各部门各单位要深入落实总局党组关于加强和改进总局系统党的建设的意见，继续深化实施"年初定责、年中督责、年底述责"机制。要传承红色基因，弘扬广电精神，继承优良传统，营造干事创业浓厚氛围。要力戒形式主义、官僚主义，塑造良好行风。要进一步做好群团和统战工作，做好离退休干部工作，团结凝聚奋进力量。

三要创新人才工作机制，建设高素质专业化的工作队伍。深入实施行业"领军人才"和"青年创新人才"两个工程，围绕广电5G、智慧广电、媒体融合等重点领域遴选人才，推动各类人才成长。要加强重要领域、关键岗位队伍建设管理，严格执行广播电视编辑记者、播音员主持人职业资格制度，加快推进网络视听行业职业资格管理工作。要深化"四力"教育实践工作，加强全员教育培训，提高队伍综合素质和业务能力。支持各地各单位探索报酬、成就、机会三位一体的激励机制，努力把各方面的优秀人才凝聚起来，为想干事、能干事、干成事的人提供舞台，确保我们的事业持续繁荣发展。

今年，突如其来的新冠肺炎疫情对经济社会发展造成较大冲击。面对大局、大事、大考，全国广电行业坚决贯彻以习近平同志为核心的党中央决策部署，迎难而上、迅速行动，扎实做好疫情防控宣传和舆论引导，积极组织优秀作品播出版权捐赠，在湖北、在全国开展公益展播活动，组织直播卫星和有线电视网络开通"空中课堂"在线教育，推进广电5G实战应用、各地利用应急广播"大喇叭"开展基层疫情防控，等等，为全国疫情防控作出了积极贡献。在疫情防控常态化的前提下，全行业要紧紧围绕党中央关于统筹疫情防控和经济社会发展、做好"六稳"工作、落实"六保"任务等重大决策部署，坚定信心、融入对接、担当作为，加强统筹谋划，创新工作思路，完善政策措施，努力挖掘行业潜能，变压力为动力、善于化危为机，促进行业持续健康发展，为经济社会发展培育新增长点、新动能。广电行业各级党组织、广大党员干部要充分发挥战斗堡垒作用和先锋模范作用，让党旗在斗争第一线高高飘扬，在大战大考中践行初心使命、交出合格答卷，确保全年目标任务顺利完成。

让我们高举习近平新时代中国特色社会主义思想伟大旗帜，紧密团结在以习近平同志为核心的党中央周围，不忘初心、牢记使命，全力以赴做好广播电视工作，为决胜全面小康、决战脱贫攻坚，为实现"两个一百年"奋斗目标、实现中华民族伟大复兴的中国梦作出新的更大贡献！

（本文系作者在2020年全国广播电视工作会议上的讲话摘编，并补充了部分新材料）

第二节　正本清源　守正创新
推动网络视听高质量创新性发展

国家广播电视总局党组成员、副局长　高建民

2019年以来，网络视听行业深入学习贯彻习近平新时代中国特色社会主义思想，增强"四个意识"，坚定"四个自信"，做到"两个维护"，牢牢把握正确的政治方向、舆论导向、价值取向，强化政治责任、文化责任和社会责任，把统一思想、凝聚力量贯穿网络视听宣传、创作、传播、管理各方面各环节，呈现出积极健康蓬勃发展的良好局面。目前，网络视听行业进入新的发展阶段，业态不断创新，技术加速迭代，格局正在重塑，全行业面临新的挑战。我们要进一步正本清源，守正创新，持续推动网络视听高质量创新性发展，汇聚起实现"两个一百年"奋斗目标的强大精神力量。

一、深刻认识网络视听发展的形势与使命

经过多年的快速发展，网络视听已成为文化事业产业重要组成部分，其创新业态、优质内容和场景产品，有力拓宽主旋律与正能量内容的传播空间，成为满足人民群众精神文化需求的主渠道、建设社会主义核心价值观的主阵地、推动视听产业发展的主力军，展示出独特魅力，呈现出勃勃生机，成为宣传思想文化建设的中坚力量。党和国家高度重视网络视听发

展，人民群众对网络视听提出新期待，新一代信息技术革命正在重塑媒体生态格局。站在两个大局的历史交汇点上，我国网络视听面临新形势与新使命。

一是网络视听的影响力越来越大，社会责任也越来越大。截至2020年3月，我国网络视频（含短视频）用户规模达8.5亿，较2018年年底增长1.26亿，占网民整体的94.1%[1]。数据显示，主要网络视频平台的35岁以下用户的占比超过70%[2]，网络视听成为人们特别是年轻人的精神家园。2019年，网络视频平台广告收入同比增长43%，成为第三大互联网广告投放平台[3]，爱奇艺和腾讯视频的付费会员规模均突破1亿，付费会员收入在总收入中的占比逐年攀升，网络视听已发展为传媒产业创新发展的主要支撑。网络视听的发展将对宣传思想阵地建设、人民群众精神文化生活和国民经济发展产生越来越大的影响，承担着越来越大的社会责任。

二是新技术加速万物融合互联，网络视听应用场景将不断突破。新一代信息技术革命和产业变革快速演进，预计到2023年，5G将会支持全球10%以上的移动连接[4]；2024年全球5G用户将近12亿，中国5G用户将超过7亿[5]。当前，包含5G在内的"新基建"，正进一步壮大数字化发展引擎，不仅将为网络视听带来视听体验的升级，更全方位影响全行业的生产方式、供给方式和商业模式等。在新冠肺炎疫情防控阻击战中，网络视听加快新技术、新场景应用，这些举措对疫情防控、复工复产和社会和谐稳定都发挥了巨大作用，也是对突发重大事件中网络视听行业履职尽责，探索新应用新业态新服务的一次大考。网络视听要继续走在探索艺术与技术有机结合的创新前沿，成为技术创新与应用的主战场。

**三是网络视听国内外相互影响不断加深，要在开放竞合中不断壮大中

---

[1] 中国互联网络信息中心（CNNIC），第45次《中国互联网络发展状况统计报告》，2020年4月。
[2] QuestMobile，《中国移动互联网2019半年大报告》，2019年7月。
[3] 央视网，《2019中国互联网广告发展报告》，2020年1月。
[4] 广播与电视技术，《〔国际〕5G将支持全球10%的移动连接》，2020年2月。
[5] 中国信息通信研究院，《中国信通院发布信息通信业（ICT）十大趋势》，2019年12月。

国网络视听产业实力。网络视听跨国界、跨时空、跨文化,已成为不同国家人民丰富精神文化生活的共同选择。未来网络视听产业的国际市场规模将不断扩大,成为国际传播的主阵地和国际舆论斗争的主战场。2019年全球手机视频用户达21.6亿人,预计到2023年将增至27.2亿[①]。全球各大网络平台也不断开始加快布局,奈飞（Netflix）、亚马逊（Amazon）等网络视听平台继续深化全球化战略,苹果（Apple）、迪士尼（Disney）、家庭影院电视网（HBO）等公司也分别推出新的流媒体服务Apple TV+、Disney+、HBO Max,业态创新加快,市场竞争加剧。中国网络视听平台要充分把握机遇、应对挑战,积极参与国际传播市场竞争,创新优化传播战略,成为走出去的主力军。

四是各类问题交织向网上传导加剧治理复杂性,对行业治理能力提出更高要求。网络视听行业高速发展的同时,也出现了一系列治理难题。传统信息传播平台中存在的虚假信息、违反公序良俗、侵犯隐私等问题,在网络平台上被进一步放大。随着新技术新应用的加速落地,必将引发新的风险和监管不确定性,网络空间治理需要更高效、更聚焦、更贴近行业发展实践和社会管理需求,这也将成为全球各国政府面临的共同难题。亟须建立健全适应新型数字经济发展规律与趋势的网络视听治理体系,解决行业发展的重点难点问题,为网络视听高质量发展提供坚强保障和强大动力。

二、深入学习贯彻习近平新时代中国特色社会主义思想,坚持网络视听正确的发展方向

习近平新时代中国特色社会主义思想是全党全国人民为实现中华民族伟大复兴而奋斗的行动指南。我们要以习近平新时代中国特色社会主义思想为指导,贯彻落实党的十九届四中全会精神,站在新的时代坐标,把思想统一到全会精神上来,把行动落实到全会的重大决策部署上来,在推动网络视听发展上,切实做到"五个始终坚持"。

---

① eMarketer,《eMarketer：2023年全球手机视频观众将超过27.2亿人》,2019年10月。

一是始终坚持马克思主义在意识形态领域指导地位的根本制度。网络视听工作是党的意识形态工作的重要组成部分，是重要的宣传思想阵地，必须把确保意识形态安全作为底线红线。网络视听行业要深刻把握马克思主义这一根本理论的重大意义和实践要求，增强政治自觉和思想自觉，持续巩固和拓展网上理论传播阵地，使党的创新理论得以全方位、立体化、多层次传播，切实把这一根本制度体现到坚持正确的政治方向、舆论导向、价值取向上，落实到意识形态工作责任制工作理念、思路、举措上，为新时代坚持和发展中国特色社会主义、实现中华民族伟大复兴的中国梦提供坚强思想保证和强大精神动力。

二是始终坚持以人民为中心的工作导向。习近平总书记指出，"人民对美好生活的向往，就是我们的奋斗目标"。网络视听发展必须始终把人民放在心中最高的位置，把全心全意为人民服务作为根本宗旨。围绕增强人民群众的幸福感、获得感、安全感，充分发挥网络视听的独特优势，不断完善服务产品和体系，提高服务能力；围绕提供更多更好的精神产品，扎根人民、深入生活，用心用情用功抒写人民、歌唱人民，表达人民心声；围绕网络视听的繁荣发展，大胆探索，锐意进取，把创新精神贯穿网络文艺创作生产全过程。

三是始终坚持围绕中心、服务大局。党中央对决胜全面建成小康社会、决战脱贫攻坚作出了重大部署。落实这一重大部署，是网络视听行业的中心任务。网络视听是宣传党和政府各项扶贫方针政策的重要载体，是推动全社会参与扶贫的重要力量，是扶志扶智、激发贫困群众脱贫内生动力的重要手段，也是推动文化扶贫、产业扶贫和消费扶贫的重要途径，在脱贫攻坚中肩负着重要使命、发挥着重要作用。网络视听行业要切实把脱贫攻坚作为重大政治任务，紧紧围绕脱贫攻坚的重点难点，坚持扶贫与扶志结合，坚持行业优势与扶贫实践结合，为决战脱贫攻坚、决胜全面建成小康社会作出新贡献。

四是始终坚持高质量创新性发展。习近平总书记指出，我国经济由高速增长转向高质量发展，这是必须迈过的坎，每个产业、每个企业都要朝着这个方向坚定往前走。网络视听要在强化行业担当、体现行业价值上下功夫，把社会效益放在首位，实现社会效益和经济效益相统一；要把提高发展质量放在更加突出的位置，克服低水平发展、粗放式发展，不断提升供给侧对需求侧的满足能力；要大力推进网络视听与其他行业的融合发展，拓展发展边界，为国民经济发展注入强劲活力；要坚持创新驱动发展，着眼重点领域和关键环节，推动体制和机制改革、科技和管理创新、产品和服务创新，充分运用大数据、人工智能、区块链等新一代信息技术，以新技术应用激发新动能，积极培育新型文化业态和文化消费模式，促进网络视听转型升级。

五是始终坚持推动网络综合治理体系和治理能力现代化。党的十九届四中全会指出，建立健全网络综合治理体系，加强和创新互联网内容建设，落实互联网企业信息管理主体责任，全面提高网络治理能力，营造清朗的网络空间。网络视听系统要积极运用信息技术革命成果，升级管理的技术手段，催生从管理理念到方式、从运行机制到组织方式的系统性全方位升级，加强行业综合治理，提高网络视听管理和服务的精细化水平，持续推动网络视听行政管理更加系统化、科学化、精准化。

三、正本清源，守正创新，推动网络视听高质量创新性发展

做好网络视听工作，要以习近平新时代中国特色社会主义思想为指导，紧紧围绕举旗帜、聚民心、育新人、兴文化、展形象的使命任务，明方向、正导向，转作风、树新风，出精品、育人才，在正本清源上展现新担当，在守正创新上实现新作为，推动网络视听高质量创新性发展。

（一）坚持正确舆论导向，做大做强主流舆论阵地

习近平总书记指出，党的新闻舆论工作是党的一项重要工作，是治国理政、定国安邦的大事。我们要从全局性、根本性、战略性上认识舆论引导能力提升这一重大问题，坚持党管媒体原则，坚持团结稳定鼓劲、正面

宣传为主，充分发挥网络视听主阵地作用，把切实提升舆论引导能力作为网络视听最重要的使命、最紧要的任务和所有工作的前提基础，围绕中心、服务大局，提高网络视听媒体的传播力、引导力、影响力、公信力。

网络视听行业要紧紧围绕学习宣传贯彻习近平新时代中国特色社会主义思想，聚焦核心宣传，深化"首页首屏首条"建设，推动习近平新时代中国特色社会主义思想入脑入心、落地生根；聚焦主题主线，围绕"打赢脱贫攻坚战、全面建成小康社会"的鲜活实践，营造上下一心、共建小康的浓厚氛围；聚焦宣传新思想、新战略、新部署，巩固壮大主流思想舆论，保持重大主题宣传强大力度、热度和声势；聚焦宣传创新，以理念创新、手段创新为抓手，不断提升舆论引导实效，让主旋律和正能量主导网络视听空间，唱响新时代最强音，凝聚全党全国奋进力量。

（二）推动网络视听节目创新创优，着力打造新时代精品力作

习近平总书记强调，推动文艺繁荣发展，最根本的是要创作生产出无愧于我们这个伟大民族、伟大时代的优秀作品。没有精品内容，是不能真正深入人民精神世界的，是不能触及人的灵魂、引起人民思想共鸣的。在新的历史交汇期，网络视听精品创作的地位更加重要、任务更为艰巨。我们应清醒地认识到，我国文化供给的主要矛盾已经不是缺不缺、够不够的问题，而是好不好、精不精的问题，网络视听仍需在精品创作上勇攀高峰、奋力前行，推出更多记录新时代、书写新时代、讴歌新时代的精品内容。

把牢政治方向，强化价值引领。 2020年是决胜全面建成小康社会、决战脱贫攻坚和"十三五"规划收官之年，也是推动网络视听高质量创新性发展的关键之年，党中央对夺取疫情防控阻击战和实现经济社会发展目标任务双胜利作出了决策部署。网络视听行业要紧紧围绕这一主题主线，聚焦新时代新思想，强化统筹规划，立足中国特色社会主义进入新时代的历史坐标，围绕"打赢脱贫攻坚战、全面建成小康社会"的鲜活实践，以重大现实、重大革命、重大历史题材创作生产为中心，营造上下一心、共建小康的浓厚氛围，提振精神，鼓舞人心，凝心聚力。

强化使命担当，勇于创新创造。无论网络视听作品形态、传播渠道、呈现方式如何改变，但为人民服务的宗旨不能变，作品的底色内涵不能变，媒体的责任担当不能变，质量把关的标准要求不能变。我们希望看到更多的创新性作品，以新颖的视角、创新的手法，精彩展示当代中国人的精神风采，留下普通人追求中国梦、追求幸福生活的鲜活时代影像。我们希望看到更多的创造性转化，用视听语言、现代方式、先进技术展现传统文化韵味，让优秀传统文化搭载新兴媒体焕发新生、广为传承。我们希望广大网络视听工作者更加适应网络特色、贴近时代需求，通过更多高品位高质量的作品，满足人民群众视听文化需要。

(三) 深入贯彻新发展理念，持续推进自主创新驱动发展

习近平总书记强调，要推动文化产业高质量发展，健全现代文化产业体系和市场体系，推动各类文化市场主体发展壮大，培育新型文化业态和文化消费模式，以高质量文化供给增强人们的文化获得感、幸福感。网络视听是文化产业创新创造最活跃的领域之一，必须秉持网络时代的创新基因，在践行新发展理念上先行一步，为行业优化升级和高质量发展打造新引擎。

强化技术创新应用，提升服务能力。网络视听行业应顺应和推动数字化智能化发展大势，善于及时充分运用人工智能、大数据、5G等新技术，打造互动式视频、沉浸式视频、VR视频、云服务等高清新视频新业态，适应经济社会发展中更多应用场景的变化和需求。要高度重视研发自主创新的关键技术、重要标准，加快推动包括内容制作、分发传输、计算存储、开发等环节的全产业全流程数字化智能化转型升级，推动科研成果转化，形成现实生产力，加速产业优化升级、走向成熟，全面提高精准生产、精准传播、精准服务能力。

大力优化产业布局，增强发展活力。网络视听要在保持特色优势的基础上，探索跨行业融合、跨平台资源整合，形成以视听业务为主体、兼具媒体特色和综合信息服务的新型事业产业体系。要加入数字经济大循环，

实现与相关产业的跨界融合，大力开拓在线电商、在线政务、在线教育、在线医养健康、在线会议、在线文博、在线演出、在线游戏、在线旅游、社会治理等领域服务模式和市场空间。要加大指导、扶持和培育力度，大力推动产业要素聚集，加快网络视听产业园区建设，加强示范引领和辐射带动，加强协同创新和优势互补，形成特色鲜明、资源集约的可持续发展。

扩大对外贸易和文化交流，深化强化走出去实效。 近年来，广电总局以"走出去"工程项目为抓手，依托高访平台开展"视听中国"系列播映活动，积极推动网络视听国际交流，统筹协调各方资源力量，形成统分结合、资源共享、优势互补的工作格局。网络视听行业要持续推动内容出海、文化交流，升级"走出去"内容质量，支持技术出海、平台出海，增强"走出去"实效，讲好中国故事、传播好中国声音。

（四）强化行业综合治理体系，全面提高管理效能

习近平总书记关于提高用网治网水平的一系列重要论述是网络视听综合治理的根本遵循。要进一步强化落实意识形态工作责任制，着眼信息技术发展需要，坚持网上网下一个标准，提前谋篇布局，加快创新管理手段，健全导向管理考核评价机制，加强对网络视听从业机构的引导、服务和管理，在强化行业担当、体现行业价值上下功夫，努力营造鼓励创新创优、出人才、出精品的浓厚氛围。

网络视听节目服务机构要自觉贯彻党的路线方针政策，依法办网、依规开展业务，落实主办主体责任，坚持主流价值观引领，在大是大非问题上坚持立场，倡导讲品位、讲格调、讲责任，抵制低俗、庸俗、媚俗，将责任意识和把关标准贯穿网络视听节目创作、生产、传播全过程，用优质平台凝聚行业创作之智、激发行业创新之力，自觉做正能量主流价值内容的制作者、传播者，在网络意识形态阵地建设中承担起主力军重任。

中国网络视听节目服务协会要充分发挥桥梁纽带、协调引导作用，以促进网络视听行业科学发展、完善网络视听节目管理和营造文明健康的网

络环境为总体目标，围绕行业自律、节目提质创新引导、网络视听文化建设、促进产业发展、提升会员服务等方面，努力推进网络视听行业向上向善。

2020年是全面建成小康社会的决胜之年、脱贫攻坚决战之年、"十三五"规划收官之年，是统筹疫情防控和经济社会发展的大考之年，也是网络视听高质量创新性发展的关键之年。我们要深入学习贯彻习近平总书记关于网络发展和网络治理重要论述，加快推动网络视听治理体系和治理能力现代化，着力推进网络视听高质量创新性发展，构建满足人民美好视听新需要的智慧化新生态，为实现疫情防控常态化下经济社会发展，实现全面建成小康社会，实现中华民族伟大复兴的中国梦作出新的更大贡献！

第三节　牢记初心使命　坚持守正创新 加快推动电视剧创作生产高质量发展

国家广播电视总局党组成员、副局长　朱咏雷

党的十八大以来，全国电视剧界深入学习贯彻习近平新时代中国特色社会主义思想，坚持以人民为中心的工作导向，一手抓精品创作生产，一手抓行风治理整顿，电视剧创作生产焕发新气象、展现新作为，一大批脍炙人口的优秀剧作热播荧屏，电视剧产业体系不断发展壮大。2020年是"两个一百年"奋斗目标历史性交汇的重要节点，我们将在全面建成小康社会基础上开启全面建设社会主义现代化国家新征程，电视剧事业面临着更高水平的发展要求、承载着广大人民对美好生活的更高期待，必须在巩固深化前一阶段发展成果的基础上，深刻把握新的历史起点上电视剧工作的使命责任，以守正的决心和定力牢牢坚持正确政治方向、舆论导向、价值取向，以创新的勇气和智慧破解制约电视剧高质量发展的重点难点问题，乘势而上开创电视剧工作新局面，努力交上一份人民满意的时代答卷。

一、深入学习贯彻习近平总书记关于文艺工作系列重要论述

习近平总书记关于文艺工作系列重要论述，立足中国特色社会主义事业全局、党和国家工作大局，在坚持马克思主义文艺理论基本立场、观点、方法的基础上，面对新的时代特点和实践要求，深刻回答了事关我国文艺

繁荣发展的一系列根本性、方向性、战略性的重大理论和实践问题，为我们推动电视剧高质量发展、做好新时代电视剧工作指明了前进方向，提供了根本遵循。深入学习研读习近平总书记关于文艺工作的重要论述，结合电视剧工作实践，重点要从六个方面理解把握。

第一，文艺要反映时代、讴歌时代。习近平总书记对文艺与时代的关系作出深刻论述，强调"文艺是时代前进的号角，最能代表一个时代的风貌，最能引领一个时代的风气"，强调"反映时代是文艺工作者的使命"，要求文艺坚持与时代同步伐，"深刻反映我们这个时代的历史巨变，描绘我们这个时代的精神图谱，为时代画像、为时代立传、为时代明德"。新时代电视剧工作要从这样的高度深刻认识所肩负的使命和责任，把书写和记录人民的伟大实践、时代的进步要求作为应尽职责，坚持现实主义文艺传统，加强当代现实题材创作，立足新时代史诗般的变化，书写中华民族新史诗，奏响时代之声、爱国之声、人民之声。

第二，文艺要扎根人民、服务人民。文艺的人民性是马克思主义文艺理论的基本观点。习近平总书记指出，"社会主义文艺，从本质上讲，就是人民的文艺"，强调"一切优秀文艺工作者的艺术生命都源于人民，一切优秀文艺创作都为了人民"，要求坚持以人民为中心的创作导向，做到"走进实践深处，观照人民生活，表达人民心声，用心用情用功抒写人民、描绘人民、歌唱人民"。这些重要论述深刻揭示了社会主义文艺和人民的本质联系，字里行间映现出中国共产党人真挚的人民情怀。新时代电视剧工作要坚守艺术为人民服务的初心，以深厚感情对待人民群众，以高度自觉服务人民群众，把对人民群众的热爱贯注创作中，推出震撼人心的好作品。要坚持深入生活、扎根人民，使之成为一种自觉、一种常态，从群众的实践创造和多彩生活中汲取创新创作的灵感和力量，让电视剧艺术之树在生活的沃土中常青。

第三，文艺要大力弘扬社会主义核心价值观。社会主义核心价值观体现社会主义本质要求，反映各族人民共同价值追求，是当代中国精神的集中体现,是凝聚中国力量的思想道德基础。习近平总书记多次对文艺培育和弘扬社会主义核心价值观作出重要论述,指出"文艺在培育和弘扬社会主义核心价值观方面具有独特作用""广大文艺工作者要把培育和弘扬社会主义核心价值观作为根本任务,坚定不移用中国人独特的思想、情感、审美去创作属于这个时代、又有鲜明中国风格的优秀作品"。新时代电视剧工作要坚持以社会主义核心价值观为引领,把社会主义核心价值观要求体现到全流程各环节,使之成为电视剧最深沉的思想内涵、最鲜明的精神气质,在增强吸引力、感染力上下功夫,在推动内化于心、外化于行上求实效,持之以恒、久久为功。

第四,文艺要善于继承、勇于创新。继承与创新是文艺领域的重要命题,习近平总书记多次对继承与创新的辩证关系作出深刻论述,强调"创新是文艺的生命",要求把创新精神贯穿文艺创作生产全过程,指出"不忘本来才能开辟未来,善于继承才能更好创新",强调"文艺创作不仅要有当代生活的底蕴,而且要有文化传统的血脉"。我国已是电视剧创作生产大国,近年来也涌现出一大批群众喜爱的优秀作品,但有"高原"缺"高峰"的现象没有根本扭转,要把创新作为关键一招,加大创新力度、提高创新水平,加快推动电视剧创作生产由数量规模向质量效益转型升级,实现高质量发展。要传承和弘扬中华优秀传统文化、中华美学精神,在吐故纳新中实现创造性转化、创新性发展;要继承革命文化,借鉴世界优秀文艺有益经验,在传承中华文化基因、展现中华审美风范与体现时代发展需求、参与国际文化交流融合中走出一条新时代电视剧创新发展之路。

第五,文艺要打造精品、铸造灵魂。习近平总书记高度重视精品创作,强调必须把创作生产优秀作品作为文艺工作的中心环节,做到"坚持以精品奉献人民",指出"精品之所以'精',就在于其思想精深、艺术精湛、制作精良",强调"文艺是铸造灵魂的工程""艺术的最高境界就是让人动心,让人们的灵魂经受洗礼"。新时代电视剧工作要把创作生产精品作为核心任务,把构筑中国精神、中国价值、中国力量放在突出位置,做到有筋骨、有道德、有温度；要高度重视叙事结构、风格形态、技术特效的磨炼精进，发扬精益求精、追求极致的工匠精神，从服化道等细节处仔细打磨，推出更多思想精深、艺术精湛、制作精良有机统一的精品电视剧，用精彩的故事、隽永的情节、丰满的人物、充满感染力的声画语言，春风化雨、润物无声地引导人们向上向善，不断丰富人民精神世界、增强民族精神力量。

第六，文艺要强化领导、守好阵地。 习近平总书记指出，"文艺事业是党和人民的重要事业，文艺战线是党和人民的重要战线"，强调"加强和改进党对文艺工作的领导，是文艺事业繁荣发展的根本保证"，要求"重视文艺阵地建设和管理，坚持守土有责，绝不给有害的文艺作品提供传播渠道"。新时代电视剧工作要进一步强化党的领导，增强"四个意识"，坚定"四个自信"，做到"两个维护"，把导向要求全面贯彻到电视剧创作和管理各方面各环节，确保电视剧工作始终坚持正确政治方向、舆论导向、价值取向。要聚焦重大时间节点和关键环节，把引导、调控、管理有机结合起来，加强对电视剧精品创作的规划指导，积极营造有利于出精品、出人才的电视剧创作生产环境。要引导电视剧制作播出机构坚持正确方向，弘扬主旋律，传播正能量，营造良好行业生态。

二、实施"新时代精品"工程，推出更多精品力作

"新时代精品"工程把握时代脉搏，回应人民期盼，是广电总局深入学习宣传贯彻习近平新时代中国特色社会主义思想、切实履行职责使命的重要举措，是新时代电视剧工作守正创新的重要抓手。要聚焦"打造精品力作"核心环节，把握"为国家写史、为民族铸魂、为人民立传"总体要求，从三个方面发力，攀登新时代电视剧艺术高峰。

第一，要聚焦新时代新思想，打造重大题材史诗之作。 党的十八大以来，在以习近平同志为核心的党中央坚强领导下，党和国家各项事业发生历史性变革、取得历史性成就，中国特色社会主义进入新时代。新时代电视剧要聚焦这一波澜壮阔的伟大历史进程，从习近平新时代中国特色社会

主义思想在中华大地的生动实践中找准选题立意,从当代中国人民追梦圆梦的奋斗历程中挖掘故事素材,生动讲述中华民族伟大复兴这一近代以来中华民族最伟大的梦想,深刻诠释中国共产党人的初心和使命、光荣和梦想,深情展望中国特色社会主义事业和中华民族更加光明的发展前景,以传世之心全力打造重大题材史诗之作,切实承担好"记录新时代、书写新时代、讴歌新时代"的历史使命。目前广电总局已经策划组织了《功勋》《闽宁镇》《大国担当》《光荣与梦想》《在一起》《石头开花》等6个重大主题电视剧项目,正在通过创作推进视频会和日常调度督导等方式加快推进。

第二,要强化价值引领,弘扬社会主义核心价值观。党的十九届四中全会《决定》强调,把社会主义核心价值观要求体现到文化产品创作生产全过程。新时代电视剧工作要大力弘扬社会主义核心价值观,强化价值引领功能,把爱国主义作为电视剧创作的主旋律,不断推出讴歌党、讴歌祖国、讴歌人民、讴歌英雄的精品力作,传递向上向善正能量,唱响中华民族正气歌,引导人民树立和坚持正确的历史观、民族观、国家观、文化观。要在贯穿、结合、融入上下功夫,通过立意鲜明的选题、生动感人的故事、富有哲理的台词,让积极健康向上的思想和精神在人们心里播下种子,做到春风化雨、润物无声。要在落细、落小、落实上下功夫,敏锐发掘寄托群众情感的标志物和"日用而不觉"的价值理念,用娓娓道来的家常故事唤起人们的情感认同,用温暖明亮的现实主义剧作照亮人们的内心世界,潜移默化引导人们追求真善美的道德境界。

第三,要深化改革创新,优化创作环境。近年来,我们坚持破立并举、扶正祛邪,针对明星天价片酬、收视率点击率造假等群众反映强烈的突出问题,采取了一系列有力措施,集中清理行业积弊,收到明显效果,电视剧工作明方向、正导向,转作风、树新风,迈出了从正本清源到守正创新的坚实步伐。要进一步加大改革创新力度,统筹运用行政、经济、法律、科技等多重手段,扭住影响电视剧创作生产健康有序发展的深层次矛盾和重点难点问题持续发力,推动《关于深化影视业综合改革促进我国影视业健康发展的意见》在电视剧领域落地落实，不断完善以高质量发展为导向的电视剧治理制度体系，更好履行政府部门管理职能、发挥行业协会引导作用、增强从业人员自律意识，努力营造公平有序、风清气正的行业环境，激发行业内生动力活力，实现更高品质、更加丰富、更为均衡、更有内涵的电视剧生产和供给，满足人民日益增长的美好生活需要。

三、加强全流程服务管理，营造良好行业生态

贯彻落实新发展理念，推动行业高质量发展，都要求我们强化系统思维，不断深化对电视剧创作生产传播机制的规律性认识，优化题材规划、备案公示、创作引导、内容审查、播出宣传全流程服务管理，统筹推进内容建设和产业体系、市场体系建设，统筹谋划内宣和外宣工作，增强政策举措的关联性和耦合性，形成做好新时代电视剧工作的强大合力。

第一，要加大题材规划和创作引导力度。进一步优化新时代电视剧创作生产机制，把工作重点更多地向题材规划、创作引导等中前段倾斜。要进一步树立规划意识、提高规划能力、强化源头引导，以题材规划为起点，全面提高电视剧特别是重大题材电视剧创作的系统化、制度化、科学化水平。要自觉在新时代中国特色社会主义事业全局、党和国家工作大局中考虑电视剧选题，以习近平新时代中国特色社会主义思想为根本纲领，围绕全面建成小康社会、建党100周年等党和国家重大宣传期和宣传节点，聚焦抗击新冠肺炎疫情斗争等社会焦点，超前谋划、主动出题，远近结合、整体布局，突出重点、打造亮点，提高电视剧选题特别是重大题材电视剧选题的精准性、科学性，着力构建有序衔接、滚动实施、压茬推进的工作格局，为打造新时代电视剧精品提供强劲动力和科学引导。要从重大题材剧本抓起，选优配强创作班底和制作力量，全程跟进加强创作引导，带领主创团队找准电视剧创作的核心环节强力突破，全力推出能够代表我国文艺发展水平的新时代电视剧高峰之作。

第二，要健全审查把关和服务保障机制。内容审查是电视剧工作的重

要环节,是电视剧管理的重要抓手。落实意识形态工作责任制、建立健全电视剧导向管理体系,必须高度重视审查把关环节,不断健全审查把关机制。要把握电视剧创作生产新形势和新趋势,及时修订《电视剧内容管理规定》,体现高质量发展要求,从法规和政策层面加强顶层设计,确保电视剧领域意识形态安全、文化安全。要在系统性、整体性、协同性上下功夫,进一步完善调审预审、通报督责制度,明确制作机构、广播电视行政管理部门等各方责任,建立有机关联、有序承接的审查把关机制,在关键岗位配备政治坚定、业务精湛的审查力量,敏锐发现、精准研判问题,大力推进电视剧审查体系和审查能力现代化。要健全服务保障机制,寓管理于服务之中,梳理总结电视剧导向、内容常见问题,及时通报相关省区市广电局和制作机构,指导提高内容审查水平和导向把控能力;善于提炼类型化、趋势化苗头和倾向,及时发出预警,做到早提醒、早纠正。

第三,要重视宣传评论,提升播出效果。电视剧产业具有产业链条长、辐射范围广等特点,需要在选题立项、创作生产、播出安排、宣传评论等环节联动发力,才能推出更多广大人民喜闻乐见的精品剧作。新时代电视剧工作要树立品牌运营意识,在宣传推介、播出安排上下功夫,嵌入项目整体流程,与选题立项、创作生产同谋划、共推进。要顺应媒体融合趋势,强化互联网思维,充分发挥新媒体在口碑传播、受众培育方面的作用,善于运用各类社交平台,精准打造、精准推送适用于对象媒体、定向人群的宣推产品,打造宣传矩阵。要加强播出规划,围绕党和国家重要节点和重大宣传主题,组织策划主题电视剧展播活动,同时积极引导鼓励其他题材优秀电视剧播出,让电视荧屏丰富多彩,切实增强广大人民的文化获得感、幸福感。要加强文艺评论,创新评论形态,提高评论质量,统筹运用研评会等多种方式及时褒优贬劣、激浊扬清,有效引导创作、推出精品、提高审美、引领风尚。

第四,要加快走出去,增强国际影响力。新时代电视剧创作和海外发行推广要与当代中国发展格局相适应,坚守中华文化立场,兼具世界眼光、国际视野，既要充分发挥生活、历史、文化等题材电视剧在民相亲、心相通方面的独特作用，又要注意从人类面临的共同课题、国际社会普遍关注的重大问题中择取选题，合理设计情节人物，探索融通中外的叙事模式，做好中国题材的国际化表达，用电视剧这一世界性的艺术语言，讲好中国共产党治国理政的故事、中国人民奋斗圆梦的故事、中国坚持和平发展合作共赢的故事，阐释中国智慧、中国方案、中国经验，为构建人类命运共同体、推动世界文艺繁荣发展贡献特殊的声响和色彩。

第五，要加强教育培训，建强人才队伍。习近平总书记指出，"繁荣文艺创作、推动文艺创新，必须有大批德艺双馨的文艺名家。要把文艺队伍建设摆在更加突出的重要位置，努力造就一批有影响的各领域文艺领军人物，建设一支宏大的文艺人才队伍"。一支有信仰、有情怀、有担当的电视剧人才队伍，是做好新时代电视剧工作的根本保证。要坚持德艺双馨的人才评价标准和培养目标，统筹开展人才队伍培训和建设，把马克思主义文艺观教育作为一项基础性、根本性工作常抓不懈，引导推动电视剧工作者深入学习领会习近平新时代中国特色社会主义思想，牢记初心使命，增强理论素养，提升电视剧作品的思想高度。要持续深入开展增强"脚力、眼力、脑力、笔力"教育实践工作，引导推动电视剧工作者深入生活、扎根人民，实地了解新时代世情、国情、党情、民情的积极变化和崭新风貌，把人民的冷暖和幸福放在心中，把人民的喜怒哀乐倾注笔端，转化成深刻的情节和动人的形象，用情感触碰情感，让灵魂对话灵魂，更好地承担起以文化人、以文育人的职责。要全面提升电视剧管理人员综合素质，坚定政治方向，站稳政治立场，提高执行能力，确保中央关于电视剧工作的决策部署落地落实；尊重和遵循文艺规律，积极适应电视剧工作的新形势新变化，加快知识更新，克服"本领恐慌"，切实加强对电视剧工作的指导和扶持，加强对电视剧从业人员的引导和团结，为推动新时代电视剧高质量发展提供坚强保障。

第四节　深入实施"视听中国"播映工程开创全媒体时代广电国际传播新局面

国家广播电视总局党组成员、副局长　孟　冬

当前,世界百年未有之大变局深刻演进,中华民族伟大复兴加快推进,人类命运共同体思想在全球产生广泛影响,国际传播格局正在重塑。站在新的时代交汇点,广电国际传播肩负新的历史使命,必须创新思路举措,深入实施"视听中国"播映工程,努力开创全媒体时代国际传播新局面。

一、深入实施"视听中国"播映工程,进一步做好国际传播,是广电行业当前重要的政治任务

第一,深入实施"视听中国"播映工程是宣传贯彻习近平新时代中国特色社会主义思想的政治要求。习近平总书记高度重视国际传播工作,从讲好中国故事、加强对外话语体系建设、增强国际话语权、提高国家文化软实力等多方面,发表了一系列重要讲话和论述。这些讲话和论述思想体系完备、内涵广泛,是习近平新时代中国特色社会主义思想的重要组成部分,为广播电视和网络视听做好新时代国际传播提供了根本遵循,也提出了更高的要求。与此同时,面向国际宣传阐释习近平新时代中国特色社会主义思想是国际传播的主题主线。深入实施"视听中国"播映工程就是要进一步做强做亮这一主题主线,向世界更好地传播中国特色社会主义现代

化道路的重大意义和助力全球治理的中国智慧。

第二，深入实施"视听中国"播映工程是为实现中华民族伟大复兴营造良好国际舆论环境的政治任务。习近平总书记指出，要胸怀两个大局，一个是中华民族伟大复兴的战略全局，一个是世界百年未有之大变局，这是我们谋划工作的基本出发点。从世界趋势看，中国正日益走近世界舞台的中央，越来越多的来自不同国家的观众对中国社会的发展、普通百姓的生活充满兴趣，希望通过更多影视作品了解前进中的中国。从国内发展看，实现"两个一百年"奋斗目标的步伐气势磅礴、稳步推进，越来越多的优秀影视作品立足现实，记录新时代，呈现出繁荣发展的态势。胸怀"两个大局"，广播电视和网络视听国际传播必须创新思路，提升水平，进一步为中国社会主义现代化建设创造良好国际舆论氛围。

第三，深入实施"视听中国"播映工程是在全媒体时代做好国际传播的新担当。新一代信息技术革命把媒体带入了全媒体时代，信息无处不在、无所不及、无人不用，舆论生态、媒体格局、传播方式发生深刻变化。全媒体发展趋势对广播电视和网络视听国际传播业务、流程、格局提出新挑战、新要求，必须及时转型升级，踏上时代节奏、融入时代大潮，塑造新时代国际传播新格局。

二、"视听中国"播映工程实施成效显著、任重道远

近年来，在广电总局的统一指导下，在全国广电系统的共同努力下，"视听中国"播映工程整体带动、精准施策、协同推进，国际传播资源进一步集结、整合、提升、壮大，项目矩阵持续优化，整体合力更加凸显。主要表现在以下几个方面：

生动展现习近平总书记思想和风范。全力服务习近平总书记高访，策划实施一系列"视听中国"公共外交播映活动。纪录片《习近平治国方略》等优秀视听作品用当地语言在希腊、古巴、缅甸等国主流媒体展播，通过鲜活生动的故事案例系统阐释习近平总书记的为民情怀和治国理政实践成

就，引发热烈反响。

生动展现新中国发展成就。庆祝新中国成立70周年之际举办"视听中国全球播映"活动，全球50多个国家60多家主流媒体播出70余部中国优秀电视节目，向世界全面展示新中国70年辉煌成就，特别是十八大以来在以习近平同志为核心的党中央坚强领导下我国取得的历史性成就、历史性变革，展现真实、立体、全面的中国。

生动展现当代中国价值观念和中华文化自信。通过举办"亚洲影视周"和中俄、中国—东盟、中国—中东欧电视周等"视听中国"品牌活动，将公共外交与节目推介、节目展播与现场互动相结合，与相关各省局通力合作，推动大批展现当代中国价值观念和中华优秀传统文化魅力的精品佳作在海外主流媒体平台播出和展示，影视"华流"不断卷起"中国风"。

本土化语言译配架起民心相通影视桥，有力促进文明交流互鉴。通过"丝绸之路影视桥工程""中国当代作品翻译工程""中非影视合作创新提升工程""喀尔喀蒙古语译配项目"等系列项目，推动多语言影视作品在全球100多个国家落地播出，在多个国家屡创当地收视纪录。在蒙古国，蒙语版《北京青年》《平凡的世界》《生活启示录》《小别离》等家庭伦理、都市情感、创业励志类中国电视剧，掀起阵阵中国"剧风"。在非洲多个国家，原汁原味的当地语言版《媳妇的美好时代》《父母爱情》成为民众街谈巷议的热播剧。

实施广电技术服务交流合作计划，带动节目海外落地。积极支持科研机构、网络公司、新媒体公司、技术企业、边疆省区统筹内容、技术和服务走出去，取得明显成效。我国地面数字电视技术标准推广到老挝、柬埔寨、科摩罗等国，带动节目落地、广播电视设备和服务出口。中国企业让数字电视走进非洲寻常百姓家，在30多个非洲国家开展业务，运营480多个频道，为非洲上万村落打开看世界的新窗口。

但也要看到，广播电视和网络视听国际传播还存在明显短板。比如具有国际竞争力的主体较少，力量较为分散，方式不够多，传播规律和海外受众心理接受度的掌握方面还有待提升，市场模式尚未成熟，规模与力度还需要加强等。总体来看，进一步提升广电领域国际传播能力和水平依然任重道远。

三、重塑业务、重整流程、重构格局，开创"视听中国"新格局

（一）提高政治站位，以人类命运共同体理念为根本遵循实施"视听中国"播映工程

站在构建人类命运共同体的高度组织实施"视听中国"播映工程。 推动构建人类命运共同体是习近平新时代中国特色社会主义外交思想的核心和精髓，鲜明地体现了当代中国共产党人的全球视野，体现了中国的世界胸怀和全球使命担当。党的十八大以来，以推动构建人类命运共同体为引领，我国对外工作理论和实践创新取得一系列重大成果，国际影响力、感召力、塑造力进一步提高，为世界和平与发展作出新的重大贡献。国际传播是其中重要的组成部分。当前，我们谋划广电国际传播与"视听中国"播映工程，必须站在推动构建人类命运共同体的高度，深刻认识构建人类命运共同体的时代背景、重大意义、丰富内涵和实现路径，认识构建人类命运共同体与实现中华民族伟大复兴相互交融的关系，更好地服务中国特色大国外交。

向世界传播好阐释好人类命运共同体理念。 人类命运共同体内涵十分丰富，概括起来说就是党的十九大报告提出的"建设持久和平、普遍安全、共同繁荣、开放包容、清洁美丽的世界"。当前，全球战"疫"正在鏖战阶段，习近平总书记站在构建人类命运共同体的高度，频频展开元首外交，亲自推动疫情防控国际合作。中国积极与相关国际组织和国家开展合作，及时调拨医护力量和医用物资援助疫情防控重点国家和地区，彰显负责任大国担当，以实际行动践行人类命运共同体理念。"视听中国"工作要紧密服务国家外交大局，牢牢把握服务民族复兴、促进人类进步这条主线，向世界传播好阐释好人类命运共同体理念，书写人类命运与共的崭新篇章。

（二）提高讲好中国故事的本领，增强"视听中国"播映工程实施成效

向习近平总书记学习如何讲好中国故事。习近平总书记身体力行，担当了"讲好中国故事第一人"，他讲故事的高超话语艺术为我们实施"视听中国"播映工程、推动国际传播带来重要启示。一是真实真诚。习近平总书记讲述中国故事常常将"我"带入其中，通过讲述自己的人生经历、生活爱好等，以小见大，增添真情实感。比如他在美国、英国都讲述过自己插队的经历和读书的爱好，让世界看到一个真诚的中国、一个真实的中国。二是贴近亲切。习近平总书记讲故事十分注重贴近性，善于通过当地民众耳熟能详的事例拉近彼此心理距离。如在印度尼西亚讲郑和下西洋的故事，在坦桑尼亚讲中国电视剧《媳妇的美好时代》在当地的热播，亲切、自然、接地气。三是重针对性。针对国际上一些恶意攻击中国制度、中国道路、中国和平崛起的言论，习近平总书记通过讲故事巧妙予以回击。他指出，"鞋子合不合脚，自己穿了才知道"，一个国家的发展道路合不合适，只有这个国家的人民才最有发言权。"鞋子合脚论"让人们在历史的回顾中深化思考。四是重共鸣。习近平总书记善用中外典故激发文化共鸣和情感共鸣。比如使用中国典故"相知无远近，万里尚为邻"，使用莎士比亚名言"凡是过去，皆为序章"，为中外人民打开一扇扇心灵相通之窗。五是重新意。习近平总书记特别重视为讲好中国故事打造融通中外的新概念新范畴新表述。他提出的中国梦、人类命运共同体、新型大国关系、人类卫生健康共同体等，表述简洁朴实、凝练有力、内涵丰富，都是话语体系创新的典范之作，为中国与世界交流对话开辟了新境界。六是重实效。习近平总书记融通中外、兼论中西，在亲切自然、娓娓道来的故事讲述中向世界展示中华文化魅力，展示中外文化交流互鉴成果，让各国人民在聆听故事中触摸中华文化脉搏，理解中国人的价值观和发展理念，赢得国际社会高度关注和广泛认可。

创新表达，讲好"视听中国"的故事。首先，表达创新，事半功倍。近期，主打短视频的古风美食 Vlog 博主李子柒在海外走红，海外社交媒体全球粉丝过800万,超过很多专业媒体和专业主持人海外账号"吸粉"数量,100多个短视频的播放量大都在500万次以上。生活在中国的美国年轻人瑞恩发布的个人抗"疫"影像日志《平安日志》,以平民视角、个人体验,真实真诚记录中国抗"疫"阻击战,在国际上圈粉无数,国际互联网平台关注量达到数百万次,国内全网视频播放量过千万次。这些案例告诉我们,表达方式的创新对于国际传播破除刻板印象、增进相互理解具有重要意义。

其次,开辟"视听中国"表达创新广阔空间。近年来,从纪录片《中国面临的挑战》在美国覆盖率达80%,到女主播刘欣在美国电视节目中从容应对、侃侃而谈;从职业体验纪实真人秀《功夫学徒》通过融媒体传播广泛覆盖国内外主流受众群体,到英语新闻纪录片《武汉战疫纪》引起海外主流媒体高度关注,这些个案的成功,均得益于把"我们想讲的"变成海外"受众想听的",把海外"受众想听的"融进"我们想讲的",找准了海外受众的需求点,实现作品的精准传播,达到外展形象、内聚民心的传播效果。"视听中国"要推出更多全新角度、全新样态向世界讲述中国故事的精品力作,在作品与受众之间形成互动、实现对话、促成理解、建构共识,促进故事所承载的中国文化、中国价值获得广泛共鸣。

(三)聚焦故事内容,向世界讲好"三个故事"

"主动宣介新时代中国特色社会主义思想,主动讲好中国共产党治国理政的故事、中国人民奋斗圆梦的故事、中国坚持和平发展合作共赢的故事,让世界更好了解中国。"习近平总书记为我们划出了中国故事的重点。这也是"视听中国"最精彩的主题内容。在当前国内外新冠肺炎疫情防控和经济运行困难的新形势下,讲好中国故事就是讲好中国在以习近平同志为核心的党中央坚强领导下,统筹推进疫情防控和经济社会发展,努力夺取"双胜利"的故事,让世界更好地了解中国战"疫"的伟大斗争和向着目标进发的坚定执着;讲好中国与世界各国携手战"疫"、守望相助的故事,让世界更好地了解中国与全球命运与共、共克时艰的人类情怀;讲好中国全面推进复工复产、全面决胜小康和助力全球经济发展的故事，让世界更好地了解新时代中国特色社会主义道路，了解中国共产党的治国理政、中国人民的奋斗圆梦、中国对和平发展合作共赢的坚守，了解新时代奋进中的中国。

（四）统筹实施"六大工程"，为"视听中国"播映工程注入强大动力

2020年全国广播电视工作会议总局党组部署了"六大工程"，这六大工程相辅相成，一同推动全行业工作目标任务完成。其中，面向国际传播的"视听中国"播映工程要紧紧依托其他五大工程，加强统筹协同和相互支撑，获得雄厚的发展基础和不竭的发展动力。

"视听中国"播映工程与"舆论引导能力提升"工程相协同，可以统筹内宣外宣，把握好国际舆论宣传的时度效，因时因势做好国际传播；与"新时代精品"工程相协同，可以抓源头、抓主体、抓创作，让更多视听作品成为具有国际水准的"新时代精品"，成为与世界各国人民心灵沟通、彼此理解的媒介；与"智慧广电"建设工程相协同，可以促进"视听中国"同步实现"智慧化引领，结构化升级"，打造面向全媒体的新型矩阵；与"安全播出"工程相协同，可以统筹做好国际传播和维护好文化安全与意识形态安全；与"管理优化"工程相协同，可以通过不断推进制度创新和治理能力建设，为国际传播创造更加优良的政策制度环境，助力"视听中国"播映工程实施积极稳妥，有序推进。

（五）做强国际传播主体，打造"骨干+多元"的国际传播主体阵容

着力培育一批"国传"骨干主体，形成旗舰方阵。当前，视听媒体特别是新视听以其特有的传播优势，已成为国家媒体旗舰、地方广电以及社会各有关主体开展国际传播、拓展国际市场的重要领域。"视听中国"要以项目为抓手，在现有"国家队"为主的基础上，再着力扶持一批由优势省级广电机构和边疆省区广电机构组成的"省级骨干队"，着力扶持一批由"走出去"重点影视企业和广电技术企业组成的"企业骨干队"，共同形成"中国视听"的领军方阵和支撑主体，汇聚和做强广电走出去引领力量。

统筹整合多方面走出去资源，壮大多元主体力量。统筹国内传播力量与国外传播力量，充分发挥海外合作媒体平台、外国知华友华爱华意见领袖的作用，努力扩大传播实效。统筹媒体机构与优质自媒体资源，增强走出去的创新力量和"民间"力量。统筹媒体行业与其他重要涉外传播力量，发挥驻外使领馆、海外中资企业、华人华侨和留学生群体等行业外传播力量作用，共同讲好中国故事。统筹视听传播与公共外交活动，紧密配合和服务国家外交，开展形式多样的"视听中国"播映活动，扩大国际传播，进一步打响"视听中国"品牌。形成旗舰引领带动、各梯队舰船有序竞发的"视听中国"国际传播主体阵势。

第二章

发展报告

第一节　广播电视政策法规

国家广播电视总局政策法规司司长　戈　晨
国家广播电视总局广播影视发展研究中心　李　岚

提要：2019年，全国广电系统深入贯彻落实《中共中央关于全面推进依法治国若干重大问题的决定》《法治政府建设实施纲要（2015—2020年）》，抓重点、举亮点，研究印发《国家广播电视总局2019—2028年立法工作规划》，制定出台《未成年人节目管理规定》等部门规章、规范性文件，切实做好立法、普法、依法行政和法律服务工作，广播电视法律法规体系进一步完善，广播电视依法行政水平进一步提升，广播电视推动法治政府法治社会建设的能力进一步增强，运用法治思维和法治方式解决问题的水平进一步提高，"放管服"改革进一步深化，为广播电视高质量创新性发展提供有力法治保障。

2020年2月5日，习近平总书记主持召开中央全面依法治国委员会第三次会议强调，坚持全面依法治国，是中国特色社会主义国家制度和国家治理体系的显著优势。中国特色社会主义实践向前推进一步，法治建设就要跟进一步。要更好发挥法治对改革发展稳定的引领、规范、保障作用，建设高素质法治工作队伍，逐步实现国家治理制度化、程序化、规范化、法治化。2019年以来，全国广播电视系统以习近平新时代中国特色社会主义思想为指导，深入学习宣传贯彻党的十九大和十九届二中、三中、四中全会精神，深入学习贯彻习近平总书记全面依法治国新理念新思想新战略，以更大力度、更实举措推进广播电视法治工作，完善法规制度体系，提升依法行政水平，为行业改革发展营造了良好法治环境，有力服务了党和国家工作大局。

一、深入学习宣传贯彻实施《宪法》，确保常态化制度化

2019年，全国广电系统贯彻落实《关于深入学习宣传和贯彻实施〈中华人民共和国宪法〉的意见》，加强对宪法和习近平总书记全面依法治国新理念新思想新战略的学习，积极落实党政机关主要负责人推进法治建设第一责任人职责和意识形态工作责任制，充分发挥领导干部示范引领作用，提高依宪施政、依法行政本领，依照宪法法律行使职权、履行职责、开展工作。一是深入学习宣传贯彻。广电总局把深入学习宣传贯彻实施宪法作为重要政治工作内容，积极开展形式多样的宪法宣传教育活动，将宪法学习宣传贯彻工作与深入学习贯彻习近平新时代中国特色社会主义思想和党的十九大精神相结合，统筹安排，抓好落实，确保学习常态化、制度化。二是落实宪法宣誓制度。2019年组织宪法宣誓仪式，通过开展宪法宣誓活动，增强了领导干部忠于宪法、维护宪法，自觉带头尊法学法守法用法，依法履职尽责的责任感。三是组织好广播电视宪法宣传工作。坚持把宪法宣传和法治宣传作为广播电视宣传工作的重要内容，部署组织各级广播电视播出机构综合运用新闻报道、专家访谈或者开设法治宣传专栏等多种形式，在重要时段、重点栏目深入宣传党的十九大以来党和国家法治建设取得的新进展新成就。2019年11月到12月，广电总局在全国广播电视系统开展"弘扬宪法精神彰显广电政治责任"为主题的宪法宣传周活动，得到司法部、全国普法办好评，为法治中国建设营造良好的舆论氛围。

同时，各地广泛开展宪法学习宣传工作和宪法宣传教育活动。如，北京局举行宪法宣誓仪式，并组织开展国家宪法日系列宣传活动。福建局组织全省各级广播电台、电视台、网络视听机构采取多种形式进行宪法宣传。云南局以"法律六进+N"为载体，积极向群众宣传宪法知识。江西局制定《2019年"宪法宣传周"工作方案》，举办"宪法宣传周"法律实务专题讲座。河

南局举办"增强宪法意识,弘扬宪法精神"普法宣传专题讲座。全国广电系统积极营造宪法学习宣传氛围,进一步提升了干部职工对宪法的深刻理解和情感认同,引导领导干部立足工作实际融会贯通、学以致用,坚持在法治轨道上履职用权、开展工作,提高运用法治思维和法治方式解决问题的能力。

二、提高立法工作能力,聚焦阵地建设管理

全国广电系统以习近平总书记关于加强立法工作的重要论断为遵循,以新的重要政策、方针为依据,聚焦推进习近平总书记关于宣传思想工作的重要思想法治化,聚焦推进落实意识形态工作责任制制度化,聚焦社会主义核心价值观融入法治建设,聚焦有效回应人民群众新期盼,将社会主义核心价值观融入立法全过程,为广播电视行业高质量创新性发展保驾护航。

(一)围绕行业高质量创新性发展,推动广播电视高质量立法

2019年以来,广电总局坚持科学立法、民主立法、依法立法原则,不断提升广播电视立法质量。

一是注重顶层设计。广电总局聚焦主责主业,从维护意识形态阵地管理角度出发,坚持全局视野和系统思维,突出需求导向和效果导向,把落实党中央要求、满足实践需要、回应基层期盼有机统一,填空白、补短板、强弱项,研究印发《国家广播电视总局2019—2028年立法工作规划》,努力构建起广播电视法规制度体系的"四梁八柱"。

二是加快推进建章立制。扎实推进《广播电视管理条例》《信息网络传播视听节目管理条例》制定修订工作。制定出台《未成年人节目管理规定》(国家广电总局令第3号),将未成年人节目管理工作纳入法治化轨道。制定《国家广播电视总局立法工作规定》(国家广电总局令第4号)、《国家广播电视总局行政规范性文件管理规定》(国家广电总局令第5号)、《关于推动广播电视和网络视听产业高质量发展的实施意见》等部门规章、规范性文件。

三是推进社会主义核心价值观入法入规。坚持将社会主义核心价值观融入广播电视立法全过程,推动德法统一,将中央《关于进一步把社会主义核

心价值观融入法治建设的指导意见》落实为具体的法律条款，推进广播电视行业治理体系和治理能力现代化建设。

四是严格履行立法程序。所有规章和重要的文件在立法过程中，通过各种方式广泛征求和听取社会各界的意见，同时还增加了有关论证咨询、风险评估等环节，不断扩大公众参与立法进程，认真研究并积极采纳各方的合理意见，提高立法的科学性和民主性。

五是推进广电应急管理法规制度建设。2020年年初以来，广电总局积极做好依法防控新冠肺炎疫情的制度安排，进一步收集梳理总结全国广电系统在疫情防控方面的有效举措和经验做法，研究提炼上升为政策制度性措施。同时，在《广播电视管理条例》和《信息网络传播视听节目管理条例》制修订工作中，进一步充实应急管理有关内容，鼓励各地推进地方广播电视法规规章制定修改，共同完善广播电视和网络视听应急管理体制机制，推进广电应急管理法规制度建设。

（二）配合有关部门制定修订相关法律法规，做好涉外法律工作

2019年，广电总局积极配合国务院加快推进《著作权法》修订工作，在协调解决了新闻作品保护、广播组织信息网络传播权、扩大视听节目保护范围的同时，协调解决广播电台、电视台向录音制作者支付报酬的问题。积极配合中宣部做好《中国共产党宣传工作条例》的制定工作，经过认真研究，提出了明确的意见建议，为《条例》的顺利制定发布起到促进作用。积极配合中央网信办，做好《网络音视频信息服务管理规定》联合制定工作，进一步加强了广电总局在网络音视频领域的监管力度。积极配合相关部门做好《文化市场综合行政执法管理条例》《文化市场综合行政执法事项目录》的制定工作。积极配合修订《市场准入负面清单》和《公平竞争审查制度实施细则（暂行）》，规范管理部门、项目设置及表述等内容，营造公平开放、竞争有序的市场环境。积极配合开展《国家知识产权战略纲要》颁布十年实施情况评估工作，提交评估报告，为加快知识产权强国建设提供决策支撑。

新冠肺炎疫情发生后，广电总局对疫情防控过程中广电系统的一些创新

举措进行了总结、分析和提炼,在广泛征求意见的基础上,研究形成了在国家应急管理、公共卫生防疫、野生动物保护等法律法规中补充相关条款的立法建议,并提交国家有关立法机构。

做好涉外法律工作。对涉及"一带一路""视听中国"等合作协议进行法律把关;配合有关部门做好经贸磋商、外商投资等相关工作,为提高中国广播电视国际传播力提供法律保障。

(三)各地纷纷出台地方性法规,因地制宜重操作抓落实

2019年,全国地方广播电视行政管理部门立足发展实际,制定实施操作性强的地方性法规,因地制宜抓落实。如按照广电总局《关于促进智慧广电发展的指导意见》要求,贵州、四川、广东、广西、上海、青海等省区市先后制定发布省级智慧广电建设实施方案,福建省加快发展智慧广电和超高清视频产业,印发《关于加快推进"智慧广电"建设的实施意见》和《关于加快推进高清和超高清电视发展的意见》。按照广电总局《关于推动广播电视和网络视听产业高质量发展的意见》要求,山东局出台《山东省关于推动广播电视和网络视听产业高质量发展的意见》,江西局出台《关于推动我省广播电视和网络视听业高质量发展的实施意见(2019—2023年)》。

各地出台地方性法规进一步加强和改善各地方广播电视管理和服务。《内蒙古自治区广播电视管理办法》于2019年1月10日起生效施行,该办法结合边疆民族地区特点,在有效扶持贫困牧区广播电视事业,对少数民族语言类节目予以财力保障,提高公共服务质量,有效监管新媒体等方面均作出了具体而有效的规定。河北局制定了《关于推进"法治广电"建设的实施意见》,在法治建设方面加强工作顶层设计与谋划,在全国广电系统率先提出"做强法治广电"的创新性工作举措。安徽省正式印发《安徽省人民政府办公厅关于扎实推进应急广播体系建设的意见》,明确要建设形成省、市、县、乡、村五级贯通,与省各级预警信息发布系统有效衔接的全省应急广播体系。辽宁局在年初出台了《辽宁省广播电视广告管理办法》,进一步加强广告依法依规管理,对全省广告播放秩序进行有力、有序、有度、有效的治理和调控。

各地纷纷围绕影视业发展痛点、难点问题，精准发力、多措并举，推动影视业和文化产业高质量发展。北京市出台《关于推动北京影视业繁荣发展的实施意见》，从"文化+科技"、IP软环境优化、"投贷奖"联动、影视园区建设、金融支持、影视消费、京津冀协同发展、国际传播等角度提出了10个方面的重点工作。黑龙江局出台《广播电视网络视听节目创作精品生产三年行动计划》，目标任务量化细化，可操作性强，求新创新，为黑龙江省未来三年广播电视网络视听节目创作精品生产提供了规划引领，着力破解有高原、缺高峰等问题。甘肃局修订完善《甘肃省精品剧目、影视精品专项资金管理办法》，把原创广播电视节目和网络视听节目明确纳入扶持范围，同时对以奖代补的办法作出调整，使之针对性更强。山西局结合山西实际制定了《电视剧审查工作办法（试行）》，明确建立工作机构，突出审查导向，严格工作要求。安徽局研究制定了《安徽省重点网络影视剧信息备案内容审核办法》，对申报的重点网络影视剧的作品从剧本大纲、思想内涵、成品上线等各个环节进行严格审核把关和跟进指导。

三、提高依法执政水平，推进法治政府建设

2019年以来，全国广电系统根据中央全面依法治国委员会办公室（以下简称中央依法治国办）的要求，认真贯彻落实《法治政府建设实施纲要（2015—2020年)》，紧密结合广播电视工作实际，不断完善依法行政制度体系，不断提高法规服务水平，为行政权力规范运行提供法制保障，切实做好关系群众切身利益的重点领域执法工作。深化"放管服"改革，进一步规范行政审批取消下放行为，带动了地方广电系统业务发展；对接信用信息体系建设，全面推进行政许可标准化；推进"证照分离"全覆盖试点，提升管理效率。

（一）按时报告法治政府建设情况，完善相关工作机制

一是完成中央依法治国办部署的任务。2019年，广电总局按时向党中央、国务院报告上一年度法治政府建设情况，包括广电总局立法工作进展、贯彻

落实《中共中央关于全面推进依法治国若干重大问题的决定》《法治政府建设实施纲要（2015—2020年)》、依法行政以及普法等情况，并通过广电总局网站向社会公开。就"中央依法治国办关于征求对《法治中国建设规划（2019—2025年)》（征求意见稿）和《法治社会建设实施纲要（2019—2025年)》意见的函"，向中央依法治国办报告有关情况。

二是调整广电总局全面推进法治建设领导小组，完善工作机制，研究部署督办重点法治工作。调整广电总局全面推进法治建设领导小组及其办公室成员。领导小组组长由广电总局局长担任，副组长由广电总局副局长担任，办公室设在广电总局政策法规司。同时，制定了《国家广播电视总局全面推进法治建设领导小组工作规则》和《国家广播电视总局全面推进法治建设领导小组办公室工作细则》，并召开了领导小组办公室联络员会议，安排部署相关法治工作。

(二) 深化"放管服"改革，不断提高依法行政水平

2019年以来，广电总局根据国务院统一部署，全力推进完成深化"放管服"改革，转变政府职能的各项任务，不断提高依法行政水平。

一是深化行政审批制度改革，推进县级融媒体中心建设。广电总局研究下放有关审批事项，推动县级融媒体中心等地方新闻单位加快融合发展速度，打造新型传播平台，构建新型主流媒体。

二是做好证明事项清理工作。根据国务院、司法部关于证明事项清理工作要求，广电总局对广播电视规章、规范性文件设定的证明事项材料进行了全面清理，形成《国家广播电视总局规章、规范性文件设定的证明事项拟保留目录》。

三是推进"证照分离"改革。将广电总局涉企行政审批事项全部纳入"证照分离"改革试点范围，采取优化审批服务方式，进一步优化审批流程，压缩审批时限，精减审批材料。

四是做好清单制定工作。目前广电总局已经形成或初步形成六张管理清单，即：权力责任清单、"互联网+监管"清单、"互联网+行政检查"清单、

"互联网+政务服务"清单、发布确需保留的证明事项清单、将广电总局涉企行政审批事项纳入"证照分离"改革全覆盖试点事项清单、广播电视普法责任清单。这六项清单明确了设立依据、责任事项、责任主体、责任方式，健全了信息公开机制，为行政管理相对人提交申请提供了便利。

五是落实国务院行政执法"三项制度"。制定出台《国家广播电视总局关于全面推行行政执法公示制度执法全过程记录制度重大执法决定法制审核制度的实施方案》，制定《国家广播电视总局行政执法证管理办法》，建立持证培训上岗制度，规范行政执法行为。

六是做好政府信息公开工作。坚持公开为常态，不公开为例外，广电总局围绕重点领域加大主动公开力度，围绕短视频平台整改、天价片酬治理及涉收视率问题等多个舆论热点，及时准确发布权威信息，主动回应社会关切。进一步规范依申请公开工作，建立健全接收、登记、办理、答复等流程，及时处理网民留言多个批次。

地方广电行政管理部门持续深入推进"放管服"改革，创新优化完善各项职能机制，不断加强"放"的力度，提高"管"的能力，提升"服"的水平。如，江西局对全省广播电视省市县三级政务服务事项进行全面核查，形成机构改革后新的江西局《行政权力清单》，制定《政务服务事项清单管理办法》和动态管理机制。广东局印发《2019年政务服务事项专项工作方案》并顺利实施，优化政务服务成效明显。河北局制定《全媒体智慧监管平台项目建设方案》，依托云媒体、大数据等技术，推进实现监测监管系统的网络化、智能化、协同化智慧监管目标。黑龙江局发布《黑龙江省广播电视局优化营商环境推进"办事不求人"工作实施方案》《黑龙江省广播电视局加强行业监管实施细则（试行）》，出台行政执法"三项制度"，打造公正、透明、可预期的广播电视营商环境，推动治理能力现代化，建设人民满意的服务型广播电视行政部门。

（三）统筹做好疫情防控，多措并举护航行业发展

新冠肺炎疫情防控期间，各级广电行政管理部门创新创优管理服务措施，

及时发布扶持政策，护航行业发展。广电总局 3 月 13 日发布《国家广播电视总局关于统筹疫情防控和推动广播电视行业平稳发展有关政策措施的通知》，推出十二条政策措施，包括加强疫情防控和复工复产的宣传舆论引导支持、加大对内容创作生产传播的支持力度、优化业务审批流程和方式等，支持广播电视和网络视听行业积极开展疫情防控、有序做好复工复产、实现行业平稳发展。

北京、浙江、山东、安徽、河北、福建、湖南、湖北、江苏等十余个省市相继发布了各类扶持政策，包括线上申报、压缩审批、提升效率、减租减费、税收优惠、用工服务等系列有力措施，为复工导航护航，有效地推动广电产业恢复自我运转和行业整体复苏。如北京局及时推出优化政务审批服务、减轻中小微企业负担、加大金融支持力度、服务企业正常生产经营、视听园区优先扶持政策等扶持措施。浙江局出台《关于全力支持广播电视和网络视听企业复工复产稳定发展的通知》，提出八项措施，全力支持全省广播电视网络视听业复工复产，战胜疫情、稳定发展。山东局制定下发《关于统筹疫情防控和推动广播电视行业平稳发展政策措施的通知》，从七方面推出帮扶措施帮助企业机构抗疫情渡难关。安徽局出台《关于积极应对新冠肺炎疫情影响促进广播电视行业平稳健康发展的若干措施》共 20 条措施，河北局制定了《关于有效应对疫情支持广播电视和网络视听企业稳定发展的意见》，福建局发布《关于支持广播电视和网络视听行业复工复产稳定发展的通知》，湖北局发布《关于应对新冠肺炎疫情统筹推进高质量创新性发展六大行动十八项措施的通知》，着眼着力两手抓两手硬，奋力夺取疫情防控和广电发展双胜利。

为加大对网络视听企业的扶持力度，部分地方广电行政管理部门出台专门措施，如北京局率先出台《关于应对新型冠状病毒感染的肺炎疫情支持网络视听企业保经营稳发展的若干措施》，营造良好营商环境，服务和支持网络视听机构远程办公、协同办公、隔空制作，恢复生产，正常经营，提供优质内容。山东局印发《关于疫情期间促进山东省网络影视剧健康发展若干措施的通知》，支持网络视听企业战胜疫情、稳定发展。

（四）部校共建广播电视政策法规研究基地，形成重要支撑

2019年9月，广电总局与中国政法大学正式签署协议共建广播电视政策法规研究基地。与中国政法大学的此次战略合作，是落实习近平总书记全面依法治国新理念新思想新战略的重要举措，是推动广播电视行业高质量创新性发展的重要内容。

科技进步日新月异，内容传播形式和手段不断翻新，媒体格局出现深刻变化，广播电视和网络视听一些领域"立法空白"凸显，需要尽快健全法律制度，做到既管得到，又管得好。基地将聚焦广播电视和网络视听领域治理体系和治理能力建设，推进法治政府建设。依托基地开展了《广播电视管理条例》修订等课题项目的研究工作。通过充分发掘双方的学术优势和各种资源，进一步强化政策协商，充分用好专家、智库，借助"外脑"提升政策制定和决策的科学性，为广电总局决策与治理能力提升提供高水平智力服务和相关理论支持，为行业政策制定和市场监管提供全方位、立体化、针对性的智库服务，更好汇聚民意共识，进一步提升广播电视法治工作水平。

四、加大面向全社会普法力度，夯实依法治国群众基础

党的十九届四中全会指出，加大面向全社会的普法宣传，增强全民法治观念，引导全体人民做社会主义法治的忠实崇尚者、自觉遵守者、坚定捍卫者，夯实依法治国群众基础。2019年以来，广电总局紧密结合广播电视法治工作实际，广泛开展内容丰富、形式多样的普法活动，普法力度明显加大，法治理念明显增强，营造广播电视浓厚法治文化氛围，以实际行动坚决做到"两个维护"。

（一）推动落实"谁执法谁普法"，普法活动内容丰富形式多样

一是建立普法责任工作制度。广电总局认真贯彻落实中央办公厅、国务院办公厅《关于实行国家机关"谁执法谁普法"普法责任制的意见》，研究制定广电总局"谁执法谁普法"普法责任清单。指导各省广播电视局出台"谁执法谁普法"普法责任制的实施意见及责任清单，将普法工作与其他业务工

作紧密结合,做到同部署、同检查、同落实。

二是开展普法宣传。认真落实"七五"普法规划,充分发挥广播电视媒体优势,全方位、多层次、多媒体持续深入宣传习近平总书记关于全面依法治国的重要论述、深入宣传中国特色社会主义法律体系和法治实践。加强法治频道、法治节(栏)目和新媒体法治传播渠道建设,鼓励各级广播电视播出机构积极开办法治节(栏)目,深入普及法律知识,提高公众法治观念。福建广电集团《宪法与我同行》《当你面临这种状况!宪法为你撑腰!》参展全国第三届"我与宪法"优秀微视频和第十六届全国法治动漫微视频展活动。黑龙江广播电视台法制类节目《遇事找法》受到广电总局通报表扬。海口广播电视台《热带播报》栏目开设了《扫黑除恶进行时》《扫黑除恶纪事》专栏,关注各部门扫黑除恶专项行动开展的各项行动、普法宣传工作及相关案例进行日常动态报道、专题策划报道。

三是组织普法检查。落实中宣部、司法部要求,开展"七五"普法检查。2019年对广电总局所属单位进行普法检查和实地抽查,指导督促各单位的普法宣传工作,并及时向司法部报送广电总局系统中期检查报告。

四是组织开展法律法规学习。2019年以来,广电总局开展了法律宣传月、知识产权公益广告等内容丰富、形式多样的普法宣传活动和法规培训。此外,广电总局还向机关职工分发《民法总则》《网络安全法》等法律单行本,并组织编制分发《广播电视系统法纪知识要点汇编(2019)》《广播电视地方法规汇编》等书籍,供行业人员学习使用。

(二)开展法治培训交流,组织法律竞赛答题

2019年7月,广电总局举办全国广播电视知识产权骨干培训班,邀请法官、律师及相关部委专家专题讲授知识产权与法律服务,并开展经验交流。12月广电总局举办全国广播电视法治骨干培训班,以"学习贯彻党的十九届四中全会精神"为主题,邀请司法部、中国政法大学和福建省高级人民法院等单位相关专家授课,并开展广泛交流。同时,广电总局与相关法律专家建立紧密联系,初步形成广电总局法律专家库。地方广电行政部门也积极开展

多种形式的培训等活动。如江苏省广电系统法治工作骨干培训班于2019年10月30日至31日在北京举办，河南局举办全省广播电视系统法治培训班，江西局举办2019年全省广播电视法治人才暨"放管服"改革培训班。

2019年12月至2020年1月，广电总局在全国广播电视系统开展法纪知识竞赛网络答题活动，全系统参加人数超过12万人，参与人数和单位不断创出新高。2020年2月，为深入贯彻落实习近平总书记关于防控新冠肺炎疫情的重要讲话和重要批示精神，深入贯彻落实中央全面依法治国委员会第三次会议要求，广电总局组织开展了防控新冠肺炎疫情工作有关法律知识网络答题活动，广电总局机关各部门、直属各单位全体干部职工参加。

2020年是全面建成小康社会的决胜之年、脱贫攻坚决战之年、"十三五"规划收官之年，也是广播电视高质量创新性发展的关键之年。全国广电系统将全面贯彻落实习近平总书记全面依法治国的新理念新思想新战略和关于宣传思想工作的重要思想，按照党的十九届四中全会关于到2035年，各方面制度更加完善，基本实现国家治理体系和治理能力现代化的决策部署，落实"坚持以社会主义核心价值观引领文化建设制度"中"坚持依法治国和以德治国相结合，完善弘扬社会主义核心价值观的法律政策体系，把社会主义核心价值观要求融入法治建设和社会治理，体现到国民教育、精神文明创建、文化产品创作生产全过程"要求。广电总局将以制度建设为主线，结合"六大工程"，精心组织实施好广电总局2019—2028年立法工作规划，通盘考虑，梯次推进，既整体布局，又突出重点，加大立改废释力度，健全完善广播电视法治体系。继续推进广播电视科学立法、依法管理、法治政府建设和宣传普法工作，坚持问题导向，抓重点、攻难点、举亮点、强弱项、补短板，为广播电视高质量创新性发展提供有力法治保障。

第二节　广播电视新闻宣传与文艺宣传

国家广播电视总局宣传司司长　马　黎
国家广播电视总局广播影视发展研究中心　戚　雪

提要： 2019年，全国广电媒体充分彰显主流媒体地位，发挥主阵地主力军作用，着力推动习近平新时代中国特色社会主义思想入脑入心、落地生根。广播电视宣传出新出彩，聚焦主题，生动呈现新中国成立70年辉煌成就，圆满完成各项重大活动、会议的宣传报道与解读阐释任务；广播电视节目创新创优取得重大进展，节目形式和内容不断拓展，艺术水平进一步提升；国产纪录片、动画片创作持续健康繁荣，精品力作不断涌现。广播电视自觉承担起"举旗帜、聚民心、育新人、兴文化、展形象"的使命任务，传播力引导力影响力公信力不断增强。

一、广播电视新闻宣传聚焦主题主线，唱响主旋律强音

2019年，全国广电系统坚持以习近平新时代中国特色社会主义思想为指导，树牢"四个意识"、坚定"四个自信"、做到"两个维护"，持续深化习近平新时代中国特色社会主义思想的宣传阐释，主题宣传报道浓墨重彩、亮点纷呈，围绕党的新思想、新战略、新部署，积极营造宣传强势，让主旋律和正能量主导广播电视空间。在圆满完成各项重要宣传任务的同时，针对突发性事件，全国各级广电媒体反应快速，加强舆论引导。新冠肺炎疫情发生

后，全国广电战线奋力投入抗击疫情宣传舆论工作，加强权威信息发布、防疫科普宣传，持续组织全国性公益展播活动，为打赢疫情防控阻击战提供有力舆论支持，凝聚万众一心、坚决战胜疫情的强大力量。

（一）坚持把核心宣传放在首位，深入持久、入脑入心

2019 年，全国各级广电媒体把学习宣传贯彻习近平新时代中国特色社会主义思想作为重中之重，不断深化拓展广播电视媒体"头条"建设和视听新媒体"首页首屏首条"建设，深入开展"新时代新气象新作为"主题报道，紧紧围绕习近平总书记的重要活动、重要讲话、重要会议，深入展现习近平总书记为国为民、以身许国许党，带领中国人民实现伟大复兴的辛劳实践和躬亲奋斗，做到习近平总书记重要思想和风采"天天见、天天新、天天深"。同时，进一步创新宣传表达，推出通俗化、大众化的电视理论节目，用老百姓喜闻乐见的方式，不断把学习宣传贯彻习近平新时代中国特色社会主义思想引向深入。

（二）庆祝新中国成立 70 周年宣传浓墨重彩、高潮迭起

全国广播电视紧紧围绕庆祝新中国成立 70 周年这一主线，在党中央坚强领导和统一部署下，旗帜鲜明讲政治，全面部署早动手，积极创新勇作为，严细深实肯担当，敬业奉献履职责，扎实细致推进各项工作，推出了一批有高度、有力度、有声势、有新意、有温度的宣传报道与文艺精品，圆满完成庆祝新中国成立 70 周年重大宣传报道任务。

加强排兵布阵，发挥宣传合力，主题宣传贯穿全年、亮点纷呈。自 2019 年年初开始，各级广播电视台认真贯彻落实《庆祝中华人民共和国成立 70 周年宣传报道方案》，策划组织了多维度多阶段的内容编排，充分展示了新中国成立 70 年来的辉煌成就，极大振奋了民族精神，广泛激发了各方面力量。在总局指导下，全国各级广电媒体开设"壮丽 70 年·奋斗新时代""爱国情奋斗者"等专题专栏，立足当地的发展变化，带领观众走进城市和乡村，充分展示新中国成立 70 年来各地区各领域取得的辉煌成就，激发人民群众的家国情怀。同时，地方广播电视台突出本土特色，持续开展形式多样、层次丰富

的主题宣传。有的全景式展现70年砥砺奋进的壮阔历程，用宏观视角谈变化、议发展，聚焦重大国家战略，展现共和国沧桑巨变；有的侧重经济、文化、教育等主题，着重表现特定领域的发展成就；有的紧贴人民生产生活，体现人民群众幸福感、获得感。这些宣传报道组成庆祝新中国成立70周年的宣传矩阵，全面发力，阶段推进，把控节奏，不断升温，在国庆前后形成高潮，有力烘托了庆祝新中国成立70周年的热烈氛围。

集结广电力量，强化资源统筹，实现主题宣传区域协同创新。在广电总局统一指挥下，各级广播电视播出机构提前谋划、通力合作，打造多个大型媒体活动，在广播电视空间营造了浓厚庆祝氛围。长江流域12省市广播电视台以《长江之恋》为题，紧扣庆祝新中国成立70周年这条主线，推出了两台晚会、一个综艺节目、一次大直播、一部纪录片，同一个主题以多种文艺形式呈现，充分展现长江流域各地在党中央发展长江经济带战略思想的指引下"千帆竞逐浪"的蓬勃发展新局面。江苏、上海、浙江、安徽四地广播电视台联合制作播出《聚力长三角奋进新时代》，深入宣传阐释习近平总书记关于长三角区域一体化发展的重要讲话精神，多视角、立体化反映长三角地区"三省一市"各展所长、共同推进一体化发展的历程。国庆期间，《我同祖国共成长——庆祝新中国成立70周年少儿晚会》在总台央视少儿、十余家卫视以及30余家省级少儿频道播出，同样取得较好的播出效果。广播电视台跨区域联合制播的做法，不仅在主题宣传上更好地发挥主流媒体优势，形成合力、壮大声势，也为广电机构在加强合作、做优做强方面提供可借鉴的经验。

（三）脱贫攻坚宣传聚焦精准扶贫，汇聚决战决胜强大正能量

2019年是决胜全面建成小康社会的关键之年，各级广电机构紧扣"决胜全面小康、决战脱贫攻坚"主题，不断推进内容创新和形式创新，涌现出一批脱贫攻坚主题的优秀节目。

参与实践，推介资源，让贫困群众切实获益。随着脱贫攻坚的不断深入，广电逐渐从扶贫的记录者变为直接参与者。一些节目将扶贫与综艺、真人秀相结合，利用名人的影响力引起全社会对节目的广泛关注，最终聚

焦到脱贫主题。同时以节目为平台整合资源，连通线上线下，对接产品市场，从贫困群众实际需求出发，切实提供帮助、解决困难。如《我们在行动》聚焦"精准扶贫"，以主持人、明星、企业家组成的"助农团队"深入贫困地区，通过下乡选品、产品研发、订货会、社区推广等形式，帮扶贫困地区一次次搭建起健康的"产业扶贫造血工程"；《脱贫大决战第4季》采取演播室录制和公益名人基层采风相结合的形式，发现当地在脱贫过程中遇到的问题和矛盾，集结社会资源因地制宜精准帮扶，同时为贫困村策划制作推介短视频，借助新媒体提升当地农产品和文旅资源的品牌影响力。

答疑解惑，解剖典型，做好扶贫政策翻译官。扶贫工作不仅是解决产品销路，还要帮助困难群众转变思想、跟上时代。一些节目将扶贫与谈话类、理论类节目结合，或在常规节目中设置专题专栏，融合嘉宾访谈、实时连线、现场互动等多种形式，用生动的电视语言解读政策，带给当地群众积极影响。如《扶贫第一线》《第一书记》等节目，采用纪实手法，深入脱贫攻坚一线，立体呈现贫困原因、扶贫成果、扶贫工作面临的困难，以及广大干部群众攻坚克难的信心决心；《脱贫致富电视夜校》围绕政策普及、技术讲解等开展教学，将扶贫同扶志、扶智相结合。这些节目讲述扶贫故事、记录扶贫举措，为当地乃至全国脱贫攻坚提供新经验、注入正能量。

（四）重大会议和活动报道主题鲜明，内容丰富，营造良好舆论氛围

一是全力做好党的十九届四中全会宣传阐释，推动兴起学习热潮。各级广播电视台在重点新闻节目中，全面、准确、深入地宣传解读党的十九届四中全会精神，积极报道各地开展学习宣讲的情况和社会各界的学习体会，宣传一系列党的创新理论和实践成果。北京、湖南、江苏、上海、浙江等省级卫视在重点节目中分别开设《学习贯彻党的十九届四中全会精神》《解读十九届四中全会精神》《深化改革激发活力》等专栏，进行高密度重点报道，多层次、广视角开展全会精神的宣传阐释，受到观众欢迎。

二是突出核心、聚焦主题，全方位做好全国两会宣传。各级广播电视台精心采制、充分报道习近平总书记两会期间的各项活动，深入宣传阐释习近平总书记参加团组审议讨论时的重要讲话精神，集中报道各地反响，展示各地牢记习近平总书记嘱托、推进经济社会发展的生动实践，充分展现大国领袖风采和开放透明、民主和谐的会议氛围。同时，聚焦新时代两会代表委员风采，多角度展现代表委员积极参政议政和履职情况，通过议案提案反映民心民意民情，充分展示开放透明、民主和谐的会议氛围，使两会宣传报道更具厚度、更有温度、更接地气。

三是精心组织各项重大活动宣传报道，有力服务党和国家大局。2019年，全国广电宣传战线圆满完成第二届"一带一路"国际合作高峰论坛、2019年中国北京世界园艺博览会、亚洲文明对话大会、第七届世界军人运动会、第二届中国国际进口博览会等重大活动宣传，做到围绕重点、突出亮点、形成声势、把握节奏，唱响主旋律，壮大主流强音，为党和国家各项工作顺利开展营造了良好舆论氛围。

二、广播电视战"疫"宣传反应迅速，营造万众一心、阻击疫情的浓厚舆论氛围

新冠肺炎疫情发生以来，全国广电战线坚决贯彻落实习近平总书记重要讲话和指示批示精神，全面落实中央决策部署，在广电总局统一指挥下，全国各级广播电视机构全体动员，全力投入，形成合力，确保权威信息及时传播和内容服务有效供给，凝聚起众志成城、共克时艰的强大精神力量，为打赢疫情防控阻击战作出了突出贡献。

（一）加强宣传教育和舆论引导，坚定战胜疫情信心

疫情发生后，全国广电统筹网上网下、国内国际、大事小事，持续加强宣传教育和舆论引导，维护社会大局稳定。全国各级广播电视台迅速调整节目编排，集中力量投入疫情防控宣传，各卫视在重点时段、重点节目纷纷开辟战"疫"专题、专栏，推出《众志成城抗击疫情》等50余档新闻直播节目和特别报道。各节目栏目深入宣传党中央决策部署，充分报道各地区各部门联防联控的措施成效，生动讲述防疫抗疫一线的感人事迹，增

强公众打赢疫情防控阻击战的信心。

（二）及时传递一线权威信息，积极回应群众关切

疫情发生以来，湖北各级广播电视台即时投入战斗，全面报道抗疫一线，全国各地广播电视台全面展开新闻宣传，及时报道全国和本地的疫情防控动态。中央和各省台的记者主动请缨、奔赴武汉，与当地媒体并肩作战，第一时间多角度、全方位报道疫情防控和病患救治情况，不畏艰险、深入一线，用情用心讲述抗疫感人事迹，客观真实反映广大群众的困难和问题，及时回应社会关切特别是群众的集中诉求，为疫情防控凝聚起强有力的精神力量，极大地鼓舞了一线士气。

（三）加大科普宣传力度，引导公众做好自我防护

为动员人民群众共同打赢疫情防控阻击战，广电总局统筹部署全国广播电视媒体及时推出数十档防疫科普特别节目，如《养生堂》《名医话养生》《李兰娟今天说》《抗击疫情特别时间》等。这些节目充分发挥广电优势，解答常见问题、澄清流言误区，大力普及防疫科普知识，引导大众正确看待疫情，增强自我防范意识和防护能力。

（四）强化融合传播，壮大主流声音

各台强化融合传播和交流互动，利用"三微一端一抖"和自有融媒体平台等，形成庞大的媒体矩阵联动发声，面向不同终端和场景精准宣传，极大丰富了报道内容和形式，增强了宣传效果。积极主动适应公众获取信息渠道的变化，确保疫情防控宣传无死角无盲点，最大限度满足了人民群众对于疫情防控的信息需求。

（五）占据主动，改进和加强对外宣传

中央广播电视总台等有关媒体围绕疫情防控，大力组织开展各种形式的对外报道宣传，加强同境外媒体的合作，在国际舆论场及时发声，揭露不实谣言和恶意攻击，大力宣传中国智慧和中国方案，讲好中国抗疫故事，为疫情防控营造了良好国际舆论氛围。

三、广播电视节目突出创新创优，强化价值引领

长期以来，广电总局把节目创新创优作为导向管理和质量提升的重要抓手，实施了一系列引导政策和扶持举措，大力倡导"小成本、大情怀、正能量"的自主创新方向，大力扶持"公益、文化、原创"节目，建立了政策引导、创作指导、扶持激励、宣传推广等措施和机制，推出一大批坚持正确导向、弘扬中国精神、反映时代风貌、承载百姓情怀的优秀节目，荧屏声频昂扬向上、新风扑面。

（一）做强理论节目品牌，强化宣传实效

广播电视理论节目在生动鲜活解读新思想方面进行了积极探索，将理论的内核、综艺的外壳、时代的话题有机融合，在通俗化、大众化、电视化、现代化上下功夫，推动理论宣传更加贴近生活、深入人心。2019年，理论节目创作生产取得优异成绩，据不完全统计，全年各级广电机构制播了20余档理论类节目[1]，《思想的田野》《中国正在说》《长江黄河如此奔腾——解读共和国70年》等一批理论节目热播荧屏，让老百姓"知其然更知其所以然"，拓展了理论节目创新的新境界。

创新理论宣传，打造品牌节目。由北京、上海、浙江、江苏、湖南、云南、海南、福建、四川、黑龙江、内蒙古等卫视制作的大型电视理论节目《思想的田野》，以"理论宣讲大篷车"为载体，对习近平新时代中国特色社会主义思想进行通俗化、大众化、电视化的创新表达，生动展示了各地在习近平新时代中国特色社会主义思想指引下，因地制宜谋求发展、开拓创新深化改革的实践成果。第一季节目于2019年8月分别在北京、上海东方等五家卫视晚间黄金时段播出，引发强烈社会反响，微博话题浏览量达到784.6万次[2]，切实满足了人民群众对理论宣传的新需求，新期待。

---

[1] 国家广电智库：《推动宣传思想工作实起来强起来——一论加快广电高质量创新性发展》，2020年1月5日。

[2] 广电独家：《2019年全国省级卫视调研报告》，2019年12月13日。

创新表现形式，搭建沟通桥梁。理论节目一改以往说教灌输的形式，用通俗的语言、真实的故事和互动的方式等，向观众生动展现中国模式和中国崛起的道路。东方卫视创新理论节目《这就是中国》，采用"演讲+现场互动"形式，话题设置时效性强，不回避社会热点、敏感问题，将党的创新理论以多样化的手法阐释。该节目在哔哩哔哩（bilibili）网站播出后，全站超3000万播放量，其中30岁以下年轻受众占比60%，观众口碑评分高达9.7分，[①] 切实让年轻观众加深对中国道路的理解。浙江卫视播出电视理论节目《中国共产党为什么能》，议题设置兼具理论高度、历史深度和实践温度，在场地选择、环节设置、网络互动等方面也多有创新，节目的表现形式和传播形式都极富亲和力、感召力，让抽象的理论更生动，让观众悟出道理、增加认同。

（二）文化和科技类节目守正创新，涵育人心

人文类节目深耕传统文化，激发文化自信。近年来，人文类节目类型日渐丰富，涉猎更加广泛，在内涵和品质上也有了质的飞跃，很多节目都成为年轻人追捧的爆款。由深圳卫视推出的《诗意中国》，采用剧场和推理的创新形式将"诗意"这一抽象的概念融入了"推理"元素，让探寻者从亲身感悟的诗意生活出发，结合现场还原的古人生活场景，对主题关键字进行层层剖析，别具一格的题材和对文化传承的新型表达，架起年轻观众与传统文化之间的桥梁。湖南卫视《神奇的汉字》、湖北卫视《奇妙的汉字》都以中国汉字文化为核心，通过轻松的汉字游戏追溯历史、解读文化，集知识性和娱乐性于一体。江西卫视播出《跨越时空的回信》，用书信与先烈对话，带领观众进一步了解、感知先烈对革命事业的忠贞。这些节目通过创意化表达、趣味化解读及潮流化传播，有力促进年轻一代融入并关注传统文化。

科技类节目聚焦发展前沿，展示科技成就。科技的发展不仅让广播电

[①] 中国青年报客户端：《〈这就是中国〉：零距离"思想广场"讲述中国故事》，2019年11月29日。

视的制作手段、传播方式更加多元，也让各类平台积极探索科学益智类节目的创新发展。中央广播电视总台的《机智过人》，以"最强人类"对决顶尖人工智能科技成果的趣味形式，向社会公众展现人工智能前沿发展动态，第三季节目以"智敬中国"为主题，聚焦农业、制造、医疗、环保等诸多领域中的"智能+"，唤醒人们对科技的好奇心；浙江卫视的《智造将来》，让科研人员走到台前，将中国科技创新项目以通俗易懂的方式带到大众眼前，拉近科技和生活的距离；江苏卫视的《从地球出发》，定位天文科幻科普，将"科幻剧+科学说"结合，引入电影团队、科幻大咖、科普达人合力加盟，是将影视化表达应用于综艺形态的全新探索。

（三）综艺类节目拓展边界，多类型融合凸显社会价值

据统计，2019年共上线406档综艺，其中电视综艺205档。① 电视综艺的创作热情仍然较高，节目品质提升，创新力度加大，扭转了泛娱乐化的创作模式，研发推出了更多类型丰富、正能量、高品质、有文化的原创节目模式。

一是综艺+地域文化，增强节目内涵。如北京卫视利用地域文化优势，打造《上新了·故宫（第二季）》《遇见天坛》《了不起的长城》等彰显中国珍贵文化遗产的节目，挖掘"国潮"文化内涵；还有立足于山西戏曲艺术的《走进大戏台》，展现福建自然和人文风光的《最美旅拍》等，兼具趣味性和地域特色，展现当地文化魅力。

二是综艺+公益主题，突出社会价值。公益元素的加入，拓展了综艺节目的选题范围，进一步充实了节目的正能量。同时二者互补，节目的影响力也让观众增强对公益事业的关注。如《忘不了餐厅》首次将综艺节目与关注认知障碍结合；《快乐大本营》设置公益板块"快乐有你·温暖出发"、《天天向上》推出"家乡的宝藏"系列节目，拉动区域经济发展；《极限挑战》《奔跑吧》系列等，也将公益主题融入策划创意。这些节目挖掘文化资

---

① 新华网：《2019综艺市场：类型多元化明星素人化台综网络化传播社会化》，http://www.xinhuanet.com/ent/2020-01/02/c_1125414573.htm，2020年1月2日。

源底蕴，进一步拓展综艺节目的社会功能。

三是综艺+历史人文，展现艺术魅力。近年来，一些具有人文气质的综艺节目得到观众广泛认可，这些节目将历史文化具象为一个个故事，让观众在轻松观赏之余感受文化魅力。黑龙江卫视打造的《歌声与微笑》，在中俄建交70周年这一特殊历史节点，以"情感故事+综艺表演"的形式讲述两国人民近一个世纪的深厚情感；广东卫视、山西卫视联合出品的《国乐大典》，围绕中国民乐主题展开，将经典的国乐作品重新配器编曲，糅合戏曲、舞蹈、吟唱、吟诵、话剧、诗赋等多种文化元素进行全新改编，让民族音乐重焕光彩，吸引了大批的年轻粉丝。

四、纪录片践行"四个讴歌"，用纪实语言讲好中国故事

近年来，广电总局持续加强纪录片产业规划指导，从创作、播出、产业等各个环节加大扶持引导，国产纪录片涌现出一批思想精深、艺术精湛、制作精良的优秀作品，社会影响力、美誉度不断提升，成为我国影视产业发展的新亮点。2019年9月下旬，国家广播电视总局节目收视综合评价大数据系统首次公布纪录片收视报告，对16个总台央视频道、34个地方卫视频道、3个地方上星纪实频道以及4个中国教育电视台频道的纪录片收看情况进行了监测。数据显示，共有11部纪录片收视率破0.5%，超过多数晚间黄金时段综艺节目，纪录片整体收视的强劲势头，再次证实了纪录片行业的蓬勃发展和巨大的市场潜力。

（一）生动呈现70年辉煌成就，唱响新中国新时代赞歌

深情回望历史，抒写时代价值。重大革命和重大历史题材纪录片挖掘时代价值，重大现实题材纪录片聚焦时代发展，通过深情记录新中国建设的历史成就，为新中国发展立传。纪录片《人民的选择：淮海战役启示录》，紧扣淮海战役取胜的深层原因及对当今时代的启示，生动诠释了中国共产党人的精神境界和价值追求，深刻回答了为什么历史和人民选择了中国共产党；《彩色新中国》首次公开一批新中国成立初期的彩色影像，以独

特的视角、温情的故事、丰富的细节，详细解读这些历史影像，展现新中国气象万千的崭新风貌，唤起了人们对新中国成立的记忆；纪录片《国歌》追述国歌《义勇军进行曲》诞生的背景、创作的经过、传唱的历史以及它所唤起的人民自豪感、奋斗感与创造力。纪录片《代号221》讲述了原国营221厂研制出中国第一颗原子弹和氢弹的故事，展现了自1958年以来的几十年间，我国第一代核工业人在青海金银滩草原上"做隐姓埋名人，干惊天动地事"的那段重要历史，讴歌了大历史背景下中国核工业的伟大英雄。

记录辉煌成就，传播前沿信息。自2018年实施"记录新时代"纪录片创作传播工程以来，广电总局大力扶持鼓励带有鲜明时代印记、彰显时代精神的纪录片精品，一批反映国家经济、政治、文化、社会、生态文明建设发展新成就，反映普通中国人以奋斗创造美好生活的作品相继推出，获得广泛好评。贯彻落实长三角区域一体化发展国家战略的纪录片《长江之恋》，通过长江沿岸人民对长江的眷恋之情，展示新时代社会变迁、绿色转型的鲜活故事；反映重大工程战略成就的纪录片《粤港澳大湾区》，以国际视野与历史眼光相结合，从粤港澳三地合作历史及成果出发，立足粤港澳大湾区建设进行时态，探寻湾区引领时代发展的原因。

（二）垂直细分题材向深度开掘，影像风格各具特色

以个体命运折射民族精神。广电总局大力倡导拍摄反映普通中国人奋斗故事的纪录片，扶持创作了一大批"讲述老百姓自己的故事"的现实题材作品。《青年强·中国强》以"为中华之崛起而读书而奋斗"为主题，真实记录了10位当代青年的责任、担当、勇气、激情与奋进，既体现出社会主义核心价值观的思想传播，又散发着当代生活的底蕴，充满情感温度。还有《小岗纪事》《走进兰考》《兴安岭上》等纪录片，用现在进行时的手法记录了新时代中国人的小目标、小梦想、小浪漫，成为这个时代的珍贵记忆。

国际化表达塑造大国形象。当前，中国正在经历历史性变革，中国社

会的蓬勃发展、大国的责任担当和国际交流交往为纪录片创作提供了丰富的源泉，一批国际化的纪录片应运而生。为纪念中匈两国70年友好交往而制作的专题纪录片《光阴的故事——匈牙利篇》，不仅有宏观的国家叙事，更是以民间平凡故事展示两国人民互敬互爱；纪念中俄建交70周年，纪录片《我们的男孩》围绕60余年前发生在黑龙江省的一场跨国医疗救助事件展开寻访，还原真实历史，赞颂两国人民之间的真挚情感。纪录片《伊犁河》《我的青春在丝路》《大河北上》，积极响应"一带一路"合作倡议，用小故事阐述大战略，不断扩展记录的空间；《稷下学宫》《中国》等纪录片面向国际挖掘中华传统文化中的深邃内涵，突破语言隔阂和文化差异，生动呈现中国悠久的历史文化。

高口碑医疗题材承载生命力量。长期以来，医疗题材纪录片凭借其题材的特殊性广受关注，并逐步向深度思考探寻。《人间世》第二季延续上一季蹲点拍摄的创作手法，更加注重对社会议题的设置，展示中国医生面对重重困难的艰难抉择和病患面对疾病的坚强态度，传递出病痛背后的温暖和希望，以及社会进步的力量。《手术两百年》远赴12个国家，通过医生视角系统展现人类与疾病的斗争历史，以古今交替呈现的方式来结构全片，记录科技历史变化，展现人道主义光辉。截至2020年3月，两部作品豆瓣评分高达9.6分和9.4分，在题材选择、拍摄手法、艺术表现上都获得了好评，为医疗题材纪录片的创作提供了有益经验。

（三）立体传播推动创作年轻态

拥抱网络生态，激发创作活力。近年来，传统纪录片的原有生态模式正在逐渐重构，主流电视平台之外，互联网平台的介入，为纪录片发展拓展了更广阔的空间。立体化、碎片化的传播特点和互动性、即时性的观看体验，更加契合当代年轻观众的习惯与偏好，推动上游制作端进一步转型升级。如湖南卫视推出的《青春嗨一夏》系列，以青春为主线，由毕业、美食、职业三个不同主题的作品构成。其中《路过零点》将午夜职业作为切入口，聚焦奋斗中的年轻群体，用年轻语态记录年轻人的真实生活，传递青春正能量，获得观众认可，创造了不俗的收视成绩。

"短平快"成为发展新特点。据中广联合会在"2019年度中国最具影响力十大纪录片系列推选活动"发布的统计数据，2019年全年共有230余部国产纪录片上映，其中微纪录片明显增多，"短小精悍"纪录片传播效果好，总集数不足10集的有147部；每集10分钟以内的有20部，30分钟以内的90部，60分钟以上的仅12部。① 广电总局节目收视综合评价大数据系统发布的纪录片专题收视报告显示，2019年6月3日至8月9日期间，排名位居前三的《瞬间中国》《手创中国》都是平均时长仅为90秒的短片类纪录片。"短平快"的纪录片更易在社交平台和短视频平台传播，培育了大批年轻的国产纪录片爱好者。

五、动画片坚守中华文化立场，美学探索更加精进

2019年，中国动画发展步伐稳健、成绩显著，创作水准和品牌影响力都有显著提升。国产动画从规模数量增长为主转变为质量效益的提升，原创精品层出不穷，主旋律作品质量突出，良性的动画产业格局正在形成。

（一）生产结构保持稳定，题材类型丰富多元

国产动画片的生产制作稳中有升。2019年，全国经备案公示的国产电视动画片共472部，总时长188186.05分钟，比2018年备案数量增加12部；2019年获得国产电视动画片发行许可证的动画片共305部，总时长94659.1分钟，比2018年增加64部。（见表1）

表1　2015~2019年国产电视动画片发行情况表

年份	2015年	2016年	2017年	2018年	2019年
发行数量（部）	273	261	244	241	305
发行时长（万分钟）	13.83	12.51	8.4	8.63	9.47

数据来源：广电总局宣传司。

---

① 新华网：《聚焦主旋律、关注社会现实、创新传播方式——我国纪录片发展正迎来春天》，https://baijiahao.baidu.com/s? id=1656058412393493145&wfr=spider&for=pc，2020年1月18日。

童话、教育、科幻等题材仍是创作热点。2019 年获准备案的动画片中，童话题材 214 部、75594.3 分钟；教育题材 104 部、43898.25 分钟；科幻题材 52 部、23409 分钟；其他题材 38 部、10019 分钟；现实题材 29 部、23396 分钟；历史题材 20 部、7359.5 分钟；神话题材 15 部、4610 分钟。[①]（见图 1）

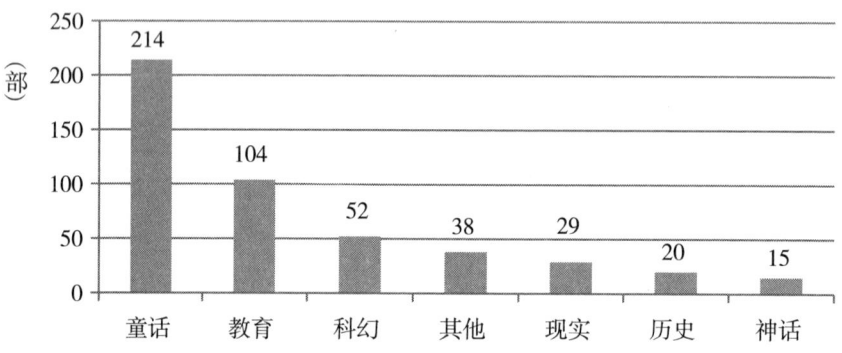

图 1 2019 年广电总局备案公示的国产电视动画片分类数量

数据来源：广电总局宣传司。

（二）主旋律创作重点突出，创作格局进一步拓展

社会主义核心价值观创作亮点纷呈。2019 年，国产动画片继续围绕社会主义核心价值观进行创作，同时紧扣庆祝新中国成立 70 周年主题，作品饱含爱国情感、承载家国情怀，在引领青少年传承民族精神、弘扬爱国主义方面具有积极意义。动画片《可爱的中国》采用时空穿越的创作手法，讲述了方志敏烈士一生的理想信念追求和为之奋斗牺牲的故事，引领青少年观众感受历史、感受英雄、崇敬英雄，激发了青少年的爱国主义情怀；以新中国成立初期独立制造原子弹为题材的动画片《在那遥远的地方》，独辟蹊径以青海土地上特有的普氏原羚与儿童的视角为切入点表现这段恢宏历史，展现了人与自然和谐共生的美好画面，弘扬了不畏艰险、无私奉献的"两弹一星"精神。

---

① 数据来源：广电总局宣传司。

科技题材广受关注，成为新的创作热点。近年来，科技题材动画片凭借极具趣味性的故事设定和丰富的科学知识，受到少年儿童的喜爱。如《棉花糖和云朵妈妈之超级小米花》讲述了棉花糖、云朵妈妈带领宠物狗小米花参加宠物选拔比赛，与人工智能狗争夺冠军的故事，用童趣的表现手法讨论人工智能的发展问题；在《酷杰的科学之旅第2季：海洋探秘》中，酷杰三人组的冒险乐园变为海洋，通过他们帮助海洋动物解决麻烦，探索海洋的奥秘；《超级小熊布迷》以几个小伙伴进入网络虚拟空间对抗网络病毒巴戈大魔王的故事，引起大家对日常接触的互联网世界的关注。这些动画片唤起少年儿童对科技的好奇，激发想象力，拓展兴趣爱好，并在观看中培养学科学、爱科学、用科学的良好习惯。

照顾各年龄层次需求，受众结构更加均衡。2019年，国产动画片的创作更加注重对低幼和青少两方面群体的观照，尊重创作艺术规律和不同年龄阶段心理，使动画片的受众进一步拓展。如《小鸡彩虹》系列、《熊熊乐园》系列、《毛毛镇》、《小鹿杏仁儿》等动画片，定位于学龄前儿童以及幼儿，好听好看，充满童真童趣，满足了低幼儿童的观赏需求。而以风起云涌的战国为背景的《天行九歌》，讲述极具天赋的歌手胡历追逐梦想的《狐狸之声》，则将目标对准青少年甚至成人，在叙事手法、画面制作等各方面都有较高的艺术水准，不仅拓宽了国产动画的题材选择，也进一步强化了受众群体的培育。

（三）高新技术广泛应用，品牌影响逐步提升

多种技术手段赋能制作创新。《大禹治水》首次使用4K技术制作动画，将大禹波澜壮阔的治水历程用超高清画面呈现，将中国古代神话故事传达的精神与社会主义核心价值观融为一体，让观众感受到传统文化与现代技术的碰撞与融合；《天行九歌》引入"E-motion虚拟动态"技术，在特效、光影方面增强了视听表现力，通过流畅精细的画面展现国风之美；《奔奔小飞车》《超级飞侠6》等采用3D技术，在细节展现和动作衔接上进一步升级，效果逼真；《口袋森林第一季》运用定格动画形式进行创作，且动画中的角色、场景使用3D打印制作,弥补传统定格动画中手工出现的误差。新技术的应用进一步提升了国产动画的视听效果,丰富了观众的观看体验。

社会教育功能进一步凸显。长期以来,有关儿童教育和安全的问题备受瞩目,而动画这一独特的表现形式,可以在少年儿童成长过程中发挥潜移默化的影响。因此,一些动画片在创作过程中,除了注重娱乐性和趣味性,还自觉肩负起文化责任,加强了社会教育功能。如《天眼归来》融入了大量有关儿童安全教育、健康教育、礼仪及行为规范教育的故事情节,贴近小学生的日常校园生活,让孩子们与片中人物共同解决问题;《阿优的烦恼》关注儿童心理健康,把一个个幼儿敏感期的心理问题,用轻松幽默的故事包装起来,对父母和孩子同时进行一次儿童心理知识的科学普及教育;《丹妮小课堂》以环保为主题,带领孩子们去认识这个地球上的很多不同的物种,用故事绘本的表现手法让孩子认识到环保的重要性。这些作品让孩子们在看动画片的同时也能真切地融入其中,具有积极正面的教育意义。

IP运营更加成熟。一方面,加强IP培育是动画企业的重点发展方向。2019年,一些老牌IP如《大头儿子和小头爸爸》《猪猪侠》等,继续深耕IP资源,加大开发力度,巩固已有市场。一些新的动画IP也不断增强辨识度,培养忠实观众。如由皮皮鲁、鲁西西衍生的《皮皮鲁安全特工队》,以及《哈哈地球人》《哈哈大冒险》系列等,都以主要角色为基础开发不同故事序列,让动画形象深入人心。另一方面,全产业链运营仍是动画市场的主要经营模式。国产动画越来越注重IP培育,早已形成覆盖游戏、动画、电影、读物以及周边衍生品的综合性品牌,并向其他领域拓展。如已经发展较成熟的《熊出没》系列、《赛尔号》系列、《超级飞侠》系列等,开始向实景体验、主题乐园、舞台剧等方向布局。

六、政策驱动效应明显,阵地管理不断加强

(一)巩固扩大调控成果,持续提高管理效能

2019年,全国广电系统进一步落实意识形态工作责任制和属地管理责

任,认真贯彻落实广电总局各项政策制度,宣传管理工作更加科学规范、运行有效。

完善宣传工作例会制度,积极主动作为。2019年,广电总局进一步发挥全国广播电视宣传工作例会平台与宣传协调例会平台作用,及时传达中央及各部门的有关工作宣传提示及要求,表扬优秀节目,批评问题节目,邀请优秀节目的创作人员分享创作经验,树立标杆,指引方向。宣传工作例会制度已成为宣传管理的重要平台,并通过不断拓展平台功能,持续提升宣传管理效能。

加强统筹部署,创新业务指导。从2019年年初开始,广电总局围绕春节、两会、国庆等重要时间节点,指导全国卫视排播与主题氛围相符的节目。下发了《关于做好庆祝新中国成立70周年纪录片、动画片展播宣传工作的通知》《关于做好庆祝新中国成立70周年纪录片、动画片、电视节目公益展播的通知》,要求各级广播电视播出机构在重点频道和时段,积极展播、宣传党史国史军史题材和现实题材优秀纪录片,并购买了一批优秀纪录片播映权,提供全国电视台在国庆前后播出,有力配合了新闻宣传,营造了浓厚氛围,获得各方面好评。

坚持结构化管理,严格督促落实。一是指导督促各省局和制播机构贯彻落实《关于进一步加强广播电视和网络视听文艺节目管理的通知》要求,保持对追星炒星、泛娱乐化、高价片酬的高压态势,严格把好内容关、导向关、人员关、片酬关。二是坚持电视上星综合频道节目结构化管理和宏观调控,对偶像养成类节目、影视明星子女参与的真人秀节目,以及影视明星参与的娱乐游戏、真人秀、歌唱选拔等节目严格把关,切实打造讲导向、有文化的传播平台。三是进一步加强卫视黄金时段节目管理,坚持好节目进入好时段的管理理念,鼓励各级广播电视播出机构积极扩大新闻、文化、科技、生活服务、道德建设、纪录片、动画片等公益节目播出量,满足人民日益增长的美好生活需要。

(二)重点工程作用凸显,推动行业创新创优

2019年,广电总局通过实施舆论引导能力提升工程、"记录新时代"纪

录片创作传播工程、中国经典民间故事动漫创作工程、社会主义核心价值观动画短片创作活动等，推动创新创优，示范效应彰显，这只"看得见的手"已成为托举广播电视节目高质量发展的重要力量。

1. 深入实施舆论引导能力提升工程，提高节目原创能力。 持续开展广播电视新闻作品季度推优活动。2019 年四个季度，广电总局共评选优秀广播电视新闻作品 84 部，其中广播新闻作品 27 部，电视新闻作品 57 部。这些作品内容涵盖核心宣传阐述、国际局势分析、城乡发展成就和百姓关切焦点，表现形式更是囊括了消息、专题、访谈、系列报道以及直播等多种类型。广电总局对获推荐的优秀新闻作品颁发证书，在广电总局宣传工作例会上予以通报表扬，通过宣传工作例会、行业报刊、行业微信公众号等平台进行经验介绍和推介，通过扶持激励不断提升广播电视舆论引导能力。

组织开展广播电视创新创优节目评选扶持。2019 年四个季度，广电总局共评选推荐广播电视创新创优节目 44 部，其中广播节目 8 部，电视节目 36 部（见表 2）。这些节目传承中华优秀传统文化，弘扬社会主义核心价值观，具有鲜明中国特色和时代气息，同时在节目创作理念、生产方式、传播手段等方面有所创新和探索。备受观众关注和喜爱的《开学第一课》《忘不了餐厅》等节目也均在扶持之列。对于获评的创新创优节目，广电总局均予以通报表扬和资金扶持，并安排《国乐大典》《戏码头》等近 20 个优秀节目在宣传例会上向全国广电系统介绍制作经验，树立标杆，有力发挥创新创优节目的示范引导作用。

表 2　2019 年四个季度广播电视创新创优节目名单

类型	播出机构	节目名称
广播	中央广播电视总台	《开始了！垃圾分类》《共和国声音日历》《共和国记忆》
	北京广播电视台	《中共中央在香山》
	上海广播电视台	《一句》《纪念上海解放 70 周年大型新闻行动胜利之路》
	湖南广播电视台	《我是中国人》
	云南广播电视台	《扫雷英雄杜富国》

续表

类型	播出机构	节目名称
电视	中央广播电视总台	《经典咏流传（第二季）》《中国诗词大会（第四季）》《等着我（第五季）》《开学第一课》《老兵你好》《故事里的中国》《一堂好课》《中国地名大会》
	中国教育电视台	《师说（第二季）》
	北京广播电视台	《本色》
	河北广播电视台	《成语天下》
	黑龙江广播电视台	《歌声与微笑》
	上海广播电视台	《闪亮的名字》《这就是中国》《忘不了餐厅》
电视	江苏省广播电视总台	《致敬中国英雄》《从地球出发》
	浙江广播电视集团	《智造将来》《预见2050》
	安徽广播电视台	《品格》《理响新时代（第三季）》
	江西广播电视台	《跨越时空的回信》《跨越时空的回信（第二季）》
	山东广播电视台	《现在的我们》《问政山东》《传家宝里的新中国》
	河南广播电视台	《脱贫大决战（第四季）》
	湖北广播电视台	《奇妙的汉字》《戏码头暑期特别节目全国大学生电视戏曲挑战赛》
	湖南广播电视台	《神奇的汉字》《第十八届"汉语桥"世界大学生中文比赛决赛》《舞蹈风暴》《长江黄河如此奔腾——解读共和国70年》《时光的旋律（第二季）》
	广西广播电视台	《我和我的祖国》
	海南广播电视台	《对世界说》

资料来源：国家广播电视总局。

2. 大力推进纪录片播出推荐及创作扶持，不断推出新时代纪录片精品。 继续开展优秀国产纪录片推荐播映工作。在各地各部门推荐的基础上，广电总局每季度评选一批优秀国产纪录片向全国推荐播映。2019年四个季度，广电总局共收到全国选送的纪录片852部，从中评选出推荐播映的优秀国产纪录片259部。凡获得广电总局推荐的优秀国产纪录片，全国上星综合频道、纪录片专业频道、科学教育类专业频道，以及全国各级电视台纪录片栏目，应予以优先安排播出，并由广电总局安排中国纪录片网平台向社会推介展播。同时，在组织实施有关国际合作和"走出去"时，获评作品也可优先予以安排。广电总局推荐的优秀国产纪录片是地方卫视频道播出纪录片的重要来源，数据显示，仅 6 月地方卫视频道纪录片收视排名前 100 位中，播出广电总局推荐优秀国产纪录片的约有 36 部，达到 1/3 以上。[①]

继续加强国产纪录片及创作人才扶持。为了进一步从制作、播出、产业、人才等多个环节加大对国产纪录片的扶持引导力度，获得"优秀国产纪录片及创作人才扶持项目"的作品、人才，由广电总局在获得推荐的优秀国产纪录片中组织评选产生。2019 年 6 月，广电总局从上一年度的优秀作品中，确定 12 类 79 个优秀作品、人才、栏目和机构，获评 2018 年度国产纪录片及创作人才扶持项目。其中包括 41 部作品、20 个个人（集体）、5 个栏目和 13 个机构入选。充分发挥了优秀作品、制作机构、播出机构和创作人才的引领示范作用，鼓励国产纪录片精品创作，加快推动纪录片产业发展。

3. 统筹推进国产动画系列重点工程，推动国产动画精品创作。持续推进国产电视动画片的年度、季度评优工作。2019 年年初，广电总局组织评选出《可爱的中国》《丝路传奇大海图》《冰雪冬奥村》等 20 部 2018 年度优秀国产电视动画片。2019 年四个季度，广电总局共评选优秀国产电视动画片 49 部（见表3）。这些作品坚持正确价值导向，具有较高艺术水准和制作水平，广电总局推荐全国各级电视台特别是电视上星综合频道、动画少儿频道、地面少儿频道等播出，充分发挥了优秀国产电视动画片的示范带动作用，促进国产动画行业积极健康发展。

表3　2019 年四个季度优秀国产电视动画片目录

季　度	片　名
第一季度	《我们的接力跑》《毛毛镇》《天行九歌(21—60集)》《棉花糖和云朵妈妈超级小米花》《狐狸之声》《皮皮特工队3》《摩登大自然》《幸福哈哈照相机》《新大头儿子和小头爸爸传奇兜兜》《小鸡彩虹》音乐小剧场第五季《警车小治》《葫芦响叮当第二季》

[①] 国家广电智库：《媒体融合、现实题材：纪录片发展的两个关键词》，2019 年 9 月 27 日。

续表

季　度	片　名
第二季度	《大禹治水》《新大头儿子和小头爸爸除夕·白夜城》《熊熊乐园3》《口袋森林第一季（27—52集）》《超级飞侠6》《少年孟子》《皮皮鲁安全特工队》《龙图战队》《哈哈大冒险第四季》《木奇灵3奇灵之心（上）》《幸福四合院之京味儿趣玩4》《小鹿杏仁儿》《奔奔小飞车》
第三季度	《八仙过海》《篮球旋风》《小凉帽之白鹭归来》《奇奇怪怪（第一季）》《阿优的烦恼（二）》《大运河奇缘》《赛尔号第十季》《舒克贝塔第一季》《超级飞侠7》《少年师爷之智慧丝路》《海豚帮帮号第一季》《熊熊欢乐颂》
第四季度	《百鸟朝凤》《棉花糖和云朵妈妈美梦成真》《愚公移山》《哈哈地球人第二季》《在那遥远的地方》《太湖少年》《三星堆荣耀觉醒》《记忆延安城》《无敌小鹿之安全成长（第三季）》《喜羊羊与灰太狼之羊村守护者》之二《猪猪侠之竞速小英雄4》《帮帮龙出动第五季》

资料来源：国家广播电视总局。

圆满完成第三届"社会主义核心价值观动画短片创作活动"。本届活动共评选出《咚咚呛》《家·国》《英雄杰桑》等35部优秀动画短片作品，在广东梅州举办创作研讨会并对优秀作品进行表彰。2019年，广电总局和教育部高等学校动画、数字媒体专业教学指导委员将三届活动评选出的100部优秀作品结集成册出版，在高校动画专业师生中广泛传播，在爱奇艺等网络平台的展播，产生了良好的社会反响。

有序推进"中国经典民间故事动漫创作工程"。该工程扶持的电视动画片项目《大禹治水》《愚公移山》《八仙过海》《百鸟朝凤》《大运河奇缘》于2019年完成制作，其中《大禹治水》获得"五个一"工程奖。2019年，该工程又扶持启动了《女娲补天》《故事奶奶（第二季）》《长安向西有敦煌》《良渚》《鲤鱼娃娃》5个新项目，将于未来三年内陆续完成制作。这些作品紧扣主题，制作精良，饱含爱国情感、承载家国情怀，为促进国产电视动画片精品创作生产发挥了示范引领作用。

第三节 电视剧创作与产业发展

国家广播电视总局电视剧司司长　高长力
国家广播电视总局广播影视发展研究中心　董潇潇

提要：2019年电视剧行业深入学习习近平新时代中国特色社会主义思想，尤其是关于文艺工作的重要论述，认真贯彻落实行业主管部门工作统一部署，牢牢把握正确政治方向、价值导向和审美取向，围绕中心、服务大局，以高质量发展理念破解难题，推动电视剧创作生产走向理性繁荣；突出主题主线引领，围绕庆祝新中国成立70周年重大宣传任务，多措并举、大力推动电视剧创作跨上新台阶；深化影视业综合改革，创新和加强行业管理。在全行业共同努力下，电视剧创作更加活跃，行业风气更加清朗，从"正本清源"向"守正创新"转型成为普遍自觉，电视剧正奋力从"高原"攀登"高峰"。

一、与历史同步、与时代同行，庆祝新中国成立70周年主题剧引领创作播出方向

2019年电视剧行业的重中之重是围绕主题主线组织开展电视剧创作播出。为确保重要宣传期的创作播出工作，广电总局加强规划引导、做好内容把关和播出统筹，推出了一系列优秀作品，为祖国华诞营造浓厚氛围。新中国成立70周年之际，以电视剧艺术的方式回望苦难辉煌，彰显中华民

族在新时代走向伟大复兴的坚定意志，在举国同庆的庄严喜庆气氛中，艺术创作与历史现实形成了强烈共振，有效承担了历史社会"镜像"的功能，成功表现了"走得再远都不能忘记来时的路"，以及披荆斩棘、继往开来、再度出发的担当勇气。

（一）庆祝新中国成立 70 周年优秀电视剧百日展播活动取得圆满成功

围绕庆祝新中国成立 70 周年主题主线宣传任务，广电总局提前规划、精心筹备，组织推动全国电视剧制作机构积极开展创作。2019 年 8 月，广电总局策划组织"我爱你中国——优秀电视剧百日展播"大型活动。经过充分调研、论证、指导，综合考虑创作进度、完成情况、内容品质等各方面因素，认真评审，反复研究，最后遴选出 86 部电视剧向全国电视台推荐播出（见表1）。

在百日展播期间，广电总局确定"全国一盘棋、上下一条线"的播出调控总要求，广电总局电视剧司积极发挥宣传期全国卫视电视剧播出"总编室"作用，对省级卫视进行宏观调控和统一编排，确保电视剧播出与宣传期整体氛围保持高度一致。一是对展播剧目各台统一标注"庆祝中华人民共和国成立七十周年国家广播电视总局优秀剧目展播"字样，形成宣传合力；二是开辟特殊通道，展播剧目可申请提前申报、提前预审，确保播出工作顺利推进。截至 2019 年 10 月 7 日，总台央视及全国省级卫视黄金时段共播出广电总局推荐剧目及"五个一"获奖作品 85 部次 3311 集，整体占比达 75%[1]，营造出浓厚的爱国主义文化氛围，为新中国成立 70 周年献上一份厚礼。广电总局节目收视综合评价大数据系统数据显示，展播期间电视剧日均收视时长比平时提升 14.4%[2]。与此同时，视频网站积极上线广电总局展播剧目，并安排在重点版面进行宣传推荐，形成了网上网下步调一致、同频共振的播出机制。

---

[1] 资料来源：广电总局电视剧司。
[2] 资料来源：广电总局电视剧司。

表 1　庆祝新中国成立 70 周年推荐播出参考剧目名单

1	《可爱的中国》	30	《遇见幸福》	59	《我爱你，祖国》
2	《伟大的转折》	31	《蓝盔特战队》	60	《小镇警事》
3	《重庆谈判》	32	《飞行少年》	61	《下一站是幸福》
4	《人民的选择》	33	《寻找北极星》	62	《如果岁月可回头》
5	《人民总理周恩来》	34	《欢喜盈门》	63	《守候明天》
6	《外交风云》	35	《好雨知时节》	64	《越过山丘》
7	《觉醒年代》	36	《我们在梦开始的地方》	65	《花开时节》
8	《太行之脊》	37	《都是一家人》	66	《在桃花盛开的地方》
9	《绝境铸剑》	38	《时代交响曲》	67	《奋斗吧！青春》
10	《激情的岁月》	39	《温州三家人》	68	《新世界》
11	《希望的田野》	40	《国家孩子》	69	《老酒馆》
12	《奋进的旋律》	41	《你好，检察官》	70	《光荣时代》
13	《廖俊波》	42	《燃烧》	71	《红鲨突击》
14	《谷文昌》	43	《警官王快乐》	72	《我们的青春之歌》
15	《中国天眼》	44	《第三警区》	73	《陇原英雄传》
16	《在远方》	45	《你永远在我身边》	74	《立秋》
17	《奔腾年代》	46	《我在北京等你》	75	《大运河》
18	《父亲的草原母亲的河》	47	《新一年又一年》	76	《瞄准》
19	《库尔班大叔和他的子孙们》	48	《幸福院》	77	《隐秘而伟大》
20	《飞天英雄》	49	《了不起的儿科医生》	78	《高大霞的火红年代》
21	《向天》	50	《青春抛物线》	79	《谍战深海之惊蛰》
22	《陆战之王》	51	《荣耀之路》	80	《信仰》
23	《蓝军出击》	52	《夺金》	81	《河山》
24	《大时代》	53	《海洋之城》	82	《长河落日》
25	《最好的时代》	54	《正青春》	83	《铸匠》
26	《特赦1959》	55	《甜蜜》	84	《归鸿》
27	《决胜法庭》	56	《山月不知心底事》	85	《天下娘亲》
28	《激荡》	57	《热爱》	86	《大英雄》
29	《空降利刃》	58	《非常营救》		

资料来源：广电总局电视剧司。

（二）重点主题剧精品化程度高，收视和口碑实现双赢

在庆祝新中国成立70周年的重点主题剧中，涌现出一批叫好又叫座的优秀作品。《外交风云》《伟大的转折》《特赦1959》《奔腾年代》《光荣时代》《激情的岁月》《希望的大地》《老酒馆》等作品在思想性和艺术性上都达到较高水平。从题材上看，重点主题剧打破单一风格局限，向着主流化、年轻化、平民化、生活化的创作方向发展，更多作品以普通老百姓生活或行业发展视角切入，反映经济改革、社会变迁、家庭生活等广阔而丰富的领域，艺术地记录和再现时代巨变。在艺术表达上，这一系列作品的创作手法更加灵活多样，主题思想表达和类型片手法相融合，孕育出更多格调高昂、特色鲜明、喜闻乐见的作品。《外交风云》以突出的纪实风格和生动的历史细节创新了历史正剧的演绎方式，展现出宏阔的新中国外交史全景，赢得无数点赞。《在远方》《奔腾年代》《激情的岁月》展现新中国成立后特别是改革开放后各行各业普通人的奋斗故事，一改主题剧的严肃画风，让普通中国人成为主角，更加亲切感人。《陆战之王》《空刃利剑》《隐秘而伟大》和《我在北京等你》等作品大胆启用年轻新生代演员，拓展了主题剧年轻化之路。《老酒馆》融合了传奇、悬疑、喜剧元素，实现了多方面的创新。严谨的创作理念和艺术手法的不断提升，把2019年主题剧创作推上了新台阶，使得电视荧屏佳作纷呈、高光频现，带动电视剧创作整体呈现昂扬向上、繁荣发展的良好局面。

二、进一步推进结构调整优化，电视剧创作生产走向繁荣

2019年是电视剧行业推进供给侧改革，实行结构调整优化的关键一年。这一年，电视剧生产减量提质，现实题材创作焕发生机活力，电视屏幕呈现百花齐放良好局面。总体而言，电视剧市场退烧降燥，走向理性繁荣。

（一）电视剧创作生产量减质增，行业正向调整加快

一是电视剧创作备案剧目结构调整成效明显。2019年通过备案公示的剧目共905部34401集，分别比2018年减少23.17%、25.68%；古代题材

剧集每部多在 40~50 集，当代剧每部多在 20~40 集，剧集注水情况有所改观。现实题材达到 605 部，占比达到 78.01%，较上年现实题材占比的 65.62%大幅增长；相应地，历史题材尤其是古代题材占比明显下降，IP剧、翻拍剧明显减少。2020 年年初，国家广电总局下发了有关规范集数长度的通知，作出原则不超过 40 集，鼓励提倡 30 集以内创作的倡导，这必将对推动解决"注水"问题、加速行业规范调整产生重要引导。

二是电视剧生产日趋理性，结构发生重大变化。经过宏观调控，电视剧行业非理性增长局面得到扭转。2019 年电视剧发行数量明显下降，全年制作完成并获得发行许可的电视剧共 254 部 10646 集，较 2018 年减少 69 部 3184 集，降幅分别为 21%和 22%（见表 2）。获准发行的剧目中，现实题材剧目共计 177 部 7004 集，分别占总部数、集数的 69.69%、65.79%。历史题材剧目共计 73 部 3475 集，分别占总部数、集数的 28.74%、32.64%。重大题材剧目共计 4 部 167 集，分别占总部数、集数的 1.57%、1.57%。从趋势来看，现实题材创作显著增长，历史题材呈下降趋势，重大题材创作稳中有增（见表 3）。

表 2　2011~2019 年获得发行许可电视剧数量

年份	2011 年	2012 年	2013 年	2014 年	2015 年	2016 年	2017 年	2018 年	2019 年
部数	469	506	441	429	394	334	314	323	254
集数	14942	17703	15770	15983	16540	14912	13470	13726	10646
平均集数	32	35	36	37	42	45	43	42	42

数据来源：广电总局电视剧司。平均集数=集数/部数。

表 3　2017~2019 年获得发行许可电视剧题材比例

题材	项目	2017 年	2018 年	2019 年
现实题材	部数	190	204	177
	部数占比	60.51%	63.16%	69.69%
	集数	7597	8270	7004
	集数占比	56.49%	60.25%	65.79%

续表

题材	项目	2017年	2018年	2019年
历史题材	部数	118	116	73
	部数占比	37.58%	35.91%	28.74%
	集数	5663	3546	3475
	集数占比	42.04%	38.94%	32.64%
重大题材	部数	6	3	4
	部数占比	1.91%	0.93%	1.57%
	集数	210	110	110
	集数占比	1.56%	0.80%	1.57%

数据来源：广电总局电视剧司。

三是区域格局趋于稳定，行业资源趋于集中。2019年，京沪浙粤湘五地电视剧发行数量相对较高，年度发行电视剧数量均超过10部（见表4）；其中，北京、上海、浙江三地优势明显，发行电视剧数量总量达到135部、5817集，占发行总量53.57%和55.18%，占比超过一半，优势较其他地区进一步扩大。

表4 2019年部分地区电视剧发行数量

序号	地区	部数	集数
1	北京	65	2763
2	上海	40	1722
3	浙江	30	1332
4	广东	17	772
5	湖南	11	445

数据来源：广电总局电视剧司。

（二）卫视播出电视剧呈现现实题材为主、多元题材并存格局

得益于庆祝新中国成立70周年展播活动推动以及广电总局调控引导，2019年全年卫视播出电视剧呈现以现实题材为主，多元题材并存的格局。大批制作精良的电视作品涌现屏幕，在艺术创新表达等方面呈现明显进步，在思想内涵挖掘、人物形象塑造方面取得重要突破，得到观众认可，收视表现良好。

一是视野宏阔、境界高远、思想饱满的现实题材作品引领观看热潮。《外交风云》是首部全景反映新中国外交历史的大剧，全方位再现新中国波澜壮阔的外交历程，深切缅怀开拓新中国外交格局的外交先驱，展示崇高的精神境界以及丰富的文化内涵和审美意趣。这部剧凭借稀缺题材和精良制作，在国庆期间引起收视热潮，在观众的呼吁下由原来日播两集变更为日播三集。《光荣时代》《奔腾年代》《在远方》等一大批作品展现新中国走向新时代的宏阔画面，实现主旋律创作与成熟类型叙事的有机融合、主流话语与大众关切的深层呼应，丰富了现实题材作品的层次和趣味。这些作品共同掀起了主旋律现实主义作品收视热潮。

二是反映普通人生活的作品弘扬正能量，获得良好市场反响。《都挺好》《小欢喜》《少年派》《亲爱的，热爱的》等电视剧从人们普遍关注的婚姻、亲子、养老、住房、医疗等问题出发，表现现代人的喜怒哀乐，触碰人的内心，同时也以较强的话题性获得较高的关注度和传播热度。与此同时，现实题材领域的垂直细分类型获得进一步发展，比如，以《破冰行动》为代表的涉案剧，《在桃花盛开的日子》《麦香》《欢喜盈门》等农村题材，《陆战之王》《空降利刃》《飞行少年》等当代军旅题材，以及《精英律师》《安家》《完美关系》等职业剧的创作水准都有明显进步，为电视剧繁荣发展刻上了醒目的标注。

三是历史剧呈现量减质增的精品化趋势。在政策的调控下，历史剧尤其古代剧创作数量和整体占比明显下降，同时剧集整体品质有所提升。《知否知否应是绿肥红瘦》《大明风华》等一批思想立意深刻、艺术手法和制作水平精良的作品，推动历史剧创作向正剧回归。

（三）电视剧排播、宣推方式更加灵活多样

适应电视剧市场生态、传播模式以及观众审美需求和观看习惯的深刻变化，电视剧排播和宣传推广方式朝着独播、拼播、周播、台网联播等多样方式继续深刻发展。

一是大剧"拼播"成常态。对于高质高价的剧集，卫视之间通过联合购买和播出，以分担成本，形成收视合力，推高宣推热度。目前上海、北京、浙江、江苏这四家卫视逐渐形成相对稳定的拼播关系。如《都挺好》《天衣无缝》《国宝奇旅》《推手》《一场遇见爱情的旅行》等剧就由浙江卫视和江苏卫视联合播出，东方卫视与北京卫视则多次联手推出《幕后之王》《芝麻胡同》《青春斗》等剧；东方卫视与浙江卫视共同播出的《亲爱的，热爱的》等剧。通过拼播，优质内容的收视潜力被更大程度激发，内容价值也随之彰显放大。

二是以"独播"树立风格。2019年，各大卫视平台在购剧和排播策略上都一定程度加重独播剧分量，以树立平台风格、增强观众黏性。湖南卫视是独播剧的扛旗者，2019年打造"金鹰独播剧场""青春进行时"两个独播剧场。前者是晚间黄金档电视剧场，推出《知否知否应是绿肥红瘦》《大明风华》等多部优质大剧；后者为晚上十点之后的周播剧场，主打风格青春、剧情轻快的剧目。浙江卫视独播剧《九州缥缈录》等剧呈现与平台匹配的艺术和人文气息；北京卫视独播剧《因法之名》《天下无诈》等剧，以及东方卫视独播的《我的亲爹和后爸》等剧则显现与平台相符的都市感、人情味。另一方面，卫视平台通过精准定位，选择部分相对小众题材或小成本的剧集独播，也往往以差异优势获得较好的播出成绩。

三是以"周播"占领特定市场。2019年，多家卫视平台适应年轻观众的观看习惯，以周播方式强化特定题材在特定播出方式上的播出优势，比如一些情节密度强的悬疑剧、都市剧、涉案剧在"周播"剧场中受到欢迎。湖南卫视的《奋斗吧，少年！》《大宋少年志》、浙江卫视的《小女花不弃》《九州缥缈录》、江苏卫视的《那刻的怦然心动》均以周播的形式获得较好的播出成绩。

四是台网联动、先网后台日益普遍。随着台网优势互补、台网融合加快，台网联动成为日益普遍的电视剧播出形式。2019年，大部分市场反应热烈的电视剧均以网台联动的方式播出。与此同时,网络平台话语权增强也导致先网后台、台网同步播出的电视剧比重不断增加。据统计,截至2019年10月24日共播出电视剧122部,其中77部作品选择台网同步播出,8部作品采用先网后台的播出①,其中《破冰行动》是总台央视首次尝试先网后台的播出形式。在宣发方面,短视频、社交平台等网络资源和工具也已成为电视剧宣推的标准配置,台网融合在同频共振、共生共赢中走向深入。融合播出格局的拓展将对未来电视剧创作生产产生重大影响。

三、多措并举,大力推动电视剧创作跨上新台阶

2019年,广电总局贯彻落实"找准选题、讲好故事、拍出精品"电视剧创作方针,大力实施新时代精品工程,强化选题规划、评奖评优、评论引导等举措,推动电视剧创作打造无愧伟大民族和伟大时代的优秀作品。

(一)优化选题规划,加强前置引导

为推动新时代电视剧高质量发展,广电总局加强主动策划,优化选题设置,指导孵化剧本,突出创作前置引导作用。自2017年起,广电总局加强重点电视剧选题规划工作,两年间推动了《外交风云》《最美的青春》《在远方》等优秀作品的诞生,对引领电视剧创作方向、提升品质起到了重要作用。2019年,广电总局启动2018~2022年第三批百部重点电视剧选题规划工作,突出前瞻性和引领性,紧紧围绕2020年全面建成小康社会、2021年中国共产党成立100周年等党和国家大事,重点聚焦党史国史军史、中国梦时代主题、广大人民对美好生活的向往和追求、中华优秀历史文化四个方面选题进行创作。通过选题规划前移管理重点,将"防守"思路升级为"全场"把控,这对优化提升电视剧内容管理引导能力,推动行业发展,具有重大意义。

(二)完善评奖评优,促进创作聚力聚焦

剧本是创作的源头。为了进一步发挥剧本扶持的基础性引导功能,广

---

① 人民网:《中国电视剧风向标报告2019》发布电视剧集数下降。

电总局自 2013 年设立"电视剧引导扶持专项资金剧本扶持项目",至 2019 共举办 7 届评选。2019 年,广电总局依据《财政部〈电视剧引导扶持专项资金使用管理暂行办法〉的意见》(财文函〔2019〕8 号)等政策要求,采取"严评重奖"的方式,引导资源向精品聚集,加大对优质项目的扶持力度。与此同时,鼓励原创、鼓励现实题材,力争为全面建成小康社会、扶贫攻坚、庆祝中国共产党成立 100 周年等重要宣传节点,打造一批思想精深、艺术精湛、制作精良的优秀主题作品。

2019 年各省推荐进入"电视剧引导扶持专项资金剧本扶持项目"终评的剧本共 33 部,经评审确定扶持项目 25 部(见表 5),不予扶持项目 8 部,扶持率为 75.6%,是历届评选淘汰率最高的一次。在获扶持的 25 个剧本中,重点扶持 8 部,一般扶持 17 部。值得一提的是,本次项目扶持向"深入生活、扎根人民"的现实题材电视剧创作倾斜,确定了 2019 年度电视剧引导扶持专项资金剧本扶持项目"深扎"倾斜项目 8 部(见表 6)。

表 5　2019 年度电视剧引导扶持专项资金"剧本扶持项目"评审结果

类型	序号	项目名称	申报机构
重点扶持	1	《老酒馆》	上海儒意影视制作有限公司
	2	《井冈山儿女》	江西锦平影视传媒有限公司
	3	《特赦 1959》	上海上象星作娱乐(集团)股份有限公司
	4	《丁宝桢》	贵州华瀚众城文化传媒有限公司
	5	《温州三家人》	温州市电视剧制作中心
	6	《第一次起飞》	北京星梦工场文化传媒有限公司
	7	《山哈闹海》	福建电影制片厂有限公司
	8	《雪线 1》	河南电视传媒发展有限公司
一般扶持	9	《信仰》	凤凰传奇影业有限公司
	10	《谍战深海之惊蛰》	千乘影视股份有限公司
	11	《志在潮头》(改名为《大时代》)	上海广播电视台
	12	《礼赞》	浙江汉隶文化传媒有限公司
	13	《呼啸的火车》	河北电影电视剧制作中心

续表

类型	序号	项目名称	申报机构
一般扶持	14	《灵州盛会》	宁夏广电新媒体有限公司
	15	《新世界》	和力辰光国际文化传媒（北京）股份有限公司
	16	《无奋斗不青春》	北京合笙文化传媒有限公司
	17	《在远方》	杭州佳平影业有限公司
	18	《卖房子的人》	上海耀客传媒股份有限公司
	19	《烈焰突击队之危急时刻》	山西泰行影业有限公司
	20	《学区房》	广州意海辽阔影视传媒有限公司
	21	《上有老下有小》	华录百纳影视（天津）有限公司
	22	《苹果熟了》（改名为《好雨知时节》）	山东苹果熟了影业有限公司
	23	《寻找北极星》	西安曲江影视投资（集团）有限公司
	24	《土地》	敦煌盛世泰和文化传媒有限公司
	25	《扶贫大事》	电广传媒文化发展有限公司

数据来源：广电总局电视剧司。

表6　2019年度电视剧引导扶持专项资金剧本扶持项目"深扎"倾斜项目名单

类型	序号	项目名称	申报机构
深扎倾斜项目	1	《老酒馆》	上海儒意影视制作有限公司
	2	《井冈山儿女》	江西锦平影视传媒有限公司
	3	《特赦1959》	上海上象星作娱乐（集团）股份有限公司
	4	《志在潮头》（改名为《大时代》）	上海广播电视台
	5	《第一次起飞》	北京星梦工场文化传媒有限公司
	6	《温州三家人》	温州市电视剧制作中心
	7	《雪线1》	河南电视传媒发展有限公司
	8	《山哈闹海》	福建电影制片厂有限公司

数据来源：广电总局电视剧司。

（三）创新评论引导机制，形成积极创作引领

习近平总书记强调，要高度重视和切实加强文艺评论工作。文艺评论是文艺创作的一面镜子、一剂良药，是引导创作、多出精品、提高审美、

引领风尚的重要力量。为了进一步发挥电视剧评论推动创作、引领舆论的重要功能,2019年广电总局为《奔腾年代》《老酒馆》《外交风云》《在远方》等21部年度优秀电视剧作品举办重点电视剧研评会。通过研评交流,总结创作得失,分析创作趋势,高扬创作正能量,引导电视剧创作在新时代更好地把握时代脉搏、奏响时代主旋律。伴随优秀剧集的播出,作品评论热烈密集,形成积极的创作引领。

(四)创新重大题材创作管理,激发创作热情

重大题材创作是电视剧创作的主阵地。2019年,为强化重大革命和历史题材电视剧创作引导,推动更多实力雄厚的制作机构参与重大题材电视剧创作,广电总局进一步加强对重大题材的创作管理,不断加大重大题材创作推进力度。这一年,通过立项的重大革命和历史题材共11部,报送审查的剧本数量12部449集,通过审查的剧本数量6部240集,数量较往年有了明显提升。与此同时,广电总局强化实施重大题材创作指导,围绕全面建成小康社会、建党100周年等党和国家重大宣传期和宣传节点,主动出题、统筹推进,在广泛调研、充分论证的基础上确定选题,形成项目库,每年策划10个重要项目,力争打造重量级、标杆性的作品。目前,已有《功勋》《闽宁镇》《光荣与梦想》《大国担当》四个项目选题入选项目库。

四、深化影视业综合改革,创新和加强行业管理

2019年5月,中央全面深化改革委员会第八次会议审议通过《关于深化影视业综合改革促进我国影视业健康发展的意见》(以下简称《意见》),完善了影视业改革发展的顶层设计,明确了影视行业改革发展的方向。广电总局深入贯彻落实《意见》精神,完善创作生产引导机制,规范影视企业经营行为,加强行业管理执法,创新行业管理机制,着力解决行业关键性、深层次问题。

(一)召开电视剧播出工作会议,优化创作播出部署

2019年3月,广电总局召开全国电视剧播出工作会议,对全年电视剧

工作进行了整体部署,明确了五项工作重点。一是提高政治站位,以政治统领播出全局工作;二是充分认识电视剧在中国文艺事业中的重要特殊作用,面对新时代,要有新作为;三是紧紧跟进创作源头,做好播出规划;四是做好宣传评介,提升优质剧的影响力;五是各电视台认真履行播出审核、重播重审的职责,确保播出安全。这次会议对电视剧行业管理工作举旗定向,有力保障电视剧发展积极有序推进。

(二)健全政策措施,加强电视剧网络剧创作生产管理

近年来,广电总局确立了电视剧发展总体安排,推动电视剧创作生产从数量增长向质量效益增长转变,从高原向高峰迈进,以问题为导向,从基础性、战略性问题入手,以制度建设推动行业建设。一是重点推进建章立制工作,发布《关于进一步加强电视剧网络剧创作生产管理有关工作的通知》等文件,在完善拍摄制作备案公示管理、规范集数长度、做好制作成本配置比例情况备案管理工作等方面,提出明确管理政策,提升电视剧网络剧制作准入门槛,加强前端管理和源头引导。二是适应新的发展形势,深入落实网上网下"一把尺子、一个标准"管理要求,完善对视频网站首播国产电视剧的审核把关机制,进一步落实电视剧网上网下统一标准、统筹管理,建立和维护网上网下充满活力、公平竞争的发展秩序。

(三)精准施策,促进行业更加有序规范

面对行业顽疾,要在关键处、要害处下功夫。广电总局通过一系列举措完善治理体系,提高治理能力,优化行业生态。

一是深入整治演员高片酬问题。2019年广电总局组织创作生产情况专题调研,摸底了解演员高片酬真实情况;全面审核2019年以来取得发行许可证的电视剧,对3家重点视频网站和6家代表性制作机构进行重点抽查,对个别演员片酬问题进行专项调查处理。这些措施有效遏制了高片酬这一行业顽症,使演员片酬回归至合规区间。

二是深入整治宫斗剧导向问题。从播出时段、立项备案等方面全面管理调控。2019年,全国国产电视剧发行254部,古代题材仅30部,占公示

总数的 11.81%[①]。获准发行的古代题材剧多为传承优秀历史文化的作品。

三是深入整治老剧翻拍问题。严把内容质量关、规划数量关、审查播出关，将鼓励扶持原创落到实处，有效激发了市场创作活力。

（四）电视剧行业积极作为，奋力抗击新冠肺炎疫情

2020年年初，新型冠状病毒疫情突袭，为保障湖北以及全国人民居家抗疫期间的精神文化需求，中宣部、国家广电总局精选 25 部优秀电视剧，向湖北等地区捐赠播出版权。河北广电局、福建广电局等地方广电行政部门积极协调辖区有关机构向疫区捐赠多部电视剧版权。广电总局电视剧司多次召开视频会议，重点推进《功勋》《闽宁镇》《大国担当》《光荣与梦想》《在一起》《脱贫十难》等电视剧的创作生产。北京、上海、江苏、浙江、广东等地广电行政部门积极响应，通过做好网上服务、优化审批流程、压缩审批时限、细化服务等措施，降低疫情对电视剧行业的冲击，积极推动行业复苏发展。2020年从春节到元宵节，电视剧户均日收视时长较2019年12月份提升15%；2月10日到2月29日，观众每日观看电视时间近7个小时，黄金时段的《新世界》《安家》《奋进的旋律》《决胜法庭》《下一站是幸福》《完美关系》6 部电视剧收视率均破 1%。与此同时，广电总局大力推动疫情防控主题电视剧创作，组织精兵强将创作全面反映抗疫的电视剧《在一起》，通过发掘真人真事寻找战"疫"期间的真情实感，反映时代主题、时代精神，该剧预计将于 2020 年 10 月在一线卫视和互联网平台同步播出。

当前，电视剧发展正处在提质增效的调整期和高质量发展的关键期。总体看，人民群众对电视剧创新发展的要求在提高、需求在扩大，电视剧行业还面临不少难题，特别是面对新冠肺炎疫情的重大冲击，需要以更大力度创新来化危为机。面对新情况新问题新挑战，广电总局将进一步发挥好引导、规划、组织、调控的主导作用，集中力量办大事，更好地服务党和国家工作大局。

---

① 资料来源：广电总局电视剧司。

2020年，中国电视剧行业将迈入危与机共存、守与变并进、转型与发展同步的特殊阶段。电视剧将围绕脱贫攻坚、全面建成小康社会、中国共产党成立100周年等主题主线展开创作和播出，一批重点主题作品将闪亮登场；疫情防控下，电视剧正在有序复工复产，但行业管理服务措施的优化提升将不断孕育电视剧发展的创新能量，催生更多精品佳作；扶持引导将呈现更多真招实效，价值引领和推新推优的力度将进一步加大；影视业综合改革将深入推进，行业顽症将逐步治理，行业发展将实现从"守底线"向"攀高峰"的积极转变。

第四节　广播电视传媒管理与发展

国家广播电视总局传媒机构管理司司长　袁同楠
国家广播电视总局广播影视发展研究中心　李秋红

提要： 2019年，全国广播电视传媒机构整体呈现稳中求进、守正创新、融合发展的良好态势。截至2019年年底，全国广播电视播出机构2591座，共制作广播节目801.87万小时，共制作电视节目345.58万小时。全国广播电视服务业总收入8107.45亿元，同比增长16.62%；实际创收收入6766.90亿元，同比增长19.99%；其中广告收入2075.27亿元，同比增长11.30%。全年有线电视实际用户为2.07亿户，其中数字电视实际用户为1.94亿户，智能终端用户大幅增长，达2385万户。有线网络收入753.35亿元，出现结构性变化，有线网络进入全国一网整合和5G发展一体化推进的关键时期。

2019年，全国广播电视传媒机构坚持以习近平新时代中国特色社会主义思想为指导，准确把握党的新闻舆论工作总要求，认真贯彻落实中央一系列决策部署，牢牢把握正确的政治方向、舆论导向和价值取向，忠实履行职责使命，着力推动广播电视高质量创新性发展，各项工作取得重要进展与成效，整体呈现稳中求进、守正创新、融合发展的良好态势。

一、传媒机构管理与发展

截至2019年年底，全国共批准设立广播电视播出机构2591家，其中广播电台 62 座，电视台 72 座，教育电视台 35 座，广播电视台 2422 座。共批准开办广播电视频率频道 4659 个（不含数字付费广播电视频道），其中广播频率 3067 个、电视频道 1592 个（含各级教育电视台开办的 38 个教育教学类频道）。①

（一）全面规范传播秩序

2019 年，全国各级各地传媒机构坚决贯彻中央和广电总局党组决策部署，全面落实意识形态工作责任制，紧紧围绕迎接庆祝新中国成立 70 周年，始终坚持正确的政治方向，始终坚持以人民为中心的工作导向，始终坚持把社会效益放在首位，把握时度效，唱响主旋律，传播正能量，积极打造讲导向、有文化的传播平台，自觉做党和政府声音的传播者、当代主流价值的弘扬者、社会正向趣味的引领者、两个效益相统一的践行者，着力营造了良好的传播秩序和舆论环境。

1. 强化播出机构管理。2019 年是广播电视播出机构换证审核年。广电总局对全国地级以上播出机构及其频率频道进行了普查和核查，严肃处理了相关违规问题，包括关停了擅自设立的 13 套广播节目和 53 套电视节目，纠正了擅自调整名称定位的广播节目 67 套、电视节目 18 套，同时对 7 家播出机构建议省级广播电视行政部门予以全省通报批评，对 2 套电视节目给予全国通报批评并暂停播出 15 日的处罚。针对有线数字付费频道开办机构、集成运营机构等，组织开展政策法规教育和业务能力培训，开展"双随机、一公开"检查，坚决纠正部分付费频道的违规行为。强化移动电视管理，组织开展专项清理整顿，责成 4 套移动电视频道限期整改，关停 16 套未经批准的移动电视频道。严格电视购物频道管理，重点查处了导向存在问题或者夸大夸张、虚假宣传的部分电视购物节目，维护正常的播出秩序。②

2. 强化制作机构管理。2019 年完成了全国近 3 万家节目制作经营机构换证工作。到 2019 年年底，全国有《广播电视节目制作经营许可证》持证

---

① 数据来源：广电总局传媒司。
② 数据来源：广电总局传媒司。

机构32028家，较上一年增加10673家，增幅50.0%。其中，北京市持证机构数量为10855家，较2018年增加4452家，增幅达69.5%；广东省2272家，较2018年增长51.67%；上海市2805家，较2018年增长4.82%。严格电视剧制作许可证（甲种）持证机构审核管理，共撤销55家制作业绩不达标甲种证机构。截至2019年年底，全国拥有电视剧制作甲种证机构共73家，较2018年减少40家，降幅35.3%。其中，上海市电视剧甲种证持证机构由2018年的15家下降到2019年的10家，广东省由2018年7家下降到5家。进一步强化日常监管，重点查处了部分机构制作经营政治类有害节目、制作经营"三俗"节目、无资质擅自制作发行节目和侵犯版权等违法违规行为。继续实施"黑名单"制度，对屡次违规、严重违规的机构和人员，记入监管"黑名单"予以惩戒。[①] 严把准入关，严禁未取得制作经营许可的机构从事相应业务，严禁未取得发行许可的电视剧擅自发行。

3. 规范网络节目传送秩序。组织开展对全国31个省级有线网络公司节目传送情况的监听监看，发现并纠正7家网络公司存在擅自开办频道、传送非法频道等违规问题。严厉查处群众投诉举报有线网络公司非法传送节目问题，责成相关省局查处网络公司违规传送非法频道和擅自传送境外频道的行为。严格落实有线数字付费频道开办运营的各项政策规定，进一步强化付费频道的内容与运营定位，强调要坚持付费收看的业务模式不变，坚持专业化对象化的节目标准不变，坚持禁止播出商业广告的要求不变，同时严禁付费频道纳入有线网络直播列表开路播出，有线网络传播秩序进一步规范。[②]

（二）推动频率频道特色化品牌化专业化发展

1. 强化精简精办要求。根据广电总局精简精办频率频道和高质量发展的工作要求，进一步强调要按照分众化、差异化要求明确频率频道定位，严格规范不同频率频道的节目构成，推进各级播出机构各类频率频道特色

---

① 数据来源：广电总局传媒司。
② 数据来源：广电总局传媒司。

化品牌化发展。针对专业频道建设，广电总局 2019 年继续开展深入调研，起草了有关加强专业电视频道建设管理的政策文稿，重点就加强专业电视频道建设管理的指导思想、原则和方向，专业电视频道设置的具体政策要求包括专业节目播出比例要求，加快高清化融合化发展，积极支持优秀专业电视频道做优做强，依法依规实施专业电视频道退出管理等，提出意见和措施。

2. 推进频率频道撤并调整。为适应新形势新要求，各地各级广播电视播出机构主动求变、加快改革，积极推进内部频率频道等资源的深度整合，加速传播平台的转型升级。2019 年，北京、上海、天津等省级台结合实际，相继启动其电视频道的撤并调整工作。北京广播电视台撤销体育频道，将原上星纪实频道调整为冬奥纪实频道；上海广播电视台撤销电影频道和艺术人文频道，将原电视剧频道、纪实频道分别调整为东方影视频道、纪实人文频道；天津广播电视台撤销公共频道，将原公共频道承担插播辖区内县级台自办节目的职能调整至其新闻频道。通过资源整合、撤并调整，广播电视频率频道设置更加科学合理，节目定位更加规范准确，结构布局进一步优化，为推进广播电视高质量创新性发展奠定了基础。

3. 推动频率频道精品化特色化品牌化建设。不少地方播出机构积极顺应分众化、差异化传播趋势，积极推进频率频道的专业化特色化品牌化，以频率频道精品化建设和优质内容供给为抓手，探索广电媒体转型升级、高质量发展路径。中央和地方主要播出机构在突出新闻宣传，加强综合频道建设的同时，着力加大台内专业频道、专业广播建设，涌现了一批有竞争力和影响力的品牌频率频道。以纪录纪实频道为例，中央广播电视总台纪录频道加大节目形态创新和纪录片生态圈建设，推出了多部纪录片精品力作，传播力影响力日益扩大；湖南广播电视台金鹰纪实频道持续加大专业化特色化品牌化建设，社会效益提升明显；上海广播电视台纪实频道、北京广播电视台冬奥纪实频道分别推出《人间世·第二季》《我们的传承》等多部有影响力的纪录片。此外，各地的交通广播、音乐广播、对农广播、城市广播等持续推进专业化特色化品牌化建设，服务社会生产生活的能力明显增强，影响力不断提升。

（三）加快高清化融合化发展

1. 加快推进电视高清化发展。近年来，广电总局将高清电视作为广播电视创新发展，提高服务水平，提升传播力、引导力、影响力的战略工程和重点工作任务来抓。在广电总局的政策引导下，各地各播出机构发展高清电视的积极性越来越高，高清电视制播、传输和服务体系日趋成熟，普及率和影响力不断提高，整体呈现稳步发展态势。截至2020年4月，全国各级播出机构经批准高清播出的电视频道已达451个，其中，中央广播电视总台在境内播出22个（含4K频道1个），高清化比例为92%；省级上星综合频道26个，高清化比例为84%；省级台其他频道108个（含4K频道1个），高清化比例为40%；副省级台、地级台282个（含4K频道1个），高清化比例为31.2%。海南、新疆、浙江、内蒙古4省（区）的省级台电视频道全部实现高清化，上海、天津、重庆3个直辖市台电视频道高清化率均超85%。湖北、四川、广东、内蒙古、湖南等省（区）内的地级台电视频道高清化率均超50%。[①] 此外，经批准高清播出的付费频道53个（含4K频道2个），高清化比例为45%。

特别要指出的是，随着近年来电视制播技术的进步和视听终端产业的发展，部分有条件的广播电视播出机构积极开展4K超高清电视的探索与实践，已取得积极成效。截至目前，广电总局批准的4K频道共有五个，包括中央广播电视总台4K超高清频道、广东广播电视台综艺频道、广州市广播电视台南国都市频道以及杭州市广播电视台求索纪录4K频道、上海广播电视台欢笑剧场频道。目前，广电总局正积极引导和推动各级各类播出机构、制作机构加大资金投入，加大高清超高清电视节目创作生产与供给，引导和推动网络传送机构加快网络传输新技术改造，增加网络传输频道数量，提升传输高清频道的能力，同时加快高清电视机顶盒的推广普及，不断提

---

① 数据来源：广电总局传媒司。

升用户对高清超高清电视的收视体验，为高清超高清电视产业的繁荣发展提供强大支持。

2. 积极参与和推动县级融媒体中心建设。县级融媒体中心是党和政府基层宣传阵地的重要载体，具有贴近基层、贴近群众的优势，是新时期做好党的新闻舆论工作的重要依托。2019年，中宣部、广电总局制定出台了县级融媒体中心建设规范、省级技术平台规范、网络安全规范、运行维护规范、监测监管规范等五个标准文件，为县级融媒体中心的标准化、规范化建设提供依据。在当地党委政府的大力支持下，多数地方的县级台主动作为、大胆创新，积极推动与县域内各媒体单位或部门在机构、内容、渠道、平台、人员、管理等方面的深度融合。为进一步发挥县级广播电视播出机构在县级融媒体中心建设中的地位和作用，广电总局对县级播出机构频率频道管理等问题进行了专题调研，积极提出相关政策意见，为下一步科学调配频率频道资源、集中清理整顿各类违规行为提供政策依据。

（四）加快推进收视大数据建设

1. 打击收视率造假。督促省级广电行政部门落实意识形态工作责任制和属地管理责任，积极引导制作机构、播出机构正确看待和使用收视率数据，自觉抵制收视率造假。加大打击收视率造假力度，继续运用同宣传、公安、纪检监察等部门建立的工作机制，始终保持对电视剧等收视率造假行为严厉打击的高压态势。进一步加强收视率调查监测监管制度和发现问题快速反应机制建设，加强日常舆情监测与分析研判，发现问题及时处置。

2. 中国视听大数据建设取得重大进展。认真贯彻落实中央巡视整改要求，加快完善广播电视节目收视综合评价大数据系统，重点是进一步扩大覆盖用户，健全指标体系，强化大数据应用，使之真正发挥作用，更好地服务决策管理、促进节目创新创优、推动智慧广电建设和高质量创新性发展。2019年，广电总局组织建设的视听大数据系统基本建成并投入使用，该系统目前覆盖全国31个省（区、市）1.4亿有线电视、IPTV和OTTTV

收视用户，首期公开发布的是电视剧播出的相关数据。[①] 该系统投入试运行以来，积极开展数据发布和应用，以周报形式编发电视剧、综艺节目、纪录片、动画片、公益广告等分析报告，分析国庆重要宣传期间电视剧展播情况、春节期间全国各类春晚和电视剧收视情况、新冠肺炎疫情特殊时期的节目收视情况，取得良好的社会效果。

2020年年初，上海东方卫视、湖南卫视等利用"中国视听大数据系统"，对一段时间以来特别是疫情特殊时期的节目传播、创新效果、舆情影响等方面进行评估，充分体现出这套系统的科学性、实用性与特有优势。

二、广告管理和创新发展

2019年，广播电视系统深入学习贯彻习近平总书记关于广告宣传也要讲导向的重要论断，全面贯彻《广告法》《未成年人保护法》等国家有关法律法规，不断深化认识、提高站位，坚持不懈地加大广告播放治理，创新公益广告制播，推动广告经营创新，取得显著成效。

（一）加大商业广告治理力度

广电行政部门坚持综合施策、标本兼治，继续巩固广播电视商业广告治理成果，继续把加强日常监管和开展集中整治结合起来，把查处突出问题和建立长效治理机制结合起来，推动治理工作取得更大成效。2019年，广电总局先后发布若干个管理文件，进一步加强了对养生类节目、医疗药品广告、非法集资广告的播出管理。配合国庆70周年宣传，要求各地对辖区内所有播出机构的商业广告播出开展专项监测，重点整治查处借国庆70周年商业炒作等违规行为。及时查处了"龙泉宝剑""椰树牌椰汁""力补金秋胶囊""强身牌四子填精胶囊"等存在导向偏差、虚假宣传等违法违规广告，叫停了以投资影视剧项目名义宣传非法集资活动的广告，下发整改通知单对118个（次）频道予以警示，通报批评3个频道并分别给予暂停

[①] 数据来源：广电总局传媒司。

广告播出或暂停频道播出的处理。开展广告专项整治工作，集中清理了各类违法违规广告1700余条次。此外，还集中查处了部分播出机构超时超量播放广告等违规行为。

（二）加强公益广告宣传

1. 主题主线宣传突出。2019年，全国各地播出机构、制作机构围绕学习贯彻习近平新时代中国特色社会主义思想、党的十九届四中全会精神，围绕实现"两个一百年"奋斗目标，围绕贯彻新发展理念，统筹推进"五位一体"总体布局和协调推进"四个全面"战略布局，特别是围绕庆祝新中国成立70周年和脱贫攻坚、全面建成小康社会等重大主题，创新公益广告宣传，制播了一大批导向正确、主题突出、艺术精湛、深入人心的优秀作品，丰富了荧屏声频，受到了各方面的肯定。2019年，全国广播公益广告节目制作时间10.73万小时，同比增长3.67%，播出时间38.52万小时，同比增长17.51%；电视公益广告节目制作时间6.35万小时，同比增长0.32%，播出时间69.03万小时，同比增长29.44%。[①] 各地广电行政部门积极引导和鼓励播出机构加大公益广告播出量，加强重点时段重点节目公益广告播出，公益广告宣传效果明显增强。

2. 扶持引导力度加大。近年来，各级广电行政部门面向社会切实加强公益广告征集和评选，积极引导更多社会力量参与公益广告创作生产。2019年，广电总局首次实施公益广告创作重点选题计划，部署各地完成了国庆70周年公益广告重点选题宣传，涌现出《时代楷模张富清》等优秀公益广告作品。加强公益广告优秀作品库建设，主动对接"学习强国"平台，在上面设立专区，共展播优秀广播电视公益广告作品700多条。同时，积极推动优秀公益广告作品在各大网络新媒体平台播出，也取得了很好的效果。此外，广电总局还举办公益广告创作培训班，加强重点创意创作人员专题培训，推动公益广告提质增效。2019年，广电总局公益广告扶持项目共收到各地报送的广播电视类公益广告作品512篇，最终评出

---

① 数据来源：广电总局规财司。

96篇优秀作品给予专项资金扶持,对38家优秀传播机构和20家优秀组织机构给予表彰。①

各地相继设立公益广告专项扶持资金,纷纷出台繁荣广播电视公益广告发展的政策措施,有力推动了各地公益广告创作生产和播出。截至2019年年底,北京、湖南、广东等23家省级广电行政部门参照广电总局做法,每年设立金额不等的专项资金用于扶持本辖区内公益广告创作和播出,共计4209万元。② 北京、湖南、广东等地还举办公益广告原创作品征集、公益广告创作竞赛等活动,将公益广告作品数量纳入年度宣传评估考核体系,进一步激发广播电视公益广告创作积极性。

(三) 广告经营在调整中创新发展

面对经济环境的影响和新媒体的竞争,2019年,广播电视广告经营面临的挑战和压力进一步增大,广告收入在层级之间、台际之间以及台内进一步分化,呈现总体有升有降、结构调整优化、创新亮点频频的鲜明特点。广播电视广告经营面临严峻挑战的同时,也迎来了转型升级、创新发展的新机遇。

1. 广播电视广告收入结构进一步变化。 总体看,全国广告收入持续保持增长,收入构成持续调整,传统广播电视媒体广告收入比重下滑,网络视听新媒体广告收入比重增加,收入和占比迅速攀升。全国广告收入2075.27亿元,比2018年(1864.49亿元)增加210.78亿元,同比增长11.30%(见图1)。其中,广播广告收入121.24亿元,比2018年(140.37亿元)减少19.13亿元,同比下降13.63%(见图2);电视广告收入877.61亿元,比2018年(958.86亿元)减少81.25亿元,同比下降8.47%(见图3);网络媒体广告收入828.76亿元,比2018年(491.88亿元)增加336.88亿元,同比增长68.49%,占广告收入总额的比例从26.38%提高

---
① 数据来源:广电总局传媒司。
② 数据来源:广电总局传媒司。

到39.94%，成为新的收入增长点。①

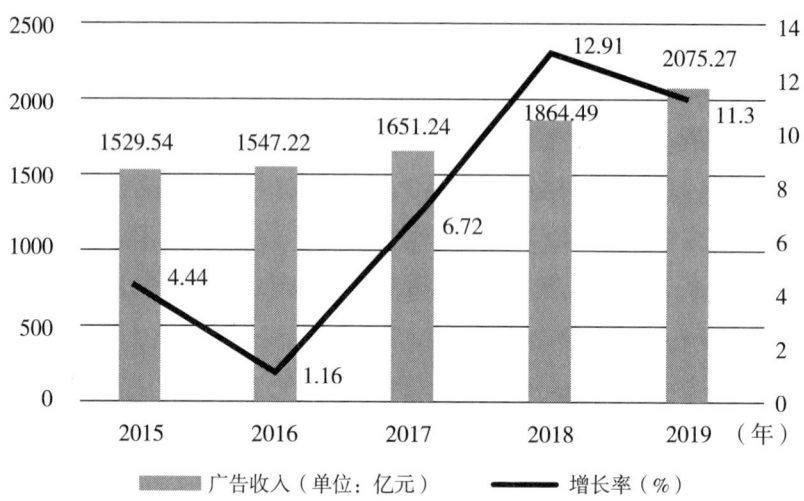

图1　2015—2019年全国广播电视行业广告收入情况

数据来源：国家广播电视总局规财司。

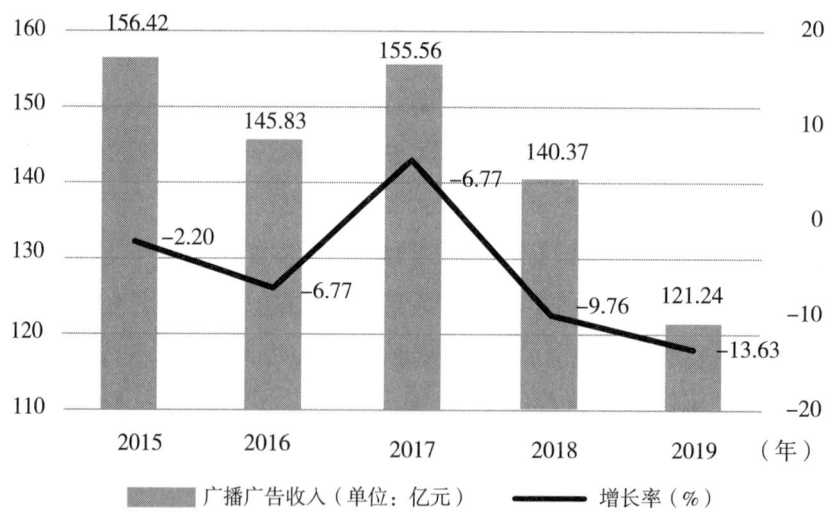

图2　2015—2019年全国广播广告收入情况

数据来源：国家广播电视总局规财司。

---

① 数据来源：广电总局规财司。

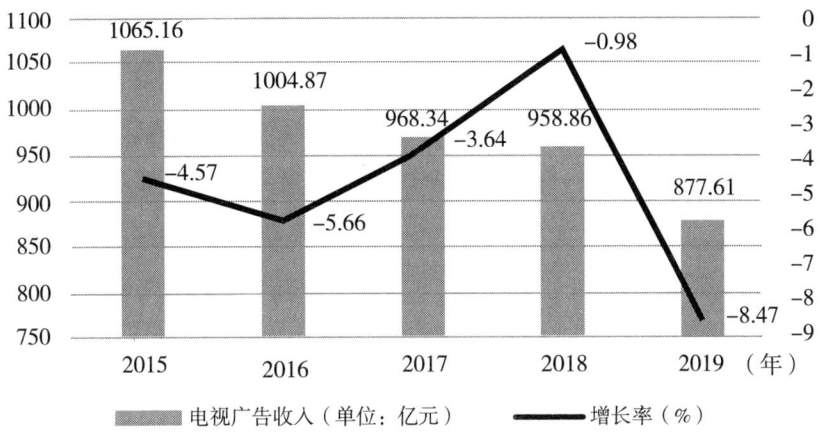

图3　2015—2019年电视广告收入情况

数据来源：国家广播电视总局规财司。

2. 广播电视广告经营创新探索。一是品牌广告经营进一步深化。中央广播电视总台将品牌战略合作与超级工程、大国重器、精准扶贫、公益传播结合起来，各地方台与当地经济结构调整、特色经济、品牌经济发展相结合，以主流媒体的公信力传播力影响力和权威性，大力促进品牌建设、经济转型升级与高质量创新性发展，有力撬动了品牌战略合作市场，既增强了平台的价值，也提升了广告质量和效益。

二是融媒化广告经营渐入佳境。近年来，中央和地方各级广播电视媒体沿着融合路径推进广告经营创新，整合传统广播电视平台和融媒体平台，通过台网联动、大屏带小屏、多屏互动等，加大融合营销，取得了良好效果。湖南广播电视台初步建构起由湖南卫视与芒果云、芒果动听、芒果V直播等自有新媒体平台、"芒果都市""两微一端"等新媒体平台组成的立体传播矩阵，传统广播电视、芒果新媒体双平台驱动机制的作用和优势凸显，经营效益逆势上扬；上海广播电视台引导现有内容在热门新媒体平台入驻，利用品牌效应与外部优质资源进行融合，推进广告经营创新。随着广播电视媒体大力开发融媒内容产品，加快建设融媒化平台，全面开展融媒化传播，广告经营融媒化的态势已越来越突出。

三是广告牵手电商创新经营。不少广播电视台整合广告与电商等其他经营，平台、节目、主持人"带货"渐成常态。中央广播电视总台"谢谢你为湖北拼单"公益行动火爆全网，累计为湖北卖出商品超 1 亿元，凸显其较强的传播力、影响力。北京卫视开通专属手机淘宝官方商城，吉林广播电视台开发"七天食堂"的电商销售模式，贵州广播电视台家有购物频道建立视频电商团队，在抖音上建立蓝 V 和网红账号，销售自有商品等。黑龙江广播电视台、成都市广播电视台、长沙市广播电视台等大力开发 MCN 业务，不断探索主持人"直播带货"等新的经营模式，受到广泛关注。

（四）主要问题及发展趋势

总体来看，受经济大环境和媒体竞争加剧影响，广播广告、电视广告整体仍处于下滑态势，广告营收面临挑战。一是广电经营将进一步分化。中央级媒体和部分省级台上星频道因其覆盖面大、受众广、有一定的品牌号召力影响力，其广告经营压力相对较小。随着县级融媒体中心建设和地方财政对县级媒体政策扶持力度的加大，县级广播电视播出机构创收经营压力相对减轻。排名靠后的省级台上星频道和省级台地面频道、地市级广电媒体经营压力进一步加大。二是广告经营创新力度有待加大。广大受众特别是年轻受众对传统线性传播的频率频道关注度下降，传统广播电视广告营销模式跟不上媒体深度融合的发展步伐，还无法适应精准投放、个性化推送、互动传播的新需求。有些台仍单纯依赖传统广告经营，营收创新不足，融合化经营滞后，将面临更大困难。三是传统媒体与网络新媒体广告经营还需要统一规范。比如，网络平台播放电视剧、网络剧有大量中插广告，这在传统广电媒体广告管理上是受限的。同时，网络剧、网络视听节目还有大量的、较传统广播电视媒体多得多的植入式广告，也需要进一步统一规范。

当前，人工智能、5G、超高清、大数据带来的视听新技术变革，将推动广告产业出现更大变局。广播电视媒体必须适应新技术带来的新变化，充分发挥自身优势，不断创新广告经营理念、模式与方式方法，大力推动媒体广告经营加快转型升级、融合创新与发展，努力取得更大成效。

三、有线网络管理和发展

(一) 有线网络运营的新变化

1. 用户方面。2019年全国有线广播电视覆盖用户数达3.52亿户,比2018年增加0.06亿户。全国有线广播电视实际用户数2.07亿户,比2018年(2.18亿户)减少0.11亿户,同比下降5.05%。其中,全国有线数字电视实际用户数1.94亿户,比2018年(2.01亿户)减少0.07亿户,同比下降3.48%;数字电视实际用户占有线电视实际用户数比例为93.72%,比2018年(92.20%)提高了1.52个百分点,有线电视数字化率进一步提升。各地大力推动基础设施建设,加快双向网和高清化改造,有线智能终端普及提速成效明显,用户结构不断优化。2019年,全国数字电视覆盖用户数3.31亿户,双向电视覆盖用户数2.20亿户,比2018年分别增长2.48%和5.77%。有线网络高附加值用户稳步提升,高清用户、智能终端用户、视频点播用户(包括4K视频点播用户)也有显著提升,正成为增加ARPU值,拉动产业发展的重要力量。2019年全国高清有线电视用户突破1亿户,比2018年(9257万户)增加848万户,同比增长9.16%;有线电视智能终端用户2385万户,比2018年(1884万户)增加501万户,同比增长26.59%。[①] 智能终端普及提速。成为有线网络运营商实施智慧城市、智慧社区、智慧家庭的重要抓手。

2. 收入方面。受外部竞争等因素影响,全国有线电视网络收入持续下滑。

2019年有线电视网络收入753.35亿元,比2018年(779.48亿元)减少26.13亿元,同比下降3.35%,降幅较2018年进一步收窄(见图4)。其中,有线广播电视收视维护费收入326.68亿元,付费数字电视收入50.40亿元,三网融合业务收入116.12亿元。[②]

---

① 数据来源:广电总局规财司。
② 数据来源:广电总局规财司。

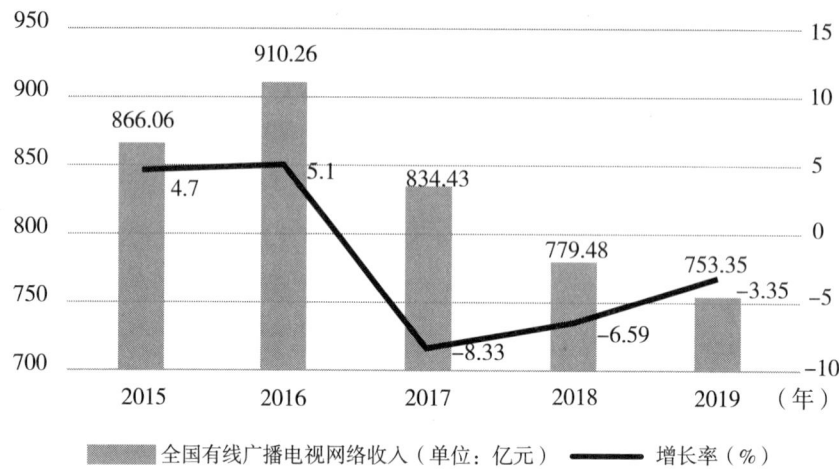

图 4　2015—2019 年全国有线广播电视网络收入及增长情况

数据来源：国家广播电视总局规财司。

（二）智慧广电促进有线网络业务创新

1. 大力推广智慧广电业务。各有线网络公司在巩固发展广播电视节目传输业务的同时，大力开发增值业务，努力寻求新突破，不断向智慧广电推进。积极探索宽带业务、智慧业务，创新经营思路，拓展业务范畴，实现"有线网络+"，逐步形成更具价值更有活力的新型业务系统。贵州有线网络丰富完善智慧广电体系，形成了"一云、双网、一主三用"的智慧广电发展格局。北京、河北、贵州、山东、陕西、江苏、江西、福建等地网络公司积极开展服务政府、服务民生、服务百姓的智慧业务，积极创建"智慧党建"实验平台，拓展"天网工程""雪亮工程"等新业务，涌现出"有线智慧乡镇""智慧教育""智慧旅游"等智慧广电建设新亮点。湖南、广东、黑龙江等地网络公司积极布局高清、超高清电视业务，深入开展智慧城市、智慧社区建设。此外，还有一些网络公司建设集广电网、人工智能、新零售、社区服务于一体的创新旗舰店，打造"线上多屏交互+线下体验"的社区服务；有的网络公司立足当地绿色农业、旅游观光等产业，实行异业联合，实现特色化发展；有的网络公司推出"智传、智服"支撑业务发展；有的网络公司强化本地运营，注重研究用户需求，开设各类特色化专区等。

2. 积极探索应用 5G 推动有线网络发展。5G 为广电网络转型发展创造了重大机遇。有线网络积极探索"5G+内容+超高清+ABC"，整合人工智能、物联网、大数据、云计算、区块链等新技术，促进广电网络、内容、业务、用户资源的深度融合。中国广电首个 5G 应用在 2020 年年初湖北新冠肺炎疫情阻击战中诞生，首个 5G 高新视频多场景应用广电总局重点实验室在湖南长沙马栏山挂牌，都产生了积极效果和影响。湖南有线打造蜗牛 TV、河北有线建立了"冀广 5G 融合网络实验室"、山东有线推动实施广电智慧云建设、浙江华数打造城市综合信息化主平台等，这些探索为广电 5G 的应用开辟了新的发展空间。

(三) 全国一网整合和国网公司改革取得突破性进展

1. 互联互通平台建设稳步推进。2019 年，互联互通平台建设着力推进网络双向化宽带化智能化改造，加快实现"平台 IT 化、传输 IP 化"，推动有线网络转型发展。积极推动干线光缆传输网整改扩容，完成了国干网线路整改、省际干线新建及改扩光缆路由近 2 万公里。逐步推进广电云平台建设，其中广电云平台北京主中心、西安备份中心已上线运营，南京中心目前正加快建设，未来将形成覆盖全国、优质安全的中国广电云。依托 BOSS 等平台开展新型有线电视融合服务，目前该平台已具备服务 1000 万用户的能力，广电宽带电视端到端技术体系和业务产品已在海南、陕西、河南等 10 余个示范省/地区落地。开展示范省网络改造与终端升级工作，完成了广电宽带电视业务创新体系的落地示范与市场检验，大大提升了用户体验，为"全国一网"整合后业务统一规划、统筹经营做好了准备。

2. 国网公司改革发展稳步推进。2019 年以来，国网公司顺势而上，主动作为，各项改革发展稳步推进。研究制定广电 5G 技术路线和建设运营计划，并获得工信部颁发的"第五代数字蜂窝移动通信业务"经营许可证。积极推进与中信、阿里、中央广播电视总台达成战略合作意向；与国家电网、中国移动积极探讨合作建网；与华为建立深度战略合作伙伴关系，积极开展与吉林省、山东省以及故宫博物院、腾讯等方面的5G垂直应用业务合作洽谈等。探索建立智慧广电网络内容管理系统，有序推进内容管理规则出台，严格遵循"分类审查、分级负责"原则，严格执行"三审制"原则，对节目内容实行全面管理、规范管理，严格审核，严格把关，确保不出问题。

3. 加快推动全国一网整合与5G应用一体发展。2020年3月，广电总局召开电视电话会议，贯彻落实中共中央宣传部、国家发改委、工信部、财政部、广电总局等九部委联合印发的《全国有线电视网络整合发展实施方案》，启动全国有线电视网络整合和广电5G建设一体化发展工作。根据方案，"全国一网"整合将由中国广播电视网络有限公司主导，联合各省级网络公司、战略投资者共同组建，形成按现代企业制度管理的"全国一网"股份公司。"全国一网"股份公司成立后，实行母子公司制架构，将建成统一的运营管理体系。方案强调，要以有线电视网络整合为契机，深入实施智慧广电战略，加快以全国互联互通平台为基础的有线电视网络IP化、智能化改造，建设具有广电特色的5G网络，推动大屏与小屏联动、无线与有线对接、卫星与地面协同，显著提升全国有线电视网络的承载能力和内容支撑能力，有力促进各级广播电视台网深度融合发展，发挥海量内容优势，向移动化、全媒体传播转型升级。地方各省级广电行政部门高度重视，迅速行动，相继成立领导小组，抓紧起草贯彻落实的具体方案，积极推动各项工作不断向前。北京、湖北、湖南、四川等各地有线网络公司也分别召开专题会议，结合实际就有关工作及时作出安排，确保各项任务有条不紊地落实。

（四）主要问题和对策建议

2019年，有线网络正加快由专网向兼具宣传文化和综合信息服务特色的新型网络转化，既面临重大机遇，也面临诸多挑战。一是有线网络用户收入继续出现下滑，发展形势仍然严峻。二是有线网络产业服务理念、运营模式、经营方式等无法适应快速变化的需求与竞争，有线网络资源开发力度仍不够，增值业务创新乏力、发展缓慢。三是全国一网整合和5G发展一体推进进入关键时刻，尚未形成统一的运营主体和完善的运营体系、业务模式。

　　面对技术的迅猛发展和市场的激烈竞争，有线网络必须加快转型升级、改革创新。要进一步加大广播电视网络建设和业务开发力度，紧紧围绕深入实施"智慧广电战略"，大力开展"智慧广电""智慧社区""智慧城市""智慧乡村"建设，推动智慧广电在城市和广大乡村落地。要大力开展高清超高清电视、付费电视和互动电视业务，进一步扩大高清用户、智能终端用户、4K视频点播等高附加值用户，积极发展电子政务、医疗、教育、智能家居等各种综合信息服务和社会服务。要紧紧抓住全国一网整合和5G发展一体推进机遇，加快形成统一的运营主体和完善的运营体系、业务模式，加快培育发展网络核心竞争力，增强网络综合效益，不断开辟网络发展新局面。

第五节　视听新媒体发展与管理

国家广播电视总局网络视听节目管理司司长　魏党军
国家广播电视总局广播影视发展研究中心　陈　林

提要：2019年，中国网络视听高质量创新性发展迈入新阶段，网络视听宣传阵地继续巩固壮大，主题主线宣传卓有成效；网络视听节目创作量稳质增，精品佳作层出不穷；全产业链活力持续激发，高质量发展引擎运转强劲；网络治理能力不断增强，网络空间更加清朗，网络视听行业呈现出勃勃生机。截至2020年3月，网络视频（含短视频）用户规模达到8.5亿，短视频用户达7.73亿，网络音乐用户规模达6.35亿，网络直播用户达5.6亿。爱奇艺、腾讯视频付费会员进阶亿级时代。截至2019年年底，IPTV总用户数2.94亿，互联网电视终端激活规模达2.6亿台。主要视频网站市场规模继续保持两位数以上的增长，视频付费市场规模达到514亿元，IPTV业务收入达到294亿元。

一、网络视听宣传阵地巩固壮大，宣传质量和水平不断提升

广电总局以习近平新时代中国特色社会主义思想为指引，把增强"四个意识"，坚定"四个自信"，做到"两个维护"贯穿网络视听节目建设和管理工作全过程，强化舆论宣传主阵地作用，让主旋律宣传释放强大的正能量。

（一）聚焦核心宣传，做好习近平新时代中国特色社会主义思想网上宣传，全景多维立体展现习近平总书记的思想、风范、情怀

坚持把核心宣传放在首位并一以贯之。不断深化视听新媒体"首页首屏首条"建设，重点开展好习近平总书记领袖风采和党的创新理论网上宣传报道，深入展现习近平总书记"我将无我，不负人民"的为党为国为民情怀和带领中国人民实现伟大复兴的躬亲奋斗，做到习近平总书记重要思想和风采网上"天天见、天天新、天天深"。例如，广电总局组织网络视听平台掀起习近平主席 2020 年新年贺词宣传热潮，136 家视听网站，119 款手机移动客户端、互联网电视集成平台、IPTV 平台进行了转播，波次推出"让这些金句照亮属于我们的时代"专题、《七年来，习主席新年贺词中提到的"闪亮名字"》《2019，领袖的足迹》等短视频。各类作品上线当天，总播放量超过 3 亿次，激发起全体人民只争朝夕、不负韶华的奋进精神。

不断创新核心宣传表达形式、话语方式和推送手段，做优宣传实效。视听新媒体机构充分利用人工智能、大数据、算法推荐等新技术，综合运用专栏专题、特别节目、移动直播、短视频、原声音频、动画、H5、图文解读等多种手段，创新使用年轻化、时代化、通俗化、互动化的方式，建设"金句+热词+强音"宣传阐释体系，既面向专业人群，也兼顾百姓视角，分众化、精准化、专门化宣传阐释好习近平新时代中国特色社会主义思想，不断拉近人民与领袖的情感距离，增进政治认同、思想认同、情感认同。

（二）聚焦主题主线，做好新中国成立 70 周年、决战脱贫攻坚、疫情防控等重大主题网上宣传，保持强大力度、热度和声势

1. 精心组织庆祝新中国成立 70 周年的主题主线宣传。广电总局把隆重庆祝新中国成立 70 周年作为贯穿网络视听全年工作的主线，精心策划组织"庆祝新中国成立 70 周年精品网络视听节目上线仪式"和展播季、"精彩短视频，礼赞新中国"主题宣传月、"歌唱祖国·一首歌一座城"等大型网络视听主题宣传活动，在网上形成礼赞新中国、奋进新时代的宣传大合唱，彰显主流舆论生力军作用。

一是推出庆祝新中国成立70周年统一标识和LOGO，推动"我们的70年"频道或专区上线。全国248家视听网站、IPTV总平台、31个省级广电网络公司等，均在首页首屏开设"我们的70年"专区，制作、展播了一大批优秀献礼网络视听内容。重点视频网站"我们的70年"频道节目总点击量超过百亿次。

二是组织开展庆祝新中国成立70周年节目征集和展播活动。先后在第七届中国网络视听大会上组织了21家机构启动"我和祖国共成长"节目征集活动；举办"庆祝新中国成立70周年精品网络视听节目上线仪式"及展播季活动；开展《庆祝新中国成立70周年优秀网络原创节目》征集活动和展播活动，汇总筛选形成《庆祝新中国成立70周年优秀网络原创节目目录》（70部）；在第十六届中国国际影视节目展推出"网络视听精品节目展"等活动，征集和推介一大批反映新时代、新思想、新作为的优秀网络视听节目，并组织各大视听网站、全国有线电视互动点播平台、IPTV、OTT等视听新媒体平台集中展映展播。这些主题主线精品节目的征集与展播活动，时间跨度长、播出规模大、精品数量多、社会反响好，充分展现了近年来网络视听精品创作方面取得的优异成绩，体现了行业繁荣发展的全新面貌，营造了热烈浓厚的爱国主义氛围。

三是开展"精彩短视频，礼赞新中国"主题宣传月活动。积极推动短视频与主题主线宣传的深度融合，组织各短视频平台每天推送带有广电总局宣传活动统一标识的短视频，活动期间推送的短视频作品点击量超20亿次，其中《彩色新中国》《天安门广场数万人表白祖国》等精品短视频点击量均超过了5000万次，在短视频空间掀起礼赞新中国热潮。

四是联合中央广播电视总台举办大型全媒体活动"歌唱祖国·一首歌一座城"。通过"城"与"歌"的结合，走进全国62座城市，唱响62首爱国歌曲，共庆新中国70周年华诞。截至2019年11月，该活动抖音总播放量突破32.2亿次，微博话题阅读量突破1.5亿次。

五是精心做好重大活动网上转播工作。组织全国网络视听新媒体做好庆祝新中国成立70周年庆祝大会、阅兵式、群众游行和首都国庆联欢活动的网上转播工作，共有324家中央重点新闻网站、省级网络广播电视台、地方新闻门户网站和商业视听网站、165款手机移动客户端以及7家互联网电视集成播控平台进行了网上转播。腾讯视频、优酷等重点视听网站还采用VR、多链路、超高帧等科技手段，打造互动性强、体验独特的新媒体转播方式，将庆祝新中国成立70周年的宣传氛围推向高潮。

2. 统筹谋划做亮行业扶贫，助力全民小康网上宣传。一是统筹谋划网络视听深度参与脱贫攻坚战，引导网络视听行业做强正面宣传，做优内容供给，推进"短视频、直播+扶贫"等产业扶贫模式，彰显网络视听在脱贫攻坚战中的有为有位使命担当。如快手探索"短视频、直播+扶贫"新模式；字节跳动启动"山里DOU是好风光"文旅扶贫项目；优酷利用天猫"双十一"晚会，邀请艺人给贫困县做代言，现场销售农产品等。二是讲好脱贫攻坚故事。一方面，主要网络视听服务机构通过制作播出专题节目、面向网民征集短视频、设置扶贫宣传专题专区等多种形式，形成强大宣传声势。如快手设置扶贫账号"快手扶贫"，发起"#宝藏乡村#短视频"征集活动，征集到短视频8700多个，总播放量达5.3亿次。另一方面，深入开展内容扶贫，努力成为"全面建成小康社会"的时代记录者、故事发现者、精神弘扬者。《毛驴上树》《不负青春不负村》《乡间的行者》《益起追光吧》等不同类别的网络视听节目，以"精准扶贫"作为切入点，近距离反映普通人民生活的改变，讲好中国精准扶贫的故事。

3. 全面投入疫情防控阻击战，彰显新媒体社会责任。面对2020年年初突如其来的新冠肺炎疫情，主管部门坚决贯彻落实习近平总书记重要讲话、重要指示精神，统筹指导全国网络视听战线全力战"疫"，为打赢疫情防控人民战争总体战阻击战提供强大舆论支持和精神动力。

一是统筹开设专题专区，形成疫情防控宣传集群效应。芒果TV、爱奇艺、优酷、腾讯视频、哔哩哔哩、快手、抖音等各类网络视听平台在首页首屏开设"抗击肺炎""战疫情"等专区，统一使用蓝色包装，配以"共同战'疫'"的醒目标识,使"战疫蓝"成为网络视听平台抗疫的主色调。许多网络视听平台还以"春风化雨"的形式巧妙地将疫情防控知识与影视剧综等热门节目的播出相结合,大大提升宣传效果。

二是加强互动,开展疫情防控直播答题等活动。广电总局联合国家卫生健康委员会,指导快手、抖音、微博开设三场"疫情防控"专场直播答题,参与直播答题人数660万人次,普及了疫情防控知识,形成了气氛温暖、积极向上的防疫氛围。央视频利用5G技术,对火神山、雷神山医院的建设过程进行云直播,高峰时期同时在线的"云监工"超7000万人次,在见证中国速度的背后激发起全民战胜疫情的信心和决心。

三是减免费用,加强防疫期间优质节目供给。爱奇艺、腾讯视频、优酷、芒果TV等主要视频平台通过向湖北台、武汉台捐赠《破冰行动》《都挺好》等优秀影视节目的播出权,并将各平台精品节目给网民开放限时免费等方式,丰富网民精神生活。截至2020年2月,各主要视频网站新上线国产电视剧18部、网络剧33部、网络电影82部、网络综艺22档,有效缓解了居民宅家抗疫的心理压力[1]。

此外,网络视听机构还通过捐赠钱物,制作公益节目,提供在线办公、在线教育、在线问诊服务等方式,开展公益行动,积极主动履行社会责任。

(三)创新网络宣传组织方式,健全网络宣传长效机制

不断完善广播电视和网络视听重大宣传报道一体化统筹机制和舆论引导新机制,推动网络视听宣传的规范化机制化长效化建设。广电总局在2019年年初制定《2019年网络视听节目宣传工作规划》,统筹部署重点省局、重点视听网站宣传工作任务和要求,推动网络视听成为主流舆论阵地的"最大增量"。督促省局和重点网站提交年度宣传规划和月度工作计划,引导主要平台每月选取一个正面宣传主题,突出"首页首屏头条"建设。提前策划部署系列主题宣传活动,围绕年度宣传主线和重点主题,开展差异化多层次宣传。建立定期督查、重点协调机制,通过月度会议、重要时

---

[1] 资料来源:国家广播电视总局监管中心统计数据。

间节点协调会等机制，部署重点视听网站宣传工作，明确宣传重点、传达宣传口径和宣传提示。对网络重大宣传做到提前部署、随时跟踪、及时调控，使网络视听与广播电视同频共振，共筑网上网下同心圆。

二、网络视听节目创作精品迭出，唱响新时代主旋律最强音

围绕新中国成立70周年、2020年决战脱贫攻坚决胜全面小康、2021年建党100周年等重大主题重要时间节点，管理部门深入实施"新时代精品"工程，创新节目组织规划引导，创建优秀网络视听节目创作研评机制，创设重大题材网络影视剧项目库，不断推动网络视听内容领域的高标准规划、高质量创作、高水平创新，催生更多网络视听精品。

（一）创新节目组织规划引导，引领创作风向导向

1. 组织创作重大主题网络视听宣传节目。强化网络视听节目创作生产的政府引导聚合作用，加强对网络视听重大主题节目创作的组织引导，形成大创作、大宣传、大传播格局。广电总局直接策划和指导芒果TV、优酷、爱奇艺、腾讯视频四家视频网站联合出品《见证初心和使命的"十一书"》网络视听节目，用11封见证初心与使命的真实书信，12位文艺工作者的深情讲述，再现11位共产党人的感人故事，节目播出后11天内，全网点击量高达2.5亿次，成为开展"不忘初心、牢记使命"主题教育的生动教材。党的十九届四中全会结束后，一周内完成系列短视频"V观中国之治"制作，在网络空间掀起舆论与学习热潮，突出了网络视听宣传舆论阵地的重要作用。策划指导哔哩哔哩、腾讯视频以边制作边播出的形式创作推出网络纪录片《在武汉》《正月里的坚持》，挖掘并传播普通人在抗疫战斗中闪烁的真善美。这些都是发挥政府指导网络平台开展重大主题创作，加强网络视听节目服务重大事件宣传的有力探索。

2. 加强规划备案和重大题材网络影视剧项目库建设。主管部门严格落实网上网下统一导向、统一标准、统一尺度的要求，自2019年2月15日起，对重点网络剧、网络电影、网络动画片实行拍摄规划备案和上线备案。

2019年，全国共有3400部重点网络影视剧通过了拍摄规划立项备案，其中网络剧808部、网络电影2393部、网络动画片199部；取得上线备案号的重点网络影视剧共1230部，包括178部网络剧、987部网络电影、65部网络动画片。总体来看，全国网络影视节目继续呈现量减质增态势，无效产能进一步降低，精品率普遍提升。2020年2月，广电总局设立重大题材网络影视剧项目库，做好重大现实、重大革命、重大历史题材创作工作，倾力打造重大题材网络视听原创精品力作，推动网络视听内容品质提升，《北斗》等13部作品被纳入项目库。这些举措，在引导全行业正导向、提品质、强创新上发挥了重要作用。

3. 加强网络视听节目创作传播的评优评议长效机制建设。一是通过扶优推优政策引领网络视听精品创作传播，引导行业集中资源创作更多抒写人民心声、展现时代变迁、弘扬中华优秀传统文化的精品力作。2019年，《荣耀乒乓》等11部优秀网络视听作品入选网络视听节目精品创作传播工程重点扶持作品；《毛驴上树》等67部作品入选"弘扬社会主义核心价值观 共筑中国梦"主题推选展播活动名单；《纸短情长》等49个节目入选优秀网络视听作品扶持项目；《中华英才少年》等6部网络动画片入选"中国经典民间故事动漫创作工程（网络动画片）"重点扶持项目。这些入选的节目或关照当下社会现实，聚焦普通百姓，抒写和记录人民伟大实践；或传承中华优秀文化，弘扬社会主义核心价值观，彰显社会发展和时代进步，唱响了团结奋进的时代强音。二是建立优秀网络视听节目创作研评机制，主管部门通过每月召开网络视听节目播出安排协调会引领网络视听行业创作风向，组织开展《功夫学徒》《石榴花开》《见证初心和使命的"十一书"》等优秀网络视听节目研评会，总结推广优秀网络视听节目创作传播经验方法，推动网络视听机构扩大正能量内容生产传播规模，引导网络视听节目创作方向更明确、更聚焦。三是加大精品网络视听节目的宣传推广。通过调控网络视听节目上线播出，让优质内容占领网络空间，实现"好平台有好内容，好内容有好平台"。

(二) 聚焦现实题材,助推创作"主旋律"时代到来

在主管部门的综合引导以及用户和市场需求推动下,网络视听行业聚焦优质内容创作生产的热情空前高涨,弘扬社会主义核心价值观和中华优秀传统文化日益成为创作的核心要素,打造现实题材精品力作成为创作主要方向,并且在题材类型、艺术风格、叙事方法等方面有了更多创新和扩展。

主旋律成为普遍追求,现实主义在网络影视创作中开始成为主流。2019年,全网共上线网络剧202部、网络综艺407档、网络电影638部、网络纪录片150部、网络动画片288部①。上线网络剧中,当代题材占比超过八成,出现了取材广泛、数量较多的反映现实生活、表达家国情怀、表现当代青年成长的主旋律作品,如《独家记忆》《门风传》等;网络综艺献礼祖国、脱贫攻坚主题节目不断涌现,《我和我的祖国》《益起追光吧》多档综艺节目讴歌时代,助力扶贫;网络电影创作打破低俗题材的"藩篱",《大地震》《毛驴上树》等致敬新中国成立70周年的作品相继诞生,成为主旋律创作的新生力量;网络纪录片广泛涉及"不忘初心、牢记使命"主题教育、"一带一路"倡议、"精准扶贫"、"乡村振兴"战略、致敬英雄、民族团结等主题,《石榴花开》《我的青春在丝路(第三季)》等作品得到网民广泛认可;网络动画片在题材选择和内涵表达上更加注重弘扬家国情怀,掀起"国潮""国创"风,《追梦者》《领风者》等作品让动画片更加有魂、有爱、有趣、有形。

(三) 创新节目形态,推进全媒体传播

2019年,网络视听节目在创作、播出以及节目形态方面出现一些新变化。

1. 互动视频、竖屏视频、Vlog(视频日志)受到平台追捧。2019年,芒果TV、爱奇艺、优酷、腾讯视频、哔哩哔哩等视听平台加大互动视频的

---

① 国家广播电视总局监管中心多渠道统计整理所得,数据统计周期为2019年1月1日至2019年12月31日。

布局和探索，互动剧、互动综艺、互动电影多点开花，推动更多互动内容走向大众视野。广电总局也联合多家平台，推动《互联网互动视频数据格式规范》等标准的创建。更适配手机屏幕的竖屏视频日渐成为互联网视频格式"常态"，爱奇艺、优酷、腾讯视频、快手等平台继续发力竖屏剧。Vlog 内容因其巨大社交潜能，受到网络视听平台青睐，哔哩哔哩、抖音分别推出启动"Vlog 星计划""Vlog 十亿流量扶持计划"扶持优秀作品和创作者。主流媒体也将 Vlog 运用到新闻报道中，让时政报道变得更加活泼生动接地气。

2. 独播仍占主导，联合出品联播合作成为常态。2019 年上线的 202 部网络剧中，独播剧 182 部，占比 91%，但可以分摊内容费用、控制内容成本的联合出品联播合作不断增加。《黄金瞳》《亲爱的，热爱的》《从前有座灵剑山》《庆余年》等多部年度热播剧都是由主要平台联播。主要网站综艺节目均以独播为主，腾讯视频、爱奇艺、优酷、芒果 TV 四家网站节目独播率均为 75% 以上。爱奇艺、优酷、腾讯视频三家平台上线的网络电影占上线总数的 91%，用户观看方式仍以"会员特权"为主。①

3. "网络首播电视剧""龙标"电影占比稳中有升。电视剧、网络剧边界进一步模糊，网络电影和院线电影在制作和发行上也出现融合迹象。2019 年，获得《电视剧发行许可证》但在互联网首播的"网络首播电视剧"，由 2018 年的 82 部减少至 73 部，占上线网络剧播出总数的 36%，比重稍有下降，主要是古装电视剧同比下降了 35%；获得《电影片公映许可证》，在互联网独播或首播的"龙标"电影 137 部，比 2018 年减少 9 部，但上线播出比重却由 11% 增加至 21%，和其他网络电影数量比也达到 1∶4.7。这两类节目多是主旋律、正能量的现实题材作品，内容品质水准普遍较高，出现多部口碑流量俱佳的作品。如《破冰行动》让视频网站第一次成为特殊现实题材大剧的首播渠道。

---

① 资料来源：国家广播电视总局监管中心材料。

三、网络视听产业高质量发展迈入新阶段

2019年,网络视听整体实力与影响力继续攀升,成为中国影视市场主要势力、数字文化产业中坚力量,在满足人民美好视听生活新期待方面发挥着越来越大的作用。

(一) 用户规模不断增长,精耕会员成为新风向

网络视听用户规模继续保持增长,但增量空间收窄。截至2020年3月,网络视频用户(含短视频)规模达到8.5亿,较2018年年底增长1.26亿,占网民整体的94.1%;短视频用户达7.73亿,较2018年年底增长1.25亿,占网民整体的85.6%;网络直播用户达5.6亿,较2018年年底增长1.63亿,占网民整体的62%[①]。付费会员进阶亿级时代。截至2019年,爱奇艺、腾讯视频的付费会员数分别达到1.07亿和1.06亿。电信专网、互联网成为用户收看视听节目重要途径。截至2020年2月,IPTV总用户数2.97亿,较2018年同期增长11.2%;互联网电视终端激活规模达2.6亿台,同比增长21%,覆盖用户数超过6.11亿人,但终端市场需求面临萎缩[②]。这些意味着网络视听行业发展相对成熟。

在用户红利、时长红利见顶多重因素影响下,各视听节目服务机构着力用持续的优质内容生产、精准的内容编排和推荐、高质量的服务体验,深掘用户价值,推进可持续发展。一是广泛开拓国内下沉市场,进军海外市场,挖掘用户增量。二是通过跨平台生态合作不断丰富会员权益,与电商、音频平台、终端厂商等业内外机构合作打造组合会员,从内容和特权等多方面为用户营造"超值感",触达更多用户,增强用户黏性。三是加大会员的精细化运营,探索内容付费新模式,会员产品的多样化和分层化设计更加成熟。

(二) 产业规模不断壮大,产业活力进一步释放

1. 网络视听市场规模继续保持稳健增长,市场竞争格局相对稳定。

---

① CNNIC,第45次中国互联网络发展状况统计报告,2020年4月。
② 奥维互娱,《2020年中国智慧大屏发展预测报告》,2020年2月。

2019年,爱奇艺、腾讯(直播与视频流业务)、阿里大文娱、芒果TV、哔哩哔哩收入分别增长16%、17%、23%、45%、64%,除芒果TV继续保持盈利外,多数平台亏损面进一步收窄①。长视频市场继续维持爱奇艺、腾讯视频、优酷三强格局,芒果TV、哔哩哔哩、搜狐视频等第二阵营保持跟进状态。短视频行业呈现"两超多强"格局,字节跳动三款短视频(抖音、西瓜视频和火山小视频)产品去重用户超过6亿②,快手日活用户超过3亿③,腾讯系、百度系紧随其后。网络音频市场喜马拉雅FM一家独大,荔枝、蜻蜓FM和企鹅FM三强密切跟随。IPTV和互联网电视产业保持稳健增长。2019年,IPTV业务收入294亿元,比2018年增长21.1%④;智慧大屏广告运营总收入达99亿元,是2017年的26亿元的3.8倍⑤。

2. 在线视频商业模式日益成熟,营收结构和营销方式发生重大变化。 曾作为营收支柱的广告业务占比不断下降。2019年,中国互联网广告总收入4367亿元,其中视频类平台收入545亿元,同比增长43%⑥。但互联网广告投放流量首次下降,较2018年同比减少10.6%,其中,在线视频广告流量同比下降21.3%⑦。会员收入渐成平台支撑性收入来源。2019年,中国网络视频付费市场规模为514亿元,同比增长49.4%⑧;爱奇艺会员业务营收144亿元,同比增长36%,超过广告服务营收(83亿元),成为最大收入来源⑨;芒果TV会员收入增幅超过100%⑩。

---

① 综合统计爱奇艺、腾讯、阿里巴巴、芒果超媒、哔哩哔哩2019年度财报整理。
② 抖音《2019抖音数据报告》,2020年1月。
③ 快手大数据研究院,《2019快手内容报告》,2020年2月。
④ 工业与信息化部,《2019年通信业统计公报》,2020年2月。
⑤ 奥维云网,《2020年中国智慧大屏发展预测报告》,2020年3月。
⑥ 中关村互动营销实验室,《2019中国互联网广告发展报告》,2020年1月。
⑦ 明略科技:《2019中国互联网广告流量报告》,2020年2月。
⑧ Analysys易观千帆,《2020-2022中国网络视频市场发展趋势预测》,2019年3月。
⑨ 爱奇艺第四季度和全年未经审计的财务报告,2020年2月。
⑩ 芒果超媒2019年业绩快报,2020年3月。

3. 电商直播[①]、**MCN**[②]**异军突起，成为产业发展新增量**。电商直播是电视购物在网络端的新形态，2019年电商直播迎来爆发式增长。电商直播用户规模达到2.65亿，占网民整体的29.3%，占网购用户的37.2%，占直播用户的47.3%[③]；交易量增至4400亿元，同比增长214.29%[④]。淘宝直播、快手、抖音等平台持续推进内容流与商品流融合，实现了从搜索电商、社交电商到内容电商的迭代升级。淘宝直播已积累4亿用户，开播账号数量同比增长100%，MCN机构数量超过1000家，每天直播内容时长超35万小时，全年交易额突破2000亿元，其中177位主播年度成交额破亿，成为淘宝内容化、社区化的核心引擎和最快速有效的营销方式[⑤]。

作为内容产业的新兴链路，MCN产业继续保持强劲增长。预计2019年MCN机构数量达到1.45万家，同比增长150%；市场规模达到168亿元，同比增长50%[⑥]。MCN机构以内容生产和运营业态为基础内核，链接创作者、平台以及变现方，走向专业化与平台化。微博、微信、抖音、快手、淘宝、小红书、哔哩哔哩等头部平台的MCN囊括了90%头部红人，收入占整个市场收益的六成[⑦]。MCN内容已覆盖图文、直播、音频、短视频、影视节目等多种类型，可视性、互动性、社交性进一步增强。MCN也成为广电媒体转型升级新业态。2019年，中央广播电视总台、山东广播电视台、浙江广电集团、哈尔滨广播电视台、湖南娱乐频道、成都市广播电视台、长沙台中广天择等广电机构纷纷布局MCN，在短视频和网络直播领域大展拳

[①] 电商直播，是指通过一些互联网平台，使用直播技术进行近距离商品展示、咨询答复、导购的新型服务方式，或由店铺自己开设直播间，或由职业主播集合进行推介。

[②] MCN，Multi-Channel Network，是一种多频道网络的产品形态，将PGC/UGC/PUGC内容联合起来，在制作、交互推广、合作管理、资本等方面的有力支持下，保障内容的持续输出，最终实现商业的稳定变现。

[③] CNNIC，第45次中国互联网络发展状况统计报告，2020年4月。

[④] 中国银河证券，《5G新时代，行业新征程 传媒行业2020年度策略》，2020年2月，http://pdf.dfcfw.com/pdf/H3_AP202002101374954966_1.pdf。

[⑤] 《2020淘宝直播新经济报告》，2020年3月。

[⑥] 《艾媒报告｜2020—2021中国MCN产业运行大数据监测及趋势研究报告》，2020年1月。

[⑦] 克劳锐，《2019中国MCN行业发展研究白皮书》，2019年3月。

脚，为媒体融合发展带来更多新动能。"湖南娱乐" Drama TV 进入全国 MCN 机构的头部位置，并积极组建全国广电 MCN 同盟会，在抖音平台粉丝超过 1.1 亿。

4. 视频平台加大商业模式创新，完善符合自身发展的生态链。一是加大广告营销方式创新，开发内容化、场景化、智能化的广告新产品新形态，创意中插广告、创可贴广告、花絮贴、大头贴、片尾贴等广告形式日渐普遍，集创意与互动性于一体的视频原生广告和信息流广告快速崛起，能够带给用户沉浸式体验的沉浸式广告成为新潮流，从而不断提升广告效果转化率，赢得更多广告商。如爱奇艺的 AACAR 全链路转化营销路径，阿里的全域营销和腾讯的全链路营销模型，帮助品牌主进一步达成"品效协同"。IPTV 和互联网电视也加强对内容、增值业务、广告价值的深挖和探索，进入到从规模扩张到价值变现的新阶段。二是头部平台继续投入更多资金打造自己的内容生态系统，自制化、垂直化和生态化趋势更加明显。爱奇艺 2019 年内容成本为 222 亿元，占全年营收的 76.6%[①]。圈层时代的来临要求内容创作更加垂直化、细分化，深入圈层文化、引发圈层共鸣、探索内容"破圈"。爱奇艺加大投入布局六大综艺赛道、五个大剧赛道及体育、多元垂直业务；优酷从"突破立体圈层"视角出发布局内容。主要视频平台继续围绕内容构建 IP 生态。爱奇艺的"苹果园"战略从最初的以视频为主的苹果树，变成向电影、商城、游戏、直播、文学、漫画、轻小说等多元娱乐业态渗透和复合利用的苹果园，加强构建全产业链路径，探索"核裂变"式商业模式；腾讯推动视频与音乐、文学、游戏的生态共振，实现彼此价值共赢。

（三）产业生态不断健全，融合协同取得新进展

2019 年，网络视听媒体在市场、技术的推动下，与传统媒体和其他产业的融合拓展到价值取向、产业生态等更深的层次，进入到跨界合作、协同创新、生态化发展的新阶段。

[①] 爱奇艺第四季度和全年未经审计的财务报告，2020 年 2 月。

1. 网络视听与广播电视融合不断深化。互联网传播渠道已经成为媒体传播主渠道，网络视听与广播影视业的融合走向深入。一是广播电视和网络视听融合发展的全媒体传播格局正在形成。广电总局把网络视听摆到与广播电视同等重要的位置，2019年出台《关于推动广播电视和网络视听产业高质量发展的意见》（广电发〔2019〕74号）、《关于建立广播电视和网络视听产业发展项目库的通知》（广电发〔2019〕60号）等文件，统筹推动广播电视同网络视听产业融合发展，推进跨行业融合、跨平台资源整合，努力形成以视听业务为主体、兼具媒体特色和综合信息服务的新型事业产业体系。

二是媒体融合与创作融合同步转型升级。网络视听平台与广播电视机构、影视制作机构深度介入网络视听节目创作生产，联制联播成为常态。全年视频网站参与出品的网络剧共103部，占上线网络剧的51%[①]。如总台央视、爱奇艺联合出品共同播出的《破冰行动》，山影制作与奇树有鱼联合策划制作《毛驴上树》等。网络视听与传统影视从业人员思想观念的融合逐步深化，一些知名影视导演持续参与网络影视节目的创作，不断缩小网络视听节目与电视节目、院线电影在艺术品质、制作水准上的差异，推动了网络视听作品思想艺术质量的普遍提升。如电影导演刘镇伟监制网络剧《异域档案之暹罗密码》，管虎监制网络剧《怒晴湘西》等。

三是网络视听节目与广播电视节目相互影响、相互融合、相互借鉴、共同提高。网络视听节目与广播电视节目在价值取向上渐趋一致，在创作手法上相互借鉴，推动了双方整体品质提升，进一步巩固了网络视听的精品化创作方向。如电视剧吸收了网络剧对青年观众吸引力强的优长，表现手法更为丰富多样，网络剧借鉴了电视剧成熟的创作规范，主旋律正能量成为普遍的价值取向，制作水平大幅提升。

2. 共建视频产业生态成为融合大方向。网络视听的内涵外延不断延展，与游戏、直播、竞技、院线等行业的跨界融合更加紧密，推动网络视听机

---

① 资料来源：国家广播电视总局监管中心。

构不断破"圈"出"圈",构建更加完善、合作多赢的视频产业生态。芒果TV依托马栏山视频文创产业园和中国移动的战略入股,加强技术与内容上的合作,共建融合发展生态。咪咕视讯以广播电视台和电信运营商网络的重新融合为着力点,推动台网合作更有声量有价值。优酷进一步发挥阿里生态优势,利用优质节目辐射整个行业,实现生态共赢。喜马拉雅加强产业链上下游布局,"撮合"版权与主播,通过智能分发,建立广泛合作。抖音和快手分别发起面向创作者、媒体、MCN 的支持计划,提供平台的成长帮助,推动短视频、直播与更多产业结合。2020 年年初《囧妈》《肥龙过江》等院线电影因疫情选择网络发行,推进了视听网站与电影院线在生产端与播放端的变革与融合。视听平台、电视厂家、手机企业加大力度布局智慧屏等业务,探索物联网时代智慧家庭新业态、新场景、新服务,力图通过软件、硬件、场景的融合赢得 5G 商用起步阶段的发展先机。

(四)短视频成为视频平台基础业务,长短视频互通融合趋势不断加快

1. 短视频文化传播价值和商业价值进一步放大。2019 年,短视频用户规模、观看时长、供给能力全面高速增长的势头未减。一是短视频用户在网络视听节目服务各类业务中位居前列。截至 2020 年 3 月,短视频用户达 7.73 亿,较 2018 年年底增长 19.3%[1]。在 2019 年中国互联网广告投放流量和在线视频流量同步下降的情况下,短视频广告流量同比增幅高达 314.1%[2]。二是用户时间和注意力继续从长视频向短视频转移,短视频持续带领视频市场流量和黏性增长。索福瑞(CSM)调研数据显示,2019 年,中国近 60%的网民组合使用"短视频+网络视频"和"短视频+电视",跨屏使用已成常态,长短视频组合观看成为主流选择。短视频时长出现爆发式增长,中国移动网民的短视频使用时长已占总体上网时长的 13.5%[3]。三是短视频的商业模式不断成熟。抖音和快手等短视频平台均在加速商业化

---

[1] CNNIC,第 45 次中国互联网络发展状况统计报告,2020 年 4 月。
[2] 明略科技:《2019 中国互联网广告流量报告》,2020 年 2 月。
[3] eMarketer,《中国移动网民花在短视频应用上的时间比增长至 13.5%》,2020 年 1 月,http://www.199it.com/archives/994404.html。

变现进程，在广告、直播打赏、电商带货、游戏等领域发力，提升用户资产和用户价值。同时，短视频平台纷纷布局全景生态寻找增量，以"App+小程序"的生态产品矩阵进行拓展业务。如快手微信小程序用户规模超过2000万。

2. 短剧、微综艺、微纪录片成为行业探索新方向。2019年，视频网站深耕专业垂直领域，推出精品短视频内容，助推了短视频的专业化、类型化、精品化发展。单集时长小于20分钟的泡面番、火锅剧①受到一些年轻网民的青睐；时长在5~20分钟左右的微综艺数量显著增加；单集时长在10分钟以内的微纪录片达26部，占全年上线网络纪录片比重的17%，将作品正片剪辑为微纪录片版本，成为网络纪录片提升传播效率的重要方式。知识视频化传播成为新趋势，知识类内容创作者向短视频平台广泛聚集。截至2019年12月，抖音平台上粉丝过万的知识类短视频创作者超过7.4万名，累计创作了1985万条知识类短视频，播放量达1.9万亿次②。政务类、公益广告类短视频等也迎来繁荣发展，广电总局组织开展庆祝新中国成立70周年广播电视公益广告展播工作，与国家税务总局等部门联合举办相关主题公益广告征集活动，制作播出了大量优秀的政务类、新闻类、公益广告类短视频，如《本色》《见证中国速度》等。

3. 长短视频边界逐步消融，互通融合趋势加快。短视频与网络直播、动漫、文学、影视、游戏、音乐等内容形式交叉结合，与科技、文旅、教育、电商等业态深度融合，产业链和价值链不断提升。一是短视频成为影视内容重要宣发阵地和营销标配。越来越多的网络视听平台积极利用短视频移动和交互传播的特点，对影、剧、综、漫等长视频进行内容营销。在电视剧《奔腾年代》热播期间，腾讯视频制作推出上百条衍生短视频并策划热门话题，取得了很好效果。二是各大长视频平台纷纷打造短视频的聚

---

① 泡面番、火锅剧：泡面番一般指单集时长3~6分钟，即泡一杯方便面的时间就能看完的动画片；火锅剧一般指单集时长1~10分钟，具备完整叙事、题材广泛、形式多元、镜头语言丰富的微剧或微综，因其短小较适合在吃火锅、吃饭时观看而得名。

② 抖音，《2019年度抖音知识创作者图鉴》，2019年12月。

合频道，布局微剧微综艺微纪录片，抢占用户的碎片化时间。如爱奇艺推出微综艺《花美男随游记》、微剧《生活对我下手了》等。三是长短视频平台互相渗透，长短视频内容时长渐趋模糊。长视频平台攻坚短视频，推出短视频App，深入布局短视频业务。爱奇艺在2018年到2019年，先后推出锦视、姜饼、好多等短视频App，发布《剧情短视频付费分账合作说明》和短视频创作者扶持计划"北极星plus"，完善短视频产业生态。腾讯在2019年将yoo视频整合至腾讯视频，发布短视频新品类——火锅剧，腾讯微视也跻身用户亿级俱乐部。优酷与今日头条达成短视频内容授权合作，与微博合作，推进资讯短视频化。长视频谋短的同时，短视频平台也"以短带长"，向长视频领域探索，进阶综合性视频网站。抖音、快手为首的短视频平台，逐渐开放长视频权限，围绕用户的偏好，建立更加丰富立体的内容生态。西瓜视频打造自制综艺《考不好，没关系?》《大叔小馆》，提供大量免费影视节目以吸引用户，成为长视频市场新搅局者。

（五）新技术带来新动能，新业态展现新活力

2019年，网络视听机构进一步加大对信息革命技术成果的综合应用，从5G、超高清视频、人工智能（AI）、虚拟现实（VR）/增强现实（AR）沉浸式视频、区块链等领域布局，提前进场掌握新赛道上的战略主动和差异化优势，探索技术创新应用之路和优秀作品创新之路。

1. 构建5G视频产业新生态。 5G商业化落地带来视频内容形态和产业形态的全面变化，给视听行业带来变革性的影响。各网络视听机构加快与产业链上下游企业、研究机构、行业组织构建多层次合作体系，积极布局5G相关领域，将人工智能、大数据、VR/AR等新技术、新应用贯穿于网络视听节目的创作生产、管理审核、推荐分发、终端播放各环节，共同打造开放融合的5G时代网络视听产业新生态。芒果TV与上海科技大学建立联合实验室，围绕智能影像视觉、光场技术、AR/VR、5G全息等领域的研究展开合作。优酷设立5G专门实验室，与阿里达摩院加强互动和生态融合，重点研发6自由度立体视频（6DoF）等，为体育赛事直播、综艺节目等带

来全新视听体验。超高清业务和沉浸式互动内容成为当前视听平台布局重点。腾讯视频已储备超过10万部超高清视频，同时对多路5G超高清直播业务作出探索。爱奇艺则推进5G+4K+VR多种技术融合的全景直播，给用户带来更多场景化的娱乐体验。咪咕视讯在"5G+超高清+体育"领域集中发力，推出多屏同看、360度可拖拽全景观赛、"子弹时间"等"5G新看法"，增强用户的临场感。

2. 人工智能全方位赋能视听行业。AI技术与视听行业深度融合，在内容生产、分发和消费的全生态领域呈现出数据驱动、人机协同、跨界融合、共创分享的整体发展态势，赋能网络视听产业多环节多业务场景。在内容生产环节，AI进一步改善创作环境，丰富用户产品形态，降低运营成本。如优酷探索将AI运用于节目内容的采集、生产、分发、接收、反馈中，应用北斗星智库系统对剧本进行AI分析以及潜在主演多维度数据对比，确定主角人选。爱奇艺、优酷等平台积极开展AI智能修复，挖掘传统影视资源。在智能分发和审核方面，AI技术大幅提升视频内容的推送精准度与审核效率。今日头条基于大数据的算法推荐提高了短视频的用户黏性，使短视频有效播放率高达85%。快手采取一套"多模态内容理解"逻辑，用机器提取用户上传的文本、图像、音频的特征，通过知识图谱、语义理解、分类检索等技术来审核内容是否涉及黄赌毒、判别内容是否抄袭等。在内容安全、版权保护方面，AI也广泛用于视频排重、相似度判断、盗版鉴定和防止侵权等方面。

3. VR/AR视频带来全新虚拟现实体验。随着5G网络商用、超高清视频普及、超清晰显示设备销量增大，VR/AR+沉浸式视听体验和应用业态进一步丰富，内容消费更具沉浸性、交互性、移动性。爱奇艺出品多部VR作品，其中《无主之城VR》探索国内"VR+院线"场景模式，推出动画IP《四海鲸骑》VR游戏版，提升用户沉浸式体验。哔哩哔哩提前布局洛天依等虚拟偶像的开发和策展，为用户提供全新的视频观看体验。咪咕视讯储备了超过3.5万小时的VR内容，着重在巨幕观影、360度全景的电影、纪实、体育等内容上为观众带来了全新的虚拟现实体验。快手探索集合 AR/VR/MR/AI 技术，使用户在 5G 网络下开展 4K 高清互动直播以及直播连麦、直播 PK、VR 直播等多种互动服务。

4. 区块链应用加速推进。区块链在网络视听行业的版权保护、内容支付、营销推广等环节的应用正在持续推进，改变内容管理和消费方式的激励结构。当前，区块链主要应用于版权存证与溯源、交易保护等领域。如爱奇艺上线区块链版权存证功能，对作品的作者、内容、创作时间等关键版权信息进行电子存证。

（六）网络视听成为出海生力军，"走出去"取得新进展

1. 网络视听成为促进中外文化交流的重要载体。在 2019 年亚洲文明对话大会上，网络视听传播政策和网络治理是亚洲国家对话与合作的重要内容。网络视听也逐渐成为"视听中国"系列活动和影视节目海外展映交流活动的重要一极，如中国网络视听产业论坛登陆法国戛纳秋季电视节"聚焦中国"系列活动，优酷参加"视听中国·走进希腊""视听中国·阿根廷·北京视听之夜"等活动，有效扩大了中国网络视听在海外的影响。

2. 网络视听内容出海之路拓宽加深。《破冰行动》《长安十二时辰》《致我们暖暖的小时光》《做客中国——遇见美好生活》等众多网络视听节目在东南亚等国家和地区引发观看热潮，成为"中国剧集"出海新力量。网络视听机构积极推进与海外制作机构的联合制作，《功夫学徒》《水下中国》等多部网络纪录片以海外观众更易接受的方式走向海外。

3. 网络视听平台加快在海外的规模化落地。截至 2019 年年底，芒果 TV 国际版 App 下载量已达 1845 万次，覆盖全球 195 个国家和地区共 2400 万人；爱奇艺正式推出服务全球用户的产品 iQIYI 国际版，在马来西亚、泰国等东南亚国家落地，并在媒体资源库管理、内容智能生产、分发、运营等方面，与全球多地合作伙伴分享技术能力；腾讯推出视频流媒体服务 WeTV，已在东南亚、南亚国家落地开花，半年下载用户量破千万；喜马拉雅国际版 App "Himalaya" 海外用户超 5000 万，同比增长 30%。

4. 短视频成为出海生力军。TikTok（抖音海外版）全球下载量超过15亿次，Kwai（快手海外版）自2018年起在全球10多个国家推出，在韩国、巴西等国家取得不俗成绩[①]。以李子柒、二更等为代表的短视频创作者，通过制作有关中国美食、服饰、生活习俗等内容的短视频，成为中国国际传播新主角。截至2020年1月6日，李子柒在YouTube上102条短视频总观看量超过10亿次，粉丝数超过1200万，成为中华文化的一张"海外名片"[②]。

四、网络视听制度体系和治理体系进一步健全，内容生态更趋健康

2019年，主管部门落实党管媒体原则，坚持依法治理、源头治理、综合治理、系统治理，完善网络视听节目事前引导、事中管控、事后评价的全周期管理机制，全面加强网络视听内容生态治理，巩固良好传播秩序。

（一）全面提高依法治理能力，加快完善网络视听制度体系

主管部门加快推进《信息网络传播视听节目管理条例》修订，着力构建网络视听制度体系和治理体系，更好发挥法治对网络视听行业发展的引领、规范、保障作用。2019年以来，广电总局先后出台《未成年人节目管理规定》（国家广播电视总局令第3号）、《关于推动广播电视和网络视听产业高质量发展的意见》（广电发〔2019〕74号）、《关于进一步做好广播电视和网络视听精准扶贫工作的通知》（广电发〔2019〕78号）《关于加强网上谈话（访谈）类节目管理的通知》（网字〔2019〕155号）、《关于加强"双11"期间网络视听电子商务直播节目和广告节目管理的通知》（广电办发〔2019〕275号）、《关于进一步加强电视剧网络剧创作生产管理有关工作的通知》（广电发〔2020〕10号）等法规文件，指导中国网络视听节目服务协会制定行业自律性规范《网络短视频平台管理规范》《网络短视频内

---

① CNNIC，第45次中国互联网络发展状况统计报告，2020年4月。
② 数据来源：海外网红营销平台Noxinfluencer，https：//www.noxinfluencer.com，2020年1月。

容审核标准细则》《网络综艺节目内容审核标准细则》。这些治网法规政策，涵盖网络视听内容管理、产业发展、人才培育到网络扶贫的方方面面，进一步强调了"内容质量"的重要性，使网络视听制度体系更加缜密系统，为网络视听高质量创新性发展提供稳定可靠的法治保障。

（二）全面落实意识形态责任制，强化 IPTV、互联网电视和无证网站管理

1. 持续开展 IPTV 专项治理，扎实推进整改和规范对接工作。2019 年，广电总局召开全国 IPTV 建设管理工作会议，下发《关于开展 IPTV 专项治理的通知》（广电发〔2019〕45 号）、《IPTV 集成播控平台与传输系统规范对接工作方案》（广电发〔2019〕76 号）等文件，对全国 IPTV 系统开展专项治理，推进所有 IPTV 用户割接至规范对接的集成播控平台，筑牢 IPTV 内容安全屏障。目前，中央广播电视总台及各省分平台基本完成 IPTV 内容专项治理阶段性工作。推动《IPTV 集成播控总平台和分平台节目集成管理系统接口技术规范》《IPTV 技术体系总体要求》《IPTV 监管系统接口规范》《IPTV 集成播控总平台和分平台 EPG 管理系统接口规范》《IPTV 集成播控平台与传输系统用户"双认证、双计费"接口规范》等五项行业标准出台，对规范 IPTV 发展提供了进一步的依据。

2. 持续规范互联网电视业务，维护良好播出秩序和播出环境。主管部门要求 7 家互联网电视集成牌照方落实主体责任，加强平台和产品管理，规范互联网电视市场传播秩序，严防非法有害不良内容渗入电视屏幕。加强部门协同，遏制境外电视网络接收设备生产销售使用，严防境外有害内容通过互联网向境内渗透。以属地管理部门和行业组织为抓手，印发《关于进一步强化境外电视网络接收设备管理工作的通知》，督促省局加强监测监看，清理非法互联网电视客户端软件。指导网络视听节目服务协会下属互联网电视工委会建设互联网电视机客户端号码管理平台和互联网电视应用白名单管理平台，推动互联网电视强制标准出台及落实。2019 年 6 月，工信部发布《互联网电视接收设备技术规范》强制性国家标准报批公示，为

加强互联网电视管理提供了技术保障。

3. 创新服务管理方式，强化无证视听网站管理。认真贯彻落实习近平总书记"两个所有"要求，通过分批开展对无证视听网站相关信息的摸底登记工作，组织视听节目平台填写申报《网络视听节目平台信息登记表》，要求视听节目平台开办机构法定代表人签署《互联网视听节目服务从业承诺书》等方式，强化对无证网站的规范管理。2019年，今日头条、快手等首批6家非持证网站进行了信息登记，将其平台上的各种节目内容纳入日常监管，督促其承担相应的社会责任。正在会同属地管理部门，开展第二批30余家网站平台信息登记工作，推进短视频等无证视听平台信息登记管理系统建设，确保所有视听平台都纳入管理。

（三）全面落实落细网上网下一致原则，有效调控规范节目传播秩序

1. 建立重点视听网站播出安排协调会议机制。每月召集监管中心、部分省局、重点视听网站、IPTV、互联网电视等机构代表参会，部署重点视听网站播出调控工作，强化编播计划执行，提示编播要点和注意事项；通报网络原创优秀节目和问题节目，引导推动优质内容创作播出。

2. 建立重点视频网站月度播出计划审核制度。按月汇总整理重点省份的重点视听新媒体机构报送的新上线节目信息和首页版面编排信息，定期通报编播计划审核情况。按现实题材作品要达到60%以上的比例要求，对新上线节目进行题材审核，确保现实题材影视剧作品成为新上线网络节目的主流。组织对未取得登记证号的境外剧在网站的传播情况进行监看，规范境外剧播出管理。加强版面编排管理，要求网络视听新媒体节目编排、版面编排与宣传期整体氛围相协调，唱响了团结奋进的时代强音。

3. 严格网络视听节目嘉宾演员片酬管理。严格落实广电总局相关规定的网络视听节目嘉宾、演员片酬比例要求，符合要求方可上线播出，有效推动剧集采购价格、艺人薪酬水平往公平合理方向转变。

（四）全面强化属地管理与平台管理，提高智慧化治理水平

1. 落实属地管理责任和意识形态责任制，增强精准服务能力。主管部

门不断完善管理、服务、保障"三位一体"的工作体系，通过启动优秀网络视听作品评选，举办网络视听培训班，出台推动网络视听高质量发展政策等举措，增强精准服务行业发展的治理能力、专业能力、综合能力和驾驭能力。如北京市广播电视局成立网络视听研究院，推进网络视听全域创新，为网络视听高质量发展助力；联合10家重点网络视听机构和影视制作机构，策划发起"讲好中国扶贫故事——北京网络视听节目创作计划"，创作以脱贫攻坚为主题的网络文艺精品。

2. 完善网络视听综合治理体系，推进治理模式创新。积极推动网络视听治理模式从政府监管向社会协同治理转变。广电总局指导中国网络视听节目服务协会采纳平台意见，完善短视频、网络综艺等细分领域内容审核标准体系，提升内容审核基础能力。推动主要网络视听平台、视听制作机构、行业协会联合发布《关于加强行业自律，促进影视行业健康发展的联合倡议》《关于推动网络电影在新时代承担新责任的联合倡议》等倡议，共建行业规范，自觉营造风清气正的网络空间。举办第七届中国网络视听大会，擦亮网络视听品牌，引导业界讲导向、出精品、促发展。在重大主题主线宣传、重大题材创作、重要政策出台以及网络视听产业发展项目等方面，吸纳更多主体参与到行业的管理治理中来，形成协同合力。

3. 加强技术治网管网，提升智能化治理能力。提前谋篇布局，强化新技术手段的运用，加强对技术的价值观引导，探索新时代网络视听跨业务、跨网络、跨平台、跨终端的"全方位、全过程、全覆盖、全天候"智慧化监管体系建设，推进网络视听治理智能化。2019年，广电总局全面落实广播电视和网络视听统计"全覆盖"，正式上线节目收视综合评价大数据系统，启用互联网电视客户端号码（ID）管理平台和应用白名单管理平台，升级网络视听节目信息备案系统，推进IPTV集成播控平台、传输系统与监管平台对接，筹建无证视听平台信息登记管理系统等，着力以大数据和数字化赋能公共服务和行业监管，推进网络视听治理体系和治理能力现代化建设。

"欲粟者务时，欲治者因势"。2020年是一个具有划时代、里程碑意义的重要历史节点，"两个一百年"奋斗目标在这里交汇，两个"五年规划"在这里交接，疫情防控和经济社会发展"两场硬仗"在这里交杂，"两个大局"在这里交织，这对网络视听行业高质量发展提出新挑战，带来新机遇。网络视听行业将坚持以习近平新时代中国特色社会主义思想为指导，深入实施广播电视和网络视听"六大工程"，坚持正确的政治方向、舆论导向、价值取向，强化主题主线宣传，确保网络视听正能量强劲、主旋律响亮；坚持内容为王、精品为先，促进网络视听节目提质升级；坚持新发展理念，推进产业高质量创新性发展；坚持规范治理，提升网络视听治理效能，使网络视听产业更加繁荣、网络空间更加清朗。

第六节　广电媒体融合发展

国家广播电视总局媒体融合发展司司长　　杨　杰
国家广播电视总局广播影视发展研究中心　　莫　桦

提要：2019 年，广播电视媒体融合纵深推进。国家广电总局坚持问题导向、聚焦关键环节，大力创新，综合施策，实施一系列创新项目，大力推进融合发展。全国广播电视机构创新体制机制，进军移动传播主阵地，提升智能化、平台化、场景化发展能力水平，积极参与和推动县级融媒体中心建设，媒体迭代取得明显成效，媒体融合取得了重要突破。

2019 年 1 月 25 日，习近平总书记主持中共中央政治局第十二次集体学习，对推动媒体融合向纵深发展进行总动员，作出总部署。10 月 17 日，习近平总书记在致第四届中国—阿拉伯国家广播电视合作论坛的贺信中强调，要"推动媒体融合发展，打造智慧广电媒体，发展智慧广电网络"。这为推动广电媒体融合纵深发展提供了根本遵循，明确了行动指南。

中央和国家机构改革 2018 年年底前落实到位，地方各级机构改革也于 2019 年 3 月底前全面完成。在这一轮机构改革中，广电总局新设立媒体融合发展司（以下简称融合司），各地方广播电视行政部门也因地制宜，及时设立了负责媒体融合发展工作的业务处室。在广电行政部门新设立媒体融合工作职能部门，具有重大意义。机构职能设置上，融合司承担的职能中，有"拟订广播电视重大改革措施，推进体制机制改革"以及"管理发放信息网络传播视听节目许可证,承担广播电视视频点播业务的审批工作"。这一设计理顺了媒体融合的管理关系,有利于推动广播电视媒体向新型主流媒体迭代升级。

2019年以来,各级广电行政部门和广电机构深入学习贯彻习近平总书记关于推动媒体融合发展的重要论述,努力把党的十八大以来习近平总书记的重要要求变成生动实践,协力推动广播电视媒体融合纵深发展。

一、创新政策措施,加大媒体融合推进力度

2019年以来,在广电总局党组的全面指导部署下,广电总局以融合司为牵头部门,坚持问题导向、目标导向、结果导向,全国"一盘棋"统筹谋划,创新政策举措,推动融合发展。

(一)深入开展大调研,增强政策针对性

为更好推动广播电视媒体深度融合发展,加强政策指引和组织推动,2019年年初,广电总局开展了深入的摸底调查工作。广电总局融合司联合广电总局发展研究中心组成3个工作组,先后赴广东、广西、湖北等16个省份、30多个市县调研,并组织书面调研、电话调研,了解全国广播电视媒体融合发展实际情况,深入查找梳理制约融合发展的深层次问题。陕西、湖南、山西等地省级广电局也紧盯问题,对域内广电媒体融合发展情况统计调查和实地调研,为进一步推动媒体深度融合提供科学依据。

调研发现,广电媒体融合发展形成了一些经验做法,呈现一些新特点。比如,善用本地引导支持政策,强化"移动优先、融合创新"的全媒体发展理念;融媒体调度指挥中心发挥全媒体总调度的作用,将原来的"几张皮"转变为"一盘棋";坚持一体化发展方向,媒体融合进入深化资源整合阶段;媒体融合新业务新业态快速发展倒逼体制机制改革;融合发展推动广电媒体加紧创新业务、立足本地"下沉"服务,打通"引导群众、服务群众"的"最后一公里";形成造血机制,坚持事业产业协同发展等。这些好经验好做法,对完善有关政策具有重要作用。

根据调研发现，媒体融合政策措施进一步聚焦到了行业发展的痛点和瓶颈上。按照"课题式设计、项目式管理、工程式推进、台账式督查、绩效式考核"的"五式工作法"总体要求，放眼长远、立足当下，针对关键问题、迫切问题、共性问题，谋划细化综合举措。包括：加强广播电视媒体融合纵深发展的统筹规划，研究起草有关促进政策；以广播电视媒体融合先导单位、典型案例、成长项目征集和评选、创建广播电视媒体融合发展创新中心等工作为抓手，为融合发展提供全方位支持引导等。目前来看，这些基于调查研究提出的具体举措，得到了各级党委政府、广电行政部门以及广电机构的普遍认可。

（二）聚焦媒体融合关键环节加强政策供给

广电行政部门将媒体融合发展作为行业转型升级、高质量创新性发展的动力和目标，全力推动融合发展、全产业链发展、高质量发展。2019年8月，广电总局发布《关于推动广播电视和网络视听产业高质量发展的意见》（广电发〔2019〕74号），聚焦广电媒体融合发展的关键环节，提出包括加快建设广电5G网络，加强无线、卫星、有线网络的融合发展；加快推进融合新媒体资源整合，打造拥有较强实力和竞争力的新型媒体融合集团；探索打造全产业链高新视听产业示范基地（园区）；建立聚焦网络升级和融合发展等方面的产业发展项目库；建好用好广电总局媒体融合发展专家库等系列具体举措。

各省（区、市）广电行政部门加快推进媒体融合步伐。北京、广西、内蒙古、福建、青海等地的省级广电局发布"智慧广电"建设实施方案、发展计划，统筹推动媒体深度融合发展与"智慧广电"建设工程，引导形成互促互进、有机结合的良好发展局面，全面带动广电媒体融合纵深发展。比如，《"壮美广西·智慧广电"工程实施方案》提出了建设广西广电融合媒体云平台等具体推动措施；《北京市智慧广电发展行动方案（2019年—2022年）》提出总体发展目标是"初步形成以全程媒体、全息媒体、全员媒体、全效媒体为特征的媒体融合发展格局"。各级广电行政部门上下协同，用一系列政策组合拳打出了深度融合发展的新节奏。

推进全国有线电视网络整合发展，是列入中央全面深化改革委员会工作要点的改革任务，也是网络强国建设的重要任务。"全国一网"整合不只是广电网络企业的事情，也是2020年广播电视全行业最紧迫最重大的改革任务，是充分整合行业资源、形成台网高度协同强大合力的关键举措。2019年以来，在广电总局党组直接领导下，融合司作为牵头部门，与相关单位密切配合，建立专项工作机制，设立工作台账，制定工作清单，将全国有线电视网络整合和5G建设一体化统筹推动。2020年2月底，《全国有线电视网络整合发展实施方案》（中宣发〔2020〕4号）由中宣部等九部委联合印发。广电总局第一时间召开电视电话会议进行动员部署、提出工作要求，全国各省（区、市）、新疆生产建设兵团党委、政府迅速推进。福建、江西、甘肃三省省委书记作出重要指示，进行专题部署。北京、天津、河北、山西、上海、安徽、湖北、湖南、广西、四川、贵州、西藏等地召开专题会议，研究部署相关工作。截至4月15日，全国28个省（区、市）和新疆生产建设兵团已正式成立有线电视网络整合发展领导小组及办公室，积极推进全国有线电视网络整合发展工作。

此外，为打通广播电视和互联网传播之间、视听节目制作传播各环节之间的信息孤岛，广电总局组织广播电视规划院等有关单位的科研力量，开发搭建广电视听融合传播基础信息试验平台。该平台应用区块链等新技术，涵盖内容监管、传播效果监测、版权保护和交易、信用评价等功能，着力提升行业信息化智能化管理水平，为融合发展提供基础支撑，提高媒体融合发展的系统化水平。

（三）加快补齐媒体融合发展"人才短板"

2019年以来，广电行政部门对接实际需求，加大选拔培养力度，有针对性地组织开展研讨培训，引导建立多层次教育培训体系，切实提高人才队伍实战能力，为建设新型主流媒体、打造新型媒体集团培养高素质、专业化人才队伍。

建成"国家广播电视总局媒体融合发展专家库",提高决策科学化、民主化。2019年4月29日,广电总局办公厅发布《关于建立"国家广播电视总局媒体融合发展专家库"的通知》(广电办发〔2019〕123号),着力凝聚各方面的智慧和力量,发挥优秀人才的引领作用,为广电总局推进媒体融合发展决策提供支持。专家库组建标准兼顾理论与实践,采用推荐和邀请两种方式,动态管理、定期更新。2019年年底,遴选确定了84名首批入库专家,其中"优秀专家学者"57人,"优秀行业从业人员"27人,涉及面广、分布层级多、代表性强、专业素质高。各省级广电局也组建了本地的媒体融合发展专家子库,完善用好专家库的管理机制。广电总局和各级广电局将积极发挥入库专家在建言资政方面的作用,在政策咨询、课题研究、项目评审、案例评选、人才培训、调查研究等方面,加大与专家们常态化工作联系机制,充分发挥专家的智库作用,共同推动广电媒体融合向纵深发展,助力提升广电行业治理体系和治理能力现代化水平。

将媒体融合人才纳入全国广播电视和网络视听人才工程统筹选拔培养。2019年12月,广电总局出台《全国广播电视和网络视听行业领军人才工程实施方案》《全国广播电视和网络视听行业青年创新人才工程实施方案》(广电发〔2019〕109号),其中专门提出要加大对媒体融合新运营人才等的选拔培养力度,因材施策,给予"四力"教育实践、实践锻炼、项目资助、强化引领、跟踪培养、联系服务等方面的综合培养和支持。

聚焦实践实用经验,以研讨和培训促进互学互鉴。广电总局融合司组织了两期全国培训班,分别是2019年6月在西安的"全国广播电视媒体融合发展培训班",组织专家学者对各地省级广电局、省级广播电视台和省级有线网络公司负责同志进行专题辅导和现场教学;12月在苏州的"全国广电媒体融合案例研讨班",通过征集评选、现场观摩学习,推动各地广电机构拓宽思路、创新方法,比学赶帮超。广电总局人才交流中心以媒体融合作为培训工作的主线,策划组织短视频制作运营、融媒体工作室建设、网络视听节目审核政策等全新主题、全新内容的专题性、实践性培训项目,满足一线人员需求，并为多个省级广播电视台定制媒体融合系列讲座。各省级广电局举办媒体融合发展改革论坛、媒体融合研学班、技术平台应用培训等，通过集中授课、现场答疑、分组讨论、实地教学、经验交流等多种方式，统一思想、提高认识、夯实基础。广电行政部门协同发力，全国形成了学先进、赶先进、创先进的浓厚氛围，推动广电媒体融合走向纵深。

（四）择优创建媒体融合发展创新中心

2019年10月9日，广电总局发布《关于创建广播电视媒体融合发展创新中心有关事宜的通知》（广电发〔2019〕81号），引导支持全国创建布局完善、结构优化的创新中心，为广电媒体深度融合发展培植并输出原动力。创新中心将聚焦理论研究、模式探索、技术应用、项目孵化等四项主要任务，汇聚各方力量，深入研究探索，强化应用示范，推动广播电视媒体融合专业化、规模化、高质量发展。广电总局将采取鼓励先行先试、优化资源配置、优先纳入发展规划等多种方式支持创新中心发展，并对创新中心取得的各项优秀成果，优先向全国进行推广，加强成果转化应用。各省级广电局积极启动本地创新中心品牌的择优创建工作，强化本地特色、明确支持政策。包括对创新中心创新项目、研究成果配套专项资金扶持；加强成果转化应用，对创新中心取得的优秀成果优先推广；对成效突出的创新中心优先向广电总局推荐申报创建国家广播电视媒体融合发展创新中心等。比如，北京市广播电视局11月出台发布《关于创建北京市广播电视媒体融合发展创新中心的通知》，引导本地各单位把创新中心征集工作作为推动广播电视媒体融合发展的重要契机，并细化支持政策与考核管理办法。

2019年年底，广电总局批复同意在湖北创建了首家"中国（湖北）广播电视媒体融合发展创新中心"，为实现广播电视媒体融合发展提供创新空间和孵化平台。湖北省广播电视局将做好创新中心建设列入2020年重点工作，这个创新中心将与共建单位共同开展广播电视融媒体传播体系研究、媒体融合背景下县级融媒体中心建设研究、融媒体时代广播电视人才培养体系研究等3项基础理论课题研究；与合作单位共同开展广电媒体融合安全监管体系研究、大数据技术在广播电视媒体内容与用户服务中的应用研究、人工智能技术在广播电视行业中的应用研究、基于区块链技术的广播电视数字版权保护与交易研究等4个关键技术项目技术攻关,计划2019年年底前完成基础理论研究工作,完成合作关键技术项目攻关任务60%。

（五）开展媒体融合先导单位、典型案例和成长项目征集和评选

为进一步强化典型引路、项目驱动,不断统一思想、凝聚共识,激发各级广播电视台和有线网络公司推进融合纵深发展的紧迫感和主动性,2019年广电总局启动了一项具有牵引性、示范性的工作项目。5月23日,广电总局办公厅发布《关于开展广播电视媒体融合典型案例、先导单位、成长项目征集和评选工作的通知》（广电办发〔2019〕133号）,启动首届年度评选工作。各地积极组织参评,共有全国29个省份、中央广播电视总台和多家社会机构报来参评材料338份。经过精心和规范的组织初评、复评、终评和公示,共评出2019年度全国广播电视媒体融合先导单位10家、全国广播电视媒体融合典型案例15个、全国广播电视媒体融合成长项目14个（见表1）。广电总局积极推广经验做法,并在相关发展政策等方面给予优先支持。广电总局发展研究中心"国家广电智库"公众号等配合进行了先进典型和重点项目的立体化、延续性深度解读和经验推广。以征集评选为契机,各省级广电局、各有关单位主动创新工作思路、加大工作力度,发挥先进典型的示范作用和重点项目的带动作用,推动本地区本单位广播电视媒体融合向纵深发展,促进广播电视高质量发展。

表1　2019年度全国广播电视媒体融合先导单位、典型案例、成长项目名单

先导单位	典型案例	成长项目
江苏省苏州市电视台	湖南广播电视台媒体融合的"芒果模式"	山东广播电视台闪电新闻客户端
中央广播电视总台CGTN融媒中心	浙江省安吉县广播电视台媒体智慧化融合案例	广东广播电视台粤听App
湖北长江云新媒体集团有限公司	上海广播电视台"看看新闻Knews"	成都云上新视听文化传媒有限公司云上新视听项目

续表

先导单位	典型案例	成长项目
芒果超媒股份有限公司	湖北长江云新媒体集团有限公司长江云移动政务融媒体平台	西藏人民广播电台中国西藏之声 App
上海广播电视台东方广播中心	浙江广播电视集团"中国蓝新闻——蓝媒号"	南京广播电视集团"融媒体+智慧城市"项目
江苏省邳州市融媒体中心	中广天择传媒股份有限公司 MCN 案例	江苏省广播电视总台县级融媒体中心省级技术支撑平台
央视国际网络有限公司	福建省尤溪县融媒体中心媒体融合案例	浙江省长兴县广播电视台融媒眼项目
浙江省青田县广播电视台	江西省宜春市广播电视台媒体融合案例	广东省广播电视网络股份有限公司南粤全媒体智慧云平台
湖南省浏阳市融媒体中心	江苏省无锡广播电视台"百室千端 智慧联盟"融媒体案例	河南大象融媒体集团有限公司河南省县域融媒体省级技术支撑平台
河南省项城市融媒体中心	湖北省赤壁市融媒体中心媒体融合案例	云南广播电视台七彩云融合媒体云平台
	陕西广电网络传媒（集团）股份有限公司县级融媒体中心省级技术平台	河北长城新媒体集团冀云融媒体平台
	山东广播电视台县级融媒体中心省级技术平台	北京市昌平区融媒体中心昌平 App
	广西广播电视信息网络股份有限公司广西广电融合媒体云平台	重庆广播电视总台"i12 亲子社区+"项目
	安徽广播电视台"海豚听听" App	吉林广播电视台县级融媒体中心省级技术平台
	陕西省渭南市广播电视台媒体融合实践	

此次评选列出 10 条标准，覆盖了阵地建设、内容、技术、渠道、终端、人才、管理、运营、体制机制改革和可持续发展等各个方面，是广电媒体融合发展经验的集结，也是一次整体检阅和把脉问诊。2019 年度入选单位、案例和项目共 39 个。从分级构成情况看，省级以上 24 个，地市级 7 个，县级 8 个，中央和省级广电媒体起步早、媒体融合发展推进力度较大、总体效

果较好。从区域分布情况看，来自东部地区20个，中部地区11个，西部地区4个，东北部地区1个，比较均衡。然而，具体到整体发展阶段和发展水平来看，东部地区因前期基础较好，融合发展和转型升级步子普遍较快，中西部地区整体融合发展情况相对滞后。

结合2019年度评选的情况，根据新形势新特点，广电总局进一步优化细化评审规范和评审标准，2020年4月广电总局办公厅发布《关于开展2020年全国广播电视媒体融合先导单位、典型案例、成长项目征集和评选工作的通知》（广电办发〔2020〕62号），启动新一年征集和评选工作。一是专门设置了对战"疫"期间发挥重要作用的媒体融合典型案例评选。二是专门设置了对发展中存在问题、困难及解决思路方面的内容填写要求，放大征集和评选工作的综合效用，有助于全面了解行业发展进程，有的放矢加强管理服务和扶持引导。

二、各级广电媒体融合发展提速，取得重大进展

2018年，中央深改委对建立县级融媒体中心作出部署，这是媒体体制改革的重大举措。其后县级融媒体中心建设在全国各地全面展开，到2020年年底将基本实现在全国的全覆盖。广电媒体抓住县级融媒体中心建设的机遇，加快资源整合，加速布局移动传播，推动融合发展进入新阶段。

（一）积极参与和推动县级融媒体中心建设

标准先行，规范化推进县级融媒体中心建设。2019年1月15日，中宣部和广电总局联合发布《县级融媒体中心建设规范》和《县级融媒体中心省级技术平台规范要求》，4月11日，广电总局发布《县级融媒体中心网络安全规范》《县级融媒体中心运行维护规范》《县级融媒体中心监测监管规范》，对县级融媒体中心网络安全建设、运行维护、监测系统和监测监管机构监管平台建设进行了规范。县级融媒体中心的5项标准规范全部发布实施，为指导全国县级融媒体中心建设，提供了关键性、基础性技术支撑。各省级广电局参与本地县级融媒体中心建设实施方案制定，编制技术系统

建设实施细则，举办培训班宣贯技术规范要求、解读具体实施方案等，这些举措推动各地县级融媒体中心建设驶入快车道。湖北省广电局开展了县级融媒体中心建设专题调研，并专门设立扶持县级融媒体中心建设专项资金。云南省广播电视局按照"看得懂、用得上、建得好、管得住"原则，汇编了《云南省县级融媒体中心建设百问百答》，配合"实施细则"落地落实。各地的县级融媒体中心精耕本地内容、强化本地服务，逐步建成区域内的主流舆论阵地、综合服务平台和社区信息枢纽，有的还主动服务和对接新时代文明实践中心建设工作，成为党的宣传思想工作在基层的新阵地、新平台、新载体。不完全统计，至2019年年底，全国各省（区、市）全面展开县级融媒体中心建设，北京、福建、天津、甘肃、贵州、江西、上海、安徽、黑龙江、辽宁等多个省份已实现县级融媒体中心建设全覆盖。截至2020年4月，全国已有1800多个县级融媒体中心挂牌成立。县级融媒体中心建设呈现多种模式，有的采取拎包入住式"托管"模式，本地专注内容生产，最大化利用省级技术平台资源；有的选择本地部署为主的"合办"模式，与省级媒体的融媒体中心合作，或由技术和云端能力强的社会化公司代建；另外还有部分起步早、实力强的县级广电媒体，选择独立运营、自主创新的"自建"模式。

加快省级技术平台的建设。2019年以来，省级广播电视台和有线网络公司以建设省级技术平台等方式深度参与县级融媒体中心建设，提高自有融媒体云平台的聚合性、扩展性，同时以平台化思维建立了省市县级媒体的生态化全面连接。在内容层面，新闻通联、联合制作、活动联动；在渠道层面，有效联结、全域分发；在服务层面，打造社会治理创新平台，聚合各类综合服务，实现"新闻+政务+服务+商务"，盘活域内社会资源；在技术层面，将工具集成到平台、到云端，为市县级机构提供先进的媒体融合技术支撑，通过集约化降低本地投入、提高生产效率。实践表明，这些广电机构承建的省级技术平台都较好地实现了内容、渠道、服务、技术等四方面的有效联通互动。比如，江苏台"荔枝云平台"采用多租户、容器化的服务部署模式，按照"技术平台化、业务产品化、服务生态化"的建设思路，打造共存、共融、共享、共赢的媒体融合生态圈。河北冀云·融媒体平台通过构建云上河北"新闻+政务+服务"的大数据中心及覆盖全省、功能完备、互联互通、运行顺畅的网络公共信息云服务体系，成为全省云服务的总入口、总平台。河南大象融媒体集团建设的省级技术平台，推动省、市、县三级在内容、用户、技术、终端纵向打通共享，全省各地融媒体横向联成"一张网"。吉林广播电视台"吉林融媒"平台推动全省各级各类媒体上下贯通、横向联动，资源要素高度集约化、集成化，积极向新媒体渠道拓展。云南广播电视台"七彩云"融合媒体平台致力于成为全省内容服务、人才技术、渠道拓展、信息安全和政务资源中心。

（二）广电媒体融合纵深推进，一体化发展格局初步形成

融合发展关键在"融"，前提是"合"。2019年以来，广电媒体本着"用得好是真本事"的原则，顺应全媒体时代特点，全面加强资源整合，从相加逐步迈向相融，初步形成了一体化发展格局。主要体现在两个层面。

其一，广电媒体整合各类媒介资源、生产要素，建立信息内容、技术应用、渠道终端的共享融通机制，统一组织调度，统一生产发布，统一运营经营，催生化学反应，不断释放一体效能。2019年湖北鄂州市、陕西延安市、河北张家口市、广东珠海市等，整合域内多种媒介要素成立融媒体中心、新闻中心，将报纸、广播、电视、网站、"两微一端"等融为一体、合而为一。黔西南广播电视台和贵州广播电视台签署纵向融合协议，共建贵州广播电视台黔西南融媒体中心，结合黔西南所有县级融媒体中心，贯通省、市（州）、县形成新闻宣传、信息服务、业务协作的融合体系。浙江台州广播电视台以"无限台州"为载体，开通各县市区的子频道，组建台州县市区新媒体外宣协作联盟，实现市县级资源上的优势互补、融合上的共同推进、转型上的一体发展。

其二，广电主流媒体加强与商业平台的合作，优势互补、互利共赢，为媒体融合发展赋能，扩大主流价值影响力版图。江西广播电视台与快手

科技战略合作,双方在短视频内容运营、技术支持、广告运营、产业扶贫等方面开展深度合作,共同探索媒体融合发展的短视频路径。山东广播电视台与抖音战略合作,借水行舟,把主流媒体的影响力和高效资讯生产能力结合起来,建立优质内容流量池,批量入驻抖音、头条、腾讯、阿里等头部流量平台,在新媒体端巩固壮大主流舆论。以新闻融合传播为例,2019年度省级广播电视台新闻类微博、微信、短视频账号总发布量依次达71万条、39万篇、265万条;总传播量依次为6100万次、18亿次、878亿次[①]。

(三) 积极布局直播、短视频、MCN,进军移动传播主战场

2019年以来,全国广电媒体进一步践行"移动优先"策略,增强主力军在主战场的战斗能力。

1. 全面进入"直播+短视频"领域。广电媒体进入网络直播领域,主要两种方式。一是常态化组织开展网络原生直播活动,比如河南项城融媒体中心平均每周策划6个以上的直播主题。除新闻报道类直播活动外,一些广电媒体也开始推出主持人"网红"直播、发布Vlog,正能量、接地气的表达赢得了较好口碑。二是广播电视线性直播节目全面上网,中央级频道频率和省级卫视频道、新闻广播、交通广播频率全面入驻央视频、学习强国等平台,地方频道频率也都纷纷在台属客户端上实现直播,有的还提供了部分回看和点播功能。这些都突破了传统媒体服务受众的模式,丰富了用户的移动视听内容消费体验。

广电媒体入场短视频的方式目前主要有两种。一是专攻内容,入驻多元化新媒体平台,构建多账号短视频传播矩阵。广电总局监管中心统计,2019年第三季度,省级以上电视台短视频账号数量比第二季度增长了43%,截至2019年11月,中央、省级、地市级广播电视机构在抖音开设账号1114个,西瓜视频开设账号1082个,快手开设账号241个。[②] 二是打造优质短视

---

① 数据来源:2019年度CSM省级台新闻融合传播指数。
② 孙文涛,《短视频转型升级正当时 广播电视在"用得好"上发力》,《中国微电影短视频发展报告(2019)》,中国广播影视出版社。

频和各类直播内容的聚合平台。比如，中央广播电视总台2019年年底上线的"央视频"5G新媒体平台，以短视频为主，兼顾长视频和移动直播，具备"以短带长""直播点播关联"等功能，并可实现4K投屏观看。山东广播电视台闪电新闻客户端发挥广电新闻资讯生产优势，坚持直播和短视频双核驱动，目前，每天原创短视频140多条，每年直播活动2300多场，实现"先网后台"流程化、常态化。浙江广播电视集团中国蓝客户端打造主打短视频的"蓝媒视频"，充分整合集团优质音视频资源，聚合全省各市县蓝媒号、政务号、蜂之眼拍客联盟以及各类自媒体、个人短视频创作者的优质账号。总体来看，广电媒体提供的短视频主要三类。一是将广播电视节目拆条、剪辑进行碎片化传播；二是打造专业化、接地气、有高度、有深度的专门短视频产品，多平台分发导流，延伸传统媒体话语空间；三是自建短视频平台或短视频MCN机构，集纳呈现优质UGC、PUGC短视频内容。

2. 加速向MCN机构拓展。这既是媒体融合的探索求新，也是传统媒体经营压力之下的主动求变。MCN的组织层级处于新媒体平台和平台账号之间，与处于广播电视台和广播电视节目之间的频道频率具有一定相似性。因此，广电机构发力MCN，有一定适配性和天然优势。继成都台、湖南台娱乐频道、长沙台中广天择之后，2019年黑龙江台、山东台、浙江广电集团、济南台等纷纷在MCN领域上积极布局。此外，中央广播电视总台、无锡广播电视台"百室千端智慧联盟"、深圳广电集团的一些融媒体项目和主持人短视频运营，也具备了一定的MCN形态特征。

目前广电MCN布局方式大致可分为两类。一是自主建立，比如湖南台娱乐频道、长沙台中广天泽、成都台、河北台等。"湖南娱乐"Drama TV从内容找切入点、从垂类找盈利点，经过一年发展，2019年已进入全国MCN机构的头部位置；成都台"云上新视听"，截至2019年年底已完成32组自有IP孵化上线和127组社会类IP的合作运营，初步实现可持续发展。二是合作共建短视频MCN。山东台与抖音合作共建Lightning TV，浙江广电集团新蓝传媒（控股51%）与民营广告公司思美传媒共同成立合资公司运营布噜文化。黑龙江台、济南台与短视频MCN"贝壳视频"共建短视频MCN品牌。广电MCN加强与其他广电媒体的合作，丰富账号品类、放大广电影响力。比如，黑龙江台探索全国省级广电MCN联盟模式，湖南娱乐提出"MCN全国裂变矩阵"，中广天择MCN打造"千台千号一网"相关服务。

三、创新体制机制，推动纵深发展

体制机制改革是媒体融合的重要内容，也是推动媒体融合的内在驱动力。2019年以来，广电媒体统筹推进体制机制改革和融合发展，形成了互相促进、逐步突破的良好局面。

（一）全面推广建设融媒体新闻采编中心

近年来，广电媒体依托融媒体云平台实现了对内部采编力量的统一指挥调度，尤其在重大主题、应急突发事件等新闻报道中，资源整合的优势得到充分发挥。2019年以来，越来越多广电媒体将采编力量统一调度常态化、机制化、组织化，打破不同媒介的限制，按照全媒体、一体化发展理念，组建统一的融媒体新闻采编中心。一方面，通过全面重组机构、重构流程，采编力量跨部门、跨终端协同作业，实现采编制作资源和生产要素的共享融通，形成常态化的"一次采集、多种生成、全媒传播"工作格局。另一方面，统一的组织结构有利于打破工作壁垒，更好地将专业采编优势、信息资源优势向移动端倾斜、向全媒体拓展。新闻采编中心以开发适合多屏传播、多渠道分发的融媒体新闻产品为业务体系核心，真正做到"大屏带小屏、小屏回大屏、多屏联受众"，全面拓展舆论阵地。

（二）探索建立融媒体工作室机制

2019年以来，"融媒体工作室"开始在全国各级广电机构铺开，成为组织机制创新探索的一个新亮点。目前常用的工作室制做法是，以节目生产、项目运营、多元传播为手段，以面向市场为目标，围绕原生核心IP或核心资源进行全媒体全产业拓展，多个工作室之间形成内部竞争、内容竞赛。一方面孵化打造新媒体头部内容矩阵，形成品牌影响力，另一方面灵活的机制、扁平化的组织架构，更利于激活团队拼搏向上的劲头、激发创新创作的动力，形成高效化的工作生态。2019年以来，安徽台第一批60个、河北台11个、陕西台26个、山西台首批40个融媒体工作室已挂牌启动，各广播电视台配套构建了规范的政策和服务体系，明晰权责利、动态管理，给予利润分成、评星激励、作品奖励、参评倾斜等多元化激励方式，力求将工作室成为带动全台媒体融合发展的中坚力量。一些走在前列的广电媒体，通过优化机制，将工作室制度升级为融合发展的加速器。比如，苏州台自2017年年初开始探索工作室制度，实行三年计划，第一年学本事，为团队创造条件参加脱产培训；第二年推市场，将条件成熟的工作室孵化成为公司，从项目制向个体成长转变；第三年团队全面形成品牌特色和竞争优势。上海东方广播中心通过创立有限合伙性质的"声音合伙人"工作室，充分调动节目组核心团队的积极性，利用阿基米德平台创造增量收益。天津海河传媒中心2018年组建时，跨媒体组建61家融媒体工作室，鼓励传统媒体采编人员以项目方式自由组队，一年来吸引571名传统媒体一线编辑记者加入，推出优秀作品近2000件。

（三）健全事业产业一体两翼协同发展机制

市场是推动媒体融合发展的动力之源。在新技术条件下，产品与科技、内容与服务、事业与产业都已融为一体。以湖南广播电视台为代表的一批广电媒体，在事业产业协同发展方面取得显著成效，提供了借鉴和启示。湖南台早在2015年就建立了台与集团"一个党委、两个机构、一体化运作"的管理模式，构建了湖南卫视与芒果TV"一体两翼、双核驱动"的双平台格局；整合产业运营资源，对接资本市场，引入合作伙伴，构建"超媒"生态，完成全媒体布局、蜕变和转型。目前，各台在推进融媒体中心组建中，以媒体融合的理念理顺事业产业协同发展的管理体制，遵循采编和经营两分开原则，对经营部分剥离组建传媒公司（集团），组织机构和管理实行"一个党委、两个机构、一体化运行"模式。2019年，浙江湖州市、重庆有关区县组建融媒体中心时，都同步成立了负责经营活动的传媒公司（集团），协同推进媒体融合发展和传媒产业体制改革。

(四) 完善"移动优先、一体发展"考核和分配机制

好的考核和分配机制如同"指挥棒"，用"硬杠杠"推动和保障媒体融合发展。各级广电机构用好指挥棒，不断优化和健全绩效考核和薪酬分配机制，统筹实现多元目标。

一是对采编部门的移动优先、全媒体传播设置指标和比例要求，鼓励和倒逼"先网后台"、向移动端发力。比如，苏州台设立融媒管理部，专责在融媒技术部数据支撑下的融合生产考核评估。以移动优先为评价导向，调整首发、优发"看苏州"客户端权重，传统采编部门月度绩效设置20%~45%融媒占比，促进节目一线融合转型真抓实干。此外，将融媒重点项目纳入部门年度目标责任书。按照工作任务项目化、项目目标化、目标节点化、节点责任化的要求，抓住节点、事件，检查推进，落实到绩效考核跟踪的每个环节。

二是通过对新媒体端综合影响力的考核，以信息发布作为传播的起点，加强与用户的互动，构建内容运营闭环，规范引导各环节工作流程。比如，江苏省广播电视总台融媒体新闻中心制定了细致的融合流程规范和内容标准，小到一张图片的拍摄角度，大到部门的分工协同，都有章可循；为促使编辑记者能尽早适应新业务需要，还从是否移动优先（发稿积极性、发稿速度），是否符合新媒体特征（发稿质量、传播效果）等方面强化业务考核。

三是消除编制内外人员的身份差别、收入差距，以岗定责、以岗定薪，全员分类考核，实现奖勤罚懒、多劳多得、优劳优得，收入分配向关键岗位、向一线人员倾斜，全面调动工作积极性。比如，北京市海淀区融媒体中心实施岗位目标管理，打破人员编制职级的身份壁垒，业务人员和管理人员全部公开竞聘、公平竞争，优化了采编播等业务技术队伍。激发首席

队伍活力，鼓励更多业务骨干愿意从管理岗位向一线采编岗位流动。"一支笔、一个考核标准"给记者编辑考核打分，奖优罚懒，每月考核绩效差距最多达3倍以上。

（五）拓展媒体融合发展空间

广电媒体开展功能互补、良性互动的跨界合作，不断拓展媒体融合发展空间。2019年以来，各级广电媒体根据各自发展重点、业务布局需要，加强与互联网科技和产业巨头的合作，加强与高校、科研院所的联动，在集中攻关、人才培养等方面进行产学研深度协作，用科创合力为融合发展赋能。比如，中央广播电视总台制定了"5G+4K+AI"发展战略，联合电信运营商、华为公司合作建设5G媒体应用实验室，与上海市政府合作设立5G+4K+AI媒体应用实验室，与科大讯飞合作支撑建立"人工智能编辑部"；安徽广播电视台海豚新媒体与科大讯飞、新华三战略合作，推进内容、技术、平台、应用等方面深度合作。这样的探索，将为广电媒体融合发带来新动能。

四、推动媒体融合向智能化、平台化、场景化发展

伴随媒体融合不断走向纵深，广播电视媒体全面加快向新型主流媒体迭代，融合发展呈现三个亮点特点。

（一）广电媒体呈现智能化发展趋势

近年来，政府与行业同向发力，广播电视数字化、网络化水平持续提升，积累了一定的媒资数据、用户数据基础。依托媒体融合发展，初步打通了数据孤岛、资源孤岛、要素孤岛，为广电媒体提供了高价值规模化数据资源和集约化数据处理能力。2019年以来，人工智能、5G、大数据、VR/AR等技术应用加快，为广电媒体在数字化、网络化基础上向智能化跃升搭建了技术跳板。建设"人工智能编辑部"、机器生产内容（MGC）、人机协同智能审核、AI虚拟主播、智能语音、智能高清修复视音频、智能唱词、智能搜索、智能拆条、智能推荐、智能策划和传播分析系统、用户画

像,等等,这些创新应用带动广播电视内容采集、生产、分发、接收、反馈等各环节持续提高智能化水平。与此同时,广电机构将数据作为基础性资源,在主流价值导向驾驭的"算法"驱动下,重构业务流程,精准化提供视听内容和综合服务的能力不断提高。央视网充分运用新技术手段,形成"贯通多终端、统一管理"的数据采集分析体系,实现对其全媒体全终端覆盖情况及传播效果的全流量监测、评估、分析,每天用户访问记录超过 100 亿条。北京广播电视台将用户接触网络广播产生的行为数据沉淀下来,建成用户数据管理系统,可实现节目播出效果分析、用户画像、舆情热点分析、BI 前端展示等功能。四川广播电视台的四川观察 App 引入虚拟主播和智能语音技术,并计划引入智能拆条、图文转视频、智能配图等技术,增强新闻展现形式。

(二)广电媒体平台化发展取得成效

互联网的本质特征是去中心化的网络连接。万物互联趋势下,广电媒体要想在海量节点的网络中脱颖而出,牢牢占据舆论引导、思想引领、文化传承、服务人民的传播制高点,平台化发展是必备能力。广电媒体的平台化发展技术路径通常有两条:一是依托技术平台的能力输出;二是做强媒体业务平台,用媒体业务能力的提升促进媒体平台向社会平台升级。

2019 年以来,在技术平台支撑下,广电媒体进一步优化内部资源组织,加强平台能力复用。一些技术领先、连接力强的技术平台,比如县级融媒体中心省级技术平台,通过技术平台间的互联互通,提供开源系统、工具共用、算力共享、技术输出、人员培训等服务,实现平台化发展。同时,主流媒体作为高公信力、高影响力的"枢纽"节点,建好自主可控的移动传播平台,并进一步发挥综合优势,不断增强平台的聚合分发能力,向上主动对接社会思想文化公共资源、社会治理大数据,集成党政各部门的政务服务数据和业务,打通政务服务"最后一公里";向下积极参与产业互联网构建,在用户需求与民生服务、商务服务之间建立精准可信的匹配连接。一些广电媒体依托内容优势,将媒体业务平台复用和升级为区域治理现代化的重要平台，助力区域治理体系和治理能力现代化。拓展"媒体+政务、民生、商务"服务方面，切入点比较有代表性的，比如山东台、海口广播电视台依托问政品牌栏目，在自有移动新闻客户端提供线索报料、政府回复满意度排行榜等一揽子服务，打造全媒体监督平台。重庆广电集团都市频道运用3档人民调解电视节目联动，积极参与社会治安综合治理，在重庆市政法委的指导下，联合重庆市高级人民法院、重庆市司法局共同打造"巴渝和事佬"App，上线三年来，逐渐形成"媒体+人民调解"工作体系，有人民调解员、基层法律服务工作者超10万人在线提供服务，已处理各类矛盾、纠纷、咨询和调解案件2万余件，调解成功率近92%。

（三）广电媒体场景化服务得到加强

在先进技术和平台能力的支撑下，广电媒体对不同场景下用户角色的多重性加强体察，按照用户场景化再造业务流程，全时域、全空间、全场景对接用户多元化、个性化需求。

大力推动高新视频生产、加强大小屏互动，全覆盖各类视听内容消费场景。在广电总局的部省合作推动下，中国广电·5G高新视频实验园区落户山东青岛西海岸新区，5G高新视频多场景应用国家广播电视总局重点实验室落户湖南马栏山视频文创产业园，这些创新高地，将带动广电媒体提供更高技术格式、更新应用场景、更美视听体验的新产品新服务新业态。2019年新中国成立70周年庆祝大会、阅兵式、群众游行活动，以及中国海军第六次阅舰式直播中，央视新闻等上线360度VR全景直播。同时，投屏助手、虚拟观众席等各类互动技术的支持下，大小屏智能打通、有效互动，实现相互促进、相互推流，覆盖移动和固定、户外和室内、学习工作和休闲娱乐等不同场景，沉浸式、强互动、高品质，全面升级了用户的视听内容消费体验。

根据不同场景需求，调整平台规划，创新服务呈现。广电媒体不断迭代传播平台，场景化组织内容和服务，串联不同业务线，优化平台入口、简化操作、便捷服务。比如，有的提出用"最多点三下、最多划三次"的极简服务提供方式；有的根据用户画像、使用习惯、浏览记录，定制个性化首页首屏，优化瀑布流内容排序，精准推荐相似相关内容；有的通过智能分析将内容平台化，利用富媒体信息、弹窗跳转等形式提供相关垂直服务、衍生服务；有的聚焦政民互动场景，为政府部门提供舆情分析、智库报告、线上问政、政府满意度排行等综合服务；有的聚焦本地居民学习工作生活不同场景，构建移动便民生态，打造网上服务事项的前端集中办理窗口和便民"一条龙"服务圈；有的参与智慧城市建设；有的与新时代文明实践中心一体发展。比如，南京广电集团构建"融媒体+智慧城市"平台，实现集行政服务、公共服务、便民服务、惠民服务、公益服务、资讯服务"六位一体"的生活服务在线办理和信息咨询平台。北京昌平区融媒体中心的北京昌平App在"首页"构建本地新闻生态的同时，以"问政"构建政民互动生态、以"服务"构建移动便民生态，让昌平百姓"一端在手、生活无忧"。广东广电网络"南粤全媒体智慧云"平台，将融媒体平台与应急广播、新时代文明实践中心、各地政府部门融合贯通，构建整合全省资源的平台能力矩阵，实现五级联动的融合发展。通过深度服务社会生活的不同场景，广电媒体加快向新型主流媒体转型，深度融入社会治理现代化进程。

五、媒体融合助力疫情防控阻击战

2020年的新冠肺炎疫情防控阻击战打响，广电融媒体和县级融媒体中心迅速进入"战时"状态，启动疫情防控宣传一级响应，助力防疫抗疫宣传，彰显主流媒体的强大影响力、动员力。

构建融媒体宣传矩阵，壮大网上正能量。广电媒体充分利用媒体融合发展成果，全媒体齐上阵、多平台同跟进，构建多形态、广覆盖的融合传播矩阵。制播并聚合短视频、微纪录片、广播微剧、公益歌曲、公益广告、H5、Vlog、网络直播、应急广播等多种形式的防疫抗疫内容；加大发稿力度，多频次高密度、高信息量全媒体全渠道推送，有的融媒体平台"战时"

日均发布信息量较平时增长近10倍，阅读量累计超10亿次，互动量达到近百万。凸显广电主流媒体公信力、影响力优势，加强疫情防控网上舆情宣传引导，让正能量充盈网络空间，壮大主流舆论声势，营造强信心、暖人心、聚民心的舆论氛围。

中央广播电视总台的央视频对火神山、雷神山医院建设现场慢直播，引发近1.2亿次网友打卡留言，随后又开启了"云守望"等系列慢直播，开辟网友同频共振的主流舆论场。4月，央视新闻联合淘宝、微博等平台启动"谢谢你为湖北拼单"直播带货活动，由央视新闻主播联合淘宝主播、有关演员通过视频连线的方式销售湖北农副产品，首场直播观看人次累计1.2亿，两场直播销售湖北商品价值过亿元。湖北台通过长江云平台推动全省媒体联动，制作滚动报道专题和辟谣专题，在全省120个云上系列客户端同步转发；与各市州做好疫情联动报道，重点展示各地疫情通报、农村防控情况、社区隔离情况。抗疫期间，广东台在触电新闻上发布累计超万条原创权威内容，并进行全网分发，总点击量超过58.5亿。湖北长江云、广东触电新闻等还承担了本省疫情防控新闻发布会直播任务，并将直播信号对其他媒体平台开放。上海看看新闻Knews与长江云、闪电新闻、荔枝新闻、中国蓝新闻等22家全国主流新媒体平台携手联动，共同策划发起了《战"疫"集结号》全国媒体联动特别报道，凝聚打赢疫情防控阻击战的"新闻力量"。

解急救难，打通"战时"综合服务"最后一公里"。广电媒体除打好疫情防控宣传战，还积极作为，打好综合服务主动战。借助新媒体手段、上线新功能、推出新产品，积极助力疫情防控、复工复产和停课不停学。湖北台长江云大数据中心24小时动态监看疫情相关舆情，为省委网信办、各厅局及各地市积极应对舆情，提供决策参考；联合有关医院，开通战"疫"义诊服务系统，全国12000名医生为市民免费提供一对一线上问诊；搭建"湖北抗疫信息共享平台"公众号，帮助武汉医疗机构获取有效医疗物资。上海广播电视台看看新闻Knews、江苏省广电总台荔枝新闻和我苏客户端等以可视化数据形态制作全国疫情地图,帮公众更快速直观了解疫情发展情况。黑龙江青冈县、绥滨县、肇东市等县级融媒体中心推行"屏上见"服务,举办专家讲堂,开设买卖农产品信息专版,助力春耕生产和脱贫攻坚。湖南浏阳、浙江安吉和长兴、江苏邳州等地依托自有App,推出线上教育、云招聘、云买菜、云购物、电商助农绿色通道、口罩预购、打造红绿码制度,利用数字乡村平台强化技防、网格化管理等功能和服务,全面支持抗疫、服务群众。

目前,广电媒体融合发展取得重要进展,但还存在一些问题。有的广电机构对媒体融合发展的重要性认识不够,业务化、简单化处理;在打造具有强大竞争力影响力的新型传播平台上用力不够,主力军在主战场的战斗能力需要进一步增强;行业资源整合不够彻底,系统化水平不高,无法全面从相加走向相融,实现一体化发展;体制机制创新滞后于媒体融合发展实践,局部创新为主,尚未整体性突破;信息技术革命成果应用的技术路径不清晰,智能化水平不高;人才短板还需要进一步补齐,全媒体、专家型人才梯队没有形成;部分广电机构过于依赖财政拨款,缺乏造血机制,活力不足、能力不足,无法形成事业产业协同发展的可持续局面,等等。这些问题制约了广电媒体融合发展整体优势的充分发挥。

广电总局将进一步加强推动广电媒体融合发展的总体设计,在加大全国行业资源整合力度上下功夫,在深化体制机制改革上下功夫,在优化许可证审批引导规范发展上下功夫,在做好典型推选、项目指导、培植创新高地等工作上下功夫,促进各级广电机构守正创新、攻坚克难,加快向新型主流媒体迭代升级,加快广电媒体融合纵深发展,在"数与网"的全媒体时代,发挥更加重要的作用,作出新的更大贡献。

第七节　广播电视科技发展与融合应用

国家广播电视总局科技司司长　许家奇
国家广播电视总局广播影视发展研究中心　彭　锦

提要：2019年，广播电视科技工作成效显著。全年共下达57项行业标准制修订任务，发布10项行业标准、1项暂行技术文件，联合中宣部发布4项行业技术文件，完成5年以上（2014年以前）国标、行标、暂行技术文件等253项标准的复审，修订63项，废止行标76项，申请废止国标9项。设立"广播电视人工智能应用""智慧媒体制播应用""广播电视与视听新媒体智慧监管""超高清视频产品测试""5G高新视频多场景应用"等5个行业顶尖重点实验室，牵头制定《广电5G目标任务实体清单》，编制发布《广播电视人工智能应用白皮书》《广播电视行业应用大数据技术白皮书》《4K超高清节目制作技术实施指南》《4K超高清节目技术质量认证指南》《VR/AR/MR等沉浸式技术在广播电视领域应用白皮书》等文件，有力推动了"智慧广电"、广电5G、4K超高清视频等行业重点领域的发展。

习近平总书记强调，"科学技术从来没有像今天这样深刻影响着国家前途命运，从来没有像今天这样深刻影响着人民生活福祉。"2019年，广播电视科技工作深入学习贯彻新发展理念，实施智慧广电战略，大力推动广播电视科技创新和高质量创新性发展，强化广播电视改革创新科技支撑。

一、强化科技支撑作用,落实智慧广电战略

"新科技革命和产业变革将是最难掌控但必须面对的不确定性因素之一,抓住了就是机遇,抓不住就是挑战。"作为科技依存度较高的领域,广播电视行业必须紧紧抓住科技革命带来的机遇,方能实现行业的可持续、高质量发展。智慧广电战略是一场全方位的技术革新与体系重构,是抓住信息技术红利,推动广播电视从数字化网络化向智慧化发展的重要举措,也是推进广播电视高质量发展的主线。

(一)不断强化智慧广电的技术支撑,推动人工智能、大数据等新一代信息技术在广电行业的创新应用

"人工智能是引领这一轮科技革命和产业变革的战略性技术,具有溢出带动性很强的'头雁'效应。"加快发展新一代人工智能,是赢得全球科技竞争主动权的重要战略抓手,是推动科技跨越发展、产业优化升级、生产力整体跃升的重要战略资源。在广电领域,人工智能、大数据等新一代信息技术是智慧广电战略的重要技术支撑,将进一步推动广播电视向高清化、移动化、泛在化、分众化、差异化、智慧化方向发展。

2019年,广播电视科技工作围绕云计算与大数据、新一代智能传播网络、智能终端与硬件三大领域,加强全局性、基础性、关键性技术研究,聚焦广播电视系统与互联网系统的融合贯通、协同演进,推进混合广播宽带系统、智能网络、可信安全、微服务、数字版权保护、物联网、人工智能、区块链等一系列新技术的研究开发与创新应用。具体而言,一是设立"广播电视人工智能应用""智慧媒体制播应用""广播电视与视听新媒体智慧监管""超高清视频产品测试""5G高新视频多场景应用"等5个行业顶尖重点实验室,加大对新兴技术及其应用的研究力度;二是组织编制并发布《广播电视人工智能应用白皮书》《广播电视行业应用大数据技术白皮书》,分析广播电视人工智能和大数据技术应用现状和发展趋势,研究梳理应用场景、总体框架、关键技术和典型案例,引领行业通过人工智能等新

技术应用，推动广电媒体转变模式、改造形态、深化融合。

（二）广泛凝聚推进智慧广电的发展共识，推动智慧广电战略在各地开花结果

推动智慧广电战略成为全行业发展共识，是2019年广播电视科技工作的重要任务。广电总局组织举办和参与行业高端论坛、展览，传播智慧广电的创新思路、发展举措和成功案例，推动《关于促进智慧广电发展的指导意见》在全国广电行业贯彻落实。2019年，广电总局先后在行业重要峰会上召开"AI赋能智慧广电"首届广播电视人工智能应用创新发展高峰论坛、推进智慧广电建设高峰论坛、5G赋能智慧广电论坛；在CCBN和BIRTV两大广电行业科技展会上组织设立广电总局智慧广电专门展区。通过与业界的广泛交流、展示，总结全国各地智慧广电实践的经验做法，深入探讨5G时代科技赋能智慧广电发展的思路举措，引领智慧广电建设示范模式。

在地方层面，各地积极把智慧广电建设作为行业发展的重中之重。目前，全国已有江苏、四川、福建、青海、广西等十余个省（区、市）制定发布省级智慧广电建设实施方案。贵州积极建设中国（贵州）智慧广电综合试验区，完善多彩贵州"广电云"，提升有线、无线和宽带、窄带融合网络能力，强化广电主阵地、主渠道作用，丰富政用、民用、商用智慧广电新业态。四川实施"高清四川智慧广电"重点项目建设，在开展高清智慧应用建设视听乡村、智慧家庭上大胆探索，智慧广电+旅游、交通、商务、扶贫、文化等领域深度合作全面展开。广东以技术创新引领广电智慧转型，全力打造粤港澳大湾区智慧广电生态圈，依托智慧广电南粤云，为政企客户提供各类"智慧广电+"服务。广西实施"壮美广西·智慧广电"工程，着力推进数字广西"广电云"村村通户户用，发挥区位优势建设中国—东盟网络视听产业基地，着力提高广播电视创新发展能力和服务大局能力。浙江着眼"慧政""惠民"，积极探索"智慧广电+政务""智慧广电+生活""智慧广电+安防""智慧广电+融媒"，搭建全方位的信息化服务平台。上海依托广电网络积极布局智慧城市物联网业务，搭载教育、医疗、养老、体育等垂直应用服务，让电视不仅能"看"，而且能"用"，拓展了智慧广电新版图。

二、积极谋划推进广电 5G 发展，推进 5G 条件下高技术格式、新应用场景的高新视频发展

广电 5G 的发展，既包括对广电 5G 网络建设的布局与推动，也包括广播电视和视听新媒体对 5G 技术的广泛应用。

（一）紧抓中国广电获得 5G 商用牌照的重大机遇，谋划推进广电 5G 网络发展

2019 年 6 月，中国广电获得 5G 商用牌照。为把广电 5G 网络建成符合中央要求、体现广电特色、达到精品标准，能够夯实国家宣传文化传播基础的新型网络，广电总局科技工作紧紧围绕广电 5G 网络的规划与发展，在多方面进行布局。

1. 研究广电 5G 目标任务和技术路线，提出广电 5G 发展框架思路。从行业顶层设计层面，广电总局牵头制定《广电 5G 目标任务实体清单》，进一步细化固化广电 5G 主要业务、技术架构、建设思路、建设规模、实施计划、重点任务等，为一体化推进广电 5G 组网建网与全国有线电视网络整合、谋划广播电视与移动互联网融合发展新模式奠定技术基础。

2. 完善无线交互广播电视工作组，为 5G 广播电视技术研究提供机制保障。广电总局进一步加强对无线交互广播电视工作组的指导和组织协调，先后组织召开多次会议并成立 8 个技术工作组[①]。通过汇集广播电视、通信领域专家学者以及国内外众多知名企业、高校和科研院所的专业力量，组建了开展广电特色 5G 广播网络技术体系研究的骨干技术队伍，为 5G 广播技术研发提供更好的组织保障和机制保障。

3. 推动有线网络升级改造，促进有线网络转型升级和有线无线一体化发展。2019 年 9 月，广电总局出台《有线电视网络升级改造技术指导意

---

① 数据来源：广电总局科技司提供材料。

见》，着力从云化、IP化、融合化、智慧化四个方面，加快推动全国有线电视网络技术改造、转型升级、业务拓展。同时，加强有线电视网络和5G网络的相互协同，推动一体化发展。2020年2月，中宣部印发《全国有线电视网络整合发展实施方案》，明确要求加快以全国互联互通平台为基础的有线电视网络IP化、智能化改造，建设具有广电特色的5G网络，推动大屏小屏联动、无线与有线对接、卫星与地面协同。

4. 推进广电5G国际标准进程，为广电5G发展提供标准和产业支撑。科技的竞争，一个重要方面是科技标准制定话语权的竞争。为更好地促进广电5G发展，广电总局指导和支持广播电视科学研究院（以下简称广科院）和中国广电先后加入国际标准机构3GPP并成为其独立会员，引导其加大人才、资金、技术等方面投入，开展关键技术研究、测试验证。广科院已在北京开展5G广播技术试验，并与国内外多家通信企业、广播组织和研究机构共同推进5G广播国际标准制定[①]；中国广电正在积极推动700MHz频段FDD模式上下行2*30MHz频段写入5G通信国际标准，为全球700MHz产业准备提供标准支撑[②]。

5. 协调完善广电5G产业链，为广电5G组网建网提供设备准备。作为行业主管部门，广电总局积极协调华为、中兴等产业龙头企业，结合广电业务特点和组网方式，加大对广电5G端到端产品的研发生产力度，提升产品成熟度，完备产业链条。同时，协调组织相关设备企业深入参与广电总局组织的技术和业务试验测试，提供设备支撑和技术支持，为广电5G网络的组网建网和商用运营做好技术准备。

（二）提前谋划5G条件下新业务新业态，引领广电5G内容发展

作为一种通用技术，5G的发展将大力推动广播电视和网络视听行业的新业态新业务发展。为此，2019年的科技工作加强对5G条件下新业务新业态的研究和提前布局，以技术创新推动广播电视和视听新媒体内容和业态创新。

---

① 数据来源：广电总局科技司提供材料。
② 数据来源：广电总局科技司提供材料。

1. 提前谋划 5G 条件下广播电视和网络视听的新业务、新业态，引领广电 5G 高新视频发展。 在广电总局的大力推进下，2019 年规划中将 5G 内容建设和 5G 网络建设摆在同等重要的位置，通过广泛调研、分析，积极引领面向 5G 的更高技术格式、更新应用场景的高新视频发展，谋划用高新视频赋能 5G 产业发展。例如，广电总局组织编制发布了《中国广电·青岛 5G 高新视频实验园区规划》，该规划紧密结合当前视频产业技术成熟度、可集成度、可生产制造程度以及市场需求，重点布局了 5G 高新视频内容产品创新、高新视频云、高新视频软硬件设备研发生产、高新视频应用集成创新、内容监测监管和数字版权服务以及高新视频产业运营等六大板块，为推动广电 5G 的内容新供给提供支撑和服务。

2. 组织开展关键技术研究攻关，为培育高新视频新业态提供技术支撑。 2019 年，在广电总局层面共设立 6 个科技项目，支持面向 5G 的高新视频技术与业务研究，4K/8K/VR/AR 等高格式视频技术研究与应用，以及互动式视频、沉浸式视频、VR 视频、云游戏等高新视频端到端关键技术及解决方案研究。这些科技项目的设立，正为 5G 高新视频发展提供强有力的技术支撑。此外，对高新视频新业态的规划发展，注重引入和联合产学研用各方力量，如广电总局与山东省人民政府、青岛市人民政府签署三方战略合作备忘录，积极谋划建立"中国广电·青岛 5G 高新视频实验园区"，推动从技术研发到产业落地的闭环建设。再如，举办"总局面向 5G 高新视频企业座谈会""5G 高新视频主题高峰论坛""广电 5G 与高新视频技术研讨会""5G 高新视频内容生产与高新视频媒体云研讨会"等系列活动，以此引导相关企业构建涵盖高新视频生产、传播和服务的端到端产业链和生态圈，助推 5G 高新视频产业协同发展。

三、积极推进 4K 超高清发展，加快从高清向超高清方向迈进

超高清视频是继视频数字化、高清化之后的新一轮重大技术革新，将带动视频采集、制作、传输、呈现、应用等产业链各环节发生深刻变革。

加快发展超高清视频产业，对满足人民日益增长的美好生活需要、驱动以视频为核心的行业智能化转型、促进中国信息产业和文化产业整体实力提升具有重大意义。2019年，广电科技工作加强对超高清视频领域的规划与指导，加快推动广播电视内容供给从高清向超高清方向迈进。

（一）行业主管部门积极谋划，从产业侧推动超高清落地发展

1. 以产业发展行动推动超高清技术发展。2019年3月，工业和信息化部（以下简称工信部）、广电总局、中央广播电视总台印发《超高清视频产业发展行动计划（2019—2022年）》（以下简称《行动计划》），明确中国未来三年加快超高清视频产业发展的目标任务和行动举措，按照"4K先行、兼顾8K"的总体技术路线，大力推进超高清视频产业发展和相关领域的应用。

2. 强化技术指导和标准规范。一是与工信部、广东省共同主办"2019世界超高清视频（4K/8K）产业发展大会"，举办"超高清频道制播技术"与"内容与版权服务"两个论坛，进一步加强对全国各广播电视机构开办4K超高清电视业务的指导。二是积极布局超高清技术研究，设立专题对4K/8K/VR/AR等高格式视频国际相关技术进行跟踪研究，组织编制《4K超高清节目制作技术实施指南》《4K超高清节目技术质量认证指南》《VR/AR/MR等沉浸式技术在广播电视领域应用白皮书》等文件，指导全行业超高清电视健康有序发展。三是联合工信部制定超高清视频技术标准体系，对超高清视频进行端到端的技术规范，通过标准规范进一步促进产业发展。对技术指导和规范标准的强化，将对超高清视频产业的健康有序发展产生积极影响。

3. 重点解决难点和堵点。2019年，广电总局科技部门联合工信部相关部门全面梳理分析4K超高清电视采集、制作播出、分发传输、终端呈现等环节关键设备、核心元器件、软件、技术及标准存在的关键短板和对外依赖情况，找准超高清设备存在的"卡脖子"问题，提出解决问题的针对性措施，从难点和堵点发力，助推超高清视频行业发展。

(二) 各地积极响应，兴起超高清视频应用热潮

《行动计划》发布后，各地迅速响应，结合本地产业发展实际制定各具特色的地方行动计划。截至 2020 年 3 月，北京、上海、广东、四川、重庆、湖南、安徽、江苏、浙江、福建、青岛等十余个省市先后发布了本地的 4K 超高清发展实施方案，形成由点到面推动超高清视频产业快速发展的良好格局。

北京市围绕北京 2022 年冬奥会和重大项目建设，打造国家级内容生产基地和协同创新平台，推动 4K 及 8K 超高清技术在典型场景的示范应用。上海市着力打造全球领先的超高清视频产业内容中心、芯片研发中心、标准专利中心，构筑具有核心竞争力、资源要素集聚的超高清视频产业生态圈。广东省以"超高清视频产业发展试验区"建设为目标，坚持"4K 引领、8K 突破"，先行先试加快超高清产业发展，打造超高清视频产业创新中心、演示展示中心，构建广东高质量发展的新"名片"。四川省以超高清视频创新应用为先导，以超高清视频前端技术为支撑，"内容、应用、产业"三位一体协同发展，探索构建超高清视频产业生态体系。重庆市大力推进超高清视频产业发展和相关领域的应用，积极创建全国超高清视频产业示范基地。湖南省以超高清视频内容制作为先导，加快内容频道建设，打造"中国 V 谷"等超高清视频产业集群，创建具有全球影响力的超高清视频内容生产基地和应用示范区。安徽省充分发挥"人工智能+文化创意+特色应用"比较优势，深化"屏（新型显示）—芯（集成电路）—端（智能终端）"协同联动[①]。未来，随着越来越多省市加入超高清视频产业发展大潮，《行动计划》提出的 2022 年 4K 电视终端全面普及，超高清视频用户数达到 2 亿等既定目标将逐步实现。

此外，许多台积极推动超高清制播技术的落地。中央广播电视总台在庆祝新中国成立 70 周年阅兵中采用 5G+4K/8K+AI 的创新实践，构建 4K HDR 视频+5.1 环绕声电视制播系统，其中设置 103 个 4K 超高清机位、1 主

---

① 卢梦琪，《重磅发布丨8 省市共同发布超高清视频产业发展政策》，中国电子报社、电子信息产业网，http://www.cena.com.cn/industrynews/20190509/100345.html。

系统+6分系统、125+5个讯道为4K直播提供支撑①。浙江华数推进4K+TVOS机顶盒与智慧实验室项目在业务与平台层面的融合，完成4K节目的实验性落地，计划到2021年年底地市级以上广播电视基本实现超高清化②。可以看到，广播电视内容供给从高清向超高清的转变正全面落地。

四、加快科技创新体系建设，助力行业技术转型升级

"标准助推创新发展，标准引领时代进步"，标准体系建设在行业发展中发挥着根本性作用。2019年，广电科技工作把加快科技创新体系建设与标准建设作为重中之重，加快建立系统、完善、开放的技术标准体系，以标准规范促进健康发展，持续推进基础性标准以及新技术标准的研发进度，不断提升广电科技标准体系的有效性、先进性和适用性。

（一）加快建立完善广播电视和网络视听技术标准体系

1. 重点领域标准化建设稳步推进。2019年共下达57项行业标准制修订任务，召开21次标准评审会，发布10项行业标准、1项暂行技术文件，联合中宣部发布4项行业技术文件③。建立和完善高清视频、收视综合评价大数据、数字版权管理、互联网电视、应急广播在内的多个技术标准体系，高新音视频、广播电视新业务监测监管、广播电视行业大数据等技术标准体系的建立步伐也进一步加快，广播电视技术标准体系建设日趋完善。

2. 技术标准复审工作全面展开。2019年共完成5年以上（2014年以前）国标、行标、暂行技术文件等253项标准的复审，修订63项，废止行标76项，申请废止国标9项④。通过对2018年以前国标、行标、暂行技术文件共242项标准项目的清理，明确继续有效100项，调整142项⑤，较好

---

① 《长风破浪会有时，直挂云帆济沧海——访中央广播电视总台编务会成员姜文波先生》，公众号"广播电视信息"，https://mp.weixin.qq.com/s/qJ1eeKMIuZEvHwW7dsngeQ。
② 数据来源：浙江省广播电视局提供材料。
③ 数据来源：广电总局科技司提供材料。
④ 数据来源：广电总局科技司提供材料。
⑤ 数据来源：广电总局科技司提供材料。

地解决了标准及计划项目交叉矛盾和滞后老化等问题，进一步提升了标准体系的协调性、配套性、科学性和适用性。

3. 广播电视领域国家标准立项工作和标准国际化有较大进展。一是《超高清晰度电视系统节目制作和交换参数值》《高动态范围电视节目制作和交换图像参数值》《用于节目制作的先进声音系统》等 3 项 4K 超高清电视基础标准，以及《互联网电视数字版权管理技术规范》1 项 ChinaDRM 基础标准的立项文件，已提交至国家标准化管理委员会。重点领域国家技术标准的立项，将为广电行业的高质量创新性发展提供更加有力的技术支撑。二是广电技术标准国际化领域硕果累累。在 ITU-T SG9（宽带与有线电视研究组）会议上，中国主导制定的《智能电视操作系统架构》《单向可下载条件接收系统需求》等 5 项标准建议书获得通过，成为 ITU 国际标准申请的《支持 Cloud VR 与 360 度视频的同轴网络平台》等 5 项标准建议获得立项[1]，参与国际标准化能力有实质性提升。

（二）主动配合中宣部做好县级融媒体中心标准工作

积极发挥广电行业的技术优势，主动配合中宣部做好县级融媒体中心标准工作。

1. 高质量完成县级融媒体中心标准编制任务，推动县级融媒体中心规范化发展。为保证县级融媒体中心建设标准化、规范化，广电总局主动承担了县级融媒体中心标准的编制任务。2019 年 1 月，《县级融媒体中心建设规范》《县级融媒体中心省级技术平台规范要求》两项核心标准规范正式印发。4 月，《县级融媒体中心网络安全规范》《县级融媒体中心运行维护规范》《县级融媒体中心监测监管规范》等 3 项配套标准及时出台。至此，县级融媒体中心 5 项标准规范全部颁布实施，标志着县级融媒体中心标准体系基本建立，为全国各地推进县级融媒体中心规范建设提供有力技术指导和标准支撑。

2. 全方位宣贯县级融媒体中心标准规范，推动各项标准有效落地。县

---

[1] 数据来源：广电总局科技司提供材料。

级融媒体中心建设涉及面广，且各地情况参差不齐。为更快更好地推进县级融媒体中心按标准、合规范的建设，广电科技部门2019年共开展两期面向省级相关负责人的县级融媒体中心标准宣贯培训，在23个省开展面向基层的标准宣贯，参训人员近5000人次①，为全国各地县级融媒体建设提供了强有力的技术指导和支撑。

（三）健全制度，推进科技工作治理体系和治理能力现代化建设

科技工作的治理体系和治理能力现代化建设，是广电治理体系和治理能力现代化建设的重要组成部分。2019年，科技管理工作从两个方面不断完善治理制度、提升治理能力。

1. 完善入网认定的制度，推进行政审批的规范化。 启动《广播电视设备器材入网认定管理办法实施细则》的制定工作，根据《广播电视设备器材入网认定管理办法》（国家广播电视总局令第1号），对入网认定的申请与受理、抽样检测、审查与决定、证书管理、检测机构管理、监督管理等进行具体规定。通过完善制度，进一步规范行政审批工作，促进政务服务标准化，提高入网认定法制化、科学化管理水平。

2. 加强和规范科技创新实验室管理，进一步激活实验室的创新能力。 实验室是科技创新工作开展的重要空间，为更好地服务于科技工作，2019年广电总局全面梳理提炼已批复实验室的主要工作进展和研究成果，印发了《国家广播电视总局办公厅关于加强广播电视科技创新实验室管理的通知》，进一步提升行业整体科研能力和水平。

2020年，广播电视科技工作将聚焦"实验室+项目+规范+示范+推广"科技创新体系的建立，围绕人工智能、大数据、区块链、广电5G、超高清等重点领域开展研究开发，促进创新链与产业链深度融合，加快科研成果从实验室走向实践场，为广电总局"六大工程"提供更全面、更强大的技术支撑，以科技创新促进行业迭代升级，为高质量创新性发展提供持续动能。

---

① 数据来源：广电总局科技司提供材料。

第八节　广播电视安全传输保障与传输覆盖

国家广播电视总局安全传输保障司司长　谢东晖
国家广播电视总局广播影视发展研究中心　王　羽

提要： 全国广播电视系统切实提高政治站位，以"大安全"理念为指导，全面聚焦庆祝新中国成立70周年安全播出保障工作主线，扎实推进安全播出、传输覆盖、监测监管、网络安全和设施保护各方面工作，在重要关键时刻有力确保了中央政令畅通，信息及时权威传播。广播电视安全播出与传输覆盖是一项系统工程、基础工程、保障工程，2019年全国传输覆盖网质量水平不断提升，智慧化网络化监测监管全面推进，网络安全管理水平和设施保护成效再上新台阶，安全传输事件事故发生次数和影响时长降至"十三五"历史新低，不断筑牢广播电视和视听新媒体安全防线，有力服务党和国家工作大局。

一、压紧压实意识形态工作责任制，圆满完成重要保障期安全播出任务

安全播出是广播电视工作的生命线，安全播出工作的成效关系着广播电视党的喉舌作用的发挥，关系着国家的政治安全、文化安全和信息安全。2019年全国广播电视系统遵循"字字千钧、秒秒政治、天天考试"这个总要求，始终把安全播出放在重中之重的位置，层层压紧压实意识形态工作

责任制，全力以赴加强安全播出的组织管理、指挥调度、统筹协调，强化技术保障和值班值守，全力确保各个重要时期广播电视节目信号清晰流畅，传输优质稳定，顺利完成2019年广播电视安全播出保障任务，坚决筑牢意识形态安全防线。

（一）圆满完成庆祝新中国成立70周年安全播出保障工作

确保新中国成立70周年重大活动、重要时段、重点节目广播电视和网络视听直播转播安全播出，是党中央交给全国广电行业的一项重要政治任务。全国广电系统牢牢把握正确政治方向，坚持把安全播出作为生命线，早计划、早部署，制定任务台账、时间表、路线图，强化防范措施，创新行业监管，全力以赴确保各级广播电视主频率主频道直播转播信号稳定、万无一失。

一是切实提高政治站位，抓好责任落实，扎实推进各项工作部署。广电总局积极加强组织领导，定期召开全国广播电视安全传输保障工作会议、季度例会，部署安排各阶段重点工作，促进安播管理要求贯彻落实。各省成立庆祝新中国成立70周年安全保障领导小组，压紧压实行业安全政治责任和主体责任，强化组织管理、指挥调度、统筹协调，履职尽责为庆祝新中国成立70周年系列直播转播任务提供有力保障。

二是广泛开展安全大检查，坚持问题导向，注重整改实效。2019年2月，广电总局与中宣部联合下发《关于开展迎接新中国成立70周年全国广播电视行业安全大检查的通知》，扎实推进全行业安全检查，做到自查检查全覆盖，并组织对重点单位进行复查，督促各单位做好整改。全国广电各安全播出管理机构认真对广播电视技术系统配置、运行维护管理、网络安全防护、设施安全保护和安全传输保障等方面进行自查，着力对广播电视重要信息系统运行维护、定级测评以及关键信息基础设施、大数据的网络安全保护等情况进行检查，确保不留盲区、不留死角。

三是全面强化安全保障各项防范措施，积极防范化解新风险。全国广电系统不断增强做好庆祝新中国成立70周年广播电视安全保障工作的使命感紧迫感，围绕安全播出保障要求，全面加强值班值守力度，党员干部24小时带班，及时启动各项应急预案，严格执行零报告制度和重大事件事故上报制度。高效推进70家影院4K直转播传输、国庆70周年新闻中心广播电视信号传输、国庆阅兵音响保障、网络安全和无线电安全保障等工作。及时查漏补缺，尤其针对5G基站信号干扰等新情况新问题，迅速建立5G干扰协调和处置机制，督促电信运营商落实干扰协调和技术改造措施，坚决防范化解5G基站干扰广播电视卫星信号接收的重大风险。

国庆重要活动期间，全国广电系统10.5万名干部职工坚守在节目制作、播出、传输和监测监管一线岗位，以最严要求、最高标准、最实举措，圆满完成庆祝新中国成立70周年重要活动广播电视安全播出这一重大政治任务。

（二）周密部署、攻坚克难，广播电视安全播出保障水平不断提高

全国广电系统严格落实属地管理责任，各级安播责任单位层层压紧落实意识形态工作责任制，除圆满完成新中国成立70周年重要庆祝活动安播保障外，还顺利完成元旦、春节、全国"两会"、"一带一路"高峰论坛、第七届世界军人运动会、澳门回归20周年等党和国家重大活动和重要节假日，以及2020年年初新冠肺炎疫情防控期间安全播出保障工作。

一是强化部署紧抓落实，完善安全播出长效机制。全国广电系统高度重视各重要保障期安全播出工作和各级安播责任单位任务落实情况，不断健全安全播出管理长效机制和监督机制，推动广播电视安全播出规范有序运行。利用全国安全播出例会等交流机制，通报事故案例，总结经验情况，推进任务落实。各地责任单位积极完善"安全播出指挥调度手册""安全制播应急预案"等管理制度和机制流程，设立安全播出生产月、安全播出联络员例会制度、重要时段值班制度等，不断提升安全播出管理的制度化、规范化水平。

二是不断提高应急处置能力，有效应对重大突发事件。2020年年初全国遭受新冠肺炎疫情影响，全国广电系统第一时间投入抗击疫情宣传中，

为确保党和国家的声音准确及时传递,广播电视安全播出责任单位迅速响应,及时启动应急预案,加强组织管理、指挥调度,充分发挥全国广播电视安全播出指挥调度平台和预警发布系统的重要作用,严格落实安全播出值守巡护机制,重点做好有线传输干线和骨干节点巡检运维,深入基层巡查线路、排除事故、抢修设备,全力确保疫情防控期广播电视信号全天候畅通。

从2019年总体情况看,全国各单位各部门继续保持近年来安全传输工作的良好态势,事件事故发生次数和影响时长降至"十三五"期间历史新低。在上星传输的广播电视业务中,天津、黑龙江、福建、江西、湖南、广西、贵州、云南、西藏、陕西、甘肃、宁夏和新疆生产建设兵团等13个省(区、市)全年未发生重大播出事故。在京重要安全播出保障单位中,中央广播电视总台国广等16个单位全年未发生重大事故,高质量保障群众听好看好广播电视。

二、广播电视传输覆盖网建设取得新进展新成效

2019年,全国广电系统通过强化政策引领、行业管理、资源协调,积极推动有线、无线、卫星、移动智能协同覆盖现代传播体系建设,全国传输覆盖网质量和水平显著提升。

(一)强化政策引领,积极推动广播电视传输覆盖网升级

全国广播电视传输覆盖网的总体设计、技术规划、统筹协调、行业管理等工作不断完善强化。

一是加快推进和引导全国各级有线电视网络的升级改造。当前有线电视网络传统技术体系和功能架构亟待创新升级。2019年广电总局专门印发了《有线电视网络升级改造技术指导意见》《有线电视网络光纤到户万兆单项IP广播系统技术规范》等政策文件,以深化有线电视网络与新一代信息通信技术深度融合为重点,以IP化、云化、智慧化、融合化为方向,加快技术优化、体系重构、流程再造,推动有线电视网络"云、网、端"资源

要素的有效整合、融通共享和智能协同,着力构建高速、泛在、智慧、安全的新型有线电视网络。

二是优化广播电视无线频谱资源,加快推动地面电视数字化。为科学高效推进全国地面电视数字化建设,广电总局组织编制《全国地面数字电视广播频率规划》,通过规划实施确保地面数字电视有效覆盖以及模拟向数字转换平稳过渡,同时为当前和未来广播电视传输覆盖网的融合发展预留发展空间,推动构建新型地面数字电视传输覆盖网。

三是统筹广播电视卫星资源配置,优化广播电视卫星系统格局。卫星广播电视是现代传播体系和公共文化服务体系的重要组成部分,是中国广播电视传输覆盖的重要手段和渠道,2019年广电总局出台了《广播电视卫星应用总体规划(2018—2022)》,涵盖卫星资源规划、卫星频率规划和地面系统规划,着力解决当前卫星广播电视在系统资源、技术支撑、业务服务及安全保障等方面存在的不平衡、不充分问题,着力构建定位清晰合理、功能明确完备、布局科学均衡、安全保障有力、资源储备充分、支撑未来发展的广播电视卫星系统格局。

(二)加强布局谋划,统筹推进全国应急广播体系建设

应急广播体系建设是国家治理体系和治理能力现代化的重要组成部分,在2019年6月17日四川宜宾长宁县地震和2020年抗击新冠肺炎疫情中,应急广播发挥了极其重要的作用,不仅有效确保大量人民群众的生命财产安全,更展现出强大的传播力动员力。尤其在新冠肺炎疫情防控工作中,全国各地应急广播"村村响"打通了疫情防控宣传的"最后一公里",成为疫情防控阻击战中的"硬核"力量。

一是不断优化完善应急广播建设规划,深入推进贫困地区应急广播建设。从中央到地方各级应急广播建设部门,已陆续出台一系列推动应急广播建设发展的规划意见,全国已有北京、河北、新疆等22个省(区、市)和新疆生产建设兵团开始应急广播规划和可行性研究。全国深度贫困县应急广播体系建设也已开展,广电总局已深入河北、陕西等13个省(区、市）109个深度贫困县、171个乡镇、283个村开展应急广播体系建设调研，对当地应急广播体系提出建议，提供建设方案编制、系统测试等服务。一些省区市积极推进深度贫困县应急广播体系建设工程，并与脱贫攻坚工作相结合，建设农村广播节目媒资库，为"村村响"系统提供政策宣讲、精准扶贫、科技兴农等信息，推动贫困县区应急广播建设发展。

二是大力推进应急广播平台对接、技术标准、运行机制等方面的建设研究。2019年，广电总局大力推动实施应急广播预警信息调度控制自动适配系统改造扩容项目，完善试验平台基本功能，为与国家应急部门、中央广播电视总台制作播发平台及试点省级应急广播平台的对接做好准备。同时，进一步完善应急广播制度标准体系建设，开展应急广播测试方法、应急信息速报、5G应急广播解决方案、县级应急广播体系与县级融媒体中心对接机制和安全管理等方面的研究。

三是强化沟通协调，推动应急广播系统相关部门协同作战。2019年，广电总局积极加强与国家应急管理部、地震局、气象局等单位的沟通协商，研究探讨国家应急部门与相应应急广播系统的信息对接机制和发布流程，推动各部门协调一致协同作战。各地方应急广播管理建设部门，也主动加强与应急管理、地震、气象、林草、农业等单位的沟通联系，就信息发布方式、渠道，现有发布网络现状和未来对接需求、对接方式等进行协商合作。

（三）管好用好广电频谱资源，依法治理无线电违规行为

2019年全国广电系统积极强化广电频谱资源管理，深入开展"黑广播"等无线电违规行为整治行动，有效净化无线电传输环境。

一是严格依法行政，扎实细致规范做好广播电视无线频率审批工作。截至2019年12月31日，广电总局共完成行政许可205件，审核用频方案638个，发放频率执照504个，完成频率协调354件，处理公文和答复意见336件。同时，相关管理部门积极适应"放管服"和"互联网+监管"的管理要求，推动行政审批网络化便捷化，提高审批效率。

二是严格规范广播电视无线电频率使用秩序。一方面建立健全打击治理"黑广播"工作机制，联合各级无线电管理委员会、公安等部门开展联合行动，对广播电视无线电违规行为进行治理，尤其针对庆祝新中国成立70周年无线电保障工作，在全国开展了打击治理"黑广播"违法犯罪专项行动。另一方面，针对一些省份广播电台、发射台的违规行为，及时纠正督促自查自纠，并加大对擅自使用地面数字电视频率违规行为的整治力度，广播电视无线电频率使用秩序管控取得明显成效。

（四）积极开展国际协调，切实维护广播电视无线电频谱和卫星轨位权益

无线电频谱和卫星轨位是重要的广播电视资源，也是国家重要的战略资源，2019年广电总局一方面积极做好频率国际登记、卫星轨位申报，另一方面大力开展与周边国家（地区）的边境（边界）频率协调、国际短波广播频率协调和卫星网络频率协调，切实维护中国广播电视无线电频谱和卫星轨位资源权益。

一是立足大局着眼未来，积极开展申报协调工作。2019年广电总局共向国际电信联盟（ITU）申报了5份卫星网络资料，开展了13次国内卫星网络协调，发出6份国际频率协调函件，组织了2次国际卫星频率协调，顺利完成与俄罗斯等相邻国家和港澳地区的频率协调。

二是主动参与国际组织，争取国际话语权。在2019年世界无线电大会上，广电总局组织协调中方人员参加广播研究组副主席竞选，经过努力，广电总局专家顺利当选ITU-R广播研究组副主席。

三是积极参与相关国际规则、技术标准制定研究，切实维护中国权益。2019年中国参与了无线广播电视业务国际规则制修订、国际电联无线电干扰争端解决相关国际规则研究，以及国际电联对口组研究工作，推动中国DTMB-A加入国际电联第二代地面数字电视标准，为未来地面数字电视的发展提供技术支撑。

三、坚持高质量创新性发展，积极布局智慧运维、智慧监管

2019年，全国广电系统坚持新发展理念，按照智慧广电发展趋势及要

求，以智慧运维为抓手、智慧监管为支撑，依靠理念创新、技术创新、管理创新，全面推进运行维护和监测监管体系智慧化建设，大力推进安全播出保障体系和保障能力现代化，有效应对新形势下的安全播出风险和挑战。

（一）运行维护管理的智慧化水平不断提升

随着人工智能、5G、云计算、大数据、区块链等技术在广播电视行业的广泛应用，广播电视运行维护既面临挑战更面临机遇，2019年全国各级安全传输部门，切实以信息化、智能化为运维理念，积极探索运维系统运行的数据可视化、分析智能化、处理流程自动化，着力提升广播电视运维管理的智慧化水平。一是借助"智慧广电"建设契机，同步规划开展新建智慧广电系统的运维智慧化建设。二是不断推进传统广播电视制播、传输、发射等系统的运维智慧化升级，减少人工误差和人力投入，缓解值班值守压力，提升运维效率。三是积极建立智慧运维大数据管理系统，为智慧化管理提供有力支撑。

（二）积极加强边境地区和IPTV智慧化监测监管

边境地区广播电视和IPTV等视听新媒体一直是安全播出的重要领域，也是亟待进行监测监管全覆盖的关键环节。

一方面根据国家智慧广电建设要求，广电总局及时指导监管中心开展边境地区广播电视信号监测工作，对项目可研进行优化完善，增加边缘计算、大数据分析等技术，着力提升边境广电媒体智慧化监测水平。另一方面广电总局正式将IPTV传输平台纳入广播电视安全保障管理工作范围，指导编制《全国IPTV监测监管工程》建设方案和技术方案，并与中国电信、中国移动、中国联通三家运营商在IPTV业务监测监管等方面开展广泛深入合作。各省IPTV智慧监测监管纷纷发力，积极创新AI监测算法，对三大运营商省级播控分平台和部分地市的IPTV内容进行监测，实现对IPTV集成播控平台和IPTV信号的有效覆盖。全国广电系统按照IPTV"网络化、智能化、协同化"的"智慧监管"要求，正逐渐构建智慧型全国IPTV监测监管系统。

(三) 大力推进监管云平台建设试点

为进一步推进智慧监管云平台建设，广电总局依托《全国广播电视监测监管资源共享平台应用需求及技术方案研究（二期）》项目，围绕全国广播电视监测监管互联互通与资源共享实现方式，对监管云平台进行专题研究部署。结合中央、浙江、江苏监测监管系统建设情况，深入研究全国广播电视监测监管云数据平台架构，初步实现广电总局监管中心与江苏省广播电视监测台、浙江省广播电视监测中心双向对接、互联互通，同时开展监测监管云数据平台的数据存储相关研究。

四、高度重视网络安全保障，不断提升网络安全管理水平

2019年，全国广电系统高度重视网络安全工作，以不断提升的网络安全管理水平，不断强化的网络安全责任意识，护航广播电视网络安全保障工作。

(一) 加大网络安全管理，强化制度化、规范化建设

广电总局积极组织修订《广播电视网络安全管理办法》《广播电视网络安全事件应急预案》，研究编制《广播电视关键信息基础设施认定规则及设施清单》，从制度化建设角度推动网络安全管理工作。同时积极建立网络安全漏洞检测闭环管理流程，设立专项资金，每季度组织广电总局监管中心等单位对中央广播电视总台、广电总局直属单位、各省网络广播电视台、互联网电视集成平台等共378个互联网音视频系统开展漏洞扫描，组织专业检测人员开展背靠背网络安全攻防演习，对发现的隐患问题进行整改，通过组织复测建立闭环管理。2019年全国广电系统共发现高危漏洞101个、中危漏洞404个，下发整改通知书52份。

(二) 加强培训，提升网络安全意识和专业技能水平

网络安全作为安播保障的重要环节，全国各级广电部门高度重视，持续强化责任意识和专业技术水平，不断提升保障能力。一方面大力加强人员培训的力度和覆盖面，推动全行业提升网络安全意识和专业技能水平。

开设网络安全管理培训班、网络安全技术培训班，培训对象覆盖全国省级及以上行政管理部门、监测监管单位和重要责任单位。另一方面开展专业评比竞赛活动，在2019年全国广播电视技术能手竞赛中，首次增加网络安全专业项目，激励人员提高技能水平。在全国广电系统共同努力下，2019年广播电视和网络视听网络安全整体态势平稳，未发生重大及以上网络安全事件，圆满完成了"庆祝新中国成立70周年"等多场国家重大活动期间广播电视网络安全保障任务。

五、不断加强广播电视设施保护，筑牢安全传输基石

全国广电系统紧紧围绕广播电视中心工作，不断完善广播电视设施安全保护工作规章制度和工作要求，强化重点单位、要害部位和重要传输线路的安全防范和反恐怖防范能力建设，加大人防、物防、技防建设，充分发挥广播电视的宣传优势，震慑违法犯罪，确保重要时间节点和重大事件广播电视设施安全运行。

（一）明确要求加强管理，完善制度健全机制

针对安全保障和设施保护工作，全国各省（区、市）相关单位进一步加强指导、畅通联络沟通机制、完善信息通报机制，并将设施保护纳入国庆70周年安全大检查标准。按照全国"三电"办总体部署，结合广电行业实际情况，出台了《2019年全国广播电视设施安全保护工作要点》《全国广电系统广播电视设施安全保护工作检查考核标准》。

（二）积极开展宣传教育，加大动员力度

按照全国"三电"办关于开展"三电"设施安全保护宣传月工作的有关通知，全国各省（区、市）广电部门充分利用广播、电视、新媒体等多种平台，利用新闻、专题、公益广告等多种形式，加强对《刑法》第124条司法解释、《广播电视设施保护条例》进行宣传，起到震慑犯罪、营造氛围的重要效果。同时加大教育培训工作力度，提高广电设施安全保卫人员的能力素质。

（三）地方广电坚持群防群治，加强设施保护

各地广电部门高度重视广播电视设施安全保护工作，多措并举、群防群治，夯实广电安全传输基石。一是成立专职领导小组，出台具体工作方案，将工作落实落细落小。全国各省均成立了省级广播电视"三电"领导小组，各级各单位协同属地"三电"办，建立区域协作和信息共享机制，加强广播电视设施安全保护。二是积极部署人力物力，与公安机关联防联动，打击盗窃和破坏广播电视设施的犯罪行为。各省积极督促各级广电行政管理部门和制播传输单位配齐配强保护队伍，定期进行检查巡查，完善应急预案，开展实战演练，有效遏制盗窃破坏广播电视设施案件发生势头。

第九节 广播电视规划与发展

国家广播电视总局规划财务司司长　余爱群
国家广播电视总局广播影视发展研究中心　张苗苗

提要：2019年以来，全国广播电视系统主动谋划、抢抓机遇，在事业产业规划、预算资金保障、基础设施建设、产业发展及财务管理等各方面取得新的进展和突破。

2019年以来，全国广电系统以习近平新时代中国特色社会主义思想为指导，深入贯彻落实党的十九大和十九届二中、三中、四中全会精神，增强"四个意识"，坚定"四个自信"，做到"两个维护"，积极贯彻落实党中央、国务院决策部署，围绕中心、服务大局，在规划财务工作中，认真履行规划、保障、管理和服务职责，积极谋划和争取事业产业发展政策、重点项目和资金支持，推动广播电视事业产业高质量创新性发展。

一、加强顶层设计，强化政策指引

党中央对加快推动文化事业产业发展作出了一系列部署，要求完善公共文化服务体系建设，健全现代文化产业体系和市场体系，推动各类文化市场主体发展壮大，培育新型文化业态和文化消费模式，以高质量文化供给增强人们的文化获得感、幸福感。2019年以来，广电总局积极落实党中央的决策部署，出台实施一系列促进事业产业发展的政策措施，积极推进

"十四五"规划编制工作,引导和支持全系统凝心聚力、共同发展。

(一) 积极推进"十四五"规划编制

"十四五"规划是开启全面建设社会主义现代化国家新征程的第一个五年规划,"十四五"时期也是广播电视和网络视听的发展关键期和改革攻坚期。按照国家发改委的有关部署和要求,2019年,广电总局正式启动广播电视和网络视听"十四五"规划编制工作,制定了规划编制工作方案,明确了规划编制的有关任务安排、工作要求、时间进度等。在广泛征求各方面意见和建议的基础上,主动适应新时代社会主要矛盾的新变化、新表现、新趋势,积极应对世界百年未有之大变局,对标对表党中央、国务院的决策部署,坚持以人民为中心,着力广电发展补短板、强弱项、提质量,深入研究谋划了"十四五"时期广电发展的重大任务、重大政策、重大项目,形成了广电"十四五"发展的基本思路报送国家发改委。同时,广电总局积极做好与中宣部、国家发改委的沟通和对接,积极做好与"十四五"文化改革发展规划等专项规划的衔接,为编制好广播电视和网络视听"十四五"发展规划打好基础,争取国家层面更多支持。在广电总局的指导下,各省局陆续推进地方广播电视和网络视听"十四五"规划编制工作,江苏局、山东局、福建局、湖南局、西藏局等在持续推进"十三五"规划实施的基础上,充分结合本地区发展实际,研究提出适应本地发展、具有鲜明特色的"十四五"思路举措和工程项目等,认真谋划各地广电"十四五"发展。

(二) 出台政策推动完善广电公共服务

2019年,广电总局与国家发改委等18部委联合出台《加大力度推动社会领域公共服务补短板强弱项提质量 促进形成强大国内市场的行动方案》,对标党的十九大关于在发展中补齐民生短板、完善公共服务体系、推动高质量发展的总体要求,聚焦人民群众最关心最直接最现实的问题,提出并明确了具体的政策措施,对于兜牢基本民生保障网底、满足多样化民生需求、深化供给侧结构性改革、推动形成强大国内市场,具有十分重要的意义。这一政策方案明确提出了加快智慧广电发展，打造功能更加强大的主流媒体融合传播网、数字文化传播网、基础战略资源网，提供多功能于一体的智慧广电数字生活服务，并首次将实现广播电视人人通、移动通、终端通的目标任务纳入国家政策。

（三）积极谋划广电产业发展政策

2019年，广电总局结合广电行业实际，加强政策创新，完善顶层设计，先后制定印发了《关于推动广播电视和网络视听产业高质量发展的意见》《关于推动国家广播电视和网络视听产业基地（园区）建设发展的通知》《关于建立广播电视和网络视听产业发展项目库的通知》等三个文件，从加快产业转型升级、优化产业结构布局、完善市场体系等方面提出了切实可行的政策举措。地方广电部门积极落实广电总局部署，结合地域特点和发展重点，相继制定出台促进高质量发展的政策措施。如北京市出台了《关于推动北京影视业繁荣发展的实施意见》，山东局制定印发《关于加快推进山东省广播电视和网络视听产业高质量发展的实施意见》，浙江局制定出台《关于推进新时代广播电视、网络视听高质量发展的实施意见》。同时，一些地方还针对重点领域、重大项目制定出台具体的落地政策。如北京局出台了《北京市智慧广电发展行动方案（2019年—2022年）》《北京市超高清视频产业发展行动计划（2019—2022年）》，江苏局制定了《江苏超高清视频产业发展行动计划》《江苏省5G产业发展行动计划（2019—2022年）》。

（四）精准施策统筹推进疫情防控和行业发展

广电总局深入学习贯彻习近平总书记在统筹推进新冠肺炎疫情防控和经济社会发展工作部署会议上的重要讲话精神，坚决把思想和行动统一到党中央决策部署上来，在组织全国广电系统开展复工复产和经营情况统计摸底并深入总结有关经验做法的基础上，制定出台了《国家广播电视总局关于统筹疫情防控和推动广播电视行业平稳发展有关政策措施的通知》。文件就支持广电行业积极开展疫情防控、有序做好复工复产、实现行业平稳发展提出了十二条政策措施，从支持宣传引导、扶持创作生产、优化审批流程、完善政务服务、提升应急能力、促进产业发展、落实优惠政策、鼓励担当作为等方面，为增强行业发展信心、有序做好复工复产、注入行业发展新动能提供了政策支持。北京局、河北局、山东局、黑龙江局、安徽局、湖南局、福建局等省局相继出台促进广电行业稳定发展的有关政策，在加强抗疫内容创作生产、持续优化广播电视公共服务、创新行政审批服务方式、认真落实各项惠企稳企政策等方面出实招、见实策。

二、强化政策落地生效，推动产业高质量发展

在有关产业政策的规划和指引下，全国广电系统在产业基地（园区）、产业发展项目、产业展会活动等方面多措并举、协同发力，带动形成广电全产业链市场发展格局，促进广电产业做大做强做优。

（一）加强和规范产业基地（园区）建设发展

根据《关于推动国家广播电视和网络视听产业基地（园区）建设发展的通知》，广电总局不断加强规划引导、政策支持和管理服务，积极组织开展国家级广播电视和网络视听产业基地（园区）的申报、认定和管理工作，推动产业基地（园区）专业化、规模化、高质量发展，充分发挥产业基地（园区）示范先导和辐射带动作用，先后批复设立了中国（北京）星光视听产业基地（更名）、中国（湖北）网络视听产业园、中国（成都）网络视听产业基地、中国（成都）超高清创新应用产业基地等多个基地（园区），充分调动了当地党委政府的积极性，加大了对基地（园区）的政策支持和土地、资金等方面投入。同时，加强对已批复设立的中国（长沙）马栏山视频文创产业园等的支持，推动部省共建、开展项目合作，取得明显成效。

（二）推动产业发展项目库建设

广电总局着手建立广播电视和网络视听产业发展项目库，围绕精品制作生产、产品业态创新、网络升级和融合发展、关键技术开发应用等，培育储备一批符合行业高质量创新性发展方向的重点产业项目，推动发挥产业项目示范引领和支撑作用。广电总局专门搭建了产业发展项目库在线管

理平台，印发了《关于开展 2019 年度国家广播电视和网络视听产业发展项目库申报工作的通知》，各省区和中央有关单位申报积极性很高，2019 年从高新技术创新开发与应用推广、精品内容制作能力与衍生开发、智慧广电生态体系建设与网络融合、海外传播"走出去"拓展推广等方面组织申报、评审、入库了 308 个精品产业项目，为下一步发挥项目示范效应和引领作用做好支撑。

（三）规范和促进产业展会活动

产业展会在促进产业展示交易、拓展产业融合、打造文化品牌等方面发挥着重要作用。2019 年，为了进一步规范产业展会活动，提升展会品牌效应，积极参与和支持第十五届深圳文博会、第十四届北京文博会、第四届丝绸之路（敦煌）国际文化博览会等，及时展示智慧广电建设和视听精品节目成果。在广电总局的规范和促进下，各级广电机构注重发挥展会的品牌带动效应，构建广播电视网络视听展会活动矩阵。经过 20 多年的长足发展，作为广电全行业年度盛会，CCBN 和 BIRTV 持续发挥品牌辐射效应，多方位、深层次展示我国广播电视科技领域取得的创新成果；广东局参与举办 2019 世界超高清视频（4K/8K）产业发展大会，启动超高清视频产业发展试验区建设。

（四）完善举措优化营商环境

为进一步释放体制机制活力，根据国家发改委、市场监管总局等部门的部署，广电总局先后两次组织涉企收费清理工作，并按要求将涉企收费项目在广电总局网站进行公示，进一步深入推进"放管服"工作，提升减税降费政策效果。同时，广电总局印发进一步加强违规涉企收费治理工作的通知，组织全系统自查自纠，带动全系统为优化管理环节、服务营商环境提供政策保障。组织各地广电部门开展 2019 年度广播电视运营服务企业按规定收取的有线电视费免征增值税的税式支出测算统计工作，全行业有线电视费免征增值税的税式支出共 10.49 亿元，凸显财税政策对广电行业的支持力度。推动广电总局管理的 16 家企业按财政部要求纳入国有资本经营预算管理范围，进一步提高管理效率，促进企业发展和产业升级。

三、强化资金保障，推动项目建设

在国内经济面临较大下行压力、财政紧缩的形势下，广电总局紧紧围绕2019年全国广电工作重点和发展思路，2019年为广电事业发展落实资金89.65亿元，加快推进国家"十三五"重大项目和文化发展改革规划目标任务，进一步夯实基础设施项目建设，确保广播电视和网络视听各项重点工作稳步运行。

（一）积极落实中央本级部门预算

落实广电总局部门预算财政拨款48.33亿元，有效保障了各单位各部门履行职能、正常运转，为全面履行广播电视宣传、新闻舆论引导、精品创作生产、节目传输覆盖、行业阵地管理、国际传播等各方面职责提供了经费保障，确保了新中国成立70周年等重大主题宣传任务的圆满完成。在中央财政统一压减一般项目预算10%的客观形势下，加大资金统筹力度，做到重点项目有"增"，延续项目有"保"，预算执行慢的项目有"压"。

（二）积极落实中央补助地方财政资金

2019年落实中央补助地方财政预算转移支付资金41.32亿元，保证了深度贫困县应急广播体系建设、中央广播电视节目无线覆盖、贫困地区民族自治州所辖县村综合文化服务中心广播器材配置、少数民族地区和边疆地区广播电视节目译制和传输覆盖等工作的有效开展，积极为广播电视全行业的公共服务、内容建设、融合发展、技术创新等方面提供重要支持。

（三）积极推动本级重大建设项目

2019年，落实广电总局本级重大基建项目投资，重点保障传输发射、监测监管等核心业务，为贯彻落实意识形态责任制、加强意识形态阵地建设提供重要保障。对于广电总局本级在建的重大项目，进一步提升审核时效、完善审核程序、加强项目监管，推动项目建设进度。同时，为进一步加强IPTV管理，推动实施IPTV监测监管工程，制定了工程方案，以新技术、新手段、新平台提升"全方位、全过程、全覆盖、全天候"监测监管能力。

（四）稳步推进地方重点项目建设

2019年，广电总局大力推进广电发射、制播、应急三大重点项目建设进展，其中：落实中央预算内投资3.9亿元，支持全国180座广播电视无线发射台站机房、道路、围墙等基础设施更新改造，无线发射台站建设、技术设备的更新以及安全保障得到加强，支持53个贫困县广播电视台采编播设备购置，在改进完善基层广电制播系统方面取得明显成效；落实中央财政建设资金8.12亿元，支持197个深度贫困县应急广播体系建设，建设改造应急广播平台和大喇叭系统，提高基层广电宣传能力、服务能力、应急能力。

在这次疫情防控中，基层广电应急广播体系在应急响应、政策宣讲、信息发布、资源调度、心理疏导、科普教育等方面发挥了举足轻重的作用。在资金和政策保障下，各地纷纷出台落实举措，扎实推进应急广播项目建设。重庆局编制完成重庆市应急广播体系建设可行性研究和技术方案，中央、市级和区县等各级投入4700余万元开展应急广播体系建设；安徽局推动出台《安徽省人民政府办公厅关于扎实推进应急广播体系建设的意见》，编制了《安徽省应急广播总体规划》《安徽省应急广播系统整体技术方案》等系列指导文件，确定安徽省应急广播体系建设内容和体系架构，为基层提供分类实施的指导意见；江西局结合江西省的实际，编制了《江西省应急广播体系建设总体规划》；云南局印发《基层应急广播系统管理有关工作要求》，对20个项目县密集加强指导，完成20个项目县技术方案评审。

（五）积极开展"十三五"规划阶段性评估

按照国家发改委的要求，积极开展国家"十三五"规划《纲要》重大工程项目阶段性评估工作，对涉及广电总局的"文化体育""文化精品创作""公共文化设施建设""传播能力建设"等4项工程12项重点任务的2019年工作推进情况及项目实施进展情况进行了阶段性评估，总结了有关重大工程项目推动工作中取得的成效、好的经验做法以及存在的问题和不足，为做好"十三五"规划收官工作打好基础。

四、完善统计指标体系，提高统计数据质量

广播电视统计作为国家统计工作的一个重要方面，有关统计数据直接反映人民群众在精神文化生活方面实际情况，是广播电视事业产业发展的晴雨表。2019年，广电系统深入贯彻落实中央关于深化统计管理体制改革提高统计数据真实性的意见，推动广播电视统计工作不断迈上新台阶。

(一) 加强完善统计制度保障

广电总局修订出台《广播电视行业统计管理规定》（总局令第6号），2020年5月5日正式实施。这一管理规定将网络视听节目服务机构和大数据方式的统计调查纳入行业管理范围，对建立防范和惩治统计造假、弄虚作假责任制提出要求，为解决收视收听率（点击率）数据造假问题提供政策支撑。落实中办、国办《防范和惩治统计造假、弄虚作假督察工作规定》精神，组织完成机关各部门、直属各单位开展统计自查自纠，并将相关情况报送国家统计局。

(二) 初步建立高质量发展统计指标体系

广电总局修订了《广播电视和网络视听统计调查制度》，进一步明确了统计对象和范围，增加网络视听、产业基地（园区）等报表，补充调整了高清超高清、智能终端等内容，以更好地反映广播电视和网络视听发展成果和人民群众的获得感。部分地方局不断优化统计服务，在高质量完成各项统计任务基础上，形成了年度产业分析报告、专项统计报告等一批统计成果，为行业发展提供了优质数据支撑。此外，积极落实中央重大统计工作部署，广电总局开展全国近5万个广播电视统计基本单位信息核对工作，并向国务院第四次经济普查领导小组办公室提供广播电视服务业单位详细数据。

(三) 研讨创新统计工作思路

2019年4月24日，全国广播电视统计工作会议在南京召开，全面总结

近几年统计改革工作,发布了 2018 年广播电视发展总体情况,并通过总局官网、官方公众号同步公布统计公报。北京局、江苏局、湖北局报告交流了有关工作经验,相关省局分管负责同志还开展了分组讨论,共同研讨新形势下广播电视统计工作服务于高质量发展的新思路、新方法、新内容,为推动广播电视高质量发展提供基础性保障。

五、完善管理方式方法,提升财务管理效能

财务管理是广电系统各项工作运行的重要保障。2019 年,广电规划财务部门在优化预算管理、建立健全预算绩效管理机制、完善资产管理和监督机制、推进国有资产管理体制创新、强化内部审计监督等方面取得实效。

(一)推动全面实施绩效管理

贯彻落实党中央、国务院关于全面实施预算绩效管理的指导意见,结合广电总局实际,成立工作领导小组,并制定印发了广电总局贯彻落实意见的实施方案,明确工作目标任务和完成时间节点等,扎实有序推进预算绩效管理工作。通过实行绩效目标三审机制、项目执行监控机制、三级绩效考评管理模式、绩效评价结果应用等,积极推进广电总局绩效评价工作。

(二)不断提高预算管理水平

组织做好 2019 年广电总局部门预算批复、执行和公开等工作。加强资金统筹谋划,通过多种方式落实解决了收视综合评价大数据试验系统等重点任务急需资金。通过通报、约谈、实地督导和召开座谈会等方式,推进预算执行。指导地方广电部门做好中央补助地方转移支付资金的预算申报和资金管理等工作,并积极组织行业培训,加大政策宣贯力度。

(三)进一步完善财务管理制度

制定印发《电视剧引导扶持专项资金使用管理暂行办法》,规范资金使用管理,提高资金使用效益。制定印发《国家广播电视总局政府购买服务指导性目录》《国家广播电视总局机关向社会力量购买服务管理暂行办法》,细化品目、规范程序,全面推进广电总局政府购买服务工作。修订印发

《国家广播电视总局结转结余资金管理暂行办法》，进一步规范结转结余资金管理。组织广电总局各部门、各单位建立、修订完善内控制度，强化决策程序、业务流程、资金使用审批等方面内控机制，切实防范风险。

（四）进一步规范资产管理

配合政府会计制度实施，加强对各单位固定资产折旧管理，推动人均资产占有率较高的单位优化资产配置，严控新增资产。按照财政部国有资产管理有关办法，进一步做好资产清查、规范管理和保值增值工作。规范做好对山西平顺、江西大余等贫困地区捐赠广播电视设备工作，助力脱贫攻坚。

（五）进一步规范政府采购管理

为贯彻党中央深化政府采购制度改革精神，适应新形势下的政府采购管理工作，修订印发了《国家广播电视总局政府采购管理实施办法》，从落实"放管服"改革精神、取消广电总局部门集中采购、增加涉密采购相关内容、增加政府采购扶持不发达地区、保障各类市场主体平等参与权力、细化信息公开等方面，完善了政府采购工作制度。同时，梳理广电总局相关政府采购政策并向社会公开。支持国产设备采购，加强对进口产品采购的规范管理。落实对科研院所进口科研设备免税政策，规范科技成果转化程序，提高科技成果转化成效。落实精准消费扶贫，为政府采购贫困地区农副产品预留份额。

（六）进一步加强标准管理

持续做好国家及行业标准立项、审查、精简整合、宣贯等工作。不断完善工程建设标准体系，完成了《广播电视制播工程项目规范》等两项全文强制性标准研编成果中期评估和审查验收工作，启动了《广播电视工程术语标准》等两项国家标准编制修订。批准发布《无线广播电视遥控监测站工程技术标准》等行业标准，实施光缆及电缆类行业标准精简整合工作。进一步提升标准编制质量和水平，《广播电影电视建筑设计防火标准》获得广电总局广播影视科技创新奖一等奖。组织完成广电系统关于《有线电视网络工程设计标准》等国家标准的宣贯培训工作。

（七）进一步强化内部审计监督

修订印发《国家广播电视总局内部审计工作管理办法》，推动内部审计工作制度化、科学化、规范化。广电总局各级内部审计机构科学规划、上下联动，加强与国家审计的协调配合，不断拓展审计监督的广度深度，实现对公共资金、国有资产和领导干部履行经济责任情况审计监督全覆盖。坚持问题导向，狠抓审计整改落实，促进单位完善内部控制，强化风险管理，提升管理经营绩效，推动公权力规范运行。

当前，广播电视和网络视听发展进入了转型发展的新阶段和关键期，机遇和挑战并存，在体制机制改革、媒体融合发展、产业转型升级、技术创新应用等方面还有待进一步完善和强化。广电行业将从挑战中寻找机遇，提振信心、综合研判、加强规划、做好保障、化危为机，全力推进广电"六大工程"建设，为实现文化事业产业繁荣和经济社会发展目标，决胜全面小康、决战脱贫攻坚作出新的更大贡献。

第十节　广播电视公共服务建设

国家广播电视总局公共服务司司长　邓慧文
国家广播电视总局广播影视发展研究中心　于秀娟

提要： 2019年以来，全国广电系统落实中央决策部署，不断完善公共服务政策措施，大力实施各项重点工程，加快推进基础设施建设，加强公益性节目内容制播，全面参与扶贫攻坚，广电公共服务升级提质，取得新成效新进展。广播电视综合人口覆盖率分别达到99.13%和99.39%，有线广播电视实际用户数达到2.07亿户。

2019年以来，全国广电系统聚焦脱贫攻坚和全面建成小康社会，进一步完善广电公共服务政策措施，加快实施各项重点工程，推进基础设施建设，加强公益性节目内容制播，统筹公共服务与扶贫攻坚，积极投入新冠肺炎疫情防控阻击战，全力推动广电公共服务升级提质。截至2019年年底，全国共批准设立广播电视播出机构2591个，其中：广播电台62个，电视台72个，教育电视台35个，广播电视台2422个；全国共批准开办广播电视频率频道4659个（不含数字付费广播电视频道），其中广播频率3067个（不计中央广播电视总台国广的44种语言广播），电视频道1592个（含各级教育电视台开办的38个教育教学类频道）。

一、完善广电公共服务顶层设计

2019年以来，广电总局深入贯彻落实《公共文化服务保障法》《关于建立健全基本公共服务标准体系的指导意见》等法律法规政策文件精神，独立出台或联合多部门出台公共服务政策，为广电公共服务工作做好顶层设计。

（一）制定出台《关于加强广播电视公共服务体系建设的指导意见》

为贯彻落实习近平总书记关于公共文化服务的重要指示精神，指导全国广播电视系统进一步加强广播电视公共服务体系建设，广电总局出台《关于加强广播电视公共服务体系建设的指导意见》（广电发〔2020〕1号），提出以标准化建设为引领，以均等化享有为基础，以提高覆盖面和适用性为关键，以推进转型升级为方向，补短板、强弱项、提质量、增效能，加强改进传输覆盖网络，完善公共服务制度，建立健全长效服务机制，大力推进"智慧广电+公共服务"，深度融入网络强国、数字中国、智慧社会建设，加快构建现代化广播电视公共服务体系，不断提升人民的获得感、幸福感和安全感。力争到2025年，系统完善、层次分明、衔接配套、科学适用的基本公共服务标准体系全面建立，标准化建设成为推动公共服务体系建设的基本途径；基本公共服务均等化总体实现，全国应急广播体系基本建成；公共服务覆盖面和适用性显著提高，内容需求反馈机制、运行维护机制、长效服务机制、绩效考核机制、政策保障机制更加健全；智慧广电得到普遍应用，公共服务数字化、高清化、网络化、智能化、移动化水平大幅提高，转型升级取得实质进展，实现由"户户通"向"人人通"、由"看电视"向"用电视"的新跨越。

该指导意见还从加快构建基本公共服务标准体系、扎实推进基本公共服务均等化、切实增强公共服务适用性、全面推进"智慧广电+公共服务"、切实强化公共服务组织保障等方面提出具体要求和举措，为今后一段时期广电公共服务的发展指明了方向和路径。

（二）推进广播电视基本公共服务标准体系建设工作

广电总局配合国家发改委修订完善《国家基本公共服务标准》（2019年版），完善广播电视公共服务相关的收听广播、观看电视等相关标准内容，以标准化促进基本公共服务均等化、普惠化、便捷化。按照中办、国办《关于建立健全基本公共服务标准体系建设的指导意见》要求和《基本公共服务标准体系建设部际联席会议第一次会议纪要》部署安排，广电总局筹备起草广播电视基本公共服务标准体系实施方案，召开专题研讨会，梳理广播电视行业领域标准规范制定情况。

此外，对标党的十九大关于在发展中补齐民生短板、完善公共服务体系、突出抓重点补短板强弱项、推动高质量发展的总体要求，会同国家发改委、中宣部等18部门联合出台《加大力度推动社会领域公共服务补短板强弱项提质量 促进形成强大国内市场的行动方案》（发改社会〔2019〕0160号），对加强基本公共文化服务均等化、加快全国有线网络整合和互联互通、加快智慧广电的发展作出政策安排。

（三）各地因地制宜出台广电公共文化服务政策

各地深入贯彻落实中央及广电总局的文件精神，出台本省（区、市）广电公共服务政策。北京市修订完善《北京市广播电视公共服务体系建设实施方案》，实现中央、北京和当地三套广播、四套电视节目在北京地区的无线覆盖及北京新闻广播的全覆盖。北京、安徽、青海等多地出台或修订了推进应急广播体系建设的实施意见。福建出台《关于进一步做好农村有线广播建设和设备管理维护工作的通知》，进一步明确农村有线广播设备管建主体、技术维护主体和各级广电部门维护职责分工。四川、甘肃、西藏等地制定村村通户户通长效运维的监管机制及经费管理办法，加强对公共服务重点工程运维服务的监管。

二、大力实施广播电视公共服务重点工程

广电系统围绕国家战略部署，积极推进"十三五"广电重点项目进程，谋划启动新增重点工程项目，制定出台总体技术方案，研究建立广播电视公共服务重点项目台账管理制度，积极开展督查调研，组织各地加快落实工程建设任务，不断补足贫困地区公共文化服务基础设施短板。

（一）深度贫困县应急广播体系建设工程全面实施

按照国家"十三五"规划和国家基本公共文化服务指导标准等中央文件中关于完善应急广播体系建设、提供突发事件应急广播服务的相关要求，广电总局决定于2018—2020年在深度贫困县实施应急广播体系建设工程，出台了《关于加快推进深度贫困县应急广播体系建设和村综合文化服务中心广播器材配置建设进度的通知》《关于加快推进深度贫困县应急广播体系建设工程的通知》等文件，明确项目推进具体工作要求，指导地方加快工程建设进度。截至2019年年底，全国245个建设县全部处于招投标、施工、验收等阶段。

各地秉持高效、节约、智能、安全的原则，充分利用现有广播电视及相关应急基础设施和传输网络，确保工程质量，严格资金管理，创新管理模式。广东省根据自然情况、地理环境和广电基础设施现状特点，将应急广播建设与"雪亮工程""智慧广电""县级融媒体中心"等平台共建共享。湖南在实现全省农村广播全覆盖的基础上，分批推进11个深度贫困县的应急广播体系建设，并建成全省农村广播节目媒资库。深度贫困县应急广播体系建设工程的实施补短板、强弱项，有力加强了面向深度贫困地区群众的应急广播服务和宣传服务。

（二）贫困地区县级广播电视播出机构制播能力建设工程全面落地

2019年，国家和各省投入专项资金实施贫困地区县级广播电视播出机构制播能力建设工程，为基层广电机构购置采编播设备等，提升制播能力，推动公共服务均等化。全国791个建设项目中，已有790个在招投标、施工、验收等阶段，占比约99.9%。工程的实施使得青海、新疆、西藏等地区交通困难、信息闭塞的边远山区和边境地区农牧民群众也能收看收听到多套高质量、清晰的广播电视节目，对促进边疆稳定及社会和谐发挥了重要作用。

（三）广播电视无线发射台站基础设施建设工程取得重大进展

在国家发改委与广电总局的推动下，各地加快推进承担转播中央广播电视节目任务、直接覆盖农村地区的广播电视无线发射台站基础设施建设，尤其是加强台站机房、道路、给排水、围墙等基础设施建设。全国1259个建设项目中，已有1238个处于招投标、施工、验收等阶段，占比约98.3%，提高了广播电视公共服务均等化、标准化水平。

（四）中央广播电视节目无线数字化覆盖工程大部分完成

中央广播电视节目无线数字化覆盖工程既是为改善广播电视节目发射传输条件，优化广播电视节目收视质量，扩大节目覆盖范围而实施的惠民工程，也是数字化、网络化新形势下广播电视事业发展的必然要求。截至2019年年底，除内蒙古、山东、湖北、宁夏之外，其他省（区、市）的中央广播电视节目无线数字化覆盖工程均已完工。通过该项目的实施，覆盖区内的群众可免费接收到包括中央12套和省、市、县共计近20套无线数字化广播电视节目。

（五）直播卫星户户通工程不断升级

2019年，直播卫星公共服务用户规模和服务区域持续扩大。直播卫星用户新增481.07万户，全国用户累计达到1.42亿户。直播卫星服务区域划定比例73.8%，达到59.9万个行政村。广电总局累计审核批复西藏、贵州等地采购26809张直播卫星加密卡，保障了边远地区广大农牧民群众正常收听收看广播电视节目需求。此外，直播卫星户户通配合国家乡村振兴战略、兴边富民工程等，积极参与脱贫攻坚项目建设、贫困地区百县万村综合文化服务中心示范工程建设等，助力各地脱贫攻坚工作开展。

直播卫星公共服务方式不断创新，着力实现由户户通向人人通、移动通升级、延伸。直播卫星融合业务终端已研发推出，利用直播卫星推送技术及融合业务终端的WiFi分发功能，实现了固定、移动等多场景使用，支持大屏、手机、平板电脑等多终端接入，并在"海峡号"客轮上进行了试点部署，首次实现了直播卫星融合业务覆盖。卫星直播管理中心支持四川试点推送点播、移动接收、双向交互、增值服务等新业务的试验和应用推广，已实现直播卫星用户呼叫服务本地化。"星网工程"推送项目在边防哨所新增开通 630 台户户通终端。与中海油合作，细化海上钻井平台和油轮的应用场景，新增开通户户通终端 1000 台。与西藏尼木县组织部合作，开展"直播卫星+党建"融合业务试点，完成 23 个村部署安装。

（六）民族语言节目译制工程持续推进

各级播出机构及民语译制中心通过新技术、新形式，加强民族语言节目译制工作。四川台康巴卫视坚持"一剧一评"制度，通过集中培训授课、传帮带等方式，指导社会译制公司不断提升译制水平。西藏台年译制广播节目达到 11000 小时、电视剧 1500 小时，丰富了藏区人民的节目服务。

向老少边贫地区捐赠影视剧工作持续推进。2019 年，广电总局落实项目资金近 1100 万元，向新疆、西藏、四川康巴、青海安多、吉林延边等少数民族地区提供 2000 集电视剧、18000 分钟电视动画片，向四川、甘肃、湖北、江西等 11 个老少边贫地区捐赠 1000 集电视剧和部分广播电视节目，有效缓解了这些地区基层广播电视节目源短缺问题。

三、进一步完善公共服务重点工程管理体系

（一）加大财政投入保障力度

推动广播电视公共服务的标准化、均等化建设，健全财政保障机制至关重要。广电总局一直积极争取中央财政资金，配合国家发改委、财政部，研究编制公共服务中央与地方财政事权和支出责任划分有关政策和建议，确保公共服务各项重点工程顺利推进。

"十三五"期间，贫困地区县级广播电视播出机构制播能力建设工程累计下达中央预算内资金 13.18 亿元，涉及 22 个省（区、市）785 个建设项目，截至 2019 年年底，项目累计执行资金 127925 万元，整体预算执行率 97.1%。广播电视无线发射台站基础设施建设工程累计下达中央预算内资金 19.84 亿元，涉及 26 个省（区、市）和新疆生产建设兵团 1159 个建设项目，截至 2019 年年底，项目累计执行资金 155628 万元，整体预算执行率 78.6%。深度贫困县应急广播体系建设项目 2018 年至 2019 年累计下达中央

转移支付资金 10.14 亿元，涉及 23 个省（区、市）245 个建设项目，截至 2019 年年底，项目累计执行资金 47946 万元，整体预算执行率 47.3%。广电公共服务重点工程充足的财政资金保障及其高执行率，有效保障了人民群众特别是边疆地区、少数民族地区群众听广播看电视的基本文化权益。

（二）建立广播电视公共服务重点项目台账管理制度

根据国家审计署和财政部要求，广电总局印发了《关于报送广播电视公共服务重点项目进度报表的通知》，将贫困地区县级广播电视播出机构制播能力建设、发射台站基础设施建设、深度贫困县应急广播体系建设、贫困地区民族自治州所辖县村综合文化服务中心广播器材配置、直播卫星户户通、中央广播电视节目无线数字化覆盖（包括建设和运行维护）等项目纳入统一台账进行管理，要求各省（区、市）采用季报或月报方式报送项目进展情况，为推动各项工程全面及时有效完成，形成上下联动、齐抓共管的良好局面发挥了积极作用。

（三）积极开展重点工程项目实地督查

根据跟踪审计报告和重点项目报表台账统计情况，广电总局派出检查督查组，先后前往广西、四川、云南、河南、陕西等省区实地督查，并对进展缓慢的省区多次进行电话督促，确保工程取得预期成效。

（四）完成中央补助地方公共文化服务体系建设专项资金整体绩效自评价

依据财政部《中央对地方专项转移支付绩效目标管理暂行办法》，广电总局完成了中央补助地方公共文化服务体系建设专项资金整体绩效自评，整体绩效自评分为 91 分。通过绩效自评，较好地总结了公共服务重点工作、重点项目的进展落实情况，为下一步工作的开展提供了建议和方向。

四、广播电视公共服务助力脱贫攻坚

全国广电系统深入贯彻落实习近平总书记关于扶贫攻坚工作的重要论述，发挥行业特色，全面投入脱贫攻坚行动，坚持扶志扶智与扶贫结合、行业优势与地方实际结合、输血与造血结合，整体推进行业扶贫、定点扶贫、对口支援、社会扶助，探索出体现广电特色、全行业积极参与、形式多样、务求实效的帮扶模式。

（一）加强组织领导，制定完善广电扶贫政策

广电总局高度重视扶贫工作，多次召开党组会议和党组理论学习中心组集体学习会，研究部署贯彻落实举措。广电总局相关部门赴河北、四川、山西、甘肃等老少边贫地区和定点扶贫县深入开展调研，系统谋划、统筹推进广播电视和网络视听精准扶贫工作。出台一系列扶贫政策文件，指导全系统开展扶贫工作。如，与国务院扶贫办联合印发《关于进一步做好广播电视和网络视听精准扶贫工作的通知》，加强做好行业精准扶贫的顶层设计；出台《中共国家广播电视总局党组关于进一步做好援派挂职干部管理保障的若干意见》，加强扶贫干部管理和服务保障；制定实施《国家广播电视总局2019年精准扶贫工作方案》，确保脱贫攻坚各项任务落地落实。

广电总局结合机构改革调整，完善扶贫工作领导机构，建立定点扶贫结对帮扶工作机制，调动机关部门、直属单位与对口扶贫对象开展结对帮扶。截至2020年年初，广电总局累计投入帮扶资金628万余元，引进帮扶资金959万余元，全力以赴帮助定点扶贫县四川德格、山西平顺实现年度脱贫摘帽目标。地方局台也加强结对帮扶工作。新疆局和新疆台近年来持续开展结对帮扶活动；西藏局112名党员结对帮扶55户，发放帮扶资金28700元；广西局共投入帮扶资金98.15万元，围绕着"两不愁三保障"，解决贫困村基础设施建设、发展村集体产业、贫困户生活困难等难点问题。

（二）发挥广电行业优势，壮大脱贫攻坚宣传

一是发挥主流媒体优势，做强脱贫攻坚正面宣传。广电播出机构相继推出系列新闻报道和专题节目栏目，记录脱贫故事，交流扶贫经验，将扶贫同扶志、扶智相结合。东方卫视《我们在行动》利用名人的公信力和影响力，为百姓讲解党和政府的扶贫政策，为贫困群众提供"一条龙"式的脱贫方案；河南卫视的《脱贫大决战》将整合社会资源作为节目的重要发

力点,将宣传的"形"与脱贫的"实"结合起来;海南卫视《脱贫致富电视夜校》将脱贫典型人物请到台前,分享自己的脱贫致富经验;西藏增加脱贫攻坚、"扶志""扶智"类广播电视节目的品种和数量,推出《藏北牧民南迁记》《决战决胜脱贫攻坚》等系列新闻报道和专题节目栏目。此外,广电系统还创作播出了大批脱贫攻坚题材电视剧和纪录片。如,《兰桐花开》《在桃花盛开的地方》《麦香》《伊犁河》《落地生根》《希望的田野:兴安岭上》等。

二是发挥传播覆盖、平台和品牌优势,不断创新扶贫方式。综合运用"媒体+网络+扶贫""短视频+扶贫""直播+扶贫""电视+电商"等多种方式,传播农业生产技术知识,产销助农、品牌强农。中央广播电视总台"广告精准扶贫"项目为贵州、青海、宁夏等22个省(区、市)共计106种农副产品免费播出公益广告11万多次,时长65000多分钟,刊例价值69亿元,惠及贫困户186万户、贫困人口720万。各台相继开展广告精准扶贫,制作扶贫公益广告,宣传本地特色资源和产品,帮助贫困地区拓宽致富路径。有些台帮助对口扶贫地区的新媒体入驻今日头条、抖音、快手等平台,提供内容制作、运营指导、流量支持等一揽子服务。

(三)借助社会力量,创新脱贫攻坚帮扶机制

广电总局与首农集团、阿里巴巴集团、字节跳动等企业联手,促进贫困地区旅游资源转化为旅游产业,推进贫困地区产品优势转化为市场优势。阿里巴巴集团发挥平台资源优势,推动山西平顺地方电商产业快速发展,直接带动全县2237户贫困户增收;字节跳动公司推动四川德格融媒体中心账号在平台开展官方认证,对接"山里DOU是好风光"等网络扶贫实践活动项目,开展非遗项目培训,打造文化旅游产业,补齐德格脱贫产业短板。广西局引进广东仁爱慈善基金与广西隆林县人民政府共同实施了"关爱留守儿童,携手让爱回家"项目建设,帮助隆林县政府打造产品展示体验、电商与实体合一的隆林特色产品门店。

五、广电公共服务为抗击新冠肺炎疫情作出积极贡献

(一) 大力组织和无偿提供广电文艺节目，丰富居家抗疫文化生活

2020年春，突如其来的新冠肺炎疫情给经济社会带来重大影响，全国人民居家抗疫，湖北省特别是武汉市成为疫情风暴中心，对居家抗疫文化生活提出迫切需求。广电总局坚决落实党中央部署，协调各级播出机构统筹推出数十档防疫科普节目，加大疫情防控公益广告制播力度，引导群众正确理性看待疫情，增强自我防范意识和防护能力。

与此同时，广电总局协调有关各方向疫区及全国广电播出机构免费提供视听节目播出版权。如，利用"节目购"和"淘剧淘"平台向全国县级广播电视机构免费提供抗疫公益宣传片、优质电视节目和电视剧；紧急调配《大禹治水》《长江之恋》《本草中华》等100余部优秀动画片、纪录片、广播剧、电视剧，免费支援湖北广播电视台播出；组织7家互联网电视平台、6家重点网络视听网站和湖北IPTV分平台开展为期一个月的"湖北人民免费看"网络视听公益展播活动，并延伸到全国用户。5000余部精品网络视听节目参加展播。湖北省内各动画制作机构，克服企业尚未复工等困难，积极向全省各级广播电视台捐赠《饼干警长》《木奇灵之圣天灵种》等16部480集动画片播出版权。

初步统计，截至2020年3月上旬，湖北广播电视台共收到全国多家单位支援的电影、电视剧、纪录片、动画片、广播剧等版权节目，共计269部1502.2小时，极大丰富了疫区群众居家防疫的精神文化生活，也缓解了疫区广电机构节目供给压力。① 抗击疫情期间，全国广电系统还对辖区内有线电视用户采取"欠费不停机、付费频道免费看、点播回看免费用"等措施，最大限度满足人民群众的精神文化需求，助力疫情防控工作。

(二) 智慧广电为抗击新冠肺炎疫情作出重要贡献

一是做好疫情防控的技术保障工作。2020年2月初，中国广电仅用72

---

① 张颖《湖北台对总局和众多捐赠单位表示衷心感谢!》，传媒内参公众号，2020年3月9日发。

小时的速度，完成湖北武汉新闻发布会现场广电 5G 实战应用，完成武汉雷神山医院广电 5G 基站安装调试，免费为医院工作人员及隔离区病人提供公共 WiFi 服务。协助国家卫健委紧急扩容武汉视联网通道，及时远程了解一线疫情及防治情况，调度指挥更加高效。

二是开设空中课堂系统，全力做好疫情防控期间全国中小学生电视教学保障工作。宁夏、上海等广播电视播出机构增开"空中课堂"频道；中国教育电视台空中课堂频道通过全国直播卫星户户通平台、村村通平台传送；全国有线网保质保量传送教学节目，确保边远地区中小学生及时收看到教学节目；湖南有线、重庆有线等免费开放教育产品在线教学；贵州局利用省市县乡村五级贯通、覆盖全省的广电网络数字电视平台、IPTV、"动静"客户端等，搭建"阳光校园·空中黔课"直播频道和点播专区，保证全省中小学网络教学顺利进行。

三是应急广播体系扎牢疫情防控基层网络。各地应急广播每天滚动播报人民网、新华社等权威媒体关于疫情的最新报道，当地政府指令、通告，社会各界的救助情况等，让权威的声音占据基层舆论阵地，让群众了解真相，不恐慌，主动配合政府的工作安排，形成全民参与联防联控的良好局面。据不完全统计，截至 2020 年 2 月中旬，在疫情防控宣传中，全国各省（区、市）6182 个乡镇、近 10.5 万个行政村（社区）共使用 127.2 万只广播音箱、高音喇叭和音柱等农村应急广播设备，覆盖人口 2 亿人。

四是广电系统主动策划新冠肺炎在线问诊专区，打通线上线下医疗资源，上线疫情防控查询助手等功能，确保用户精准防控。

六、2020 年广播电视公共服务重点工作

2020 年是"十三五"规划收官之年和全面建成小康社会目标实现之年，一方面要确保"十三五"期间各项公共服务惠民工程顺利收官，另一方面要积极应对因新冠肺炎疫情带来的行业冲击，做好"十四五"开局准备。全国广电系统将以标准化建设为引领，以均等化享有为目标，以提高覆盖

面和实效为抓手，进一步推进广播电视公共服务升级增效，补短板、强弱项、提质量、增效能，加快构建现代化广播电视公共服务体系。

一是进一步巩固广播电视公共服务基础设施建设成果，进一步推动广播电视重点惠民工程建设，提高效能。加快深度贫困县应急广播体系建设进度，努力争取直播卫星扩容提质，支持民族自治县、边境县等县级广播电视机构制播能力建设，加强边疆地区广播电视覆盖，加快新技术运用。

二是进一步推动落实广电总局《关于加强广播电视公共服务体系建设的指导意见》，围绕脱贫攻坚、全面建成小康社会、乡村振兴、区域协调发展和智慧广电建设等战略部署，深入实施"智慧广电+公共服务"建设、开展广播电视公共服务标准化试点建设、完善公共服务指标体系建设，推进广播电视公共服务升级提质，提高精准服务能力，不断提升人民群众获得感、幸福感。

三是进一步推动广电公共服务内容生产、承载网络、服务功能的转型升级，抓住全国有线电视网络整合和广电 5G 一体发展机遇，促进公共服务数字化、高清化、网络化、智能化、移动化发展，加快推动"看电视"向"用电视"转变，"户户通"向"人人通"转变。

第十一节　广播电视对外交流合作

国家广播电视总局国际合作司司长　毛　羽
国家广播电视总局广播影视发展研究中心　朱新梅

提要：2019年，全国广播电视系统积极拓展对外交流合作，取得重大进展。习近平总书记两次为国家广电总局举办的国际交流活动发来贺信，两次见签对外交流合作协议，为广播电视与网络视听走出去提供了根本遵循。广播电视与网络视听大力实施"视听中国 全球播映"工程，不断开创国际传播新局面。

2019年，广播电视对外交流合作紧密围绕国家整体外交和广播电视重大部署，积极服务国家战略，进一步优化工作布局，进一步聚焦重点任务，各方面工作取得重大进展。

一、紧紧围绕国家外交大局和公共外交，组织实施广电领域重点活动

2019年是新中国成立70周年，国家广电总局紧紧围绕国家外交大局，积极落实中央部署，组织实施"走出去"工程项目，有效提升中国广播电视国际影响力，发挥了广播电视在公共文化外交中的独特作用。

（一）举办亚洲文明对话大会"亚洲文明全球影响力"平行论坛，助力亚洲文明交流互鉴

2019年5月，在亚洲文明对话大会期间，国家广电总局举办"亚洲文

明全球影响力"平行分论坛,来自45个国家240多位代表围绕"亚洲价值、全球共享"主题,阐述交流亚洲文明的丰富内涵与时代价值,共同探讨亚洲文明在全球化时代的新使命新作为,高度肯定文明交流互鉴的重要意义与价值,有效凝聚了亚洲文明共识,扩大了亚洲文明影响力。论坛期间,中外广播电视机构签署了十余项合作协议,涵盖政府间交流合作、影视节目译制播出、联合制作等各个方面。

国家广电总局还配套举办了"亚洲影视周"之"亚洲优秀电视节目展播活动"和"亚洲网络视听传播政策对话与合作成果发布活动"。32个国家66家主流媒体参加"亚洲优秀电视节目展播活动",集中播出了100余部亚洲优秀影视作品,有效推动亚洲文明交流互鉴。在亚洲网络视听传播政策对话与合作成果发布活动会上,20多个国家和地区的150余名代表出席,广电总局发布了《亚太地区网络视听发展与治理情况报告》,分析了亚洲网络视听传播政策及发展现状,将大会影响力延伸至网络传播空间。

(二)举办"中国—东盟媒体交流年",推动中国—东盟媒体交流合作达到新的历史高度

2019年是中国—东盟媒体交流年,国家广电总局是牵头单位。2019年2月20日,国家广播电视总局举办了媒体年开幕式,习近平主席和泰王国政府总理巴育分别向媒体年开幕式致贺信。习近平主席在贺信中指出,举办中国—东盟媒体交流年是深化双方战略伙伴关系的重要举措,希望双方媒体做友好交往的传播者、务实合作的推动者、和谐共处的守望者,讲好共促和平、共谋发展的故事,为共建更为紧密的中国—东盟命运共同体作出更大贡献。媒体年期间,中国与东盟双方在政策交流、大型活动、主题报道、联合制作、节目联播、译制播出、媒体培训和新兴媒体8个方面,共同策划实施了"中国—东盟媒体合作高级别会议"、"中国—东盟电视周"、中国—东盟网络短视频大赛等近50项重点活动。2020年3月,针对2020年新冠疫情的全球蔓延,广西局广泛发动国内网络视听机构,向柬埔寨NiceTV、印度尼西亚国家电视台等东盟国家广播电视传媒机构捐赠"新冠肺炎疫情防控知识主题短视频"（中英文对照）25部、图文作品75条，共计100件作品，助力东盟疫情防控，有力配合中国—东盟面向和平与繁荣的战略伙伴关系的发展，有力推动中国—东盟媒体合作达到新的历史高度。

（三）举办第四届中国—阿拉伯国家广播电视合作论坛，推动中阿广播电视交流合作深化

2019年10月16日至18日，国家广播电视总局在浙江杭州举办第四届中国—阿拉伯国家广播电视合作论坛。习近平主席向论坛致贺信，希望中阿双方携手努力，推动媒体融合发展，打造智慧广电媒体，发展智慧广电网络，为增进中阿民心相通、推动中阿战略伙伴关系发展作出更大贡献。来自阿拉伯国家联盟、阿拉伯国家广播联盟和14个阿拉伯国家政府部门、媒体和企业的300余名代表，围绕"深化合作传播，繁荣内容创作"主题，深入探讨媒体融合背景下，中阿广播电视交流合作的新使命新作为新领域。论坛发表了《第四届中国—阿拉伯国家广播电视合作论坛杭州宣言》，达成了十余项合作成果，为中阿媒体的合作注入了新动力。

（四）配合元首外交与政府外交实施交流合作项目，深化拓展国际交流合作

配合习近平主席2019年11月访问希腊，国家广电总局与希腊国家电视台、希腊比雷埃夫斯大学共同举办"视听中国·走进希腊"暨中希广电视听合作发布会，发布合作纪录片《相遇海上丝绸之路》等中希广电视听合作领域最新成果，多角度向希腊各界宣介新中国成立70年来特别是党的十八大以来经济社会发展取得的巨大成就和媒体影视行业发生的巨大变化，为习近平主席国事访问营造良好氛围。2019年11月11日，在国家主席习近平和希腊总理基里亚科斯·米佐塔基斯共同见证下，国家广电总局与希腊总理府办公室通讯与媒体总秘书处交换了《广播电视和网络视听合作备忘录》。2019年6月上合组织峰会期间，在习近平主席和上合组织各成员国元首共同见证下，国家广电总局推动上海合作组织成员国签署《上海合作组织成员国政府间媒体合作协议》。配合李克强总理访问乌兹别克斯坦，

2019年11月1日，国家广电总局与乌兹别克斯坦国家电视广播公司签署广播电视合作协议；2019年11月3日，配合李克强总理参加中国—东盟合作领导人会议，发表《深化中国—东盟媒体交流合作的联合声明》。这些政府间合作协议，为中外媒体交流合作，提供了有力保障。

（五）组织实施"视听中国 全球播映"活动，打造内容产品走出去新品牌

为隆重庆祝新中国成立70周年，2019年8月至10月，国家广播电视总局以"壮丽七十年 荧屏庆华诞"为主题，组织实施"视听中国 全球播映"活动，推动在全球50多个国家60多家主流媒体播出70余部中国优秀电视节目，在近20个与新中国建交70周年的国家或"一带一路"沿线重点国家举办具有广电特色的配套活动，有效烘托了庆祝新中国70华诞的氛围，将"视听中国"品牌打造成为加强国际传播能力建设的新抓手和公共外交活动的新亮点。

（六）深化人文机制框架下广播电视务实合作，促进民心相通

一是进一步深化对俄交流合作。2019年8月14日，中俄人文合作委员会媒体合作分委会第十二次会议在黑龙江哈尔滨举行，审议通过了《中俄数字媒体合作计划》和《2019-2020年中俄数字媒体合作项目清单》。同期，举办"2019年中俄电视周"，促进中俄媒体资源对接，中俄媒体合作进一步深化。中央广播电视总台俄语频道与俄罗斯媒体在节目制作、新闻交换、活动举办、互播节目、联合制作联合播出等方面开展长期合作，联合制作播出《中国梦·复兴之路》《上合主播说》《丝路经济带·文明对话》《中俄友好城市》等节目。黑龙江台、吉林台、内蒙古台等广电机构，发挥地缘优势和历史文化传统，积极开展与俄罗斯广电机构的合作，取得了良好效果。中视雅韵与俄罗斯媒体联合制作播出《这里是中国》系列纪录片，获得良好播出效果。

二是进一步推动与日本广播电视交流合作。2019年6月，国家广电总局与国新办在日本举办"中国动漫日本行——从水墨中来"大型系列动漫

展,展出 130 多部原创动画、漫画作品,《大禹治水》《百鸟朝凤》《京剧猫》等一批优秀中国风动画作品还通过东京电视台网站进行展播。此次巡展活动是中国动漫首次以"国家队"名义在日本展出,全方位展示了新中国成立以来,特别是党的十八大以来中国动漫艺术创作的成果以及中日动漫交流合作情况。2019 年 11 月 25 日,作为中方机制成员单位之一,国家广电总局赴日参加首次机制会议,参与推动建立中日高级别人文交流磋商机制工作,与日方就加强双方广电视听领域合作深入交流。

(七)加强与国际组织合作,推动电视合拍计划

在第二届"一带一路"国际合作高峰论坛期间,国家广电总局与阿拉伯国家广播联盟签署合作框架协议,列入论坛成果清单。在亚洲文明对话大会期间,与亚太广播联盟签署合作框架协议,并与亚广联共同举办亚洲网络视听传播政策对话与合作成果发布活动;推荐中国传媒大学以附属会员身份加入亚广联,进一步提升中国在国际组织的话语权和影响力;促成中国广播电视机构与亚广联及其成员机构开展"一带一路"电视合拍计划,讲好中国与亚洲国家友好交往、合作共赢的故事。

二、持续实施重点工程项目,培育拓展国际市场

2019 年,国家广电总局持续实施"走出去"工程项目,统筹协调全国广播电视网络视听走出去资源力量,加强国际传播能力建设,有效培育国际市场。

(一)"丝绸之路影视桥工程"深入推进,拓展培育沿线国家市场

丝绸之路影视桥工程是广播电视"走出去"的一项基础性工程。截至 2019 年年底,工程已顺利实施至第六期,中央和各地相关机构共申报项目 1000 个,广电总局年度重点工作推进实施项目 500 多个,形成政府主导、中央媒体为骨干、地方媒体积极参与、国有民营制作机构同向发力的良好工作局面。2019 年,丝绸之路影视桥工程持续在节目联合制作、联合播出方面发力,培育市场取得成效。

一是积极推动丝路题材节目联合制作播出。2019年7月，总台制作的百集4K微纪录片《从长安到罗马》分别在中国和意大利播出，该项目是2019年3月习近平主席访问意大利后，中意双方在"一带一路"框架下取得的首个影视合作成果。2019年，五洲传播中心、湖南台芒果超媒、芒果TV、美国探索频道Discovery联合制作职业体验纪实真人秀《功夫学徒》，在探索频道东南亚频道、南亚频道、澳新频道及中国台湾频道播出，覆盖30多个国家和地区的近2亿Discovery探索频道订户家庭；该节目在芒果TV全平台点击量已突破1.2亿，在湖南卫视播出收视率多期排名全国同时段第一。五洲传播中心与希杰娱乐集团合作推出系列纪录片《丝路美食之探寻米踪》，在马来西亚ASTRO电视台、印度尼西亚国家电视台、韩国tvN电视台、Hooq OTT平台等主流媒体播出，受到广泛欢迎。河南广播电视台与荷兰国家电视台合作拍摄9集共9个小时的真人秀节目《Who is the mole?》2020年上半年在荷兰国家电视台播出。

二是持续鼓励扶持面向丝路沿线国家的影视精品译配。内蒙古台加强对蒙古国传播，译制播出大量中国优秀节目。经过长期精准深耕，对蒙传播交流已取得突破性进展。云南台国际频率译制播出越南语广播小说《三国演义》，制作播出160多集，已积累了一定规模的听众。新疆台组织译制哈萨克斯坦语、乌兹别克斯坦语影视节目，分别在两国广播电视台播出。广西台面向越南等国译制播出节目。

三是大力支持在沿线国家开办栏目。云南台在老挝、缅甸、柬埔寨等多国国家电视台开办《中国剧场》《中国动漫》《电视中国农场》栏目，播出大量中国优秀节目。新疆台在吉尔吉斯斯坦国家广电总公司平台每天各播出1小时《中国之声》广播节目、《今日中国》电视节目。四川台康巴卫视周播人文类杂志式藏英双语电视栏目《岗日杂塘》(藏语"雪山草地")，落地印度达兰萨拉、拜拉库比、德拉敦3个藏胞聚居区和尼泊尔2家卫星电视、4家有线电视台，有力传播了藏区真实情况。西藏台对焦尼泊尔，打造提升《圣地西藏》等对外专题节目，译制播出尼语2019年春节藏历新年电视综艺晚会，受到尼泊尔民众欢迎。中阿卫视（CATV）与中央广播电视总台、湖南台、宁夏台、福建台合作，联合开设《中国时间》《芒果独播》《宁夏时间》《福建时间》等栏目，实现中国广播电视节目内容在阿拉伯地区规模化、常态化传播。丝绸之路影视桥工程的实施，有力推动了中国节目在"一带一路"沿线国家传播，逐步培育沿线国家市场。

（二）译配工程项目精选优秀节目，国别传播取得突破性进展

2019年，国家广电总局持续实施"中国当代作品翻译工程""中非影视合作创新提升工程""喀尔喀蒙古语译配项目"等译制工程项目，优选内容、本土译配、精准传播，多屏分发，在部分国家和地区取得显著成效。各类译制工程项目已储备1600多部、6万多小时、35种语言译制节目，在全球100多个国家落地播出，受到海外观众的喜爱。在蒙古国的国际节目中，中国节目已取得优势地位。蒙古国MAXIMA收视调查公司数据显示，2014年中国电视剧在蒙古国的市场份额为6.8%，2019年已经达到23.1%，超过韩剧，稳居第一位。2019年，《急诊科医生》（喀尔喀蒙语译制项目四期节目）以商业授权方式在蒙古国卫星和有线电视台（TV2）晚间黄金时段播出，没有收到任何负面信息留言，是该频道自播放外国节目以来首次得到当地观众认可的"零差评"节目。古巴国家电视台播出西语配音版电视剧《温州一家人》，古巴观众反响热烈。古巴广电委的官方数据显示，收视率达到了38%，位居古巴收视前列。

（三）中国联合展台项目提质升级，海外营销效果明显增强

中宣部和广电总局加强对中国联合展台的支持和指导，2019年，在北美电视节、印度电视节、法国春季戛纳电视节等16个国际影视节展设立中国联合展台，其中新增东京电视节及荷兰、新加坡2个广电技术节展，实现对国际内容市场和技术设备市场的全面覆盖和延伸。截至2019年年底，中国联合展台共参加100多次国际影视节展，越来越多的机构通过该平台参与国际贸易。

2019年，中国联合展台提质升级，发布"阿普"熊猫展台形象，展台设计理念更为开放时尚，公共洽谈区、茶艺服务区成为标配，参展规模进一步扩大，品牌曝光度、知名度再创新高。一是丰富推介活动形式，提高推介营销效果。这一年，中国联合展台共组织策划中外电视合拍论坛、动画专题推介、网络媒体论坛、新节目发布会等展台配套活动50余场，特别是在法国戛纳电视节举办"聚焦中国"主题活动，在东京电视节、突尼斯电视节等举办"中国日"系列活动期间，围绕庆祝新中国成立70周年，重点推介一批展示中国社会发展伟大成就的作品，国际市场反响热烈。

二是着重培育新兴市场。在非洲电视节，已连续8年设立中国联合展台，助推中国节目走进非洲。在拉美地区，中国联合展台连续4年入驻墨西哥国际电视节，2019年第一次入驻巴西里约热内卢国际市场，推动中国节目开拓拉美市场。未来电视与巴西TVT电视台就纪录片《足球道路》在拉美播出达成初步合作意向；福建海峡卫视与巴西青年制作机构就"茶文化"主题国际合拍达成合作意向。

三是大力推进贸易洽谈合作。据不完全统计，2019年戛纳秋季电视节中国联合展台的各家参展单位都整体达成了预期的商务目标，实现签约和意向签约近20项，总金额约8000万人民币。2019年ATF中国联合展台的各家参展单位实现签约和意向签约近20项，总金额约3000万人民币。

三、强化国际传播能力建设，不断提升传播力影响力

2019年，中央广播电视总台进一步优化国际传播机制与布局，加强国际合作与融媒体传播。地方广电机构、网络视听机构发挥自身资源优势，积极参与国际传播，形成国际传播新格局。

（一）海外落地成效显著，国家"大平台"建设取得新突破

2019年，总台深耕海外落地业务，瞄准重点地区的主流平台，开展海外落地业务"大平台"建设，取得重要突破。

一是G7、G20、"一带一路"国家大平台落地取得新突破。服务国家外交重点，总台对G7、G20和"一带一路"国家进行资源集中投放。与巴西

最大电视运营商 Claro 集团达成合作，打破巴西长期处于落地空白状态的局面。总台覆盖巴西近半数付费电视用户，总计约 830 万户。首次在阿富汗主流平台落地，原有英语频道进入覆盖阿富汗全境的 Yahsat 卫星、20 家当地付费有线电视平台以及 5 家当地付费数字地面电视平台播出。与德国天空公司合作，中国国际电视台（以下简称 CGTN）英语、法语和纪录频道进入德国最大直播卫星平台，覆盖约 250 万用户。英语纪录频道首次实现整频道在新西兰境内传播。完成总台国际频道在乌克兰、乌拉圭、安哥拉、莫桑比克、东帝汶等国整频道落地新项目。

二是全力推进新媒体平台落地，加快推进高清信号落地。与马来西亚爱飞私人有限公司（Iflix）就整频道转播 CGTN 阿语、西语及纪录频道达成一致，覆盖东南亚及亚太 32 个国家及地区。在美国实现 CGTN 英语频道进入 Comcast 芝加哥、旧金山分部 OTT 平台。完成与秘鲁第二大电视运营商 America Movil S. A. C. 签约转播西语频道，实现总台英语及纪录频道在加纳和尼日利亚电信运营商的 OTT 和 IPTV 平台播出。成功将 CGTN 英语高清频道落地英国最大直播卫星平台——英国天空平台，覆盖 1170 万高清电视用户。在英国第二大直播卫星平台 Freesat 也实现高清落地，高清用户 160 万。实现在加拿大主流平台 Bell 标清转高清播出。

三是开展部分节目植入式落地。通过"合作传播"拓展与西欧、中东欧、拉丁美洲等地区主流媒体常态化合作，着重深耕与 G7、G20 重点国家和地区的主要媒体。在国庆期间，总台亚非中心与央视国际视频通讯社合作，共向泰国、缅甸、老挝、蒙古国、尼泊尔、孟加拉国、土耳其、斯里兰卡、巴基斯坦等 9 个国家的 23 个主流电视台提供了直播信号或庆祝活动素材，其中巴基斯坦影响力最大的 12 家主流电视台全部使用总台直播信号进行庆典活动直播。

总台欧洲总站法国部与法国 BFM 电视台合办的周播《中国经济》成为法国主流媒体唯一一档常态报道中国的栏目并实现全媒体播出；与法国国家电视五台共同拍摄制作大型纪录片《留法百年》在法语频道和法国国际

电视五台旗下 9 个频道同步播出。总台德语部与德国 DRF 电视台联合制作的日播《中国新闻》栏目，实现了与德国合作传播零的突破。俄语频道的"欧亚地区俄语新闻共享交换平台"实际使用用户数量 22 家，基本覆盖俄罗斯、白俄罗斯、哈萨克斯坦、吉尔吉斯斯坦、塔吉克斯坦等全部国家级电视台及其他主流电视媒体。葡萄牙主流葡语电视台葡萄牙波尔图电视台转播 CGTN《视点》葡语译制版。CGTN 与肯尼亚都市电视台达成合作，《对话非洲》等栏目将在其频道植入式播出，将覆盖约 200 万观众。总台捷克语部《风尚中国》在捷克 DADA MEDIA 媒体集团旗下两家电台所有 24 个频率的黄金时段播出，覆盖捷克三分之二地区，实现总台在捷克传播的突破。匈牙利语部与匈牙利 ATV 和 CENTRUM TV 两家电视台合作"看中国"系列微视频并落地播出，反响强烈。

（二）国际视频通讯社发稿业务稳健增长，推进重点区域媒体合作

一是多语种发稿量、外媒采用量再创历史新高。截至 2019 年 11 月底，国际视频通讯社多语种对外发稿 5 万条，日均 150 条，其中视频 2.88 万条，日均 86 条。据统计，1 月至 11 月共有 FOX、BBC、CNN 等 132 个国家和地区的 2050 家境外电视台/频道通过国际视频通讯社自主发布平台和国际合作渠道下载/播出总台新闻素材 149.6 万次，日均播出达 4331 次；播出频道数量较 2018 年增加 100 家。总台新闻内容有效覆盖全球六大洲的主要国家的主流媒体，其中美欧地区共计覆盖 1675 家电视频道，占比 81.7%。以上各项业务指标均创历史新高。

二是直播信号分发场次和外媒采用量创造新纪录。2019 年，国际视频通讯社积极拓展直播信号源，首次与博鳌亚洲论坛秘书处合作，独家向境外新媒体机构分发分论坛直播信号。截至 2019 年 11 月 30 日，国际视频通讯社采用卫星和网络两种方式对外发布国内外直播信号 296 场，同比增长 53.4%。据统计，2019 年国际视频通讯社发布的卫星直播信号被 FOX、BBC、CNN、法国 24 台等 88 个国家和地区的 1160 家境外电视台/频道以全程直播、插播、新闻报道等方式累计采用 2.2 万次，较 2018 年全年增

长 64.7%。

三是自主签约用户规模新增 106 家。截至 2019 年 11 月 30 日，国际视频通讯社 2019 年新增签约 49 个国家的 106 家媒体用户，涵盖 49 个频道、309 个移动互联网平台。此外，总台在"一带一路新闻联盟（BRNA）" Link 平台、非洲视频媒体联盟（ALU）、拉美伙伴项目（LAP）和太平洋岛国伙伴项目（PIP）等项目上都不同程度新增了成员媒体合作伙伴，有些也签约了国际视频通讯社的合作项目。

（三）大力推进融媒体传播，为国际传播注入新动力

进一步在国际传播中强化融合传播，打造多语种移动客户端集群和海外社交平台账号集群，探索网红工作室等对外传播方式，打造适应移动化、社交化传播的产品，对 YouTube、Twitter 等主流社交媒体平台上的账号进行精细化运营，定制化打造原创内容，强化互动性，不断提升账号的传播力影响力。截至 2019 年年底，总台在脸书、优兔、推特、俄罗斯 VK 等海外社交平台账号涉及 43 个语种，粉丝数量近 3 亿。

2019 年 9 月，CGTN 新媒体推出竖屏社交互动产品"问中国"、海外拍客社交精品短视频产品"环球客"等，在 YouTube 平台上推出《十三亿分之一》《功夫传奇》《中国为什么能》《老外挑战 360 行》等系列原创微视频报道，受到广泛关注。截至 2019 年 11 月，CGTN 订阅用户突破百万，观看次数超 8.1 亿次。2019 年 12 月 4 日，CGTN 入驻亚马逊流媒体平台，在 Fire TV 上线了 CGTN Now，提供 CGTN 英语频道电视直播内容和原创内容点播等。CGTN 官网还与微软新闻合作，将 CGTN 多语种版权内容授权微软新闻平台分发，包括英、西、法、阿、俄 5 种语言和 CGTN 双语原创内容。国广英语环球广播 Facebook 美国专页打造视频直播栏目《小屏看中国》，周互动量和触达量分别提升 5 倍和 10 倍。

（四）省台挺进国际传播行列，拓展国际市场空间

江苏台旗下紫金国际台打造全媒体海外播出平台，已进入海外当地主流收费电视平台和新媒体平台播出，实现对海外主流观众人群全媒体覆盖，

2019年紫金国际台首播节目达到800多小时。

湖南台打造全国首家省级中英双语国际频道，在全球230个国家及地区落地，海外用户数近4000万，并以项目或时段合作方式，进入西方主流市场和人群。① 芒果TV国际版2019年上线，覆盖全球200多个国家和地区，覆盖海外用户规模超2200万，截至2019年10月，芒果TV国际版节目在YouTube累计观看86亿次，拥有580万总订阅用户，达到904万次用户互动；Facebook和Instagram实现4738万图文帖子覆盖，Twitter上实现590万内容展示。

上海台国际频道日语节目《中日新视界》持续向日本NHK大阪供片，《上海新视界》专栏每月在日本长崎电视台播出。上海台新媒体平台Shanghai-Eye已拥有240万海外用户，覆盖美国、加拿大、澳大利亚、英国等发达国家，以及捷克、阿联酋、埃及等"一带一路"沿线国家。其中发达国家和地区用户数约占总用户数的12%。2019年Shanghai-Eye与匈牙利第四大有线电视频道ATV达成合作协议，ATV官方Facebook、Twitter账号先后转载Shanghai-Eye原创系列短片。

云南台国际频道2019年更名为"云南澜湄国际卫视"，精准服务澜湄合作机制。澜湄国际卫视已入网老挝、泰国、柬埔寨、缅甸等东盟国家，受到当地用户的喜爱。2020年3月25日，澜湄国际卫视频道译制的系列农业节目《电视中国农场》在老挝、缅甸、柬埔寨、越南、泰国播出，助力澜湄区域全方位农业合作。

内蒙古广播电视台蒙古语卫视频道自1997年在蒙古国落地，与蒙古国多家媒体建立了合作关系，先后合作推出《你好，内蒙古》《你好，中国》《创金丝路》《我的厨房》《跟我学汉语》等多档品牌节目，获得观众好评。

（五）网络视听机构积极布局国际市场，实现节目内容规模化常态化平台化国际传播

中国视频平台抖音、腾讯视频WeTV、爱奇艺、优酷、芒果TV已实现

---

① 《湖南国际频道负责人汤集安：旗帜鲜明讲政治，文化自信强外宣》，广电独家微信公众号，2019年12月1日。

海外落地。腾讯视频 WeTV 已在东南亚落地，快速聚集 1000 万用户，并不断加大内容投入，尤其是多语种服务，进一步扩大用户规模。2019 年 11 月，爱奇艺与马来西亚第一媒体品牌 Astro 达成战略合作，实现 iQIYI App 在马来西亚落地播出。下一步，爱奇艺将与 Astro 结合马来西亚地区的市场环境和用户需求，开展更多匹配当地的本土化运营与营销活动。2019 年，优酷 60 多部 1900 多集剧集、综艺、文化纪实、动画等优质节目版权发行到海外，实现从东南亚到欧美乃至"一带一路"地区，从电视台到 Netflix、Amzon、YouTube 等国际有影响力新媒体平台的全覆盖。截至 2019 年 10 月，Tik Tok 全球下载量已超过 12 亿次，其中，美国下载量达 1.05 亿次，多次占据美国苹果应用商店下载量前三；日本媒体报道，"日本移动互联网用户中 10 个人里面就有 1 个人使用 Tik Tok 或者下载 Tik Tok"；法国媒体报道，38% 的法国青少年拥有 Tik Tok 账号。以李子柒等为代表的自媒体正在成为中国故事的国际化表达的新范式，在国际媒体平台收获众多拥趸。第三方统计平台 Social Blade 统计的 YouTube 中国区作者数据显示，除去机构创作者，YouTube 上中国区粉丝数排名前四的网红自媒体，其粉丝量均超过 300 万。截至 2020 年 4 月 1 日，李子柒在 YouTube 上的粉丝达到 945 万，共发布视频 106 条，Facebook 粉丝 322.2 万在海外主流媒体平台的总观看量超过 10 亿次，平均每条视频观看量达到 1066 万，超过 CNN、BBC 等众多国际传媒巨头。

四、视听内容走出去呈规模化态势，互联网平台成主渠道

2019 年，通过联合制作、建立合作播出平台、在海外举办影视季电视周等方式，电视剧、纪录片、动画片、综艺节目、网络视听节目等各种节目形态，都加大走出去力度，取得重要进步。

（一）剧集成为走出去主力军

电视剧是视听内容走出去主要节目形态，并已突破传统中华文化圈，走出亚洲，进入欧洲、拉美和非洲地区。现实题材、青春校园题材、主旋

律题材等多类型电视剧受到国际市场的欢迎。据不完全统计,近三年中国联合展台共推介电视剧作品数量约 170 部,其中,现实题材电视剧(包含爱情与剧情)占比 62%,古装剧目占比 34%,冒险奇幻剧目占比 4%。东南亚、日韩仍然是中国电视剧最受欢迎和最成熟的市场。中国剧集在阿拉伯、非洲市场蓄势待发,现实生活题材广受欢迎。《鸡毛飞上天》《欢乐颂》《小别离》在众多非洲国家主流电视频道黄金时段播出。互联网平台成为电视剧走出去重要平台。2019 年,华策在 YouTube 官方频道用户规模达到 189.5 万,阿拉伯语频道 2019 年设立,已上线《我的奇妙男友 2》《完美关系》等 600 小时影视内容,订阅用户突破 10 万户,收看次数超过 5200 万。网剧成为剧集走出去生力军。《陈情令》出口韩国和日本,并通过腾讯视频海外站 WeTV 在泰国、印尼等国家同步播出;其后在奈飞平台(Netflix)的北美、南美和欧洲等地区播出。《长安十二时辰》落地北美、东南亚等 9 个国家,并在 Viki、Amazon、YouTube、Starhub 等 10 余个线上平台播出。《亲爱的,热爱的》在 Viki、MyDramaList 等视频网站均获得了较高评分。《庆余年》在国外收获了大批粉丝,英文版单集播放量高达 66 万,海外粉丝甚至一边看剧一边讨论起中国传统文化。北京市积极打造"北京优秀影视剧海外展播季"品牌,2019 年在匈牙利等多国举办展播季活动,有效提高中国剧集在海外知名度和影响力。

(二)动画节目国际发行取得新进步

2019 年,动画走出去成效显著。《魔盒与歌声》《乐乐熊生存大冒险》《梦舟系列》《猪猪侠》等一批优秀动画片发行至沙特、泰国、印尼、柬埔寨、马来西亚、印度、越南等中东、东南亚、北美等地区和国家。2020 年 1 月 10 日,中国原创动画剧集《伍六七》以英语、西班牙语、法语、日语 4 种配音版本和 29 种语言字幕版本,在 Netflix 成功上线,覆盖 190 多个国家和地区。一批动画作品也出口到日本。2019 年 4 月,根据国产原创漫画改编、B 站出品的新番《拾又之国》在日本东京首都电视台与 BS 东视播放。2019 年,B 站通过投资、联合制作、自制等方式,向海外发行 7 部动画节目,其中6部作品为投资与联合制作,发行到日本、东南亚以及Netflix。2020年新冠肺炎疫情突发,中国抗疫科普动画助力全球战"疫"。如,浙江绍兴未蓝文化公司应国际合作伙伴请求,向美国、西班牙、新加坡、马来西亚、文莱、印尼等多国合作媒体,免费提供土波兔防疫动画短视频,成为中国动画作品参与全球战"疫"的鲜活案例。

(三)精品纪录片登陆欧美国家主流平台

联合制作是实现国际传播重要途径。总台央视纪录国际传媒与BBC世界新闻频道(BBC World News)、英国野马制作公司(Mustang Films)联合制作的纪录片《中国的宝藏》,英文版于2019年10月在BBC世界新闻频道面向全球首播,向全球200多个国家和地区的4.65亿户家庭讲述中国文物的故事。五洲传播中心与日本BSJAPAN联合制作的4K超高清纪录片《京杭大运河》,在日本BSJAPAN电视台播出;五洲传播中心、广西广播电视台与马来西亚外交部等机构联合制作的纪录片《光阴的故事——切水不断》,与匈牙利ATV电视台联袂打造的纪录片《光阴的故事——万里为邻》,分别在两国主流电视台及新媒体平台播出。云南台与缅甸合拍4集4K高清纪录片《睦邻·缅甸》(Beautiful Myanmar),缅语版2020年1月在缅甸YTV卫星电视台首播。

建立合作播出平台、进行交流展播,推动纪录片国际传播。五洲传播中心打造的中外合办电视栏目《丝路时间》覆盖全球30多个国家和地区。福建局在阿联酋迪拜、阿曼马斯喀特、英国伦敦、意大利等国家举办《视听福建》系列纪录片展播活动,福建媒体出品的《丝路百工》《客家新丝路》《福建茶文化》《天下妈祖》《水仙花开》《海上丝绸之路》等精品纪录片共6部47集,配上英文字幕或在地语言字幕,供菲律宾国家电视台、中阿卫视、英国普罗派乐卫视等国家主流媒体展播;中阿卫视、普罗派乐卫视各自Facebook、Twitter、YouTube官方公众号同步发布。2019年,上海局在海外举办电视周等活动,推动上海出品纪录片在海外展播,《海上丝绸之路》《外滩》等6部纪录片在塞舌尔集中展映,《巡逻现场实录》《人间世》

等节目在日本长崎电视台及其新媒体平台播出。

一批精品纪录片实现版权国际销售，并在西方主流媒体播出。2019年，上海台出口纪录片77小时。2019年1月，江苏台出品的纪录片《你所不知道的中国》第三季法语版在法国国家电视台播出，这是法国国家电视台首次采购中国乃至亚洲的纪录片，该片获得亚洲电视大奖"最佳纪录片奖"。腾讯视频出品的《风味原产地·潮汕》被Netflix买断海外版权，成为其近年来对中国制作纪录片的最大规模采购。

（四）品牌综艺节目模式实现出口

近年来，中国原创综艺节目国际影响力不断提升，走出去步伐加快。一是节目在多国播出。江苏台、上海台建立了强大的国际发行团队，将旗下品牌综艺节目发行到众多国家和地区。江苏台《非诚勿扰》《百变达人》《新相亲大会》《一站到底》等综艺节目在北美、欧洲、澳洲、东南亚、非洲多个国家和地区播出。上海台将《极限挑战第五季》《中国达人秀第六季》《美好生活家》《妈妈咪呀第六季》等1007小时综艺节目发行至新加坡、马来西亚、俄罗斯等国家。湖南台出品的《神奇的汉字》亮相乌克兰基辅媒体周，引发土耳其GlobalAgency、荷兰FCCE发行公司广泛关注并表达合作意向。浙江卫视综艺模式在YouTube平台广为传播。其中，《我就是演员》自上线YouTube起，12期节目累计播放量达到1055万，总观看时长达3.4亿分钟，观众主要覆盖北美、东南亚、港澳台等，其中来自美国的观看时长占26%，中国香港地区占4.1%，中国台湾占8.9%，评论区评论达上万条。二是模式出口到欧美主流平台。2019年2月，浙江台的《我就是演员》与美国 Is Or Isn't Entertainment（IOI）公司签署模式授权协议，在加拿大、北美等多个国家和地区播出。2019年4月，湖南台《声入人心》节目模式出口到北美地区，湖南台原创模式走出去再上新台阶。此前，湖南台原创节目《摇啊笑啊桥》《声临其境》成功走出去。三是综艺节目向线下拓展。湖南台《中餐厅》在海外录播制作，引发中餐厅在海外进一步走红，推动中华美食走出去。

五、稳步推进对港澳台地区传播

（一）实施港澳台地区交流合作计划

2019年，国家广电总局积极落实中央对港澳台开放措施，做好相关政策研究解读、立法修订工作。一是配合中央对台工作大局，认真贯彻执行《关于促进两岸经济文化交流合作的若干措施》，做好政策宣讲解读和效果跟踪。二是配合商务部、发改委等部门，做好《CEPA服务贸易协议》修订、自贸区建设与广播电视行业开放与监管相关工作。三是启动实施《中国与葡语国家广播电视交流合作五年计划》，深化葡语节目译制推广和广播电视交流合作，努力打造以珠海为支点、以澳门为窗口、汇聚内地与澳门优质资源、面向全部葡语国家的广播电视交流合作新格局，实现广播电视对葡语国家传播提质增效和高质量发展。

（二）积极开展对港澳台交流活动

一是积极开展对台湾地区的交流活动。2019年，国家广电总局推动台湾地区演职人员参与大陆广播电视节目制作，增强民众的国家认同和民族感情。成功举办第十一届海峡论坛海峡影视季活动，推动两岸影视交流合作。福建台积极开展对台交流合作，赴台湾举办"亲亲闽台缘"东南广播听友会暨两岸非遗文化表演交流活动，推动"第十四届两岸广播春节联播暨闽台红砖古厝联合采访活动"在闽南和金门举行。二是积极开展与香港地区的交流合作。组织广播电视网络视听等机构参加香港国际影视展，利用高层人员交流推动深化与港澳媒体交流合作。三是成功举办两岸及港澳媒体青年研修交流活动，增进两岸及港澳青年媒体人相互了解。

（三）推动更多节目内容落地港澳台传播

2019年9月1日，中央广播电视总台粤港澳大湾区之声开播，这是中国首个专门面向粤港澳大湾区播出的国家级电台频率，全天播音21小时，覆盖香港特别行政区、澳门特别行政区。大湾区之声新媒体平台同步启用，并依托总台的"5G+4K/8K+AI"战略布局，倾力打造全媒体新型广播，为粤港澳地区受众提供音视频等多元化新媒体服务。

12月17日，总台央视体育频道在澳门落地播出，第一时间为澳门同胞转播重大国际和国内体育赛事并提供各类丰富多彩的体育报道。这是继2016年总台央视综合频道落地澳门后积极响应澳门同胞长期愿望和呼声的又一项重要举措，将极大地满足澳门同胞收看总台央视体育频道的热切盼望，对促进澳门与内地的文化交流将起到积极作用。总台央视体育频道开播后，中央广播电视总台在澳门的频道已达9个。

福建台加强对台湾地区的传播。其中，海峡卫视对台湾地区的传播已形成广播电视新媒体全链条生产、全方位覆盖、全媒体推送的格局。在岛内OTT平台Fain TV开设主页，目前用户数198万，月播放次数24万。《中国正在说》节目通过东南卫视在台湾《旺报》、台湾《中时电子报》、台湾翻爆App、华人头条网站App、YouTube等新媒体平台，实现对台湾地区的广泛传播。福建海峡广播影视译制中心实现入岛影视节目40部（其中闽南话译制电视剧16部、纪录片3部）共计1201集，相关版权贸易收入647万元人民币，同比增长10%。

第十二节 广播电视和网络视听人才队伍建设

国家广播电视总局人事司司长 桂本东
国家广播电视总局广播影视发展研究中心 黄田园

提要：迈入新时代，广播电视和网络视听行业落实中央各项部署，紧跟时代发展要求，深入推进人才体制机制改革，人才队伍建设持续加强，围绕增强脚力、眼力、脑力、笔力，大力实施人才选拔、培训、培养、帮扶与交流，队伍结构日益优化，队伍作风明显改善，专业能力建设成效显著，干事创业精神不断提振，政治过硬、本领高强、求实创新、能打胜仗的高素质人才队伍建设迈上新台阶。

2019年以来，广播电视和网络视听行业深入贯彻落实习近平总书记关于人才队伍建设的一系列新思想新要求，围绕国家广电总局部署的中心工作和重点工程，以"不忘初心、牢记使命"主题教育为抓手，强化"四力"建设，进一步加强人才队伍建设，建立完善人才培养体系，选拔培育一批领军人才和青年创新人才，加快打造一支适应新时代要求，融合型、复合型、素质高、作风硬的广播电视和网络视听人才队伍。

一、广播电视和网络视听人才队伍规模与结构

2019年，广播电视和网络视听人才队伍规模进一步壮大，结构不断优化。广电总局规划财务司统计数据显示，2019年全国广播电视从业人员合

计 99.44 万人，比 2018 年增加 1.54 万人，同比增长 1.57%。

从人才队伍职业结构来看，2019 年广播电视管理人员 16.64 万人，以编辑、记者、播音员、主持人、工程技术人员、艺术人员及经营人员为主体的专业人员达 52.33 万人，其他人员 30.47 万人，占比分别为 16.73%、52.62%、30.64%。

从人才队伍整体学历水平来看，2019 年广播电视从业人员具有本科及大专学历的占了 76.72%，具有研究生及以上学历的占 5.7%。

从人才队伍专业技术结构看，2019 年广播电视从业人员具有初、中级职称的人数为 55.62 万人，占比超过 55.93%；具有高级职称的人数为 5.29 万人，占总人数约 5.32%。

从层级分布情况看，2019 年广播电视从业人员中，中央直属机构占 5.46%，省级占 52.43%，地市级占 17.77%，县级占 24.34%。

总体来看，人才梯队的年龄结构趋于合理。2019 年广播电视从业人员中 35 岁及以下的占比为 44.92%，36 岁至 50 岁的占比为 42.72%，51 岁及以上的占比为 12.36%。[①]

二、深入开展思想教育活动，人才队伍建设固本强基

广播电视和网络视听行业以政治建设为统领，以全面从严治党为根本，强化思想教育，加强专题培训，举办特色活动，创新学习制度，推进全员覆盖，组织干部人才队伍深入学习贯彻习近平新时代中国特色社会主义思想和党的十九大、十九届二中、三中、四中全会精神，增强"四个意识"，坚定"四个自信"，做到"两个维护"。

（一）深入开展"不忘初心、牢记使命"主题教育，把理想信念作为人才队伍建设的根本

全国广电战线深入开展"不忘初心、牢记使命"主题教育，深入学习习近平总书记关于主题教育的重要论述，读原著、学原文、悟原理，把主

---

① 数据来源：广电总局规财司。计算结果保留小数点后两位。

题教育作为人才队伍建设的基础课，贯穿全年各类教育培训全过程，党章党规教育、革命传统教育、马克思主义新闻观文艺观教育得到全面加强。

广电总局举办了6期学习贯彻习近平新时代中国特色社会主义思想培训班，5期"不忘初心、牢记使命"主题教育读书研修班、6期学习贯彻党的十九届四中全会精神培训班、2期党性教育培训班，培训规模超过3000人次，覆盖全体司局级和处级领导干部。各级广电机构组织开展"品红色经典、悟初心使命"宣讲会、红色教育基地现场教学、观看影视党课、先进事迹报告会等丰富多彩的主题教育活动，建立起领学领读等学习制度和主题教育常态化机制，有力提升了从业人员的政治理论素养与履职尽责能力。

（二）广泛开展"四力"教育实践

2019年，广播电视和网络视听行业积极开展增强"脚力、眼力、脑力、笔力"教育实践，夯实人才队伍建设的根基。各级广播电视部门周密策划制定增强"四力"教育实践工作实施方案，在教育实践活动中，加强习近平新时代中国特色社会主义思想学习和马克思主义新闻观、文艺观培训教育。

深入基层广泛开展调研活动，在深入实际、深入生活、深入群众中增强"四力"。广电总局指导和组织干部职工围绕主题主线，开展基层大调研活动，深入调研重点工程建设和重点宣传工作，深入了解媒体融合发展、节目创作生产、体制机制改革等当前行业发展的一系列热点难点问题，掌握实际情况，增强工作针对性，优化对策措施。省级广电管理部门围绕行业热点开展不同主题的一线调研，组织形式多样的下基层活动。湖北局由局领导带头深入基层调研摸底全省县级融媒体中心建设情况，召开广电媒体融合发展创新工作座谈会，面向全省从业人员掀起一次"四全媒体"思想观念更新的头脑风暴；山西局组织了"百名记者下基层"；广西局组织创作骨干赴柳州、百色开展脱贫攻坚主题采风等。全国广播电视和网络视听队伍深入基层，围绕新中国成立70周年、决胜全面建成小康社会、决战脱贫攻坚，夺取新冠肺炎疫情防控和实现经济社会发展目标双胜利等主题主线大力开展新闻宣传与精品创作。广电总局人事司组织的"四力"教育实践调研报告显示,全系统"四力"教育实践成果正在转化为"把方向、抓导向、管阵地、促发展、强队伍"的实际成效。

结合实际需求开展"四力"教育培训。2019年,广电总局通过远程教育网,开办了面向全国的"新时代广播电视工作者切实增强'四力'专题网络培训",各地积极参训,培训效果显著。线下举办两期增强"四力"教育实践主题学习研讨班,共161人参训。与此同时,强化新一代信息技术培训,开办围绕5G、区块链等行业热点的主题培训活动"广电大讲堂",在全国产生了示范效应。各地广电机构积极用好"学习强国"平台,到红色老区实地教学,面向行业需求有针对性地办班开课,以多种形式全面开展增强"四力"教育实践培训活动。通过网络教育与集中学习相结合、课堂与实地相结合的专题培训,把教育实践贯穿在日常学习里,贯彻到人才培养整体战略中,落实到解决行业发展实际需求上。

三、组织实施人才工程,拓宽新时代聚才用才渠道

2019年以来,全国广播电视和网络视听行业积极实施高素质人才战略,以重大人才工程和各项人才选拔培养计划为载体,不断开拓丰富新时代聚才用才渠道。

(一)启动实施全国广播电视和网络视听行业领军人才工程、青年创新人才工程

为加快解决当前广播电视和网络视听行业人才结构失衡、领军人才匮乏、人才评价机制不够完善、人才创新创业积极性相对不足、优秀青年人才储备不够等问题,广电总局以坚持党管人才、服务大局、激励创新、分类施策为原则,积极组织实施行业领军人才和青年创新人才两大人才工程。

2019年,先后组织8期全国研讨班,搭建起领军人才、青年创新人才研修培养和联系服务平台。2019年12月,正式印发《全国广播电视和网络视听行业领军人才工程实施方案》《全国广播电视和网络视听行业青年创新

人才工程实施方案》。

领军人才工程着眼于选拔造就一批矢志爱国奉献、政治立场坚定、勇于创新创造、具有示范引领作用和较强国际竞争力的高层次杰出人才，通过动态认定和重点培养，力争到2025年选拔培养形成一支500人左右规模的行业领军人才队伍，促进和引领行业高质量、创新性发展。

青年创新人才工程着眼于选拔培养造就一批政治坚定、业务精湛、锐意创新、成果突出的青年人才，通过重点支持、跟踪培养、大胆使用、动态考评、严格管理，重点遴选一批已崭露头角、发展潜力大的青年创新人才，促进高素质专业化的优秀青年人才不断涌现，力争到2025年选拔培养1000名左右行业青年创新人才，形成一支靠得住、用得上的后备军。

2020年1月，两大人才工程首批人才推荐选拔工作正式启动，将重点从一线专业技术人员中推荐人选，注重选拔培养适应新时代广播电视和网络视听发展需要的"高精尖缺"人才，加大对广电5G方向等新科技人才、网络视听新传播人才、网络文艺新创作人才、安全播出新保障人才、网络安全新技术人才、媒体融合新运营人才等的选拔培养力度。

（二）做好国家级人才工程推荐选拔，组织好先进模范评选

各级各地广电机构认真做好2019年度文化名家暨"四个一批"人才、"千人计划""万人计划"哲学社会科学领军人才、百千万人才工程等各类国家级高层次人才推荐选拔工作。广电总局组织推荐优秀高层次专家参加2019年百千万人才工程人选国情研修班、文化名家暨"四个一批"人才国情研修班。广电机构开展各级先进集体先进工作者和劳动模范的行业内评选，发挥先进典型的带头作用。

（三）各地结合实际积极实施人才工程建设和内部人才培养计划

广电机构充分用好当地政府"英才计划""百万人才"等人才工程资源，拿出具体配套落实措施，推荐作出突出成绩的专业人才入选各级各类人才库专家库，有效带动广电人才队伍素质提升。同时统筹内外部各种资源，制订自身高素质队伍培养计划，如北京局在完成北京市优秀人才培养

资助项目、宣传文化高层次人才培养资助项目实施的同时，制定了《北京市广播电视和网络视听行业领军人才遴选与培养实施办法》；广西局开展年度"广西广播电视百名人才"推荐选拔；山西局制订培养选拔优秀年轻干部计划；河北局实施了广播电视创新创优"精品·人才"培树工程等。广播电视和网络视听行业正在吸引越来越多勇于担当、干事创业的高素质优秀人才。

四、围绕国家战略和行业发展需求，加强高素质人才培训

（一）加强高层次创新型人才、融合型业务人才、复合型管理人才、高新技术骨干培训

新一代信息技术革命和产业变革正重塑媒体发展格局，"四全媒体"快速发展，新技术新业态不断产生，传统广播电视人才队伍的知识结构和业务能力暴露出诸多不足。广播电视和网络视听行业积极适应新技术新态势要求，持续强化网上网下专业素质岗位培训与知识更新培训，大力组织全媒体采编播、制播技术、安全传输、播音主持与网络主播、管理运营、版权维护、5G、4K/8K超高清、区块链、人工智能、大数据等各专业高素质人才的培训，为高质量创新性发展夯实人才支撑。

2019年，围绕内容创作、媒体融合、网络视听导向管理、新技术应用等业界重点需求，广电总局面向全行业共举办了广播电视节目创新创优培训班、动画创作人才培训班、广播电视文艺节目创作精品示范班、电视剧高端策划暨编导培训班、网络视听文艺节目审核管理人员培训班、5G和4K超高清电视技术培训等各专业岗位培训班。

省级广电机构十分注重高素质人才培训，出台专项政策措施，开展全方位业务培训。积极组织人员参加媒体融合发展、智慧广电建设、播音员主持人业务、新媒体创新管理、纪录片制作与国际营销等各类研讨班研修班。2019年7月，广西壮族自治区政府与国家广电总局签订《关于加快广西广播电视发展的合作框架协议》，将"培育高素质专业化广电人才队伍"

纳入开展深入合作的六大重点工作之一，并与中国传媒大学建立人才等方面长期合作机制。江西局先后举办广播电视宣传及文艺人才培训班、电视剧人才培训班、公益广告创作培训班、基层广播电视台融合发展转型升级培训班等各类培训班15期，参训人员达1050余人。

（二）围绕媒体融合和网络视听管理开展专项人才培训

2019年1月25日，中共中央政治局就全媒体时代和媒体融合发展举行第十二次集体学习，习近平总书记对推动媒体融合向纵深发展作出重要部署。广电总局深入学习贯彻习近平总书记讲话精神，深刻把握行业发展趋势，重点培养壮大媒体融合和网络视听等前沿领域人才。2019年广电总局先后举办"全国广播电视媒体融合发展培训班""全国广电媒体融合案例研讨班"，培训覆盖网络视听各业务领域人员近1500人，受到各地欢迎。广电机构围绕融媒体直播、短视频创作等行业热点，积极组织业务骨干开展研讨交流，壮大人才队伍。湖北局举办全省县级广播电视媒体与新兴媒体融合发展研学班，湖北台新媒体集团举办"长江云"省级平台应用培训会。全行业坚持问题导向和需求导向，不断健全融媒体人才培训体系，以融媒体中心建设为抓手，健全完善人才培养与激励机制，搭建"识才、爱才、用才、容才、聚才、育才"环境，培育人才梯队，把人才培养纳入各级融媒体中心建设的重点任务。

坚持广播电视和网络视听"同一标准、同一尺度"管理的原则，广电总局在网络视听人才培训中，重点开展马克思主义新闻观教育培训和网络意识形态管理专项培训，持续强化融媒体内容人才、创作人才、运营管理人才及网络视听审核人员管理培训，做到线上线下"齐抓、共管、同培训"。各视听新媒体平台加强从业人员导向意识、责任意识、底线意识教育，组织好从业人员参加网络视听节目审核员培训，注重发挥各级党组织引领作用与党员示范作用，积极投身主题主线宣传报道，网上网下守好舆论阵地、形成同心圆。

（三）围绕脱贫攻坚，加大广播电视公共服务人才帮扶培训

加大基层和贫困地区公共服务人才培养倾斜力度。2019年，广电总局

重点推进贫困地区广播电视行业人才培养，采取送教下基层、集中培训、分类指导、菜单式教育培训等帮扶方式，定向分配培训名额，不断丰富远程教育培训内容，培训贫困地区广电基层干部和技术人员。截至 2019 年年末，广电总局网络远程培训平台已有有效注册学员 39.2 万多人，累计 277 万人次参训，为老少边贫地区开展大规模高效率的岗位培训、帮扶培训，提供了有力支撑。全年举办 4 期广播电视公共服务和脱贫攻坚工作研讨班、西部和边疆民族地区广播电视采编业务研修班，专项培训西部地区和边疆民族地区的广播电视编辑记者、播音员主持人、节目编导、策划、摄像、设备维护人员等各类基层公共服务人才 400 多人。广电总局还分别在北京、江西大余、四川成都和德格开展西部和边疆民族地区广播电视采编业务等专题扶贫培训，累计覆盖 400 人。四川局开展藏区广播电视人才队伍建设情况调研和摸底，提供对策建议。浙江局举办全省广播电视对农节目采编人员培训班。新疆广电机构进一步加大与中央广播电视总台和 19 个援疆省市广电机构的合作力度，跨区域聚合资源，加强人才培训，充分发挥公共服务人才交流的力量。

为贫困地区脱贫致富提供人才培训支持。在广电总局统筹指导下，广播电视和网络视听行业发挥自身资源优势，面向贫困地区群众开展人才教育培训，实施精准扶贫。中央广播电视总台、上海台、河南台、山东教育电视台、山西台等广电机构和视听新媒体平台，制作播出公益节目与公益广告，组织非遗传承带头人培训班，培育优质内容生产者、发掘乡村创业者、打造扶贫"网红"，为贫困地区脱贫致富提供人才培训支持。广电总局累计为定点扶贫的四川省德格县、山西省平顺县培训基层干部 926 名、技术人员 2261 名，还组织业务骨干、艺术家到当地开展宣传报道、慰问演出和文化交流，为两县实现脱贫摘帽贡献力量。广西局组织开设广电特色专业，提供脱贫劳动技能培训。阿里巴巴推出"脱贫攻坚人才培养计划"，在全国 100 多个国家级贫困县培育 1000 名月收入过万的农民主播，用电商直播的形式助力农产品推广和销售。字节跳动通过"扶贫达人培训计划"和"智美乡村"项目,帮助贫困地区培训新媒体人才 3.4 万人次。快手实施"幸福乡村带头人计划""快手大学扶贫社交电商培训",促进乡村产业发展,增加当地就业机会。

五、加强专业人才队伍建设

(一) 强化创作人才队伍建设

广播电视和网络视听管理部门以严格创作导向管理为契机,以实施精品工程为抓手,积极引导和培养创作人才提升创新创优能力,提高队伍战斗力向心力。2019—2020 年,广电总局举办文艺业务骨干培训班 11 期,全行业共 961 人参训;组织纪录片、动画片、节目创新创优培训班,加大培训力度,推动从业人员不断增强"四力",提升讲好故事的能力;召开电视剧重点项目论证会和创作统筹协调会,汇聚优秀人才,组建重点团队,组织主创人员深入基层、深入实际,开展一线调研。

各机构全面开展内容创作能力培训,积极参与广电总局组织的纪录片、动画片、节目、剧本、网络视听节目、公益广告等各项内容创作精品评选工作,并出台配套奖励措施,加强对创作人才的扶持引导。上海台开展内容生产岗位员工能力培训。江苏局实施"江苏百人纪录片扶持计划",2019年扶持 35 名纪录片创新人才。福建局举办重点影视创作题材研讨会和全省电视剧、网络影视剧创作人才培训班。甘肃局筹措资金 20 万元,举办全省广播电视文艺骨干培训班、纪录片创作人才培训班。这些措施对于当地视听内容创作人才培养发挥了重要作用。

(二) 加强媒体融合和广电 5G 人才建设

一是建成媒体融合发展专家库,为推进媒体融合向纵深发展提供决策参考与智力支持。2019 年,广电总局组织建设媒体融合发展专家库,截至 2020 年 3 月已确定 84 名首批入库专家。湖北、江西、河南等地广电部门还积极组建省级媒体融合发展专家库。

二是以县级融媒体中心五项标准规范落地实施为契机,加强基层融媒体人才建设。广电总局牵头成立了由五项标准规范编制骨干成员、示范省级技术平台及县级融媒体中心负责人等共同组成的专家团,赴23个省开展面向基层的标准宣传贯彻与培训,共有近5000人次参训。

三是大力培养广电5G人才。2019年6月,中国广播电视网络有限公司获颁5G牌照,启动广电5G建设与全国有线电视网络整合一体化推进工作。为满足5G高新视频新业态发展要求,广电总局加大人才、资金等多方面投入,加强运营维护、市场营销与技术人才培养,助力建设兼具宣传文化和综合信息服务特色的可管可控、安全可靠的新型智慧融合网络。

(三)加强民族语言人才队伍建设

2019年,少数民族地区广电机构坚持打造政治坚定、业务精湛、作风优良的民族语言人才队伍,为做好新中国成立70周年宣传报道、持续高质量全译全播中央广播电视总台央视《新闻联播》等制播工作做好人才保障。青海台建立以高层次翻译人才为主的翻译审定小组,及时审定发布安多藏语版新词术语、重要提法,保证新闻翻译的准确性、严肃性、公信力,严把导向关。新疆台邀请全自治区顶尖专家连续开办翻译队伍培训班,加强民族语言人才培养,保障汉维哈蒙柯5种语言广播电视重点新闻节目、专题节目同步翻译播出。四川局将民族语言翻译领域专家纳入行业高端人才智库,加大培养和支持力度。

(四)加强广播电视安全保障、传输覆盖队伍建设

广播电视安全保障、传输覆盖队伍长期坚守在基层一线,许多基层台站地处偏远地区,环境艰苦,条件落后,缺乏必要的技能培训。广电总局和各地广电部门积极举办广播电视技术能手竞赛,加大对基层技术队伍的培训力度,丰富培训形式,组织对外交流学习,稳步提升业务素质和技术水平。在为期60天的新中国成立70周年安全播出重要保障期内,广播电视安全传输保障队伍政治强、业务精、纪律严、作风正,守好安全播出生命线,圆满完成各项安全保障工作。

随着广播电视和网络视听事业产业的不断发展,各方面人才队伍的专

业化建设都提上了议事日程，广电总局统筹重点领域人才和相关方面人才队伍建设，法治人才队伍、新业态发展和管理人才队伍、统计人才队伍力量都得到明显加强。

六、推进人才体制机制改革创新

（一）加强职业资格管理与职业道德建设
1. 建立健全广播电视与网络视听从业人员职业资格管理体系

强化职业资格准入，筑牢人才队伍"入口关"。各级广电管理部门进一步加强广播电视与网络视听行业准入管理，严格执行广播电视编辑记者、播音员主持人持证上岗和执业注册制度，进一步规范从业行为，全面提升从业人员思想政治素质与业务素质，加强队伍纪律与作风建设。按照广电总局《广播电视编辑记者、播音员主持人资格管理暂行规定》和《关于进一步加强广播电视主持人和嘉宾使用管理的通知》要求，广播电视播出机构强化新闻记者证和播音员主持人证的注册管理，及时做好新入职人员执业证书首次注册、变更注册和离职人员执业证书注销，推动持证上岗，进一步规范从业秩序。2019 年广电总局还面向省级广播电视台播音员主持人举办培训班，进一步明确从业资格管理要求。

扎实做好 2019 年全国广播电视编辑记者、播音员主持人资格考试组织工作。2019 年，全国共有 29426 名考生报名参加考试，比 2018 年增加 5%，其中报考编辑记者资格的 19612 人，报考播音员主持人资格的 9814 人。在资格考试中突出检验政治素养，突出党对宣传文化思想单位和从业人员的关键要求，坚持习近平新时代中国特色社会主义思想最新成果、增强"四力"教育实践工作、"不忘初心、牢记使命"主题教育实践的最新要求贯穿资格考试大纲和考试内容的始终。资格考试在引导广播电视新闻工作者坚持正确的舆论导向、准确把握和理解宣传政策方面发挥了重要作用。

推动广播电视领域职业资格管理制度向网络视听领域延伸。2019 年，广电总局进行调研论证，积极推进将网络视听主持人纳入广播电视播音主持人职业资格管理，努力实现"网上网下"同一标准管理。

2. 促进行业自律与职业道德建设

2019 年，广播电视与网络视听行业进一步加强自律与职业道德建设。紧扣庆祝新中国成立 70 周年等重大主题主线宣传，广电总局以加强导向管理、优化重大创作生产机制为契机，积极引导行业机构增强从业人员的政治认同、思想认同、价值认同、情感认同，凝聚奋进力量，共筑精神家园，铸牢意识形态安全防线。

中广联合会发挥作为社会组织的优势，开展形式多样的主题活动和教育培训，并通过组织评奖、宣推优秀作品、开展展播活动、实施精准扶贫、注重学术与应用研究等具体措施，推动行业队伍锤炼政治品格、提升能力素质。

以加强日常创作生产管理、严格嘉宾演员片酬管理为抓手，引导行业自纠不正之风。针对注水剧、宫斗剧、翻拍剧、演员高片酬等行业乱象，广电总局推动自律机制建设。广电总局由总局领导带队深入网络视听节目生产制作一线，调查嘉宾演员片酬情况，研究管理措施。同时，有针对性地组织开展制作机构主创人员、经营管理人员培训，提高创作生产队伍素质。各机构落实《关于进一步加强广播电视和网络视听文艺节目管理的通知》中对综艺节目影视剧嘉宾、演员片酬比例要求，加强职业道德建设，规范行业行为，维护良好行业生态。

（二）推动人事管理制度改革创新

1. 逐步破除人事管理的"双轨制"

2019 年以来，广电机构深入推动人事管理制度改革，破除体制身份限制，积极探索使用和盘活事业单位机构编制资源，面向紧缺高素质人才出台专门政策、打通上升渠道，不断完善人才引进使用制度。广电总局多次与中央编办就机构改革后总局承担职责任务、机构编制管理、调整规范考虑等进行沟通、争取支持，并经过深入调研、征求意见，对使用和盘活部分事业单位机构编制提出具体意见、进行协调落实。

广电媒体直面"双轨制"瓶颈，着力打破身份界限、打通人员晋升通道、实施紧缺专业岗位特聘等多种举措，解决事业编制人员岗位设置和人员聘用问题。河南台将90名优秀聘用人才录用为事业编制内人员，稳定了人才队伍，优化了人才结构。山东台引进3位中国新闻奖获得者，通过公开招聘渠道优先录用50名优秀专业技术人才为事业编制内人员，促成7名劳动合同身份人员走上中层管理岗位。海南台对融媒体技术、研发与运营等急需人才采取"一事一议"的项目制招揽，并实现全部直属台站"三定工作"全覆盖，解决了10年来的岗位设置历史遗留难题。江西台公开招聘录用7名正高级职称人员和7名中层干部为事业编制内人员。这些措施为破除制约广播电视媒体发展的用人双轨制提供了启示，积累了经验。

2. 创新人才评价激励机制，不断完善绩效薪酬制度

随着改革的深入，各级广电媒体积极落实中央有关政策，纷纷拓宽职称评审范围，创新考核方式，强化岗位薪酬激励、绩效激励，并在各项评先选优中加大青年创新人才推荐力度，鼓励干事创业。2019年12月，上海台正式启动以频道精简优化和融合转型为主体，以职能部门和人力资源改革为保障的新一轮改革。上海台希望通过进一步实施优秀毕业生生活补贴、领军人才评选、人才积分制，安排2000万元专项落实资金等具体措施，汇聚人才优势资源，激发更多创造活力。北京台制定台属企业负责人绩效考核办法，通过考核奖惩激励企业负责人提升企业管理水平和经济效益。河南台打破现有收入分配体系，实施多劳多得、奖罚并举、向一线和干事多的员工倾斜的薪酬管理办法，有效激励想干事、能干事、干成事的人才。

（三）推广工作室制，激发人才活力

1. 工作室制是广播电视台人事制度的重要创新

工作室制是按照中央关于事业单位人事制度改革精神开展的创新实践。它以扁平化、专业化、垂直化、全流程的机制创新，突破内部组织架构，联结外部市场资源，打破用人机制瓶颈，实现人才能上能下、能进能出，显著地激发了人才的活力和潜力。越来越多的广播电视台正在积极稳妥地推广工作室制，用改革实践来推动高质量创新性发展。

围绕工作室机制改革，各台纷纷推出专门指导意见与管理办法，通过评审打分等程序择优挂牌涵盖各业务与经营领域的工作室，赋予其独立的选人用人权、自主运营权、资金支配权、资源使用权，优化绩效分配方式、明晰责权利关系，同时在导向管理、安全播出上进行严格管控，并建立健全相应的服务体系，对工作室实行动态管理与考核。一批有意愿、有能力、有抱负的优秀骨干人才或主动申报成立个人品牌工作室，或牵头核心团队组建部门工作室，创作创业创新热情高涨。工作室已成为广电媒体内部打破现有机构、部门、编制、身份限制，促成人才良性流动，实现内容、产品、运营、技术服务、项目活动等各专业岗位协同合作、创造价值的全新组织单元。

2. 工作室成为内容创作人才培育摇篮

2019年，上海台优化调整人力资源结构，把分散在融媒体中心、东方卫视中心、第一财经、版权资产中心等多个部门的纪录片制作人才集中起来，成立纪录片中心并推行工作室制。经过改革，队伍创作活力得到极大释放，纪实频道收视率、收视份额及广告收入均明显增长。SMG整合旗下五岸传播和尚世影业影视板块，成立五大工作室，孵化内容人才生产能力成效初显，影视剧多点开花。截至2019年年底，湖南台芒果TV已成立16个内容制作工作室团队，形成良性竞争与淘汰机制，释放团队创新活力，为新IP生产提供持续动力；构建15个影视工作室矩阵，其中除自有工作室外，还通过发布"新芒计划"，与市场上有潜力的新锐影视剧核心团队签约，成立战略工作室进行合作，最大限度调动外部资源，带动自身队伍培养。

3. 工作室成为融合型人才孵化基地

安徽台把融媒体工作室作为融合发展改革创新的试验田，在2019年创办了60家融媒体工作室，通过利润分成、评星激励、作品奖励、参评倾斜等多方面进行人才激励，半年时间成果显著，内容运营亮点频现、新媒体矩阵渐成规模、融媒业务实现增量。河北台将工作室机制改革作为推动媒体融合的重要抓手，经过市场分析、媒体整合、创新创优、风险应对等全面评审，挂牌成立首批11家工作室，其中超过半数为个人品牌冠名，以点带面，发挥优秀人才示范引领作用，为全台深化改革、创新融媒体生产运营注入了活力。天津台融媒体工作室打造了一系列爆款新媒体产品，成功激活传统广电人干事热情，挖掘培育出多个广电系网红工作室。

4. 工作室成为复合型人才发展平台

面对内容产品生产与经营双重考验，工作室内部讲求生产经营全流程、一体化的团队协作，要求每个成员既要掌握全媒体制作技能，又要熟悉线上线下运营思维。工作室直面台内考核与市场竞争双重压力，普遍施行体现公平与效率的激励机制，要求团队成员与负责人一样，对工作室产品质量与经营成果高度负责。体制内外、不同身份员工的潜力与积极性被全面调动起来，工作室成为培养复合型人才的最佳环境。福建台31个工作室实际运行半年多即创收3430多万元，内容制作与项目活动经营均迈上新台阶。广东台多家个人品牌工作室全媒体运营成果丰硕，在整合市场资源、实现内容产品衍生价值二次开发的同时，带动了全员创新创业热情。

（四）数据化赋能人才管理

人才建设同管理手段密切相关，建立人才队伍的数据库，实现智能化管理，必将有力提升人才建设和管理效能。机构改革后，摸清各级广电机构从业人员现状，对加强人才队伍建设、服务广播电视高质量创新性发展至关重要。广电管理部门积极探索数据化人才管理与服务机制。黑龙江局基于全省13个市地及66个县市大调研情况，开发广电人才数据库管理软件，录入更新全省广电管理机构、播出传输机构以及社会制作机构从业人员数据，全面掌握广电人才队伍现状，为队伍建设、管理决策提供参考。湖北局提高人才服务平台建设的数据化水平，以精准数据支持人才信息管理、培训教育、执业资格管理、人才选拔、统计分析等综合服务。贵州局建成数字化的新时代学习大讲堂视讯系统，为全省党员干部开展远程学习教育培训提供平台和通道。广西局建立完善智慧广电数字化监管体制机制，提高工作人员监管效能。可以预见，人才数据化管理将加速在全国各地推广应用。

七、广电人才队伍在新冠肺炎疫情防控阻击战中勇当先锋

2020年，新冠肺炎疫情突袭，一场抗击疫情的人民战争打响。习近平总书记强调，确保打赢疫情防控人民战争、总体战、阻击战，努力实现决胜全面建成小康社会、决战脱贫攻坚目标任务。广播电视和网络视听战线坚决落实党中央重大决策部署，统一思想，立即行动起来，提振队伍士气，提升服务水平，有序复工复产，既做好战"疫"一线宣传队，又当好推动广播电视和网络视听发展、助力脱贫攻坚的排头兵。

（一）强化疫情防控战的人才保障

广电总局发布《关于统筹疫情防控和推动广播电视行业平稳发展有关政策措施的通知》等系列文件，作出全面部署，在人才队伍保障方面，要求鼓励激励党员干部担当作为，充分发挥基层党组织战斗堡垒作用和党员先锋模范作用，带头做好舆论引导，带头落实防控措施，带头服务职工群众，带头严格遵守纪律，让党旗在疫情防控斗争第一线高高飘扬。要求在广播电视和网络视听行业各类优秀人才推荐选拔中，充分考察人选在疫情防控期间工作表现，优先推荐在疫情防控一线作出突出贡献的人选。在疫情防控阻击战中，从广电总局到各地广电管理部门和广播电视机构、网络视听平台，全员进入战斗岗位，在宣传和服务战线作出了重要贡献。

（二）广电战线人人都是战斗员

广电行业从业人员积极踊跃参加疫情防控人民战争、总体战、阻击战，人人都是战斗员。宣传报道、内容制作、传送播出、上线包装、审核管理、安全保障、运维客服、技术研发等各专业岗位都成为战"疫"前沿阵地，涌现出一大批坚守抗疫最前线的典型人物与先进事迹。人才队伍在战"疫"中得到考验和历练。处在疫情重灾区的湖北台、武汉台广电人不惧风险，

始终坚守报道前线；有线网络员工火速推动5G应用落地，连续保障武汉主战场新闻发布会与记者会的常态化直播，以战时速度完成雷神山医院基站建设与网络覆盖。广电总局各司局和直属机构工作人员始终值守抗疫工作一线。多地广播电视台采编小分队随当地医疗队同期驰援湖北，报道一线抗疫。各地有线网络公司成立党员突击组、故障抢修队，运维技术人员放弃假期，坚持第一时间上门服务。基层广电公共服务运维人员坚守岗位，保障应急广播"大喇叭"村村通、村村响。

随着5G、区块链、大数据、人工智能等新一代信息技术革命的不断演进，广播电视和网络视听正在深刻变革，新形态新业务持续涌现，媒体外延内涵不断拓展，新视听生态加快形成。人才队伍成为这场变革的关键。行业快速发展和媒体迭代对精品创作人才、新型经营人才、新业态人才、新型复合型人才、国际传播人才、高端人才、领军人才、创新人才的需求不断加大。然而，广播电视和网络视听队伍仍存在年龄结构不合理、高层次人才比重小、人才储备培养不足、创新型人才不够、既懂创作又懂技术与运营的复合型人才极度缺乏等短板。人才体制机制改革还面临不少障碍，有的广播电视机构人才体制机制严重滞后，阻碍了事业发展。

面对新形势新任务新要求，人才培养力度不断加大、方式手段不断创新，广播电视和网络视听队伍整体素质稳步提升，高素质专业人才日益增多，但人才队伍结构仍急需进一步优化，人才体制机制改革亟待进一步深化。广播电视和网络视听行业要全面加强党对人才工作的领导，加快制定立足当下、放眼未来的人才发展战略，不断提升队伍建设的规划性、系统性、前瞻性与有效性，以人才体制机制改革为抓手，激发人才发展活力，健全人才激励与约束机制，不断壮大政治过硬、本领高强、求实创新、能打胜仗的高素质人才队伍，为新时代、新视听、新发展、注入不竭动力。

第十三节　电影创作与产业发展

国家广播电视总局广播影视发展研究中心　孙　晖

提要： 2019年，恰逢新中国成立70周年，中国电影勠力同心，不断从"高原"向"高峰"迈进，推动从电影大国向电影强国跨越。这一年，电影管理深化综合改革，新中国成立70周年献礼影片取得社会效益和经济效益双丰收，电影产业创新升级发展，对外交流不断加强。全年生产电影故事片850部，票房达到642.66亿元，同比增长5.4%，稳居全球第二大电影市场地位；全年国产电影总票房占比64.07%，为近年来最高[1]；影院基础建设取得了新进展，全国共有影院[2]10438家，全国银幕总数[3]达67618块，全国新增银幕8219块，电影基础建设持续位居世界第一[4]。突如其来的新冠肺炎疫情使电影行业发展形势空前严峻，中国电影界坚决落实党中央决策部署，勠力同心、共克时艰、积蓄力量、砥砺前行。

2019年，全国电影界以习近平新时代中国特色社会主义思想为指导，深入学习贯彻党的十九届四中全会精神，特别是习近平总书记关于推进电影事业发展的重要指示批示精神。行政部门大力规范市场秩序，电影创作

---

[1] 数据来源：《中国电影报》2020年1月8日，第1期第1版。
[2] 全国共有影院：可统计票房影院。
[3] 全国银幕总数：可统计票房的银幕数。
[4] 数据来源：中国电影发行放映协会。

不断向好，电影产业发展迈上新台阶，展示出电影市场新活力新趋势。

一、发展概览

2019年，是新中国成立70周年，也是决胜全面建成小康社会、实现"第一个百年"奋斗目标的关键之年。中国电影发展速度稳中有升，电影产能有所收缩，创作质量持续提升，电影市场活力迸发，放映布局不断优化，现实题材电影广受关注，多类型多样化创作格局进一步凸显。2019年，中国电影票房达到642.66亿元，同比增长5.4%，超过全球电影和北美地区电影的票房增速（分别为1%和-4%），稳居全球第二大电影市场地位。2019年，中国内地票房产出约93亿美元，占国际票房①的30%，占全球总票房②的22%，成为全球电影票房实现增长的重要推动力③。这一年，国产电影票房占比64.07%，为近年来最高。国产电影票房超过10亿元的有10部，超过1亿元的有47部④。全国银幕数接近7万块，影院布局愈加趋于合理。《哪吒之魔童降世》实现了国产动画影片的重要突破，票房收入近46.2亿元；《流浪地球》凭借高规格的制作水准和工业水准，票房超过43.5亿元；新中国成立70周年献礼片《我和我的祖国》票房近29.5亿元。与此同时，电影创作质量不断提升，电影口碑效应越来越显著，电影事业产业综合改革力度增强，电影观众观赏水准提升，这些综合因素有力推进中国稳步迈向世界电影强国行列⑤。

二、电影管理迈上新台阶

（一）强化综合改革，多措并举促进行业发展

2019年5月，中央深改委第八次会议审议通过《关于深化影视业综合

---

① 国际票房：除美国本土之外的市场票房收入。
② 全球总票房：世界上所有国家全部电影的票房收入。
③ 数据来源：MPAA（美国电影协会）《2019全球电影产业报告》。
④ 数据来源：《中国电影报》2020年1月8日，第1期第1版。
⑤ 数据来源：中国电影发行放映协会。

改革促进我国影视业健康发展的意见》，进一步聚焦完善创作生产引导机制、规范影视企业经营行为等各种根本性问题，为中国电影高质量发展提供了强有力的保障，也为正处于关键时期的影视行业改革发展指明了方向。2019年12月，司法部公布了《中华人民共和国文化产业促进法（草案送审稿）》，将文化产业纳入国民经济和社会发展规划中，确定在创作生产、文化企业、文化市场等3个关键环节发力，在人才、科技、金融财税等方面予以扶持保障。

2019年11月19日，中共中央政治局委员、中宣部部长黄坤明在第28届中国金鸡百花电影节开幕式上强调，要认真学习贯彻习近平总书记关于推进电影事业发展的重要指示精神，始终牢记殷切嘱托，自觉担当使命责任，不断推动新时代电影事业繁荣发展。7月11日，国家电影局在横店召开调研座谈会，中宣部常务副部长、国家电影局局长王晓晖指出，要坚持以人民为中心的创作导向和现实主义的创作方向，提升原创力，提升多样化，要发扬工匠精神，推动中国电影走向国际市场。12月8日，国家电影局下发《关于公布在自由贸易试验区开展电影"证照分离"改革具体措施的通知》，对全国各自由贸易试验区涉及电影的试点事项逐项细化了改革举措，制定了加强事中事后监管的具体办法。

一系列支持电影发展的政策法规的出台，将进一步推动中国电影产业深度变革，为快速实现中国电影从大国向强国迈进保驾护航。

（二）加大市场监管力度，构建良好产业生态

2019年4月29日，公安部联合国家电影局、国家版权局在江苏扬州召开新闻发布会，通报公安部部署开展打击春节档电影侵权盗版违法犯罪活动、成功侦办"2·15"系列专案工作情况。此后，国家电影局、国家版权局联手发布多批重点电影作品版权保护预警名单，要求各地版权行政执法部门对本地区主要网络服务商发出版权预警提示，加大版权监测监管力度，对未经授权通过信息网络非法传播版权保护预警重点作品的行为，依法从严从快予以查处。2020年1月，国家电影局、国家版权局联合发布春节档

反盗版宣传片，电影人集体呼吁大家拒绝盗版，加强版权意识，共同助力电影业健康发展。

2019年4月16日，中国电影制片人协会、中国电影发行放映协会共同制定签署《关于影片进入点播影院、点播院线发行窗口期的公约》，要求点播影院、点播院线的影片窗口期为影片在电影院线首轮上映档期的两倍。5月23日，国家电影局发布《关于开展点播影院、点播院线试点工作的通知》，要求自2019年6月起，北京、上海、湖南、湖北、江苏、广东、四川7个省（市）开展点播影院、点播院线试点工作。这一系列举措有效维护版权人的合法权益，推动点播影院、点播院线沿着法治轨道健康繁荣发展。

三、新中国成立70周年献礼片成绩亮眼

（一）中国电影人集体献礼，献礼影片题材丰富大放异彩

2019年，中国电影工作者以习近平新时代中国特色社会主义思想为指引，以高度的社会责任感和饱满的创作热情，创作出《我和我的祖国》《中国机长》《攀登者》《决胜时刻》《古田军号》《红星照耀中国》《烈火英雄》等类型题材各异、质量优秀的献礼影片，为庆祝新中国成立70周年献上电影人的一份厚礼。

《我和我的祖国》以普通人的故事书写伟大时代的发展变迁，既体现了符合时代精神的主流价值观，又熟练运用类型化的叙事方式，引发出广大观众强烈的爱国热情，形成了持续性的观影热潮。《中国机长》《烈火英雄》展现了民航机长、消防员等行业英雄惊心动魄的故事，《攀登者》讲述中国攀登者勇敢挑战珠峰、测量"中国高度"的壮举，《决胜时刻》《古田军号》再现毛泽东、周恩来等伟人、老一辈无产阶级革命者风采。这些献礼影片题材各异、内容丰富，凭借优良品质和多样化表达，博得广大观众尤其是年轻观众的好评，取得了显著的社会效益。此外，2019年国庆节期间，由中央广播电视总台"央视频"出品、中国首部进入电影院线的"直播大

片"《此时此刻——共庆新中国70华诞》于国庆节在全国70家影院同步播出。

(二) 主流大片助推国庆档刷新纪录，取得社会效益与经济效益双丰收

2019年8月，庆祝中华人民共和国成立70周年重点献礼影片推介活动启动仪式举行。2019年9月30日，《我和我的祖国》《中国机长》《攀登者》三部影片集体上映为国庆献礼，并助推2019年国庆档在整体市场及单片市场刷新市场纪录。10月1日至7日，累计票房产出为44.66亿元，累计观影人次为1.17亿[1]。

由中国电影艺术研究中心联合艺恩进行的中国电影观众满意度调查，2019年调查结果显示，国庆档档期满意度得分88.6分，观赏性得分88.6分，思想性得分90.6分，均居历史调查第一位，创造了此项调查开展以来的档期满意度最高分。《我和我的祖国》《中国机长》《攀登者》三部影片包揽了近5年来国庆档单片满意度前三位。其中《我和我的祖国》首次突破90分关口，以91.0分创造了单片满意度新纪录[2]。这体现了观众对献礼影片的由衷喜爱和强力支持，给未来主旋律电影创作树立了标杆和榜样。

北京时间2019年9月30日至10月1日，庆祝新中国成立70周年献礼影片《我和我的祖国》在美国、加拿大、澳大利亚三个国家十个主要城市成功举办首映礼活动。纽约、洛杉矶、多伦多、温哥华、悉尼、墨尔本等地华人华侨共聚影院，共同重温新中国成立以来的精彩故事。《攀登者》发行至美国、加拿大、英国、澳大利亚、新西兰、新加坡、马来西亚、南非等十余个国家和地区。其中，北美和英国与中国同步上映，北美、英国、新加坡开画总银幕数为2019年华语影片之最[3]。

---

[1] 数据来源：《中国电影报》，2020年1月15日，第2期第5版。
[2] 数据来源：《中国电影报》，2020年1月15日，第2期第5版。
[3] 数据来源：《中国电影报》，2020年1月8日，第2期第16版。

四、电影创作生产高质量发展

(一) 电影产能有所收缩

2019 年,国产电影创作生产保持繁荣稳定发展的态势,电影产能近五年来首次出现收缩。全年生产电影故事片 850 部,动画电影 51 部,科教电影 74 部,纪录电影 47 部,特种电影 15 部,合计 1037 部,同比下降 5.8%(见表 1)。总体来看,2019 年国产电影不仅在新中国成立 70 周年成功地激发和回应了广大人民群众的爱国热情,同时在质量水平、题材类型、口碑反响等方面均经受住市场和观众的考验,反映出中国电影讲好"中国故事"的信心和能力。

表 1　2015—2019 年国产电影数量

年份 电影种类	2015	2016	2017	2018	2019
故事片	686	772	798	902	850
动画影片	51	49	32	51	51
纪录影片	38	32	44	61	47
科教影片	96	67	68	57	74
特种影片	17	24	28	11	15
合计	888	944	970	1082	1037

数据来源:《中国电影报》2020 年 1 月 8 日,第 1 期第 1 版。自 2012 年起,供电视播出的数字电影生产数量并入故事片类计算。

(二) 创作质量稳步提升

1. 动画电影实现重要突破,科幻电影"硬科幻""软科幻"并进

2019 年,动画电影《哪吒之魔童降世》以 46.2 亿元票房和约 1.4 亿观影人次[①]领跑中国电影市场,实现了国产动画影片的重要突破。该片既保留了中国传统文化的精髓,也大胆创新融入流行元素,成功探索了中华优秀传统文化的创造性转化和创新性发展。《白蛇:缘起》《罗小黑战记》《雪人奇缘》等动画电影佳作也取得了良好的票房成绩。

---

① 数据来源:中国电影发行放映协会。

2019年,《流浪地球》获得43.54亿元票房和观众热烈好评,位列年度票房榜亚军。该片在制作上呈现出高规格的制作水准和工业水准,在剧情上体现出中国亲情观念、奉献精神、故土情结和国际合作理念,填补了中国"硬科幻"电影类型的空白,推动了中国电影工业化水平的提高。《疯狂的外星人》《被光抓走的人》等"软科幻"电影,则用荒诞喜剧和现实观照的方式为科幻电影类型化开创了新局面。

2. 现实题材结合类型化表达,持续推进电影美学升级

2019年,国产故事片既在创作类型上题材丰富、范式多元,又在故事内容上精耕细作、精益求精。不少影片在现实题材与类型化表达融合方面积极探索,在思想主题、艺术创作与类型化叙事之间取得了平衡,实现了新突破。《地久天长》展现了在社会发展进程中中国人面对困难所展现出的坚毅与韧性,斩获柏林国际电影节、中国电影金鸡奖等诸多奖项。《少年的你》《银河补习班》聚焦青少年成长、校园暴力、学校教育等社会问题,凭借动人情节和精良制作赢得了观众的认可。《误杀》在犯罪悬疑片的类型片基础上,在故事情节和美学表达上进行了积极探索,获得较好口碑(见表2)。

表2 2019年票房前20影片类型分析

序号	片名	类型	序号	片名	类型
1	《哪吒之魔童降世》	动画、喜剧	11	《比悲伤更悲伤的故事》	剧情、爱情
2	《流浪地球》	科幻、冒险	12	《银河补习班》	剧情、家庭
3	《我和我的祖国》	剧情	13	《误杀》	剧情、悬疑
4	《中国机长》	剧情、传记	14	《反贪风暴4》	动作、悬疑
5	《疯狂外星人》	喜剧、科幻	15	《叶问4:完结篇》	动作、传记
6	《飞驰人生》	喜剧、动作	16	《熊出没:原始时代》	动画、冒险
7	《烈火英雄》	灾难、动作	17	《使徒行者2:谍影行动》	动作、悬疑
8	《少年的你》	爱情青春	18	《新喜剧之王》	喜剧
9	《扫毒2:天地对决》	动作、悬疑	19	《白蛇:缘起》	动画、奇幻
10	《攀登者》	剧情、冒险	20	《最好的我们》	爱情、青春

数据来源:《中国电影报》2020年1月8日,第1期第1版。

3. 老中青三代集体发力，中国电影新力量强势崛起

2019年，中国电影老中青三代创作者集体发力，携手并进。庆祝新中国成立70周年的献礼片中，凝结了创作者们的集体智慧，展现了积极昂扬的精神风貌。《我和我的祖国》由陈凯歌担任总导演，管虎、薛晓路、徐峥、宁浩、文牧野等导演共同执导，讲述了新中国成立70年间普通百姓与共和国息息相关的7个故事。中国电影新力量的全面崛起和集体发力，助力中国电影创作实力和创新能力的整体提升。在2019年度票房超过10亿的10部国产影片中，杨宇导演的《哪吒之魔童降世》、郭帆导演的《流浪地球》、文牧野参与导演的《我和我的祖国》、韩寒导演的《飞驰人生》等影片由"80后"电影人担任导演或参与执导。申奥导演的《受益人》、白雪导演的《过春天》、滕丛丛导演的《送我上青云》等青年导演执导的影片以新颖的叙事内容、多元的题材风格为2019年的中国电影创作提供了更多的发展空间，合力推动中国电影创作的繁荣发展。

（三）制作主体砥砺奋进，发行营销突破"圈层"

2019年，国有电影制片单位以庆祝新中国成立70周年为契机，重点布局主流商业大片。中国电影股份有限公司出品影片20余部，参与发行影片超过100部，其中影片《流浪地球》抢占创新技术高地，提高了国产电影工业化制作水准。华夏电影发行有限公司全年发行了《我和我的祖国》《古田军号》等80余部影片，以《我和我的祖国》为代表共出品影片12部。上影、峨影、潇影、电影频道节目中心（CCTV6）等国有制片单位均发挥自身特色，彰显国有制片单位的市场活力和艺术水准。

传统民营影视公司继续在电影市场中发挥中流砥柱的作用。2019年，光线传媒影业有限公司市场表现较为出色，其出品的动画电影《哪吒之魔童降世》成为年度票房冠军。博纳影业集团有限公司出品了《中国机长》《决胜时刻》《烈火英雄》等高水平主流大片。万达影视传媒有限公司主导或参与出品了《飞驰人生》《我和我的祖国》《反贪风暴4》等影片。

互联网影视公司在电影行业中发挥越来越重要的作用。2019年，天津猫眼微影文化传媒公司、上海腾讯影业文化有限公司、阿里巴巴影业集团有限公司等均有较好成绩。天津猫眼微影文化传媒公司全年参与出品影片共28部，包括《流浪地球》《攀登者》等电影。上海腾讯影业文化有限公司参与出品了《我和我的祖国》《南方车站的聚会》等影片。阿里巴巴影业集团有限公司参与出品的影片包括《烈火英雄》《中国机长》《少年的你》等。

2019年，电影发行营销更突出互联网化和创新融合的特点，直播和短视频的强势兴起是主要表现之一。"直播售票"作为新兴具有影响力的电影宣发手段，具有及时互动、接地气、流量大的特点，能在短时间内达到更垂直、更精准、更社交的营销效果。网络直播在电影《受益人》《南方车站的聚会》《吹哨人》《只有芸知道》等影片的发行中均取得了良好效果。《哪吒之魔童降世》《流浪地球》《少年的你》等年度高票房影片的短视频播放量都较为可观。

五、电影产业创新升级发展

（一）电影市场迸发活力

1. 票房增速持续放缓，国产电影倍受瞩目

2019年，全国电影总票房达到642.66亿元，同比增加32.9亿元，同比增长5.4%，增速进一步放缓。票房超亿元的国产片[①]48部，票房382.27亿元，增长34.57亿元，增幅9.94%[②]。全年国产电影总票房411.75亿元，同比增长8.65%，市场占比64.07%，为近5年来最高（见表3）。在电影票房前十的影片中国产电影占8部，进口片2部，为历年国产片在年度票房前十中的最高比例。在电影票房前五之列，国产电影占据四席，其中年度票房冠亚军《哪吒之魔童降世》《流浪地球》的单片票房均远超40亿元，分

---

① 国产片：其中1部2018年年底上映。
② 数据来源：《中国电影报》2020年1月15日，第2期第1版。

别位列 2019 年全球电影票房排行榜中的第 11 位和 12 位[①]（见表 4）。

表 3　2015—2019 年国产电影和进口电影市场份额情况

类别	年份	2015	2016	2017	2018	2019
国产	票房（亿元）	271.36	287.47	301.04	378.97	411.75
	票房比例	61.58%	58.33%	53.84%	62.15%	64.07%
进口	票房（亿元）	169.33	205.36	258.07	230.79	230.91
	票房比例	38.42%	41.67%	46.16%	32.85%	35.93%

数据来源：《中国电影报》2020 年 1 月 8 日，第 1 期第 2 版。

表 4　2019 年全国票房收入前 10 名影片

排名	片名	观众人次（万人）	票房收入（万元）
1	《哪吒之魔童降世》	13991	461979
2	《流浪地球》	10499	435402
3	《复仇者联盟 4：终局之战》	8680	402725
4	《我和我的祖国》	8248	294832
5	《中国机长》	7768	269413
6	《疯狂的外星人》	5267	205505
7	《飞驰人生》	4142	160302
8	《烈火英雄》	4749	157682
9	《少年的你》	4297	143471
10	《蜘蛛侠：英雄远征》	4151	137485

数据来源：中国电影发行放映协会。

2019 年，全国城市院线观影人次达 17.28 亿，同比 2018 年略增 0.58%，电影越来越成为人们喜闻乐见的娱乐方式之一[②]。电影工作者坚持以人民为中心的创作导向，创作出一批思想性观赏性高、社会影响力大、观众口碑好的影片，这些影片以优质的创作水准得到了观众的高度评价。

---

① 数据来源：《中国电影报》2020 年 1 月 15 日，第 2 期第 8 版。
② 数据来源：中国电影发行放映协会。

从年度满意度及三大指数来看，2019年年度观赏性、思想性和传播度得分分别为85.2分、85.5分和80.5分，较上年同期提升了0.5分、1.4分和5.5分，为近年来最高，得到了人民群众的广泛认可（见表5）。

表5 2015—2019年年度满意度及三大指数对比

指数 年份	满意度	观赏性	思想性	传播度
2015	81.2	80.5	78.8	86.4
2016	81.0	80.4	80.5	83.4
2017	83.3	83.6	83.3	82.4
2018	82.5	84.7	84.1	75.0
2019	84.3	85.2	85.5	80.5

数据来源：《中国电影报》2020年1月8日，第1期第3版。

2. 粤苏浙位列三甲，冀皖鲁增速领跑

2019年，全国电影市场发展的均衡性逐渐增强。全国31个省（区、市）票房均有不同幅度的上涨，年度票房排名前10的省（区、市）收入均超过或接近20亿元。票房冠军广东省年度票房总额达到82.53亿元，连续18年蝉联全国省（区、市）票房榜首位。江苏省以55.48亿元票房成绩位居第2位。紧随其后的是浙江省，年度票房总额达45.82亿元。其他年度票房总额入榜前10的省（区、市）依次是上海、四川、北京、山东、湖北、河南和安徽，其中山东、安徽两地年票房涨幅超过10%，增速领跑全国。四川反超多年老对手北京，位列第5位；山东涨幅为10.61%，反超湖北上升至第7位；河南涨幅达到9.75%，排名稳定在第9位（见表6）。

票房第11-20位的地区排名有着较为明显的变化。福建凭借5.79%的票房增幅，超过辽宁和湖南，攀升至第11位。陕西的年票房增幅达到11.81%，成功超越重庆，位居第15位。云南也凭借7.62%的增幅，超越黑龙江，成功跻身年度地区票房榜20强。

河北省虽然排名稳定在14位，但11.51%的票房增幅为全国第2，与辽宁的差距进一步缩小。湖南（+7.99%）、江西（+6.12%）、广西（+8.51%）、山西（+8.70%）等地区的年票房涨幅也都超过了全国票房的增幅。

表6 2019年全国票房收入前10名地区

排名	省（市）	票房（万元）	票房占比（%）
1	广东省	825,340	13.89
2	江苏省	554,772	9.34
3	浙江省	458,212	7.71
4	上海市	355,852	5.99
5	四川省	345,905	5.82
6	北京市	342,502	5.76
7	山东省	269,500	4.54
8	湖北省	263,195	4.43
9	河南省	242,347	4.08
10	安徽省	198,058	3.33

数据来源：中国电影发行放映协会。

（二）放映格局不断深化

1. 影院建设增速趋缓，单银幕票房产出持续走低

2019年，中国影院基础建设取得了全新成就，持续位居世界第一。2019年，全国银幕总数达67618块，全国新增银幕8219块。银幕增量更加明显向三四线城市下沉，观影格局日益合理、优化。与之形成鲜明对比的是，近年来单银幕的票房产出持续下滑。2019年，单银幕票房产出约95万元，近年来首次跌破100万元大关（见表7）。越来越多的银幕数量分流了电影观众，网络新媒体的快速发展也给观众的观影提供了更为方便快捷的选择。值得一提的是，2019年，CGS中国巨幕影厅全年票房达8.04亿元，覆盖100部影片，约占全年新片五分之一，再次刷新纪录[①]。

---

① 数据来源：猫眼数据、猫眼研究院。

表 7 2015—2019 年影院建设情况一览表

年份 指标	2015	2016	2017	2018	2019
院线（条）	48	48	49	48	50
银幕数（块）	31627	41179	50776	60079	67618
新增银幕数（块）	8035	9552	9597	9303	8219
新增影院数（家）	1042	1612	1435	1145	1015
观影人次（亿人）	12.6	13.72	16.2	17.18	17.28
平均票价（元）	34.98	35.92	34.51	33.08	34.38
单银幕票房产出（万元）	139.34	119.68	110.11	101.49	95.04

数据来源：国家电影局、中国电影发行放映协会。

2019 年，院线竞争持续升级，增速放缓。万达电影院线以 81.67 亿元票房和 2 亿次观影人次位列全国院线票房收入榜首，位列第二、第三的是广东大地电影院线股份有限公司和上海联和电影院线有限责任公司。全年共有 10 条院线票房收入达到 20 亿元以上，相比 2018 年增加两条。排名前 10 的院线票房贡献约占全年总票房的 62.56%[1]（见表 8）。

表 8 2019 年票房收入排名前 10 的院线情况

排行	院线名称	票房（万元）	影院数（家）	银幕数（块）	场次（万）	人次（万）
1	万达	816676	647	5666	956.59	20955.80
2	广东大地	581694	1120	6760	1195.96	17415.21
3	上海联和	475168	635	4089	639.09	12869.79
4	中影南方新干线	426575	845	5020	898.84	12698.66
5	中影数字	417623	873	5589	949.79	12350.46
6	中影星美	313632	487	3076	597.49	9243.42
7	广州金逸珠江	286176	422	2630	498.87	8234.71
8	浙江横店	250134	455	2796	586.41	7831.97
9	江苏幸福蓝海	234704	387	2433	414.51	6890.53
10	华夏联合	217803	415	2472	440.29	6417.86

数据来源：中国电影发行放映协会。

[1] 计算方法：（前十院线票房总和）402.02/（全年票房）642.66＝62.556%。

2. 两条新院线挂牌成立，加快院线改革升级深化

2018年12月，国家电影局下发《关于加快电影院建设，促进电影市场繁荣发展的意见》（以下简称《意见》），明确提出"深化电影院线制改革""鼓励发展电影院线公司"，意味着国家正式开放电影院线牌照。2019年4月，博纳电影院线揭牌仪式举行，博纳影业率先拿到该《意见》出台后的第一张院线牌照。随后，上海华人文化也获得国家电影局颁发的跨省电影院线牌照。这两家院线分别位列2019年全国电影院线票房第27名和37名，在成立当年即显现出不俗的成绩。由此，国内院线竞争压力加剧，影院市场竞争的"鲶鱼效应"开始显现，继续加快院线的深入改革和升级。

（三）中国电影稳健阔步"走出去"

1. 国际合作稳中有进，人文交流提质增效

2019年，中国电影对外交流作用日趋凸显，中国电影走向海外的步伐不断加快。6月6日，中俄人文合作委员会电影分委会第十二次会议在俄罗斯圣彼得堡顺利召开，中俄两国签署会议纪要。6月11日，中国与塔吉克斯坦签署了《中华人民共和国国家电影局与塔吉克斯坦共和国国家电影制片厂关于合作摄制电影的协议》，这是两国首次在电影领域签署官方合作文件。这些举措有力地推动了各国间的文化交流，为电影合作打下了坚实的基础。

2. 中外电影节展频繁，交流融合逐步深化

2019年，中国电影持续通过电影节展、电影周等活动促进中外电影交流合作，以更加开放包容的姿态将更多国家和地区的优秀电影引进来，让更多具有中国精神、中国价值、中国力量的国产影片走出去。第22届上海国际电影节、第9届北京国际电影节、第6届丝绸之路国际电影节、第二届海南岛国际电影节、第三届平遥国际电影展、亚洲文明对话之亚洲影视周等节展持续扩大影响力，吸引诸多国内外优秀作品、优秀影人参加。

全球各地的"中国电影周"活动络绎不绝。俄罗斯2019中国电影节、第二届迪拜中国电影周、首届萨拉热窝中国电影周、首届多米尼加中国电影周、乌兰巴托中国电影周、毛里求斯中国电影周、巴西中国电影周、墨尔本中国电影周、莫桑比克中国电影周、第六届巴黎外国电影周等活动纷纷举办，这些活动推动更多优秀电影走出去，中国电影的海外影响力进一步扩大。

3. 中国电影屡获国际奖项，中国故事走向世界舞台

2019年中国电影在国际电影节上都有所斩获，中国故事正在以特有的魅力走向世界。2019年2月，在第69届柏林国际电影节上，咏梅和王景春凭借电影《地久天长》获得最佳女演员和最佳男演员奖，青年导演王丽娜处女作《第一次的别离》获新生代单元评审团奖。在第72届戛纳国际电影节上，刁亦男导演的《南方车站的聚会》入围戛纳电影节主竞赛单元，祖峰导演处女作《六欲天》、华裔导演赵德胤执导的《灼人秘密》入围一种关注单元。第76届威尼斯国际电影节上，娄烨导演的《兰心大剧院》和杨凡导演的动画片《继园台七号》入围主竞赛单元，万玛才旦凭借《气球》入围地平线单元。除欧洲三大电影节外，王瑞导演的《白云之下》入围东京国际电影节主竞赛单元；孙傲谦的《少年与海》、李骥的《通往春天的列车》、廖克发的《菠萝蜜》入围釜山电影节主竞赛单元；梁鸣的《日光之下》和陈哲艺的《热带鱼》分别获得第三届平遥国际电影展费穆荣誉最佳导演和最佳影片。在这些颇具影响力的电影节展上，中国电影以东方特色的故事表达，让不同国家和地区的众多观众感受到了中国故事的独特魅力。

六、勠力同心、共克时艰，夺取抗疫和发展的双胜利

（一）电影行业积极参加疫情防控阻击战

2020年，突如其来的新冠肺炎疫情使电影行业面临空前严峻形势。电影界落实党中央决策部署，围绕中心、服务大局，积极应对、勇于牺牲，春节档热门影片集体紧急撤档，全国电影院暂停营业，剧组停止拍摄。电

影人积极参与抗击疫情的行动，凝聚起强大的精神力量。

一是电影扶持政策陆续出台。2020年4月，国家电影局协调财政部、发改委、税务总局等部门，研究推出免征电影事业发展专项资金以及其他财税优惠政策。同时，加大对重点影片的创作和宣发支持力度，指导各地出台帮扶电影企业纾困发展的政策措施。国家电影局还积极组织优质片源，丰富电影网络供给，满足人民群众当前居家观影需求。中国电影发行放映协会、中国电影制片人协会先后发布关于免除2020年年度会费的通知。

全国多地相继出台了对包括电影行业在内的中小企业纾困解忧的扶持政策以及减租减费、税收优惠等经济政策。北京市电影局发布《致首都电影行业的公开信》，将广泛征集反映抗疫事迹的影视作品并且择优予以资助扶持。上海市委宣传部发布了《全力支持服务本市文化企业疫情防控平稳健康发展的若干政策措施》，与文化企业共克时艰。湖南省委宣传部、省电影局、省财政厅等部门决定直补每块银幕、缓缴和减免电影专资。浙江省、广东省、江苏省、四川省、福建省、安徽省、河南省等省（区、市）相关部门，纷纷出台相应措施，切实纾解电影企业经营困难。

二是电影企业积极投身抗疫斗争。上海电影集团推出全国首支"影院抗疫纾困基金"，总额达10亿元。横店影视城、东方影都、象山影视城等在内的各大影视基地也都在加大对复工剧组拍摄的优惠力度，为电影业复工做好各项准备。中影集团联合行业内有实力的企业、电影创作者筹备创作抗击疫情题材的电影作品。珠江电影集团倾情创作出品了战"疫"主题歌曲《武汉红梅》，深情表达电影人对全国各地奔赴"战疫"一线的逆行者和英雄的武汉人民的敬意。新影联旗下天空影城启动"最美背影，向医护工作者致敬"活动。

三是电影创作者用实际行动传递爱与希望。在中国文联、中国视协、中国影协、中国音协组织下，由成龙、吴京、黄晓明、沈腾、宋佳、陈建斌等影视和音乐工作者共同创作主题歌曲MV《坚信爱会赢》，由林永健、佟丽娅等共同录制抗击疫情诗朗诵《我，向人民报到!》。电影创作者一致表示，电影人将挖掘疫情阻击战过程中的好故事，坚持以人民为中心的创作导向，写出更美、更好的电影故事。

(二) 院线电影线上首映迎来新爆点，电影业新一轮变革开启在即

受疫情影响，全国实体影院关停，观众无法到影院观看电影。既往新片先在院线首映、院线放映的"窗口期"过后再线上播映的电影传统发行放映模式出现新探索新变化。在大部分2020年春节档影片选择推迟档期的同时，也有个别影片选择转向与网络视听机构合作，在线上进行首映。影片《囧妈》大年初一在字节跳动旗下各平台（抖音、西瓜视频、今日头条、抖音火山版等）免费首映，上线前10天总播放量达8.5亿，共计2.4亿人观看，赢得了网民的广泛支持。据报道，字节跳动为此支付6.3亿元购买播放权，此后其旗下12款App下载量迅速占据排行榜前列。这一探索的示范效应逐步显现，对院线放映提出挑战。多家院线联名请示国家电影局，要求进一步规范行业制度。此后，《肥龙过江》《大赢家》《我们永不言弃》等院线电影先后改为在网络平台免费或付费首播，均取得良好的播映效果。

疫情既是一场危机，也蕴含新的发展契机。院线电影线上首映取得成功展现出影视产业结构优化、创新发展的新趋势，为传统院线与网络播映的融合发展提供了契机，由此展现出电影线上放映未来发展的更多潜力与更大空间。这一探索除推动电影发行模式创新外，电影创作方式、电影表现形式、电影商业模式等方面均将开启新一轮变革。

(三) 电影行业按下"暂停键"，也按下高质量创新性发展的"快进键"

随着疫情的冲击和影响，2020年中国电影业将面临自2003年中国电影全面推进产业化进程以来的空前挑战。电影摄制遭遇停摆，电影院线颗粒无收，电影从业人员艰难维持。这是一场巨大危机，但危中有机，电影业正万众一心，化危为机，砥砺前行。

电影与时代相互成就，担负着记录时代的使命。这次抗疫充分体现了中国特色社会主义制度的优越性和先进性，成为中华民族伟大复兴进程中

的又一重大胜利，为今后电影创作提供丰富充足的艺术源泉。电影行业应当从这一次伟大斗争中广泛汲取精神营养，讲述好中国人民伟大的抗疫故事，打造更多的经典电影作品。创作者既要以宏大视角展现国家和人民如何坚定信心坚决夺取这场抗疫战争的伟大胜利，也要以细微视角再现疫情中涌现的英雄事迹和平凡人物，挖掘抗疫中的动人故事，用精湛的艺术境界去抒写时代的史诗，推动电影创作再创辉煌。

电影产业面临新的发展契机。抗疫斗争胜利了，人们的生活将恢复常态，电影院线即将重启，电影创作注入了新的动能，电影市场的复苏指日可待。随着线上首映模式的开启，院线与网络平台将在竞争中融合，必然倒逼院线服务模式的改革创新，从而引发传统线下电影创作与制作模式、发行放映模式和电影商业模式的新一轮变革迭代。

七、推动新时代电影事业繁荣发展的着力点

（一）全力应对疫情挑战，建立健全电影行业风险防控机制

2020年新冠肺炎疫情在全球范围内的暴发，对以电影产业为代表的文化产业发展产生显著的阻碍和影响。中国电影业面临前所未有的挑战，在电影投融资、电影创作与制作、电影发行与放映等产业链重要环节，将经历重大考验与变革性的变化。行政部门应加快推出免征电影事业发展专项资金的政策以缓解发展压力，提供低息免息贷款解决融资难题，进一步完善帮扶电影企业纾困发展的政策措施。影视企业应对疫情影响需积极展开自救，如调整预期计划，利用优惠政策重新布局；着力深挖互联网商业潜能，探索线上线下融合发展路径等。全行业要坚持防范危机常态化，提高抗市场风险能力，着力建立健全电影行业风险防控机制。

（二）坚持以人民为中心的创作导向，加强电影精品创作生产

要深入学习贯彻习近平总书记关于文化文艺工作系列重要论述，牢记初心使命、坚持正确方向，聚焦电影精品创作，推动电影高质量发展，更好满足人民群众精神文化生活新期待，更好发挥文艺在举旗帜、聚民心、

育新人、兴文化、展形象上的积极作用。加大对重点影片的创作支持力度，聚焦当下全民抗疫、脱贫攻坚和2021年中国共产党建党100周年等重大时间节点，超前规划，精准选题，有效实施，讲好中国故事。电影从本质上讲是内容产品，电影的质量最终要体现在内容的厚度、思想的深度和情感的浓度上。要坚持以人民为中心的创作导向和现实主义的创作方向，提升原创力，提倡多样化，要发扬工匠精神，不断推动新时代电影事业繁荣发展。

（三）坚持守正创新发展方向，持续释放改革政策红利

推动电影产业化发展、实现电影强国战略，需要更有利的政策环境和强有力的法制保障。要积极响应中央号召，加强影视业综合改革的力度，持续释放改革政策红利，进一步完善创作生产引导机制、规范影视企业经营行为。电影产业作为综合产业，要积极推进《电影产业促进法》配套细则的制定出台，着力建构一套综合性电影产业监管体系，不断细化、深化对电影产业具体问题的监测手段，进一步净化电影产业发展环境，切实促进电影市场管理的规范化法制化发展。

（四）坚持提升电影工业化水平，为电影强国目标提供保障和支撑

伴随基于5G通信技术的移动互联的推广、人工智能的普及与提高、智慧社会的建设，中国电影正处于融合创新发展的关键时期。近些年来，中国电影工业基础不断夯实，技术水准和创新能力持续提升。未来，进一步加快电影科技创新升级，全面提升电影工业化水准和现代化水平将是中国电影发展的重要方向，也是实现电影强国目标的重要保障和支撑。因此，中国电影应当整合技术资源，凝聚科技力量，坚持自主技术研发，着力推进高新技术在电影全产业链内的应用，力图在各个环节寻求关键技术的突破，不断推动电影创新体系的形成和升级。

（五）坚持"四个自信"讲好中国故事，以文化发展擦亮"中国名片"

电影实力直观反映综合国力，电影的发展成就彰显文化自信。作为深受人民群众喜爱的文化方式，电影在文化产业中具有引领作用，这就要求

我们将电影的发展同国家发展目标相对接，坚定不移推进电影强国建设，为实现中国梦提供强有力的精神支撑。在中国日益走向世界舞台中央的时刻，电影人应该加倍努力，用电影这个构建人类命运共同体的重要载体，深植富有包容力和感召力的价值观，讲好富有人文内涵、艺术张力的中国故事，传播好中国声音，发扬好中国精神。

第十四节 广播电视战线抗击新冠肺炎
疫情阻击战报告

国家广播电视总局广播影视发展研究中心　吕岩梅　戚　雪

提要：面对2020年年初突发的新冠肺炎疫情，国家广播电视总局全面贯彻落实党中央各项决策部署，及时作出周密安排，全国广电行业统一行动，迅速集结，多措并举，全力投入抗击新冠肺炎疫情阻击战。在这场行业抗疫与宣传引导及助力全国抗疫的"双线作战"和勇夺疫情防控与行业自身复工达产"双胜利"中，广电交出了合格答卷，发挥了特别战斗队和前线宣传队的重要作用。

2020年年初，突如其来的新冠肺炎疫情袭击中国，全国广播电视战线坚决贯彻落实习近平总书记重要讲话和指示批示精神，全面落实党中央各项决策部署，在国家广电总局的统筹和组织下，把防控疫情作为最重大的政治任务和最重要的工作。全国一盘棋筑起抗疫战线，强化新闻宣传、优化节目安排、保障安全播出、采取重大行动、扩大惠民服务，凝聚起坚决打赢疫情防控阻击战的强大力量，为夺取疫情防控和实现经济社会发展目标"双胜利"作出积极贡献。

一、闻令即行，周密部署，全力服务疫情防控大局

疫情发生后，广电总局第一时间指导和组织广电行业积极主动作为，

全行业全面响应,发扬特别能吃苦、特别能战斗、特别能奉献的广电精神,增强"四个意识",坚定"四个自信",做到"两个维护",以坚定有力的举措、毫不懈怠的姿态,严细深实履职尽责,有力服务了党和国家工作大局。

(一) 提高政治站位,强化政治责任

强化政治责任。2020年1月25日,习近平总书记主持召开中共中央政治局常务委员会,对疫情防控特别是患者治疗工作进行再研究、再部署、再动员。广电总局第一时间召开党组会议,及时传达学习并坚决贯彻落实习近平总书记关于疫情防控工作的重要指示批示精神,进一步明确国家广电总局是政治机关、广电工作是政治工作,牢记"疫情就是命令,防控就是责任",坚决落实党中央决策部署。国家广电总局先后印发了《中共国家广播电视总局党组关于坚决贯彻落实中央精神、加强党的领导、为打赢疫情防控阻击战提供坚强政治保证的通知》《关于做好疫情防控工作、发挥党组织和党员作用的通知》,要求全行业深刻认识疫情防控工作的极端重要性、紧迫性,持续加强对疫情防控工作的统一领导、统一指挥。

勇于担当作为。国家广电总局把政治责任落到具体工作上,围绕疫情防控、宣传报道、精品供给等作出专题部署,就应对肺炎疫情宣传引导工作、广播电视防控肺炎疫情有关节目播出进行周密安排,引导和推动广播电视和网络视听机构把思想和行动统一到习近平总书记重要指示精神和中央决策部署上来。同时紧盯疫情防控形势演进和宣传舆论态势变化,积极主动作为,及时协调解决一线阵地遇到的紧迫问题,及时统筹组织宣传战线工作格局调整和力量资源配置,指导推动广电行业在打赢疫情防控阻击战中发挥更大作用。

主动履职尽责。在广电总局统筹指导下,各级广播电视和网络视听机构落实意识形态工作责任制,守土有责、守土负责、守土尽责,充分发挥了各级广电部门党组织战斗堡垒作用。各地强化底线思维,完善应急预案,建立省、市、县广播电视联络机制、零报告制度以及疫情防控工作专报制度等，确保导向安全、内容安全、播出安全。同时督促指导做好一线人员的防护，强化疫情防控工作，确保各项防控措施落细落小落实。

（二）统筹节目资源，强化内容供给

协调资源支持战"疫"主战场。广电总局统一指导、统一部署、统一协调，组织调动全国视听节目资源支持湖北，全力保障疫情严重地区人民群众收听收看优质广播电视节目。先后两批次捐赠共 150 余部近 1000 小时的电视剧、动画片、纪录片、广播剧，供湖北各级广播电视台免费播出，极大缓解了湖北省、武汉市节目播出的燃眉之急。及时跟进了解捐赠版权电视剧的播出情况，在条件允许的情况下，适当扩大 IPTV 播出版权和有线电视大屏直播、点播版权，并指导湖北广电局有序编排播出，根据疫情防控不同阶段进行科学合理编排。同时，国家广电总局还开展网络视听"定向投放"公益展播，组织 7 家互联网电视平台、6 家重点网络视听网站和湖北 IPTV 分平台，集纳 5000 余部精品网络视听节目，进行为期一个月的"湖北人民免费看"网络视听公益展播活动，以优秀网络视听节目助力湖北人民打赢疫情防控阻击战。

统筹主题节目播出活动。居家抗疫期间，人民群众需要大量优秀的广播电视文艺作品来满足精神文化需求。广电总局统筹调控各省级卫视节目的编播，指导全国 50 余家少儿、动画频道开展防疫宣传协作联播，引导少年儿童坚持正常的学习生活；组织全国广播电视节目"众志成城共同战疫"公益展播活动，让人们在居家期间保持乐观健康的心理；组织开展"致敬！守护者"主题文艺作品创作播出活动等形式，向一线医护人员及其家人表达问候。这些作品受到人民群众广泛欢迎，同时带动了国内广大制作播出机构的极大参与热情。

组织制作播出抗疫公益广告。面对疫情，广电总局第一时间行动，引领带动全国各级广电机构掀起制播公益广告热潮，大力普及防疫科普知识，引导群众正确理性看待疫情。国家广电总局协调国家卫健委、中国健康教育中心等机构，以应对新型冠状病毒肺炎疫情为主题，紧急制作了《六步洗手法》《文明打喷嚏》等公益广告，并推荐给全国各级播出机构免费下载播出。精选55件作品纳入"全国优秀公益广告作品库"，供各方面免费下载，并在官网首页设立疫情防控公益广告专题，在学习强国、国务院政务服务平台以及各大新媒体平台设立专区，广泛传播有关作品。

（三）毫不松懈做好广电行业疫情防控

广电总局党组高度重视疫情防控工作，部署总局层面和直属各单位立即成立应对处置新型冠状病毒感染肺炎疫情工作领导小组及办公室，发出《关于做好新型冠状病毒感染的肺炎防控工作的通知》和《关于做好节后应对处置新型冠状病毒感染的肺炎防控工作的通知》，层层压紧压实，加强协调联动，进一步落实疫情防控责任，确保各项工作稳步推进。及时传达学习关于新冠疫情防控工作的有关文件与各类防护知识，指导行业增强防范意识，做好防疫工作，切实保障干部职工生命安全和身体健康。

（四）指导广电行业积极有序复工达产

受疫情冲击，各级各类广播电视和网络视听机构正常工作秩序特别是经营活动都受到了较大影响。为进一步支持广播电视和网络视听行业积极开展疫情防控、有序做好复工达产、实现行业平稳发展，国家广电总局印发了《关于统筹疫情防控和推动广播电视行业平稳发展有关政策措施的通知》（广电发〔2020〕17号）。《通知》提出的12条政策措施，深入总结了全国广电行业好的经验做法，积极回应行业和社会关切，从支持宣传引导、支持创作生产、优化审批流程、完善政务服务、提升应急能力、促进产业发展、落实优惠政策、鼓励担当作为等方面，为行业统筹疫情防控和恢复有序发展提供了政策支持。

二、全国一盘棋筑起抗疫宣传阵地，为夺取疫情防控和实现经济社会发展目标"双胜利"作出积极贡献

疫情暴发以来，国家广电总局组织指导全国广播电视媒体发挥主流媒体作用，做好正面舆论引导，加大权威信息发布，加强防疫科普宣传，调

动全行业力量创作优秀综艺节目、纪录片、动画片，更好地引导舆论、丰富文化、舒缓情绪、稳定人心、坚定信心。据广电总局广播电视节目收视综合评价大数据系统（CVB）统计，2020年1月25日至2月29日，全国有线电视和IPTV较上年12月份日均收看用户数上涨23.8%，收视总时长上涨40.1%，电视机前每日户均观看时长近7小时。重大突发事件面前，广播电视媒体的权威性、公信力、影响力再次凸显。

（一）主动做好正面舆论引导，强化显政，坚定战胜疫情信心

1. 开启战时新闻宣传模式，大力度广覆盖强化疫情防控宣传教育和有序复工复产舆论引导。 广泛深入宣传党中央关于打响打赢抗击疫情的人民战争、总体战、阻击战，勇夺"双胜利"的总要求总部署。疫情发生后，全国广播电视和网络视听积极响应、迅速行动，统筹网上网下、国内国际、大事小事，聚焦疫情防控主线，持续深入做好宣传报道。在广播电视重点新闻节目"头条"和视听新媒体"首页首屏首条"位置突出报道习近平总书记关于疫情防控工作召开的一系列重要会议，多次亲临疫情防控一线的靠前指挥和作出的一系列重要指示重要部署；充分反映以习近平同志为核心的党中央始终坚持把人民群众生命安全和身体健康放在极端重要的位置，始终坚持把疫情防控工作作为压倒一切的头等大事来抓，行动迅速、决策果断，科学防控、精准施策取得的重大成效；大力宣传在党中央领导下，有关部门协同配合、多措并举，紧急组织企业迅速复工达产、多种方式扩大产能和增加产量的有效举措；大力宣传中国疫情防控和复工复产之所以能够有力推进，根本原因是党的领导和中国特色社会主义制度的优势发挥了无可比拟的重要作用，全面营造强信心、暖人心、聚民心的舆论氛围。百档节目及时传播权威信息，广泛普及疫情防控知识，筑牢战"疫"宣传防线。国家广电总局统筹全国卫视节目编排，指导加强疫情防控报道，减少娱乐性节目，并及时发布36家卫视全天节目指引。各级广播电视台迅速调整节目编排，全国各卫视均在重点时段、重点节目开辟战"疫"专题、专栏，推出《众志成城防控疫情》等50余档新闻直播节目和特别报道，

《防控指引十八讲》等数十档防疫科普宣传节目。相关节目报道精准对接公众信息获取需求，围绕防控工作热点、人民群众迫切关心的话题，及时进行深入解读和专业指导，引导人民群众正确理性看待疫情，增强自我防范意识和防护能力。

坚定社会发展信心，为当前舆论融入更多暖色。各级广电媒体广泛报道各地各部门防疫抗疫感人事迹、暖心故事，以及在医疗救治、社区防控、复工复产、返岗返乡等方面的有效措施和取得的成效，提振信心、凝聚共识，为经济社会发展不断注入更多正能量，营造风雨无阻向前进的浓厚氛围，坚定全社会战胜疫情的信心。

2. 面对疫情逆向而行，广电人日夜奋战在疫情防控一线，党的旗帜在战"疫"斗争中高高飘扬。全国广电机构充分发挥党的政治优势、组织优势和密切联系群众优势，把党的领导体现到疫情防控全过程各方面。"我是党员我报名""我是党员我先上""我是党员我值班"，面对疫情的来势汹汹，广电广大党员干部在疫情报道、节目制作、传送播出、安全保障等工作中始终冲锋在前、勇挑重担，发挥模范带头作用，以自己的勇于担当给群众吃下"定心丸"，让党旗在防控疫情斗争第一线高高飘扬，为坚决打赢疫情防控阻击战提供了坚强政治保证。疫情发生后，处在战"疫"最前线武汉的湖北广播电视台 800 多名采编人员、900 多名技术保障人员冲锋在前、逆行出征，及时发回现场报道和权威信息，及时建立起战"疫"主战场和外界的信息通道，极大地鼓舞了一线士气。湖北卫视每天 7 档滚动播出战"疫"特别节目《众志成城抗疫情》，不间断报道疫情防控一线情况，确保一线信息公开透明。武汉台广播人还在方舱医院开办了心理热线现场广播，为病友带去极大的安慰和帮助。与一批批援鄂医疗队并肩而行，中央广播电视总台和各省台大批记者主动请缨、奔赴"风暴中心"武汉，第一时间多角度、全方位报道疫情和救治防控情况，精心制作新闻作品、纪录片，为疫情防控凝聚起强有力的精神力量。各地广电工作者深入当地医院、病房、隔离区采访报道、提供节目传输服务，既当记录员、宣传员，又当服务员、战斗员，讲述和书写一线感人故事，发挥了鼓舞斗志、增强信心的重要作用。

3. 新媒体宣传矩阵提高抗疫战力，县级融媒体中心发挥下沉优势。各级广播电视台加快进驻和使用微博、微信、抖音、快手等网络新媒体平台，以直播、H5、海报宣传等多种形式，加强短视频制作与融媒体分发。通过大小屏互动传播，丰富了报道内容和形式，在传播优秀自制节目内容的同时，发出了权威声音，传递了真实信息。疫情的发生，也使县级融媒体中心的作战能力接受首次检阅。全国各县级融媒体中心注重发挥新媒体的互动性、便捷性和精准性优势，与省级平台上下联通联动，传达指示精神、宣传政策部署、播出权威信息，并在疫情防控实践中积极推进内容和形式创新，精心制作具有地方特色的融媒体宣传产品。如江苏省广电总台与全省各县级融媒体中心联合推出视频征集展示平台——《战"疫"，我们一起上!》，邀请所有县级融媒体中心参与上传生动活泼接地气的短视频产品，共同营造防疫宣传深入社区、深入农村一线的浓郁氛围。

（二）主动发声，积极作为，加强疫情防控国际宣传，及时回应国际关切

一是引导国际舆论。中央广播电视总台围绕疫情防控，运用多种形式在国际舆论场及时发声。针对国际社会高度关注疫情发展的情况，主动回应国际关切，讲好中国抗疫故事，大力展现举国体制制度优势和中国人民团结一心、同舟共济的精神风貌，及时揭露一些别有用心污蔑抹黑和造谣生事的言行，为疫情防控营造良好的国际舆论氛围。

二是服务和助力全球抗疫。全行业充分发挥广电对外传播优势，积极宣介中国抗击疫情的最新进展，表明中国决心、介绍中国方案、传递中国温度。充分报道习近平总书记胸怀"两个大局"，从构建人类命运共同体高度，以务实多样的方式推动全面加强国际合作、坚定国际社会信心的大国领袖风范。充分报道中国与世界各国同舟共济、携手抗疫的负责任大国担当，深刻诠释人类命运共同体理念的时代内涵。深入贯彻落实习近平总书记关于加强疫情防控国际合作、讲好中国抗疫故事的重要指示精神，组织翻译优秀抗疫视听节目在海外推广播出，助力全球战"疫"。2020年3月，国家广电总局组织部分省级卫视和网络视听机构精选一批优秀抗疫主题电视和网络视听节目进行多语种译配，通过境外电视、网络视听平台、社交媒体账号、亚广联亚视新闻交换网等多渠道在海外播出。同时，联合中国公共外交协会等机构，共同制作"守望相助，共同战疫"中外联合抗疫系列短视频，与中外媒体和相关人士携手为抗击疫情加油鼓劲。

（三）充分发挥广电优势，创新内容服务，纾解大众情绪，助力居家抗疫

1. 采取各种措施提供优质丰富的节目供给大屏小屏

各级广播电视台在春晚、元宵节特别节目等大型文艺节目中迅速增加抗疫主题内容，用文艺凝聚抗疫信心。总台央视春晚创作推出情景报告《爱的桥梁》，元宵节特别节目推出诗朗诵《你的样子》。湖南卫视对原计划播出的《元宵喜乐会》《快乐大本营》等节目进行紧急调整，倾情推出特别节目《2020元宵一家亲》、抗疫原创节目《嘿！你在干嘛呢？》、云录制智趣类公益节目《天天云时间》，向一线致敬，为抗疫加油，让观众看到了温暖与坚强，看到了团结与奋进，也看到了坚守与希望。东方卫视紧急安排王牌综艺《极限挑战》《欢乐喜剧人》嘉宾云录制战"疫"短视频，浙江卫视组织影视艺人录制公益视频，发出"逆行的白衣天使，你们是真正的英雄""有你们在，希望就在，春天就在"的真挚心声。

各地有线电视与IPTV开展不同形式的惠民活动，丰富抗疫时期家庭文化生活。多地有线电视网络企业对辖区用户采取"欠费不停机、付费频道免费看、点播回看免费用"等措施，为疫情防控工作保驾护航。IPTV总分平台在首页设置专题专栏，集纳全国及当地疫情防控相关内容，公信力+本地化，巩固主流渠道优势。同时增设影视限免区域，增设火神山、雷神山医院建设的"慢"直播，更好满足全国各地人民群众居家抗疫的文化生活需要。

2. 创新创作各类战"疫"主题节目

战"疫"主题动画片，生动讲述一线英雄故事。北京卡酷、上海哈哈炫动、湖南金鹰卡通、江苏优漫等动画少儿频道组织精兵强将，制作播出《逆行者》《致奋斗的中国人》《致团结的中国人》《你是谁的孩子又是谁的父母》等一大批动画作品，以广受孩子们喜爱的动画形象生动展现一线医务工作者的感人故事，激励青少年向英雄致敬。

短纪录片、微视频，记录战"疫"行动，鼓舞人心。湖北台推出短纪录片《工地上的消杀志愿者"蓝天使"》《武汉这个社区书记与白岩松连线》；湖南台推出系列短视频《这些日子谢谢你》《防控疫情我们在一起》；深圳卫视每天播出系列 Vlog《我的白大褂·抗疫日记》等。这些节目通过短小精悍灵活多样的形式、生活化的表达和网络社交传播，生动展示抗疫前线的工作、生活，展现医务人员冲锋在前、攻坚克难、医者仁心的感人故事，传递出必胜的信念和温暖的力量。

3. 公益广告掀起抗疫主题制播热潮

全国各级广播电视台积极贯彻落实中央和广电总局的部署，创新理念，积极作为，用一支支公益广告、一次次公益传播生动讲述防疫抗疫一线的感人故事，加强对传染病防控知识的宣传普及，这些公益广告犹如一盏盏明灯点亮希望、温暖人心，战"疫"主题成为疫情期间广电内容创新的一个喷发口。在疫情防控关键阶段，仅 2020 年大年初一至初七，各级播出机构制作主题公益广告即近 3 万条，播出 400 余万条次，总时长超 300 万分钟，通过信息权威、通俗易懂、直抵人心的公益广告广泛传播抗疫知识。中央广播电视总台制作了《向医护人员致敬篇》等公益广告，展现冲锋在一线的医护工作者的感人事迹和感人瞬间，鼓舞医护人员抗击疫情的士气，传播广泛。总台还充分利用多个网络平台、飞机、高铁、公交等媒体立体播发抗疫公益广告，形成宣传合力。湖北台原创战"疫"公益作品上千条，各频道频率播出相关公益作品超过 3 万条次。北京台市区两级电视台播出战"疫"公益广告 3 万多条次，新媒体平台点击量突破 1 亿次。新疆、西藏、青海、广西等民族地区广播电视台开辟特别节目和制作公益宣传片，通过多种少数民族语言，及时将科学防疫知识传递到群众中。其中西藏全区 77

家广播电视播出机构 112 个频率频道播出国家广电总局推送的疫情防控公益广告作品 1 万多条次，播出自制、译制疫情防控公益广告作品 6000 多条次。

（四）全面开启应急广播系统，凸显疫情防控宣传硬核力量，打通基层农村疫情防控最后一公里

在广电总局全面调动下，此次疫情防控阻击战中，基层农村应急广播（大喇叭）充分发挥了信息传播面广、传播速度快、连接田间地头的优势，进村入户，有效传递了信息、引导了舆论，起到了打通疫情防控宣传最后一公里的显著效果。据不完全统计，在疫情防控宣传中，全国各省区市 6182 个乡镇、近 10.5 万个行政村（社区）共使用 127.2 万只广播音箱、高音喇叭和音柱等农村应急广播设备，覆盖人口超过 2 亿。全国各地村干部用"村村响""大喇叭"进行防疫宣传"硬核"喊话，成为全民疫情防控阻击战中一道特别风景。如河南省的村干部"进军"曲艺界，将防疫宣传改编成豫剧，自编自演自唱，真正做到了喜闻乐见；安徽省阜阳市基层推出快板《齐心协力战疫情》，淮南市创作了疫情防控"三句半"等，用最朴素、接地气的语言，传播出疫情防控宣传的最强音；内蒙古农牧区因地制宜推出"大喇叭"+无人机"喊话"模式，解决地广人稀、疫情防控宣传覆盖难度大的问题；云南、广西等少数民族地区创新推出民族语言"大喇叭"+社交传播模式，解决当地群众听不懂汉语和传播方式单一的问题，多媒体平台循环播出，传播效果突出。

（五）科技赋能，智慧广电在疫情防控中大显身手

疫情发生以来，全国广电行业综合运用新一代信息技术手段，加快智慧广电建设，在提供武汉抗疫前线重要活动直播、智能内容生产、服务居家防疫、支撑在线教育等多个方面取得突破，为打赢疫情防控阻击战提供有力舆论支持和科技支撑。

一是 5G 实战应用，保障信息畅通。2020 年 2 月 2 日，在广电总局的指挥部署下，命令发出后仅 72 小时，中国广电 5G 基站在湖北省抗疫新闻发布会现场投入使用，向全国直播了新闻发布会，700MHz +4.9GHz 广电 5G

成功在抗击疫情最前线实现全球首次实战应用。同时完成雷神山医院中国广电 5G 基站安装调试，免费为医院建设者、医护人员及隔离区病人提供公共 WiFi 服务。广电 5G 首次实战告捷后，中国广电与歌华有线、贵广网络合作，分别启动北京小汤山医院和贵州将军山医院广电 5G 建设，以科技力量、广电速度加持医院疫情防控阻击战。

二是创新云录制，保障内容输出。抗疫中，各台为减少人员聚集、保障内容制作，创新开发了以"5G+4K+云+人工智能"为解决方案的免接触内容生产平台。如上海东方传媒研发的"云制作"解决方案，通过移动互联网技术让艺人、主持人、观众在家中通过 PC 端、App 端等接入节目录制现场，完成节目制作。湖南有线 5G 智慧内容生产平台在疫情期间帮助《歌手·当打之年》实现云录制，保障了多达 500 位的在线大众听审团同音效、同视效地收看来自于全球五地的歌手竞演。新技术的应用改变了传统内容生产的局限性，有效保障了疫情防控期间的优质节目产出。

三是开辟智慧课堂，保障"停课不停学"。广电总局指导各级广电机构全力协调解决、迅速落实广播电视教学服务，努力降低疫情给教育教学带来的影响。一方面，利用广电优势加大教学频道供给。国家广电总局协调为中国教育电视台空中课堂频道增加直播卫星传输方式，紧急将宁夏影视频道调整为宁夏教育频道上星传输、定向覆盖，积极支持上海台在疫情防控期间开办"空中课堂"频道。各地有线网络公司普遍开辟了"空中课堂"服务，利用各种方式保障疫情期间大中小学生便捷、有效地开展同步学习。另一方面，利用高新科技满足在线教育多样化需求。有线电视网络公司、视频运营商利用面部识别、文字识别等新技术，实现了智能点名、在线阅卷、课件分享等新功能，确保学生参与度。

（六）把握主导，壮大网上正能量

疫情发生后，在国家广电总局的统一组织指导下，各网络视听机构积极开展公益行动，全面展开疫情防控宣传，利用特色优势，切实发挥互联网主阵地作用，为打赢疫情防控阻击战作出应有贡献。

一是及时开辟专栏专区。各网络视听平台纷纷在首页首屏开设"抗击肺炎""肺炎疫情""战疫情"等专区，集纳相关新闻报道、专题节目、公益广告等，每天 24 小时滚动更新，向全国精准推送。在国家广电总局统一指导下，主要网络视听平台推送的短视频统一使用蓝色包装，配以"共同战'疫'"的醒目标识，让"战疫蓝"成为疫情防控重要时期网络视听平台的主色调，在互联网上形成强大宣传声势。许多平台还以"春风化雨"的形式巧妙地将疫情防控知识与影视剧等热门节目的播出相结合，大大提升宣传效果。

二是持续丰富内容供给。集中优势力量制作精品。在国家广电总局指导下，各重点网络视听平台纷纷聚焦战"疫"主题展开创作。如通过向网民征集线索或素材制作的纪录片《非常手记》，引发网友广泛关注和好评，《中国面孔》《正月里的坚持》《我们的战"疫"》等纪录片创作也在加紧推进。《让世界充满爱》《一直到黎明》《我们一定会胜利》《保重》等一批战"疫"公益歌曲经过高效创作录制迅速推出，在各平台展播，致敬奋战在抗疫一线的生命卫士，传递温暖正能量。各网络视听媒体还采取多种费用减免措施，方便网民居家防疫期间观看节目，丰富精神生活，缓解焦虑情绪。

三是充分发挥互动功能，扩大战"疫"宣传。广电总局联合国家卫健委，指导快手、抖音、微博开设了三场"疫情防控"专场直播答题活动，微视也通过腾讯新闻知识官方账号发布了互动答题视频，取得很好效果。三场活动曝光超过 3 亿次，观看人数约 3200 万人，参与直播答题人数 660 万人，进一步巩固了网民的疫情防控知识，引导广大群众提高自我保护能力。

三、深化改革，化危为机，持续推动广电高质量创新性发展

新冠肺炎疫情给社会经济发展带来巨大冲击，广播电视行业发展面临严重危机。据了解，受疫情影响，大型活动取消、广告客户撤单和内容制

作停工给广电产业造成巨大经济损失,正在转型的传统广电行业生存发展雪上加霜。据有关机构调查数据,2020年第一季度,全国广电行业11.88%的单位收入下滑在20%以内,14.85%的单位收入下滑在20%~40%,27.73%的单位收入下滑在40%~60%,26.73%的单位收入下滑在60%~80%,还有18.81%的单位几乎颗粒无收。从已出2020年第一季度季报的有线网络上市公司情况看,经营收入减少,大多数出现亏损,利润率断崖式下挫。

发展环境越是严峻复杂,越要坚定不移深化改革,健全各方面制度,完善治理体系。广电要化危为机,通过深化改革和加快创新,应对风险挑战冲击,着力全面实现发展目标。

当前,中国疫情防控向好态势进一步巩固,我们仍要坚持底线思维,做好较长时间应对外部环境变化的思想准备和工作准备,一揽子统筹安排、谋划推进广电改革。要把深入推进"六大工程"与做好"六稳"工作、落实"六保"任务紧密衔接,把深化广电内部改革与中央"防风险、打基础、惠民生、利长远"总体改革要求有机统一,大力推动新一代信息技术与广电的融合,创新数字经济浪潮中广播电视事业产业新的发展模式,抓住时机、主动作为,统筹兼顾、多措并举,坚持不懈推动广电深化改革,坚持不懈推动广电高质量创新性发展,确保广电发展目标任务全面完成,使广电改革发展更加符合实际、符合经济社会发展新要求、符合人民群众新期待。

第三章

发展亮点报告

第一节 2019年中央广播电视总台创新发展亮点

一、守正创新，开拓进取，奋力打造国际一流新型主流媒体

中央广播电视总台

2019年是新中国成立70周年，是决胜全面建成小康社会的关键之年，是中央广播电视总台积极推进改革发展的重要一年。这一年，重大事件多，敏感节点多。在新时代、新形势下，中央广播电视总台深入宣传贯彻习近平新时代中国特色社会主义思想，增强"四个意识"、坚定"四个自信"、做到"两个维护"，坚持守正创新、开拓进取，努力开创新闻宣传工作新局面。重大宣报道浓墨重彩，高质量改版成效显著，精品节目亮点纷呈，国际传播能力骤升，媒体融合持续深化，技术发展引领潮流，内部管理不断优化，经营工作创新突破。特别是总台圆满完成庆祝新中国成立70周年宣传报道这一神圣而光荣的使命任务，营造了普天同庆、自信豪迈的浓厚氛围，实现了"世界一流、历史最好"目标，形成了精益求精、一丝不苟、追求完美的工作作风，受到了海内外的广泛赞誉。

（一）高举旗帜，唱响新时代最强音

总台扎实贯彻习近平总书记关于宣传工作的重要思想、习近平总书记对总台工作的一系列重要指示批示和谈话精神，彰显了作为党的宣传舆论

主阵地的职责与使命。

聚力打造"头条工程"。坚持以领袖的高度就是宣传报道追求的高度为标准,完善"头条工程"一体化统筹机制。总台大小屏全媒体平台通过《新闻联播》《新闻和报纸摘要》《时政快讯》《时政微观》《时政新闻眼》等品牌栏目,建立起视频、文、图、音频复合生产的原创时政特稿推发体系,第一时间报道和解读习近平总书记重要活动和重要讲话,形成全网发稿时效最快的传播优势。《新闻联播》全年播发习近平总书记相关新闻报道近600条,推出《在习近平新时代中国特色社会主义思想指引下》《领航新时代》《全面深化改革这五年》等专题专栏,生动展现领袖风采和为民情怀。

创新传播主流声音。创新广播、电视、新媒体端理论宣传节目产品,推出《传习录》《习声回响》《物印初心》等一批既有思想深度、又突显"网言网语"的融媒体产品,形成强大网络传播优势。央视网2019年获中央网信办全网头条置顶的习近平总书记重要讲话解读专稿超330篇,位居各央媒榜首。推出《主播说联播》等创新产品,用年轻化的形式传递主流声音,每期视频播放量均超千万。打造《礼赞最美奋斗者》《爱国情·奋斗者》等一批精品节目。《故事里的中国》通过"戏剧+影视+综艺"的电影情景式表现手法,创新主旋律表达,首季微博话题阅读量超30亿。

擦亮评论言论品牌。精心培育《央视快评》《国际锐评》《玉渊谭天》《央广时评》《CGTN快评》《大湾区之声热评》等一批言论评论品牌,打造时政评论"轻骑兵",做到重大活动、重大事件"必有我声"。2019年《央视快评》推出160余篇评论,总阅读量超34.63亿次。《国际锐评》推出近350篇评论,在总台44种外语平台发布,成为西方研判中国的一个"观察哨",其中《中国已做好全面应对的准备》经《新闻联播》播出后,当日触达观众5245万人次,微博话题阅读量达32亿次,《纽约时报》、BBC、法新社等均予报道。《玉渊谭天》立足"中央精神、总台声音、民间表达",单期推送稿件阅读浏览量最高达1.19亿次,引发广泛热议。

（二）围绕主线，奋力实现"世界一流、历史最好"

围绕庆祝新中国成立70周年这条主线，总台圆满完成了这一神圣而光荣的宣传报道任务，实现了"世界一流、历史最好"的目标，受到广泛赞誉。

发挥集群传播优势，以视听盛宴展现新时代中国形象。全台上下齐心协力，大兵团作战有条不紊，通过旗下15个电视频道、15个广播频率及各主要新媒体平台同步直播国庆盛典，向世界奉献了一场大气磅礴的视听盛宴，电视观众规模累计超过7.99亿次，新媒体视频点播收看次数超过36.93亿次，"国庆大阅兵""我和我的祖国"等新媒体话题总阅读量达355亿次。大湾区之声首次粤语直播盛典，新媒体端收听量最高时段达300万人次。西方主流媒体前所未有地采用总台直播信号和素材，CNN、BBC、FOX、RT等87个国家和地区的1191家电视台、频道和网络媒体采用10150次。

直播报道刷新纪录，立体完美呈现盛世盛典。构建全链路4K超高清制播体系，搭建1个主系统和6个分系统，总机位达177个、现场拾音话筒200多只，组成了中国广播电视史上规模最大、设备最先进、技术最复杂的直播系统，创下首次使用升降塔拍摄时政画面、首次在阅兵沿线外侧使用移动拍摄车跟随拍摄、首次设置近距离贴地机位等多项第一。打造全球首部"4K直播电影"《此时此刻——共庆新中国70华诞》，实现电视直播与电影院线的历史性"握手"，推出粤语版、5种少数民族语言版、普通话版、43种外语版直播电影及主题音像制品，在海内外中华儿女中掀起爱国热潮，有效影响国际社会。

精品节目浓墨重彩，唱响昂扬主旋律。推出《壮丽70年·奋斗新时代》《为了可爱的新中国》《共和国发展成就巡礼》《日出东方》等专题片、系列报道、电视剧、融媒体活动，相关报道网络总点击量达33.5亿次。《我们走在大路上》电视端播出后触达观众7.14亿人次，新媒体端播放量超过19亿次。

(三) 推动媒体深度融合，建设好运用好新媒体新平台

深化"台网并重、先网后台、移动优先"战略，总台影响力在新媒体领域得到大幅拓展。

打造自主可控、具有强大影响力的新媒体平台。成功上线首个国家级5G新媒体平台"央视频"，以"大中台+小前台"打造主流媒体中首个"视频社交媒体"。央视新闻客户端用户总数达1.05亿。央视网、央广网、国际在线三网融合积极推进，央视网多终端全球覆盖用户超过16亿人次，央广网全力打造声音集成分发平台"云听"。IPTV、互联网电视用户数双双过亿。"学习强国"注册用户总数突破1.36亿。

构建"5G+4K/8K+AI"战略格局。广泛应用大数据、云计算、人工智能、5G、4K、8K等新技术，成立应用实验室。在重大宣传报道中实现5G+4K、8K+VR制播应用，实现我国首次8K超高清内容的5G远程传输。国内首个4K超高清上星卫视频道CCTV-4K触达观众规模突破2.97亿人次。央视网建设"人工智能编辑部"，初步建成国内智能化程度最高的领导人素材数据库，推出"小央智控""融媒智控"等创新产品，实现关键核心技术自主创新突破。

深化融合发展的强大合力。发挥重大宣传报道一体化统筹机制作用，整合各频道、频率和新媒体平台资源，传统媒体和新兴媒体同频共振，广播和电视紧密配合。围绕第二届"一带一路"国际合作高峰论坛、亚洲文明对话大会、北京世园会、第二届进博会、第七届世界军人运动会、澳门回归祖国20周年等重大活动，进行分阶段、多平台、立体化的矩阵传播，形成强大舆论声势。

(四) 锐意创新，奉献文艺影视精品力作

坚持以人民为中心的创作导向，用情用功用心书写伟大时代，不断推出讴歌党、讴歌人民、讴歌英雄、为新时代抒怀的精品力作。

重大文艺活动坚定文化自信。2019年春晚海内外观众总规模达11.73亿，新媒体用户规模5.27亿，整体美誉度达96.98%，成为近年来观众最喜

欢的春晚之一。"亚洲文化嘉年华"创造多项历史纪录,活动总收视率2.45%,触达观众1.34亿次,新媒体相关话题阅读量突破6.5亿次,被誉为"流光溢彩、激情四射、各国文化融合交织的视听盛宴"。

高质量改版彰显勃勃生机。全面启动19个电视频道、17套对内广播频率、44种语言对外广播频率和主要新媒体平台、3个中央重点新闻网站的改版升级,陆续推出200余档创新栏目节目。开播国防军事频道、农业农村频道、粤港澳大湾区之声,央视体育频道落地澳门,新闻频道实现高清网络制播。打造《主持人大赛》《中国地名大会》《一堂好课》《中国诗词大会》《国家宝藏》等标杆节目,推出《澳门人家》《伟大的转折》《特赦1959》等主旋律剧作和《共筑未来》《初心和使命》《中国扶贫攻坚》《亚洲文明之光》等精品纪录片,创作《共和国脊梁》《十四亿分之一》《战斗英雄张富清》等公益广告,弘扬社会主义核心价值观。

节目创作扎根人民。坚持以人民为中心的创作导向,开展"新春走基层""爱国情·奋斗者""春耕走一线"等主题采访和专题报道,推出一批沾泥土、带露珠、冒热气的精品节目。组织"记者再走长征路""心连心"艺术团慰问演出。2019年,"广告精准扶贫"项目为21个省(区、市)及新疆生产建设兵团共计106种农副产品免费播出公益广告,惠及贫困户186万户、贫困人口720万人。"国家重大工程公益传播"项目播出128支电视广告片,时长超6万分钟。

内参报道和舆论监督有效发挥"参谋"作用。自觉承担起党中央"瞭望哨""观察兵"的职责使命,2019年共上报内参稿件500余篇,同比增长近75%。《焦点访谈》推出23期监督报道,特别节目《一抓到底正风纪——秦岭违建整治始末》引发强烈反响。在江苏响水特大爆炸事故、超强台风"利奇马"来袭等重大突发事件报道中,实现全网独家首发,抢占第一落点,发挥权威公正、一锤定音、有效引导舆论作用。

(五)讲好中国故事,持续增强国际传播引领能力

全面贯彻习近平总书记外交思想和关于对外传播工作的系列部署要求,

着力构建国际传播新格局。

创新高访报道模式。深化海外合作传播，推动总台报道习近平总书记时政活动重点稿件在G7、G20国家主流媒体广泛落地，外媒播出量超3万次。紧跟习近平总书记全球出访足迹，创新开展媒体外交，如在日本主流媒体播出总台G20系列节目，与意大利足球协会、意大利国家广播电视公司等开展深度合作，与今日俄罗斯国际通讯社联合策划"乐动中俄"全媒体跨国创意活动，与巴西旗手传媒集团合作推出日播电视新闻专栏《中国故事》。2019年在意大利、俄罗斯、日本、印度、尼泊尔、希腊、巴西等国家媒体播出《习近平喜欢的典故》《我们走在大路上》《大阅兵·2019》等多语种精品节目，覆盖境外受众超5亿。

国际舆论场敢于举旗亮剑。面对热点问题主动发声、积极引导，有效传播中国声音、中国主张、中国立场。一是开展"跨洋辩论"。CGTN主持人刘欣与美国福克斯主播翠西的对话辩论，是中国国家级主流媒体首次与美国主流媒体进行正面交锋，总台新媒体图文直播阅读量超4亿次，海外阅读量达2671万次。二是主动发声香港问题。围绕"止暴制乱、稳控局势"，推出系列重磅评论和新媒体产品。粤港澳大湾区之声网络收听率上升到粤语广播节目前三位，CGTN对外推送的400多条涉港新闻和评论被1000多家境外电视台/频道播出约17000次。针对NBA相关错误言论，总台迅速发表声明停止合作，并配发多条《央视快评》。三是开展涉疆舆论斗争。组织播出新疆反恐系列报道，以44种语言在海外打出有力的组合拳，迫使美国政客噤声，这是近年来我国媒体在国际舆论斗争中取得的压倒性成功。《新闻联播》连发评论"精准打击"，CGTN的涉疆反恐纪录片观看量达1.5亿次以上，得到海外舆论场的广泛认同。

积极打造对外传播旗舰平台。坚持让海外受众听得见、听得清、看得懂、看得进。国际视频通讯社签约媒体涵盖2208个频道、1465个移动互联网平台，成为国内首家与联合国就UNifeed（联合国新闻传送）新闻内容建立合作关系的新闻通讯机构。实施"多语种网红工作室"项目，两批12个网红工作室及CGTN网红项目基本覆盖西方重点国家语言，培养一大批忠实粉丝。打造"多语种移动客户端集群"和"海外社交平台账号集群"，总台在脸书（Facebook）、优兔（YouTube）、推特（Twitter）、俄罗斯VK等海外社交平台账号涉及43个语种，粉丝数量近3亿。

（六）强化管理，推进全面从严治党向纵深发展

坚定不移推动全面从严治党向纵深发展，紧紧围绕增强"四力"锻造一支"新闻铁军"。

不忘初心、牢记使命，推进全面从严治党向纵深发展。进一步提高政治站位，切实把"两个维护"植根于思想中、融入在血脉里、体现在行动上。对习近平总书记的重要指示批示精神，做到第一时间传达学习、第一时间部署落实。采取党组扩大会议、理论学习中心组、专题党课、专题调研、读书班等形式，全面系统开展理论学习。深入开展"不忘初心、牢记使命"主题教育，切实做到抓思想认识到位、抓检视问题到位、抓整改落实到位、抓组织领导到位。形成科学规范、有效管用的党组工作制度体系，全面抓好风气建设。

加强阵地建设，锤炼让党和人民放心满意的"新闻铁军"。强化党性原则，鲜明党媒底色，把讲政治讲导向贯穿节目创作全过程、覆盖到全媒体多终端。完善重大决策意识形态风险评估机制、管理指令传达与督办流程，建立"8+N"的意识形态监督检查指标体系和检查机制。深化选人用人管理体制机制改革，创新推行业务团队制。扎实开展增强"四力"教育实践工作，搭建网络培训平台，加强对播音员、主持人的教育监督管理。

积极开展建设新时代文明实践中心试点工作。2019年，总台把对口扶持广东省韶关市乳源县、惠州市博罗县新时代文明实践中心试点建设工作作为重大任务抓紧抓实抓好，组织制作播发"广东乳源大峡谷""乳源瑶山茶"两支精准扶贫广播1300多次，总刊例折合屏幕资源近5950万元。组织捐赠大批高清电视采编设备和移动媒体采集设备，助力当地县级融媒体中心建设，大力提升两县新闻制播水平。调动总台媒体资源，走进博罗、乳

源两县推出《唱响新时代》《打卡最美乡村》等特别节目和《我和我的祖国》"快闪"活动，大力宣传新时代文明实践优秀成果。开展五批50余人次"走基层送培训"活动，通过精准帮扶、重点指导，提升当地志愿者宣讲习近平新时代中国特色社会主义思想的能力水平。持续开展公益帮扶，先后向两县新时代文明实践中心（所、站）和中小学校捐献价值30多万元的书籍、音视频教学材料和体育用品等。

机构改革蹄疾步稳，民心工程情暖人心。深化机构融合、业务融合、队伍融合、感情融合，30余个内设机构、派出机构、直属事业单位及长三角总部、粤港澳大湾区中心挂牌成立。宣传报道、人事、财务、外事、技术、经营、行政、党建等70余项规章制度陆续制定，适配全媒体发展的组织架构、管理体系和运行机制初步建立。营造干事创业、拴心留人的良好氛围，开展积分落户、人才引进、工作居住证办理工作，完善信息通报、走访慰问、困难帮扶等机制。

（七）迎难而上，推动产业经营不断升级

面对宏观经济形势复杂严峻、全球主流广播电视广告持续下滑等因素，总台顽强拼搏、积极进取，经营成效显著。

升级广告品牌传播服务。2019年总台广告营销收入再创历史新高，成立"品牌强国战略联盟"，推出"品牌强国工程"服务项目。围绕总台精品节目和品牌栏目，深入挖掘优势资源价值，把握"亚洲文化嘉年华"、新中国成立70周年等重大新闻事件，实现全年营销热度不断、亮点频出。

拓展新的经济增长点。大力开拓新媒体广告增量，开创新型融媒体广告模式。实施版权保护专项行动，积极拓展电视剧发行、节目合作分成等领域。多个台属企业经营稳中有进，中国国际电视总公司实现收入同比增长8.4%；音像资料馆馆藏节目资源总量达350万小时；央视网2019年实现利润14.67亿元；央广传媒发展总公司深化"广播+互联网+客户端"融媒体整合营销格局，实现营业收入同比增长8%。

2020年，中央广播电视总台将始终坚持以习近平新时代中国特色社会主义思想统领一切工作，深入学习贯彻习近平总书记对总台工作的一系列重要指示批示和谈话精神，围绕学习宣传贯彻习近平新时代中国特色社会主义思想这一首要政治任务，围绕决胜全面建成小康社会、决战脱贫攻坚目标任务这条工作主线，围绕坚持和完善繁荣发展社会主义先进文化的制度这项系统工程，守正创新、以攻为守，继续发扬精益求精、一丝不苟、追求完美的工作精神，坚持问题导向、目标导向、结果导向，朝着办成"世界一流、历史最好"的总台这个目标继续奋进，奋力打造具有强大引领力、传播力、影响力的国际一流新型主流媒体，为夺取全面建成小康社会伟大胜利提供坚强思想保证和强大精神动力。

第二节 2019年广电总局直属单位创新发展亮点

一、2019年中国广播电视网络有限公司发展情况与2020年发展展望

中国广播电视网络有限公司分党组书记、董事长 宋起柱

2019年,中国广播电视网络有限公司(以下简称中国广电)坚持以习近平新时代中国特色社会主义思想为指导,深入学习贯彻党的十九大和十九届二中、三中、四中全会精神,特别是深入学习领会习近平总书记关于"网络强国""媒体融合发展""打造智慧广电媒体,发展智慧广电网络"等系列重要讲话精神,在广电总局党组的坚强领导下,把有线电视网络整合与广电5G的融合发展作为事关党的意识形态领域和宣传文化主阵地重点工作来抓好抓细抓实。中国广电紧抓战略机遇期,坚守初心使命,扎实推进全国有线电视网络整合和广电5G融合发展工作,实施网络、内容、平台和终端的一体化发展战略,加速5G赋能有线、服务人民。

2019年是取得重要成果、固本强基、蓄势待发的一年。中国广电始终坚持旗帜鲜明讲政治、聚精会神抓党建,引导推动公司各级党组织,以党的政治建设统领公司改革发展各项工作,把"旗帜鲜明讲政治"要求落实到工作各方面全过程。

(一)稳步推进全国有线电视网络整合工作

在中央和中宣部领导的关心支持、亲切指导下,在广电总局党组的正

确领导下，中国广电凝聚有线电视行业普遍共识，加持广电 5G 新动能，汇集战略合作伙伴的强烈信心，为 2020 年《全国有线电视网络整合发展实施方案》的正式印发奠定基础，开拓广电网络发展空间。

（二）广电 5G 网络建设蓄势待发

2019 年 6 月 6 日获得 5G 牌照后，中国广电在广电总局领导及各有关司局的指导下，从零做起、多措并举，努力克服没有 2G/3G/4G 网络基础等多重困难，积极开展标准研究，努力推动产业链发展，参与制定国际标准，着力开发智能终端产品，科学制定广电 5G 技术路线和建设运营计划，扎实推进 5G 网络建设运营的各项准备。中国广电获得了 192 码号、4.9GHz 频率和 3.3GHz～3.4GHz 室内覆盖共享频率，正加快低频段频率申请工作。

（三）互联互通平台建设运营稳步推进

中国广电编制了互联互通平台技术方案和可研报告，起草了技术标准体系和业务目录，着力推进网络双向化宽带化智能化改造，加快实现"平台 IT 化、传输 IP 化"。目前，互联互通平台先导项目基本建成，上线调试取得阶段性成果，"五横五纵"省际干线光缆传输网规模化建设加速推进、融合服务平台功能创新与系统部署取得突破、广电中央云平台建设稳步推进，中央 BOSS 业务运营支撑系统完成升级扩容，并进一步改革机顶盒和遥控器，提升有线电视业务体验。中国广电基于"全国一网"业务总体规划体系，面向网络整合和媒体融合发展的大趋势，从"激发存量活力，拓展增量空间"入手，与省网公司及各行业合作伙伴围绕"融媒 TV""广电宽带电视"等领域积极开展业务布局，实施有线电视终端的升级迭代和 IP 化改造，打造集社交、视频通信、大小屏互动为一体的融合电视产品，"让用户自己定义电视"成为未来可能，形成新的收视风潮。

（四）2020 年发展展望

2020 年是全国有线电视网络整合和广电 5G 融合发展的关键之年。中国广电将以深入学习领会习近平新时代中国特色社会主义思想为指引，持续巩固"不忘初心、牢记使命"主题教育成果，在国家广电总局党组领导下，把握"全国一网"整合和广电 5G 发展的新机遇，认真做好各项工作。中国广电已形成了"一条主线，一个关键，三项工程，一大建设"的"1131"工作计划。在全体广电同仁的共同努力下，《全国有线电视网络整合发展实施方案》已正式印发。2020 年上半年，中国广电将按照中宣部、国家广电总局的要求，积极做好全国有线电视网络整合和 5G 建设一体化发展工作电视电话会议的准备工作。中国广电将早日完成全国性有线电视网络股份公司工商注册登记，并初步建立"全国一网"统一运营管理体系。以"合作发展"战略，进一步做好顶层设计，进一步深化战略合作，加速网络建设、共建共享和广电 5G 商用进程，赋能有线电视网络整合发展。

唯有真抓实干才能兴企安邦，唯有勇于担当方可攻坚克难，唯有创新引领方可赢得未来。2020 年，中国广电将以习近平新时代中国特色社会主义思想为统领，在广电总局党组的正确领导下，与全国有线电视网络行业一道，积极推动全国有线电视网络整合和广电 5G 正式商用，共同谱写广电事业的新篇章。

二、坚持守正创新，全力推动卫星传输高质量发展

无线电台管理局分党组书记、局长　黄晓兵

2019年，喜逢新中国成立70周年，无线电台管理局（以下简称无线局）按照党中央决策部署和国家广电总局党组工作安排，紧紧围绕服务保障新中国成立70周年庆祝活动这一主题主线，广播电视安全播出取得优异成绩，以"十三五"项目为重点的各项事业建设实现稳步推进。其中，在卫星节目传输方面，积极落实广电总局新时代创新发展新理念，坚持守正创新发展思路，努力发挥自身优势，不断提升传播能力。

（一）切实加强广播电视主阵地建设

充分认识到广播电视工作是党的意识形态工作的重要组成部分，牢记使命、对党忠诚，忠实履行党的新闻舆论工作职责使命，增强"四个意识"、坚定"四个自信"、做到"两个维护"。高标准完成卫星节目传输任务，2019年传输广播电视节目586套，传输时间754.8万小时，党和国家重大活动的广播电视安全播出优质零秒无事故，用实际行动筑牢广播电视新闻舆论主阵地。

（二）全面推进高清电视广泛应用

高清电视不仅是广播电视技术进步的体现，更是提升广播电视公共服务质量的具体实践。自2008年北京奥运会中国第一个高清频道试验播出以来，历经十余年时间，截至2019年，无线局承担的全国高清电视播出频道由最初1套增长至58套，为高清电视进入千家万户提供了坚实的技术支撑。

（三）积极助力超高清电视稳步发展

超高清视频是继视频数字化、高清化之后的新一轮重大技术革命，随着5G时代的到来，5G+4K融合发展快速推进，4K超高清电视得到前所未有的高度重视。2018年5月，总台中央电视台、无线局、中国卫通公司联合开展4K超高清电视卫星传输试验，验证了多项新技术的可行性。2018年

9月，中国第一套4K超高清电视通过无线局上星播出，开启了新时代广播电视高质量发展的引擎。2019年，无线局根据总台播出需求，承担了国庆直播4K信号进影院播出的卫星传输任务，这是国内首次通过电影发行通道向全国城市影院传送国庆4K直播信号。无线局精心组织实施，成功保障了国庆直播进影院4K信号源的安全传输。

（四）认真组织落实发展规划

针对当前超高清电视业务的快速发展趋势，无线局应时而动，顺势而为，组织精干力量认真研究《超高清视频产业发展行动计划（2019—2022年）》《广播电视卫星应用总体规划（2018—2022年）》和《关于规范和促进4K超高清电视发展的通知》等文件精神，对照实际，精准施策，积极探索创新思路和落实举措。当前，一是有效扩大传输规模，新增13套中央高清电视的卫星传输任务；二是高效利用传输资源，充分试验应用更高频率、更高效率、更大带宽、双向交互的传输技术，提升地面传输网和卫星上行项目效能，提高大带宽业务和融媒体业务的传输承载力。

下一步，无线局将以2022年北京冬奥会4K、8K超高清播出为契机，以增强4K超高清电视卫星传输承载能力为重点，通过基础建设与技术创新，不断满足4K、8K超高清电视的传输需求，为新时代广播电视的高质量发展作出积极贡献。

三、创新、提质、增效 用"智慧监管"赋能"智慧广电"

国家广播电视总局监管中心分党组书记、主任 陶嘉庆

2019年,广电总局监管中心按照中央要求和国家广电总局部署,努力打造"全方位、全过程、全覆盖、全天候"智慧化监测监管体系,创新方式方法、持续提质增效,紧紧围绕庆祝新中国成立70周年主题主线,以"两轮驱动"提升智慧监管能力,为新时代广播电视和网络视听治理体系和治理能力现代化努力探索。

(一)"两轮驱动"长效化,全年保障显身手

监管中心始终坚持将党性人民性统一的政治标准放在首位,牢牢把握正确的政治方向、舆论导向和价值取向,不断深化实施技术监测、内容监管"两轮驱动"战略,推进广播电视和网络视听监测监管各项业务工作扎实深入展开。

持续抓好技术监测。一是为确保庆祝新中国成立70周年保障工作万无一失,中心着力强化重保期管理,全面加强卫星、有线、无线技术监测,广播电视和网络视听节目内容分析研判,安全播出管理等工作。派出60人参与全国广播电视行业安全播出大检查,派出46人参与天安门广场现场音响保障工作。二是精准实现广播电视质量效果监测,总计5213万频时,保证党和国家的声音精准传播。三是稳步推进有线电视前端监测设备标准化工作,完成自动化测试平台的建设和升级改造工作。四是持续开展等级保护测评,护航行业网络安全。中心2019年发现行业重点网站高危漏洞64个、中危漏洞373个,获得了ISO27001信息安全管理体系认证证书和信息安全风险评估二级资质证书,行业影响力进一步提升。

持续提升内容质量监管水平。聚焦主题主线,做好广电视听节目监看评议工作。充分发挥监管刊物阵地作用,全年编发《广播电视和网络视听监管专报》《国家广播电视总局监管日报》《广播电视舆情》等各类监管刊

物500余期,《广电时评》杂志20期。不断推动广告和播出机构监管成果政策转化,2019年全年核查并报告违规广告1.26万条(次)、违规节目约2200频次。持续加大网络视听日常监看及专项工作力度,推动网络视听节目内容质量普遍提升,网络视听传播秩序持续向好。积极开展网络视听传播规律和行业发展分析,继续公开发布《2018网络原创节目发展分析报告》(网络剧、网络综艺和网络电影三册)和《媒体融合发展研究分析报告》等四份行研报告,为网络视听发展提供扎实的行业数据参考和分析,深受业界好评。

(二)主动创新,用智慧监管赋能智慧广电

监管中心坚持新发展理念,守正创新,着力加大在4K/8K、人工智能(AI)、换脸技术、OTT等前瞻关键技术的集成应用力度。已积累8000多万条广播电视知识图谱、206万个节目片花模板、百万级人脸图片等专有监管知识库,不断提升行业网络安全防护能力,构建网络化、智能化、协同化的全媒体监管体系,努力实现精准监管、靶向监管。

充分发挥技术监测和内容监管的相互牵引、相互支撑作用,进一步强化联动、促进融合,不断提升监测监管整体效能。启动实施"网络视听基础监看工作服务项目"二期工程,协调调度257名基础监看人员,推进新媒体业务向专业化、纵深化方向发展,进一步提升监看效率和应急反应能力。按照广电总局要求协助总台对有关献礼文献专题片进行播前审查,在人脸识别信息中核查确认出落马官员。充分调度中心直属监测台的资源,深入开展IPTV专项整治监看排查工作,服务广电总局推动IPTV规范、高质量发展。创新性推进全国IPTV监测监管工程,力争尽早实现IPTV监测监管"全国一张网"。

2019年6月27日,中央政治局委员、中央书记处书记,中央宣传部部长黄坤明在视察监管中心时指出:"监管战线的同志们围绕安全播出、政治安全、技术安全、传输安全工作,特别是重点时段、重大活动、重要节目,以及各类网络视听监听监看工作,严防死守、密切监管、克服困难,做了大量卓有成效的工作。"创新是事业发展的不竭动力。监管中心将继续在基础性战略性上下功夫，在关键处要害处下功夫，在创新提质增效上下功夫，持续升级技术系统、再造业务流程、整合各类资源，履行"千里眼、顺风耳、防洪坝"职责，持续优质服务党和国家工作大局，服务广电总局中心工作。

四、完善直播卫星公共服务体系 扩大公共服务覆盖面和适用性

国家广播电视总局广播电视卫星直播管理中心主任　杨一曼

2019年，广播电视卫星直播管理中心（以下简称卫星直播中心）以习近平新时代中国特色社会主义思想为统领，坚决贯彻落实中央和国家广电总局党组决策部署，紧紧围绕庆祝新中国成立70周年主线，聚焦推动直播卫星公共服务高质量创新性发展，坚持稳中求进、守正创新，在安全播出、用户增长、技术创新、融合发展等方面取得新成效，呈现新亮点。

（一）坚守底线筑牢防线，进一步提升集成播出平台安全播出保障能力

积极参与广电总局"安全播出"工程实施，对运行保障、网络安全、安全保卫等方面自查整改，进一步落实了安全责任和措施。实现中星9号和中星9A卫星异轨备份、异地多平台备份格局。建立异地灾备数据中心，实现直播卫星用户数据实时同步存储备份。积极推进集成播出平台和用户管理系统纳入国家关键信息基础设施管理。2019年全年技术系统整体运行安全稳定，平台共播出111套标清电视节目、15套高清电视节目和86套广播节目，总播出时长170万余小时，优质零秒完成新中国成立70周年庆祝活动等一系列重要保障期安全播出。

（二）坚守意识形态阵地，持续扩大直播卫星公共服务用户规模，提升用户满意度

深入贯彻落实意识形态工作责任制，2019年新增直播卫星用户481.07万户，全国用户累计达到1.42亿户，进一步巩固和扩大了党的宣传思想阵地。配合国家乡村振兴战略、兴边富民工程等，积极参与脱贫攻坚项目建设、贫困地区百县万村综合文化服务中心示范工程建设、助力各地脱贫攻坚工作开展，与地方广电管理部门探索建立直播卫星运行服务长效机制。建立用户服务舆情收集分析机制，通过呼叫中心、微信客服等途径，及时收集分析用户需求，利用微信客服平台增加便民服务功能，受到了广大用

户和安装服务人员的好评。

（三）积极探索"智慧广电"建设，以新一代直播卫星技术体系创新促进行业迭代升级

按照国家广电总局推进全国"智慧广电"建设现场会议部署要求，利用北斗导航卫星位置信息管理技术、智能电视操作系统（TVOS）以及可下载条件接收系统（DCAS）等我国自主知识产权关键技术，对直播卫星终端进行全面换代升级。新一代直播卫星接收终端具备了接收高清电视节目的功能，而且定位管理更加准确，业务承载更加多元化。未来，可在现有功能基础上扩展点播、回看、WiFi分发等更加智慧化的服务，为推动直播卫星公共服务提质增效提供技术支撑。

（四）积极开展顺应媒体融合发展总体趋势，推动直播卫星由户户通向人人通、移动通升级

研发推出直播卫星融合业务终端，利用直播卫星推送技术及融合业务终端的WiFi分发功能，实现了固定、移动等多场景使用，支持大屏、手机、平板电脑等多终端接入，进一步扩大了直播卫星公共服务的适用性和覆盖面。在往返台湾海峡的"海峡号"客轮上进行了试点部署，首次实现了直播卫星融合业务覆盖。2019年推进中央军委政治工作部"星网工程"推送项目，在边防哨所安装新增开通630台户户通终端。与中海油合作，细化海上在钻井平台和油轮的应用场景，新增安装开通户户通终端1000台。与西藏尼木县组织部合作，开展"直播卫星+党建"融合业务试点，完成23个村部署安装。

五、2019年广播电视科学研究院创新发展亮点——
不忘初心、凝心聚力、守正创新、砥砺奋进

国家广播电视总局广播电视科学研究院党委书记、院长　邹　峰

2019年是中华人民共和国成立70周年，是党中央带领全国人民决胜全面建成小康社会的关键一年，广电总局广播电视科学研究院（以下简称广科院）全体干部职工认真学习贯彻党的十九大精神，扎实推进"不忘初心、牢记使命"主题教育工作，凝心聚力，守正创新，在广电总局党组的正确领导和直接关心下，紧密围绕行业转型升级和高质量发展这一主攻方向，坚持"科技创新、应用服务"的建院理念，不断夯实科研基础，做好战略方向布局，聚焦科技创新、技术服务、成果转化等重点工作，为推动中国广播电视和网络视听行业发展发挥了积极作用。

（一）开展广电5G关键技术研究与仿真实验，助力打造现代传播体系

依托科技部国家重大专项——"5G广播电视网与移动通信网融合架构方案研究"，组织开展5G融合广播电视技术研究工作，完成广电5G总体技术方案；在北京组织开展5G广播技术试验，进行技术标准测试；完成地面数字电视全数字化频率规划演算方法研究及广播电视700MHz频谱再分配草案；针对广电5G频段，通过实验室软件仿真，研究不同频段下异构组网策略；积极参与3GPP的Rel16版本5G广播标准研究工作，推进5G广播国际标准制定。

（二）开展全国有线电视网络整合及互联互通平台建设关键技术研究，促进有线电视网络转型升级

开展有线电视网络数字化转型和光纤化、IP化改造实施方案及发展战略研究，编制完成《有线电视网络升级改造技术指导意见》，研究提出全国有线电视网络升级改造的总体目标、技术架构和相关要求；结合运营商业务发展需求和产业技术发展趋势，深入研究有线电视网络互联互通服务模

式；编制完成《广电有线网络 IPv6 规模部署及推进实施指南》，并在多省开展 IPv6 规模部署规划和实验，为全国广电网络 IPv6 大规模应用提供支撑；启动 TVOS4.0 版本的开发工作，持续推进智能电视操作系统研究和产业化。

（三）开展高新视频关键技术研究，推动高新视频产业发展

持续开展 4K/8K、VR/AR 等高新视频发展现状、技术演进、标准制定、产业发展等研究工作，为国家广电总局制定相关产业和管理政策，推动高新视频健康发展提供坚实的技术支撑。2019 年广科院先后参与编制了《超高清视频标准体系建设指南》以及《4K 超高清编码器技术要求和测量方法》等行业标准；联合北京市广电局、北京经济技术开发区及超高清产业链上下游头部企业共同建设"超高清电视技术研究和应用实验室"；积极参与青岛高新视频产业园区规划建设，与四川传媒学院一起获批中国（成都）超高清创新应用基地；研发了具有国际领先水平的智能超高清片源检测系统，并应用于广东省 4K 超高清节目制作补助项目；受北京冬奥组委委托，承担北京市科技冬奥专项"国际云转播中心项目"，开展了基于云的冰球、射击等体育赛事转播试验，推动制播流程云化进程，服务冬奥会赛事转播。

（四）持续推进"走出去"工程，助力中国广电技术、标准及产品海外拓展

积极响应国家"一带一路"倡议和国家广电总局"走出去"发展规划，2019 年通过各种途径和方式，与柬埔寨、老挝等相关广播机构开展全方位交流合作，推介数字版权保护（ChinaDRM）、应急广播、互联网电视等领域的最新科技成果；与北京局携手组织十余家北京市广电科技企业参展 IBC2019 与 NAB2019，助力广电科技企业开拓海外市场，创造了良好的社会和经济效益。

（五）成功举办 CCBN2019，全方位助力广播电视行业转型升级

成功举办第二十七届中国国际广播电视信息网络展览会（CCBN2019），展会以"融合引领视界　智慧连接未来"为主题，汇聚了国内外近 1000 家

企业和机构参展，展出面积达 6 万平方米，接待专业观众超过 10 万人，全面展示了我国广播电视行业运用新技术、新机制、新模式加快融合发展的创新成果，充分发挥了广播电视科技自主创新和成果转化交流平台作用，展商意向成交额达 11.56 亿元；展期举办了全国有线电视网络融合发展战略合作签约活动，以及以主题报告会为代表的各类论坛、会议，充分凝聚了全行业智慧力量，激发行业科技创新动力，为推动广播电视和网络视听行业技术创新应用和产业蓬勃发展提供全面支撑。

六、广播电视规划院：聚焦重点促发展，服务大局谱新篇

国家广播电视总局广播电视规划院院长　余　英

2019年广播电视规划院（以下简称规划院）认真贯彻执行中央和国家广电总局决策部署，以推动新时代广播电视和网络视听高质量创新性发展为主线，聚焦广电总局主责主业，提升行业服务能力，围绕规划院新"三定"方案，守正创新、担当作为，积极践行规划院"服务党的宣传、助力政府监管、支撑行业发展"的工作理念。

（一）持续推进节目收视综合评价大数据系统建设

2019年，规划院继续对节目收视综合评价大数据系统进行完善优化，目前已实现了全国超过1.4亿用户收视数据的汇聚，形成了55项核心评价指标。经广电总局批准，与国内多家省级电视台开展了系统闭环试运行工作，完善了全链运行机制。2019年12月17日，收视综合评价大数据系统以"中国视听大数据"（CVB）名称正式向社会发布数据。作为广电总局收视数据唯一对外发布渠道，其权威性和公正性得到了受众和主流媒体的一致认可。

收视综合评价大数据系统开通以来，定期向中央领导和中宣部报送收视专报，为中央领导决策提供参考；向广电总局和行业输出各类报告2000余份，为舆论引导、行业管理以及节目制播提供了依据。

（二）全面助力全国一网整合和广电5G建设一体化

2019年，规划院开展了全国有线电视互联互通标准体系研究，提出了《有线电视网络升级改造技术指导意见》和《全国有线电视网络整合一网运维建设建议》等；配合国家广电总局制定了《全国地面数字电视广播频率规划》和《全国地面数字电视700MHz迁移频率指配方案》，用于指导开展全国地面数字电视700MHz频率迁移工作和中国地面模拟电视广播的正式关闭；参与国家广电总局广电5G标准体系和相关标准编制工作，开展"5G

广电应用平台总体规划方案"编制和"广电 5G 技术应用与测试平台"建设，提升规划院广电 5G 技术研究和测试评估能力。

（三）积极推动区块链技术在广电行业的创新应用

为贯彻落实中央关于大力推动区块链技术和产业创新发展的决策部署，推动区块链技术在广播电视和网络视听领域的创新应用，提升国家广电总局广播电视和网络视听治理体系和治理能力现代化。2019 年，规划院开展了基于区块链技术的广电视听融合传播基础信息技术研究，提出了《基于区块链技术的广电视听融合传播基础信息平台实施方案》，完成了信息平台架构等的设计与实现，完成了原型系统的开发，下一阶段即将开展小规模应用试验。

（四）深入开展 4K/8K 超高清视频的应用研究

为加快推进 4K/8K 超高清应用，规划院配合国家广电总局与工信部共同发布 4K 超高清标准体系，编写了《超高清视频标准体系建设指南》，编制完成了超高清标准 4 项；联合总台、广东台、北京市广电局等单位开展 5G+4K/8K 超高清的相关研究；支撑总台申请"超高清视音频制播呈现"国家重点实验室；配合总台共同申请了国家重点研发计划《4K 超高清电视制播系统研制》和"科技冬奥"重点专项《冬奥超高清 8K 数字转播技术与系统》。

（五）积极开展广电网络安全和智慧运维研究

规划院积极拓展等保 2.0 合规能力强化、5G 应用安全风险评估、视听 App 软件安全测评、融媒体内容安全保护、网络安全人员攻防演练和培训等服务能力，助力提升广播电视台、融媒体中心、有线网络和网络视听节目服务机构等的网络安全防护能力；积极探索构建广播电视和网络视听领域的智慧运维体系，结合安全播出风险评估机制，为安全播出管理、设备运行保障、网络安全防护提供支撑，有效提升行业相关单位的运维技术水平和安全播出保障能力，该体系已在北京台、上海台、河北台、河南大象融媒体集团、无线局等单位进行了试点。目前正在开展"地面数字电视单频网智慧运维平台"研究和建设。

(六) 精心谋划做好广电"十四五"规划编制工作

结合新时代广播电视和网络视听发展的新变化和新要求,规划院提前布局、主动作为、积极开展广电行业"十四五"规划技术支撑工作。2019年,规划院参与国家广电总局"十四五"科技发展规划编制工作,同时与多省合作开展当地广播电视和网络视听"十四五"发展规划的研制工作,为广电总局和地方广播电视和网络视听高质量创新性发展出谋划策。

(七) 积极参与智慧广电和融合媒体建设

2019年,规划院继续推进"广电融合媒体云制作及传输分发技术测试和标准验证平台"建设,积极探索切实可行的县级融媒体中心长效运营机制和模式,助力智慧广电和融合媒体发展。先后为海南海口编制智慧广电项目建议书,为云南、山西、广东、四川等省的县级融媒体中心建设编制发展规划及可研报告,为北京、河北、安徽等省市提供县级融媒体中心验收测试服务。

七、守正协同 创新转型 全面助力广播电视和网络视听高质量发展

中广电广播电影电视设计研究院党委书记、院长　许秀中

2019年，在国家广电总局党组的正确领导下，中广电广播电影电视设计研究院（以下简称设计院）坚持以习近平新时代中国特色社会主义思想为指导，以党的政治建设为统领，牢记职责使命、强化责任落实，坚持守正协同、强化质量管控、从严规范管理、推动转型创新，以广电5G发展战略引领打造"智慧广电品牌"，推动广电技术服务社会、走向世界，寻求文化与科技融合新突破，全面助力广播电视转型升级和高质量创新性发展。

（一）坚决贯彻落实中央和广电总局决策部署，保障大局、服务中心，巩固拓展国家级科研院所新优势

作为广电总局直属国家级科研院所，设计院以服务保障党和国家、广电总局重大政治任务为己任，深入学习贯彻习近平新时代中国特色社会主义思想，严守党的政治纪律和政治规矩，始终把讲政治摆在首位，并贯穿于提升干部职工思想品德职业道德等各项工作中，筑牢保障大局、服务中心强大思想根基。2019年高质量圆满完成新中国成立70周年庆祝活动音响保障任务，音响效果达到了"世界一流、历史最好"的目标，被授予"北京市筹备和服务保障中华人民共和国成立70周年庆祝活动先进集体"称号。出色完成党的十九届四中全会音视频保障、武汉第七届军人运动会IBC/MPC场馆工艺设计任务。高效保障国新办新闻发布厅系统运维，确保2019年258场新闻发布零事故，获得了中央及各级领导的广泛赞誉。

（二）对标对表科技创新发展要求，智慧化引领、结构化升级，以广电5G战略引领打造"智慧广电品牌"

2019年，设计院紧紧聚焦"智慧广电"、广电5G、人工智能、高新视频、物联网等广播电视和网络视听重大建设任务，坚持智慧化引领、结构

化升级，以推动数字化转型为突破口，强化科技支撑，推动创新发展。成立设计院广电 5G 研究中心，参与广电 5G 研发与建设、高新视频技术与业务研究、沉浸式视频端到端关键技术及解决方案、区块链应用等课题研究。主持编制中国广电·青岛 5G 高新视频实验园区发展规划，配合中国广电在全国范围开展广电 5G 试点和 700MHz 频率迁移等重要工作。开展精准实验、军民融合、广播电视监测监管、深度贫困县应急广播、港澳地区广播电视节目覆盖等重点任务。积极把实验室变成试验场，建好管好"广播电视与视听新媒体智慧监管国家广播电视总局重点实验室""电磁环境实验室""基于融合媒体的公共服务信息共享平台实验室"广电总局三大科技创新实验室，努力构建"实验室+项目+规范+示范+推广"产业发展生态，以广电 5G 发展战略引领打造"智慧广电品牌"，全面助力广播电视和网络视听转型升级、高质量创新性发展。

（三）推动文化与科技融合新突破，以内容建设为根本、以先进技术为支撑、以创新管理为保障，打造全媒体传播新高地

设计院落实中央和国家关于促进文化和科技深度融合、建设文化和科技融合创新体系的总体要求，提高科学技术对广电及文化创意领域的支撑能力，打通文化和科技融合的"最后一公里"。2019 年，承担了西藏、南平、大亚湾等十多个省地市文化新闻中心和上海车墩、深圳、厦门等全国大部分新建影视基地规划咨询设计任务。成为 2020 年北京电视台春节联欢晚会项目主创单位，运用 AR 和 MR 技术，基于 4K 和局部 8K 画面标准，搭建 5G 网络直播，采用北京沙燕风筝等主题造型，打造了一台集北京地域传统文化和现代科技为一体的大型可切换式舞台美术艺术。积极参与打造全媒体传播新高地，完成全国 18 省份县级融媒体中心标准宣传贯彻和推广，承担了 10 家省级、12 家市级、15 家县级融媒体中心的咨询、设计或工程建设任务，创新性开展了甘肃平昌县融媒体中心等多项专业总承包任务，EPC 总承包业务实现新突破，设备集成、舞台设计两大新业务板块全面发力，推动设计院以提供广电工程领域技术保障为主，逐渐向为聚焦广播影视文化领域提供项目策划、内容创作、信息安全、视听体验、制播技术、传输覆盖等特殊专业技术服务的创意科技主体转变。

（四）落实"一带一路"倡议和广播电视走出去，把广电技术标准推向世界，讲好中国故事，传播好中国声音

以"一带一路"沿线国家和周边国家为重点，发挥在广播电视、文化、电子通信、建筑工程等领域技术配套服务优势，推动中国广电媒体技术标准和服务走出去，连续十年入选"国家文化出口重点企业"。设计院运用中国方案，配合国家国际发展合作署和商务部，完成了援吉布提城市安全监控、南苏丹广电等多项项目管理任务，承担了援玻利维亚安全监控系统和数据网络、苏里南道路监控、利比里亚广播电台、巴基斯坦智慧教室、津巴布韦国家电视台等十多项援亚非拉国家和地区对外援助设计任务。同时承担毛里塔尼亚努瓦克肖特调频台运行维护，推动孟加拉电视台项目落地。2019年，以中国技术、中国标准设计完成的南亚第一高塔——斯里兰卡科伦坡电视塔刷新南亚新高度，荣获亚洲广播电视联盟颁发的"2019年亚广联绿色广播工程奖"。

2019年，在国家广电总局党组和相关司局指导下，设计院全力推进转企改制工作，对标设计行业、文化产业领域的优秀国有企业，改革考核方式、分配办法、组织机构、经营管理，重塑守正创新、重质保量、双效共优的企业文化，为确保国有资本保值增值，打造具有现代化管理水平、具有良好社会形象和较强竞争力的国有大型文化企业奠定坚实的基础。

2020年，设计院将在广电总局党组的坚强领导下，进一步提高站位、转变作风、创新思路、协同守正、奋发有为，坚决贯彻落实中央和广电总局党组各项决策部署，全力支撑广电总局"六大工程"建设任务，坚决完成转企改制头等大事，与全系统全行业协同配合，推动广播电视和网络视听高质量创新性发展。

八、牢记初心使命 坚持守正创新 进一步建好建强广播电视教育培训主阵地

国家广播电视总局研修学院党委书记、院长　刘　颖

2019年，研修学院以习近平新时代中国特色社会主义思想为指导，全面贯彻落实党的十九大和十九届二中、三中、四中全会精神，按照国家广电总局党组安排部署，聚焦推动高质量、创新性发展，培训规模较上年同期增长近40%，针对网络视听行业和体制外人员的培训力度显著增强，教育培训的基础性、先导性作用得到进一步发挥。

（一）坚持政治统领，大力实施培根铸魂新举措

将学习宣传贯彻习近平新时代中国特色社会主义思想作为首要政治任务，贯穿在各类培训始终。既抓关键少数，又涵盖体制内外。按照中央和广电总局党组关于"大学习、大培训"的部署要求，以"五式工作法"推动教育培训出精品。一是广电总局领导干部授课的政治引领作用显著。广电总局领导高度重视教育培训工作，多次作出重要指示，亲自审定重点班次培训方案，先后十余次亲临现场作政策解读、为党校讲开学第一课、作专题辅导，受到系统内外参训学员一致认可。二是广电总局党校为行业补钙铸魂迈出新步伐。按照广电总局关于党校招生的指导意见，主动将党性教育阵地前移到行业管理的最前沿，春秋两期处级干部进修班创新性选调7省广电部门及多家网络视听机构党员干部参训，更好地发挥党的政治建设统领作用。三是针对"关键少数"的长效化常态化学习机制更加健全。配合机关党委、人事司承办三大主题共11期重要政策类轮训项目，培训近3000人次，实现广电总局系统全覆盖。四是涵盖体制内外的政策引领新格局初步形成。紧密配合全国广播电视工作会议完成全国广播电视局台长培训班，增强"四力"培训班，全国文艺业务骨干轮训，推动中央政策精神和广电总局决策部署在各级各地落实落细。主动扩大针对系统外、网络视

听行业人员、"两新人才"、新文艺群体的政策培训力度，举办 20 多个面向全行业的培训项目，对行业从业人员的思想引领、价值引领和美学引领进一步加强。

（二）聚焦主责主业，着力为行业高质量创新性发展培养好造就好人才

始终将广电总局改革发展的方向作为教育培训工作的主攻方向。一是紧密配合行业重大人才工程，积极为高质量创新性发展聚才育才。配合人事司完成了广播电视和网络视听行业"两个人才工程"的实施方案制定工作，针对性地组织开展 2 期增强"四力"专题班和 8 期面向"两个人才"研讨班，以训促选、以学促管，为首批人才遴选工作夯实教育培训基础。二是紧密围绕主题主线，以培训促宣传。组织参训学员创作的 30 多个系列短视频，在"学习强国"等多家网络平台播出。三是聚焦国家广电总局重点工程，以培训育精品。及时重启"广电大讲堂"，邀请权威专家在线上线下平台对智慧广电、区块链、5G 等前沿课题做重点解读，围绕"智慧广电"建设工程为干部职工充电赋能；针对新闻宣传、文艺节目、电视剧、纪录片、动画片、公益广告等各领域创作人员全面施训，完成文艺业务骨干培训 11 期，为"新时代精品工程"广泛培养骨干紧缺人才，为"舆论引导能力提升"工程锤炼忠诚战士卫士。四是不断强化对基层贫困地区的帮扶培训力度。配合公共服务司组织系列扶贫培训班，积极开展西部和边疆民族地区采编业务培训，推动优质培训资源向基层延伸。

（三）着力讲好中国故事，在服务主场外交和重要外事活动中体现国际研修工作独特价值

围绕国家外交外宣大局，服务广播电视国际传播能力建设中心工作，2019 年共举办国际传媒研修项目 31 期。截至 2019 年年底，共有来自 152 个国家（地区）近 6000 名媒体人员来华参加学院国际媒体研修项目。一是助力主场外交取得新成效。2019 年，共邀请 150 余名国际媒体人士深度参与"中国—东盟媒体年"、亚洲文明对话大会、第四届"中阿广播电视论坛"活动，期间以七种语言发布正面报道三十余篇。二是汇聚国际人脉资源的

价值得到进一步体现。全年共引导带动各国学员发表正面报道近百篇，多语言、多视角、多形式推动"中国故事"登上各国媒体"头条首页"，形成同频共振。来华学员以国外媒体人的视角讲述中国发展成就，策划拍摄了"我爱你中国"系列纪录短视频，国庆当天被"学习强国"平台选播。新冠疫情期间，学院引领国际媒体人声援中国抗疫的短视频，在多家视频媒体网站上线，累计点击量近 2000 万次。三是赴外培训研修实现新突破。在埃塞俄比亚、桑给巴尔组织的赴外培训项目，是国家广电总局以国际研修培训为抓手，推动广播电视国际研修"走出去"的有力实践。国际研修在推动广播电视设备、技术、节目、人员、影视节展"走出去"方面的独特作用多次受到各相关部委、我驻外使馆和各国媒体人的肯定。

（四）注重创新创优，进一步建强行业的讲台课堂

一是坚持强学风、树新风。制定实施培训纪律"八不准"和政治纪律"八严禁"，严明学风作风。深入开展"不忘初心、牢记使命"主题教育，以"改"字精神指导生动教学实践，牢牢掌握教育培训正确的政治方向、教学导向和价值取向。二是进一步创新完善教学培训手段。党校重点开发的"领导干部上讲台"系列课程、行业培训创新实施的"行动学习法"、主动加大案例式教学的做法多次受到国家广电总局和相关部委肯定，并作为典型案例在文化和旅游部、中国文联和中国作家协会等进行推广示范。三是着力探索实现培训基地的科学化、智能化管理的有效途径。对广电总局顺义基地教学生活设施进行升级改造，实现无线网络全覆盖，为进一步实现智慧学院建设、打破培训边界壁垒，探索线上线下两种培训方式深度融合打下坚实的基础。

九、聚焦广电人才核心职能，大力做好人才服务工作

国家广播电视总局广播影视人才交流中心

党委书记、副主任　李晓东

广电总局广播影视人才交流中心（以下简称人才中心）担负着贯彻中央和广电总局人才工作政策，服务广电人才的重要职责任务。人才中心成立22年来，始终以服务广电人才为己任，把为广电人才服务作为自己的使命，从无到有、从小到大、从弱到强，脚踏实地、扎实工作、默默无闻、顽强拼搏、坚守阵地、无怨无悔，一步一个脚印，一年一个台阶，专心为各类广电人才创业干事提供服务保障，不断提高服务水平和竞争能力，创建了人事代理、业务培训、劳务派遣等人才开发服务工作齐头并进的发展格局，同时承担广电总局交办的资格考试、职称评审等工作项目，业务不断拓展，服务面逐步扩大，人才服务的专业性逐步提高，为广电事业作出了自己的贡献。

在广电行业深化改革、升级发展的形势下，面临媒体融合发展、智慧广电等一系列战略部署，人才中心聚焦核心职能，把握党和国家、行业发展的新要求，发挥核心优势，努力在贯彻落实中央、广电总局各项决策部署中谋求实现更大作为。

（一）充分发挥广电人才资源开发服务主力军、主阵地的作用，进一步提升人才培训的针对性、实效性

紧紧围绕广电发展的新热点、新动态、新趋势，以媒体融合作为培训工作的主线，策划组织短视频制作运营、融媒体工作室建设、网络视听节目审核政策等全新主题、全新内容的专题性、实践性培训项目，满足从传统广电到影视剧公司、网络视听平台和MCN机构等一线人员需求，为广电总局大规模干部培训提供强有力的支撑。2019年举办各类培训班79期，累计培训3670人。

网络远程培训平台平稳运行，服务质量和用户体验得到较大提升。两年来，开发制作全媒体时代节目内容与运营创新专题、学习贯彻全国宣传思想工作会议精神等8个专题课程，完成各专题培训共计21.2万人次。累计有效注册学员39.2万多人，277万人次参训，成为广电总局开展大规模岗位教育培训的有力抓手。

（二）坚持守正创新，以提高网络视听人才队伍素质为目标，积极开展网络视听领域新职业的申报工作

2019年，向人力资源社会保障部申报了网络视听行业"全媒体运营师""网络视听主播""互联网内容审核员"三个新职业，2020年2月25日，"全媒体运营师"已被人力资源社会保障部公布为新职业，纳入国家职业分类大典目录。"全媒体运营师"是综合利用各种媒介技术和渠道，采用数据分析、创意策划等方式，从事对信息进行加工、匹配、分发传播、反馈等工作，协同运营全媒体传播矩阵的人员。伴随近年来互联网技术的进步及信息井喷式的发展，我国网民规模已达8.02亿，互联网内容信息从产生到传播的过程，已不仅仅是传统意义上的简单编导和传递，原先的"网络小编"需要把控策划、制作、粉丝吸纳、社群运营、产品变现等众多专业环节，向高水平、高层次的全媒体运营人员转化，"全媒体运营师"应运而生。经过密集的行业调研和研究研讨，人才中心进行了"全媒体运营师"的职业申报、论证、答辩等一系列工作，"全媒体运营师"作为新职业纳入国家职业大典，对进一步促进职业标准的制定、提高全媒体运营从业人员的社会认同度都有积极作用，对逐步提升互联网新兴行业的水平与质量、推动与全媒体运营相整合行业的转型和优化升级，也同样意义深远。

"因势而谋、应势而动、顺势而为"。人才中心是人事制度改革的产物，围绕广播电视网络视听中心工作，为人事制度改革提供服务是人才中心的根本任务。要继续坚持把人才中心的发展置于广电事业的发展中，围绕中心，服务大局，加强服务手段，提高服务水平，为实现"让党的声音传得

更开、传得更广、传得更深",人才中心将充分发挥广电人才开发和管理的主渠道作用,与时俱进做好人事人才服务,为行业发展提供有效的人才保障,为繁荣广电事业作出新贡献。

十、牢记初心使命 不断改革创新 服务广播电视行业高质量发展

中国广播电视社会组织联合会秘书长 黄 炜

2019年,在广电总局党组的高度重视和领导下,在民政部的大力支持下,中国广播电视社会组织联合会(以下简称中广联合会)围绕中心,服务大局,增强"四个意识"、坚定"四个自信"、做到"两个维护",不忘初心、牢记使命,充分发挥团结和联系广播电视工作者的桥梁和纽带作用,积极履行联络、服务、管理等职能,贴近政府、贴近行业、贴近人民,完成理事会换届,推动开展各项业务工作。

(一)严格按照程序和规定,顺利完成第七届理事会换届和更名工作

在广电总局党组的领导下,在民政部的支持监督下,中国广播电视社会组织联合会第七次会员代表大会暨第七届理事会一次会议(换届大会)于2019年11月19日顺利召开。中宣部副部长、国家广播电视总局党组书记、局长聂辰席同志出席会议并讲话,民政部有关领导向大会发来贺信。范卫平同志当选中广联合会第七届理事会会长,阎晓明等18名同志当选副会长,黄炜同志当选秘书长。会议还通过了第六届理事会工作报告、财务报告,同意"中国广播电影电视社会组织联合会"更名为"中国广播电视社会组织联合会",通过《中国广播电视社会组织联合会章程(修正案)》《中广联合会会费标准》《广播电视从业人员职业道德自律公约》等文件。选举产生了中国广播电视社会组织联合会第七届理事会、常务理事会。

(二)坚持党建工作为统领,进一步夯实党的工作"两个全覆盖"

以"不忘初心、牢记使命"主题教育为契机,按照中央要求和广电总局部署,根据"复合式"党组织特点,聚焦广播电视行业从业者,尤其是广大演员群体的思想意识形态建设,开展"不忘初心、牢记使命——加强意识形态建设 引领时代文艺新风"主题教育专题讲座,和国家广电总局办

公厅、机关党委组织观看《古田军号》《决胜时刻》红色电影等学习培训活动，引导演员群体行业自律，增强演员群体知史爱党、知史爱国的情怀，培育和践行社会主义核心价值观。主题教育专题讲座及两次红色观影活动，均被"学习强国"平台"不忘初心、牢记使命"主题教育专栏报道，在业界和社会上产生很大反响。

（三）发挥广播电视优势，呼吁全行业助力脱贫攻坚工作

根据国家广播电视总局、国务院扶贫办《关于进一步做好广播电视和网络视听精准扶贫工作的通知》精神，中广联合会引导演员委员会利用演员会员自身影响力，助力广播电视和网络视听精准扶贫，百余位演员倡议演员群体助力扶贫，获得行业好评。

认真落实扶贫工作，结合开展红色党性教育。积极对接中广联合会定点扶贫村——山西省平顺县北甘泉村、北庄村，向两座村庄捐赠党建帮扶经费，组织购买平顺县农副产品，落实消费扶贫工作。向北甘泉小学学生捐赠爱心文具套装，与北甘泉村委会座谈交流脱贫工作。将党性教育与扶贫工作相结合，到西沟村纪兰党性教育基地开展"继承革命传统 强化党性教育"红色教育培训，看望慰问共和国勋章获得者、第一至十三届全国人大代表、著名劳模申纪兰，举行中广联合会红色教育基地揭牌仪式。

（四）理论研究与应用研究并重，服务广播电视行业高质量发展

加强广播电视现实问题研究，推进学术研究发展。深入省（区、市），选取改革创新案例，编撰《广播电视改革与创新（2019）》，推动《中国广播电视学》《中国电影学》《中国广播电视编年史（第一卷）》结项及出版。进一步增强《中国广播电视学刊》权威性、影响力。认真宣传新中国成立70周年取得的辉煌成就，组织相关专家、学者撰写70年来广播电视取得的成就，总结分析庆祝新中国成立70周年宣传报道的文章，举办"新中国成立70周年与广播电视""学习贯彻习近平总书记在全国宣传思想工作会议上的重要讲话精神""广播创新发展""县级融媒体中心建设"等主题征文活动。通过开展的一系列业务工作，进一步增强了《中国广播电视学刊》

的权威性和影响力。

（五）推动和改进广播电视评奖工作，继续举办优秀作品宣介活动

在主管部门的指导和监管下，完成第二十九届中国新闻奖广电四项初评。中广联合会组织遴选、申报中国新闻奖的作品，有35项获第二十九届中国新闻奖。

继续夯实获奖作品宣介平台。邀请大学教授、获奖的一线记者编辑、大奖评委等，到天津、宁夏、山西等省（区、市），向基层宣传介绍创作精品节目的方法、经验和技巧，给一线的同行更多宝贵经验分享。引导广播电视播出机构和节目制作机构始终坚持正确导向，守正创新，弘扬社会主义核心价值观，坚持公益理念，努力创新创优。

（六）紧紧围绕庆祝中华人民共和国成立70周年，组织引导各专业委员会开展丰富多彩的庆祝活动

2019年是新中国成立70周年，中广联合会精心策划组织引导各专业委员会同向发力、协同联动，开展了一系列庆祝活动："《我的中国心》——庆祝新中国成立70周年歌曲展播活动""致敬70年庆典——'我和我的祖国'融媒微剧作品征集与展播活动""70年70部书·有声文学作品70年70人·杰出演播艺术家""七彩云南 美丽家园——庆祝新中国成立70周年全国广电媒体践行四力教育走进云南融媒体采访活动"等庆祝活动，多角度多层次多形式展现历史巨变，在广播电视行业内营造出喜迎中华人民共和国成立70周年的愉悦氛围。

十一、中国广播电视国际经济技术合作总公司 2019 年度创新发展亮点综述

中国广播电视国际经济技术合作总公司党委书记、总经理　赵　刚

2019 年，中国广播电视国际经济技术合作总公司（以下简称中广公司）全体同志紧紧围绕学习宣传贯彻习近平新时代中国特色社会主义思想主题和庆祝新中国成立 70 周年主线，按照国家广电总局的工作部署，紧密联系企业实际工作，深入开展"不忘初心、牢记使命"主题教育，全力为"国际传播能力建设""视听中国""中国联合展台"等广电重点工作提供优质服务，精心组织筹办北京国际广播电影电视展览会（BIRTV2019），公司经营状况稳定，财务指标健康，继续实现国有资产保值增值的目标。

（一）以党的政治建设为统领开展各项工作

1. 深入开展"不忘初心、牢记使命"主题教育。 中广公司党委把"不忘初心、牢记使命"主题教育作为 2019 年最重要的政治任务，强化组织领导，抓好学习教育，认真检视问题，从严整改落实，达到了上级要求的预期效果。

2. 坚决贯彻落实意识形态工作责任制，紧密联系企业实际工作，扎实开展党建工作。 中广公司党委把落实意识形态工作责任制列入从严治党工作要点，通过建章立制、明确职责，逐步形成了从公司党委到基层党组织、从党的领导干部到每个党员、从内容到形式、从思想到落实、从意识到行动的一整套较为完善的意识形态工作机制。同时把意识形态工作、党建工作贯穿公司的海外工程、BIRTV 展览会等各项业务工作中，增强了同志们为我国际传播能力建设和 BIRTV 展览会等做好工作的使命感和荣誉感，对公司的业务及各项工作均产生了积极的促进作用。

（二）努力做强做精各项传统业务，为总局中心工作提供服务

**1. 精心组织筹办第二十八届北京国际广播电影电视展览会（BIRTV

2019）。本届 BIRTV 正逢中华人民共和国成立 70 周年，为贯彻落实习近平总书记关于媒体融合发展的重要论述，在国家广电总局、中央广播电视总台、工信部、广东省等有关部委和单位的指导、支持、参与和帮助下，隆重推出"国家广播电视总局展区""中央广播电视总台'5G+4K+AI'战略发展成果展""广东省 4K/8K 超高清视频产业发展成果展"三大展区，集中展示广电行业在引领信息技术、超高清和人工智能等信息产业发展中所发挥的特殊作用，向新中国成立 70 周年献礼。BIRTV2019 以"创新驱动·构建全媒体新生态"为主题，参展单位 526 家（国内企业 345 家，国际企业 181 家），观众总数近 6 万人。同时，充分调动 BIRTV 平台资源和公司相关业务资源，为国家广电总局"中国联合展台""视听中国"等重要国际交流任务提供优质服务。

2. 发挥广电优势，坚守外宣阵地。一是坚决守住守好马里租机、古巴租机等外宣阵地。完成马里租机四期天线大修项目，同时与马方就五期租机达成继续合作意向。在古巴租机项目中，与古方进行艰苦谈判，继续合作。二是继续实施中国政府的对外援助项目，续签了多个中国政府援外技术合作项目，并中标援助桑给巴尔广播电视技术项目。三是完成 125（巴基斯坦长波台）项目属于中广公司的天线项目施工任务，进行该项目的收尾和相关延伸工作。同时，精心完成广播电视海外落地项目的巡检。

3. 实现在境外承办广播电视培训班"零的突破"。2019 年，承办商务部、国家广电总局委托的培训班共 8 个，培训来自 31 个国家广电机构的学员达 284 人。8 月 25 日至 9 月 14 日，在厄立特里亚首都阿斯马拉成功举办广播电视数字化海外培训班。这是中广公司承担援外培训任务近 20 年来，首次走出国门，在境外执行双边培训项目，实现了中广公司历史上"走出去"办培训"零的突破"。

4. 优化内部结构，持续深化改革。一是仓储业务转型已见良好成效。近年来立足东郊土地资源的开发利用，从传统仓储业务向物业租赁管理努力转型，已初见成效。2019 年，改造完成后的广园一期全部出租，受到市场和入驻企业的认可，收获了较好的社会效益和经济效益。二是顺利完成中广国际建筑设计研究院公司制改制。经过几年来的认真调研、谋划和充分准备，设计院从全民所有制企业更名为中广国际建筑设计有限公司，全员顺利完成劳动关系变更。三是在传统录像带经销业务逐渐被新技术淘汰后，积极向新的存储介质业务转型，收到较好效果。

作为一家广电系统内的老国企，中广公司将始终"不忘初心、牢记使命"，坚持党对企业的绝对领导，继续保持艰苦奋斗的优良传统，围绕中心，服务大局，守正创新，发挥特长，为广播电视工作新局面的开创作出自己的一分贡献。

十二、服务广电总局工作部署 努力打造特色新型智库

国家广播电视总局广播影视发展研究中心党委书记、主任 祝燕南

2019年，国家广电总局发展研究中心（以下简称发展研究中心）以习近平新时代中国特色社会主义思想为统领，紧紧围绕广电总局党组工作部署，扎实推进"不忘初心、牢记使命"主题教育，努力建设中国特色广播电视新型智库。

（一）围绕广电高质量创新性发展强化智库服务

2019年，发展研究中心积极落实广电总局党组相关工作部署，围绕广电总局业务司局重点工作，全方位推动核心业务建设，智库作用进一步发挥。

加强决策咨询研究。决策咨询研究进一步聚焦广电总局中心任务，先后完成《我国广电产业发展现状及下一步工作建议》《中国电视剧（网络剧）走出去调研报告》、关于广电方面纳入国家"十四五"规划的基本思路、关于做强做优新时代地方广播电视台的建议稿、关于加大对广电5G网络建设支持力度的建议、亚太地区网络视听发展与治理情况课题研究和新中国成立70年来广播电视事业发展成就与经验研究等一系列重要项目。积极协助广电总局有关司局开展工作，配合开展评审评估工作和课题研究，围绕广电总局重点工作，进一步强化智库服务。

承办重点会议活动，加强智库服务成果转化。积极参与亚洲文明交流对话大会相关组织工作，在上海电视节期间组织召开2018年度电视剧剧本扶持引导项目研讨会电视剧会议，在北京电视节目交易会（2019秋季）期间举办电视剧走出去高峰论坛，承担第七届网络视听大会宣传任务等。通过深度参与重点会议活动，打造交流思想、分享经验的平台。

拓展创新品牌成果，优化智库服务产品。推出《中国广播电影电视发展报告（2019）》《中国视听新媒体发展报告（2019）》《中国电视剧发展

报告（2019）》等品牌蓝皮书，出版《中国微电影短视频发展报告》，为行业发展提供信息集成和研究引导。优化编辑《国外广播影视动态》和《新媒体动态》，更加注重提供国内外广播电视和网络视听前沿资讯和案例分析，推出专呈广电总局党组的调研内参，强化资政建言作用。

增强行业服务能力。聚焦广播电视创新性高质量发展部署，承担广电总局、湖南省省部共建项目"中国视频文创产业发展评估体系"和"中国（长沙）马栏山视频文创产业园发展规划"编制，承担江苏省、湖南省、西藏自治区广电"十四五"规划编制，实现了服务地方广电发展多方面重要突破。召开多场公益广告座谈会，在与地方广电局和业内外其他机构的合作过程中，不断拓宽研究领域，更好服务行业发展。

（二）办好"国家广电智库"公众号，搭建政策宣传和研究成果转化新平台

2019年"国家广电智库"微信公众号紧扣广电总局工作部署，聚焦主题主线，加强政策解读，强化管理导向，宣传广电总局形象，总结行业创新实践，在众多行业公号中树立了公信力、权威性形象。

强化政策解读，突出阵地意识。2019年公众号共推送政策发布类稿件258篇，及时发布广电总局领导重要讲话、传达广电总局重要工作部署，发布广电总局官方政策、通知、公告，并与广电总局各司局紧密配合，强化重要政策的解读分析。同时，围绕广电总局服务国家外交大局和"一带一路"建设国际交流与合作等重点活动，及时宣传总局外事活动。

加强重大选题策划，70周年国庆和疫情防控宣传效果突出。2019年，聚焦党和国家重大活动、重要时间节点，围绕庆祝新中国成立70周年等主题主线，推出一系列行业宣传专题。2019年全年共推出重点策划专题10期，发布文稿224篇。2020年新冠肺炎疫情突袭，公众号第一时间投入战斗，全程宣传报道广电总局党组的决策部署和广电行业抗击疫情的事迹和典型案例，编发一系列评论，被称为广电行业"抗疫一线的宣传队"。

稿件发布数量创新高。2019年公众号发布稿件905篇，较上年增长

59.9%。同时，原创稿件数量稳步提高，共发布286篇，占比31.6%。其中评论、观察、解读类原创稿件111篇，这类稿件注重发挥广电智库特色和研究优势，解读重要政策、研判行业发展，显示出较高的权威性和引导力。

截至2019年年底，公众号订阅用户超过4.1万人，同比增长39.3%，长期转载账号达36家，同比增长71%。

（三）优化文艺评论评审，强化创作引导

2019年，围绕庆祝新中国成立70周年主题，中心持续加强重点作品的推介和评论工作。在广电总局有关司局指导和合作下，成功举办《外交风云》等多场电视剧研评会，举办《见证初心和使命的"十一书"》《石榴花开》等网络视听作品研评会，举办"庆祝新中国成立70周年少儿节目创作策划会"、2018年优秀广播电视新闻作品、广播电视节目优秀创意选题、动画片优秀创意选题评审等，持续发出文艺评论主流声音。同时，配合推优评审工作，组织撰写评论文章，在公众号发布影视剧评论、节目评论数十篇，扩大了广电精品的引领示范作用。

2020年，发展研究中心将紧紧围绕广电总局党组中心工作，紧贴行业实践前沿开展决策咨询研究，为广电总局党组提供有用管用实用的"实招""高招"，向建设中国特色广播影视新型智库稳步迈进。

第三节　2019年全国各省（区、市）广播电视管理与发展亮点

一、坚持首善标准　构筑北京广电模式

北京市广播电视局党组书记、局长　杨　烁

2019年，北京市广播电视局以习近平新时代中国特色社会主义思想为指引，深入贯彻党的十九大精神，按照国家广电总局和北京市委、市政府工作部署，紧扣"四个中心"首都城市功能定位，坚持首善标准，构筑北京模式，大力推进北京广播电视和网络视听高质量发展。

（一）勇于肩负主责，牢牢把握正确舆论导向

围绕庆祝新中国成立70周年这一主题主线，北京市广电局统筹全市广播电视和网络视听媒体，大力组织开展宣传报道，打造首都媒体矩阵。全年策划推出重大主题报道，营造欢乐祥和的舆论氛围。圆满完成庆祝大会活动直播转播任务，实现5G+8K超高清显示和直播转播应用。推出主题主线重点电视剧片单、公益广告重大选题库，开展主题纪录片、网络原创视听节目等征集遴选。将无证视听网站纳入备案制管理，使抖音、快手、西瓜视频、新浪微博、今日头条、一点资讯等30多家重点短视频平台、直播平台、社交平台、资讯聚合平台纳入监管范围。北京经验被广电总局在全

国推广使用。北京市 34400 块广电系统户外大屏纳入监管范围，实现阵地管理无死角。

（二）聚焦精品创作，紧紧扭住作品中心环节

精心打磨全国首档市民与公共领域对话周播节目《向前一步》，成为全国最有影响力的"接诉即办"电视平台，开创媒体主动参与城市治理先河。推出一批讴歌党、讴歌祖国、讴歌人民、讴歌英雄的优秀视听作品。用足用好北京广播电视网络视听发展基金，建立 2019—2022 年北京电视文艺作品重点项目种子库，入库电视剧 109 部、动画片 25 部、纪录片 152 部、网络视听作品 30 部。电视剧《最美的青春》《大江大河》和广播剧《中共中央在香山》获得"五个一工程"奖。《早一分钟多一份可能》获得国家公益广告优秀电视作品一类扶持。北京成功推出《大地震》《毛驴上树》等一批优秀网络电影，极大地丰富了视听文化产品供给。

（三）锻造智慧广电，守住守好广播电视阵地

北京局推进北京广播电视和网络视听政策集成创新，密集研究制定《关于推动北京影视业繁荣发展的实施意见》《北京市智慧广电发展行动方案（2019 年—2022 年）》《北京市超高清视频产业发展行动计划（2019—2022 年）》等政策，实现规划引领、政策驱动、全域创新。坚决服务保障好冬奥会和冬残奥会，动员广电科技力量，实现全球首次 5G+8K 转播和国内首次 5G+8K+5.1 环绕声冰上赛事直播。"北京智慧广电"全面应用到男篮世界杯、中国网球公开赛、国际女子冰球联赛、中国足球协会超级联赛等赛事，也为冬奥赛事 8K 超高清制播试播落地积累了丰富经验。北京广播电视台"冬奥纪实频道"实现上星高清播出。完成中国（北京）星光视听产业基地转型更名，实现由单一电视节目制作基地向"北京新视听"基地的转型升级。依托北京经济技术开发区，汇聚首都优质视听资源，着力建设好国际视听产业园区。

（四）促进对外交流，努力讲好视听北京故事

服务国家外交大局，配合亚洲文明对话等重大主场外交，2019 年在广电总局指导下，主动服务好亚洲网络视听传播政策对话与合作成果发布活动，办好第二届"一带一路"广播电视科技发展论坛等活动。发布新版《北京市提升广播电视和网络视听业国际传播力奖励扶持专项资金管理办法（试行）》，21家企业82个项目入库并获得奖励扶持。组织开展视听译制基地、"走出去"示范单位评定工作。"北京优秀影视剧海外展播季""视听中国·北京之夜""全球组团联展"等重点"走出去"品牌影响广泛。北京优秀视听企业和作品从亚洲、欧洲、非洲，拓展到南美洲，同巴西、阿根廷影视协会成功签署战略合作框架协议。北京市与赫尔辛基市签署视听领域合作谅解备忘录。北京广电科技企业22家（次）参加美国NAB、荷兰IBC展，在开拓海外市场上取得实质性突破。

二、天津广电：凝心聚力 守正创新 推动广播电视与网络视听高质量发展

天津市广播电视局局长 游庆波

2019年，天津广播电视系统坚持以习近平新时代中国特色社会主义思想为指导，聚焦庆祝新中国成立70周年主题主线，坚持"举旗帜、聚民心、育新人、兴文化、展形象"的使命任务，广播电视高质量发展迈出新步伐。

（一）聚焦主题主线，舆论引导成效斐然

天津市各级广播电视和网络视听媒体紧密围绕庆祝新中国成立70周年，突出主题主线、思想内涵、家国情怀、群众参与，浓墨重彩开展主题宣传，着力展现70年光辉历程和伟大成就，唱响礼赞新中国、奋斗新时代的昂扬旋律，营造了共享伟大成就、共铸复兴伟业的浓厚舆论氛围。天津卫视《天津新闻》《12点报道》等新闻节目连续推出"蹲点调研""回访"系列报道和"爱国情奋斗者""乡愁"等特色专栏，以人物访谈、故事讲述等方式展现天津发展和国家成就。全市网络视听媒体策划推出"壮丽七十年·共筑中国梦"大型主题报道和宣传活动，通过首页首屏、移动App、短视频、H5产品、IPTV等进行全方位、多角度、立体化宣传，营造了浓厚的网络舆论氛围。

（二）勇攀"高原高峰"，精品佳作不断涌现

坚持以人民为中心的创作导向，贯彻落实精品创作意识。《永远的战友》在总台央视播出。在国家广电总局2018年度国产纪录片及创作人才扶持项目评选中，《有个学校叫南开》入选优秀系列片，《洋美猴王》入选优秀短片。在2018年度优秀少儿节目精品发展扶持项目评审中，广播作品《妈咪宝贝》入选优秀少儿广播栏目，电视作品《糖心家族》入选优秀少儿电视精品栏目，电视作品《锋狂实验室》入选优秀少儿电视栏目。纪录片

《一双手中的"一带一路"》入选"百人百部中国梦短纪录片扶持计划"、《点亮万家的蓝领工匠》入选中国梦主题短纪录片展播项目。《下一站是幸福》《你好检察官》《小镇警事》等 3 部优秀津产电视剧入选国家广电总局"庆祝新中国成立 70 周年推荐播出参考剧目"。4 条公益广告获评"庆祝新中国成立 70 周年优秀广播电视公益广告"。网络电影《天虎突击队》入选广电总局网络视听精品创作传播工程和全国重大题材网络影视剧项目库。

(三) 强化监测监管，安全传输保障有力

天津市广电系统持续深入做好元旦、春节、两会、新中国成立 70 周年等重要保障期安全播出任务，天津市文化和旅游局（市广播电视局）荣获"国庆 70 周年广播电视行业安全保障工作先进集体"称号。全市广电行业信息系统网络安全事件应急工作机制进一步健全，修订完善《天津市广播电视安全播出应急预案》《天津市广播电视网络安全事件应急预案（试行）》，增强应对突发事件的处置能力。持续强化日常监管和专项整治，监测发现并处理各类安全播出事故 457 起，编发监测专刊、专报 121 期，对广播电视安全播出发挥了重要作用。

(四) 深化依法管理，行业监管规范有序

进一步规范有线电视网络传输秩序，集中开展境外卫星电视专项治理，广播电视机构运行更加规范。加强广播电视广告播出管理，2019 年下发《广播电视违规广告督办单》16 份、《关于违规播放广告的整改通知》15 份，开展食品保健品广告专项整治，落实违规责任追究制度，依法严肃处理违规广告，切实维护广播电视播出秩序。积极协调推进县级融媒体中心建设，对市区两级融媒体中心的建设进展、经验亮点和存在的主要问题进行了调研摸底，进一步加强服务和管理。积极推进天津 IPTV 专项治理和规范对接，组织天津 IPTV 重点围绕六方面问题扎实开展内容专项治理工作，确保内容安全、传输安全。

(五) 坚守阵地意识，网络视听空间清朗健康

坚持正确政治方向、舆论导向、价值取向，坚决落实意识形态工作责

任制和导向全覆盖原则，按照网上网下"同一标准、同一尺度"的要求，坚决遏制唯点击率、泛娱乐化等行业乱象，不断强化对网络视听节目的监管，确保网络视听媒体成为社会主义核心价值观的主阵地、主战场。为适应网络视听节目建设管理新形势新要求，积极开展网络影视剧内容审查，主动引导影视企业坚持以人民为中心的创作导向，积极生产创作现实主义题材作品，推动网络影视剧内容生产健康有序。

（六）讲好中国故事，国际传播再创佳绩

华策影业（天津）有限公司制作的电视剧《下一站是幸福》已与Netflix签署海外播映协议，电视剧《我的奇妙男友》在华纳兄弟旗下新媒体平台DramaFever播出，覆盖北美、欧洲非华语地区，还在日本、英国、澳大利亚等多个国家播出。华录百纳影视（天津）有限公司制作的电视剧《秦时丽人明月心》在北美地区DramaFever和Viki两大领军视频网站播放，成为平台内首部荣登播放量冠军宝座的华语周播剧，在马来西亚、文莱、新加坡等地的主流新媒体平台上进行首播，并在马来西亚、文莱两地登顶。优扬（天津）动漫传媒有限公司原创动画片《豆小鸭》在迪士尼少儿频道和包括澳大利亚、加拿大、瑞典、芬兰在内的150多个国家播出，同时被国家广电总局推选为"壮丽七十年 荧屏庆华诞"视听中国全球播映活动的优秀动画作品，在海外主流媒体播出。

三、聚焦主题主线 突出主责主业 奋力开创河北广电事业产业新局面

河北省广播电视局党组书记、局长　王离湘

2019年，河北省广播电视行业深入学习宣传贯彻习近平新时代中国特色社会主义思想，增强"四个意识"、坚定"四个自信"、做到"两个维护"，围绕全省工作大局，按照"四个干"工作机制，立足广播电视"新、智、融、监"职能定位，聚焦主题、围绕主线，明确主责、抓好主业，突出党建、深化改革，各方面工作稳中求进、守正创新，呈现新亮点、取得新成绩。

（一）聚焦主题，坚持导向为魂，着力提升舆论引导能力

引导河北省广播电视和网络视听媒体持续深化习近平新时代中国特色社会主义思想宣传及中共中央十九届四中全会和省委九届九次全会精神的宣传报道，营造良好舆论氛围。开展"不忘初心、牢记使命——守正创新"主题实践活动，将增强"脚力、眼力、脑力、笔力"教育实践工作融入其中，中共河北省委省直工委《综合简报》第一期推广了省广播电视局经验。巩固和深化"不忘初心、牢记使命"主题教育成果，提出一体推进"智慧广电""法治广电"和"魅力广电"建设方案。组织开展了河北广播电视"十个名"创建活动，被列入全省文化体制改革和发展工作要点，共收到参评项目455件。

（二）围绕主线，坚持用心用情，营造礼赞新中国、奋进新时代的浓厚氛围

指导广播电视机构精心组织"壮丽70年·奋斗新时代"大型主题采访活动，推出了《正定塔元庄：奋斗闯出幸福路》《蹲点调研——西柏坡》等一批重头报道。出台《关于进一步加强广播电视节目创新创优的指导意见》，策划推出《英雄太行》《成语天下》《邻家诗话》等原创节

目。纪录片《中山国》《中国梆子》等受到国家广电总局肯定,《中山国》入围法国国际阳光纪录片节"优秀参展作品"。电视剧《最美的青春》荣获上海白玉兰最佳电视剧奖和中宣部"五个一工程"优秀作品奖,河北省广播电视局获中共河北省委通报表扬。《有个地方叫马兰》《在桃花盛开的地方》在总台央视热播,获得河北省领导多次高度评价。组织召开"迎接新中国成立70周年全省广播电视宣传报道、安全保障工作电视电话会议"和信访稳定、安全生产工作会议,全年实现了相关保障工作的目标要求。

(三)明确主责,坚持底线思维,落实好意识形态责任制和阵地管理

对河北省广电系统进行了大调研大检查活动,发现并整改4类165项问题,得到国家广电总局充分肯定。制定印发了《关于进一步加强广播电视和网络视听文艺节目管理的落实意见》,有效治理了追星炒星、泛娱乐化、高价片酬等问题。强化管理举措,完成有关整治任务。规范安全播出管理制度,2019年受理、批准临时停播、停传申请77次,批准行业安全保障责任单位组织开展应急演练3次,下发预警通知169条。

(四)抓好主业,坚持改革创新,实现事业做优、产业做强

指导河北广电网络集团建立了"冀广5G融合网络实验室",开展了2022年北京冬奥会相关项目建设,河北省冬奥办、省发改委工作组对广电方面建设项目的工程进度和质量提出了表扬。完成了70万户"户户通"建设任务,对工程建设情况进行了验收。成功协办"2019中国国际数字经济博览会数字文化创新论坛",得到中共河北省委、省政府高度肯定,中国网络视听协会发函表彰。认领了国务院"互联网+"监管平台规定的省级监管事项,制定了全省广电系统行政检查实施清单。按照"服务地方经济、深化产教融合、联合人才培养、创新合作模式"的工作方针,河北省广播电视局与河北传媒学院签署了战略合作协议。

(五)突出党建,坚持问题导向,建一流班子,带一流队伍

机构改革工作圆满完成;政务服务工作顺利推进;河北省广电局精准

扶贫工作取得较好成绩，总台央视农业农村频道专题采访河北局精准扶贫经验并在央视播出，生态环境部有关负责人到八顷村调研扶贫工作，将河北省广播电视局两个对口扶贫村确定为生态环保扶贫示范村；"三深化三提升"活动取得明显成效。

四、山西广电：忠实履行职责使命 推动高质量创新发展

山西省广播电视局党组书记、局长 李海渊

2019年，山西省广电局聚焦全省广播电视阵地管理和行业管理，努力发挥广播电视引领作用，推动事业产业高质量和创新性发展，各项工作取得新进展新成效。

（一）突出抓好主题主线宣传

强化广电媒体"头条"建设和网络视听媒体"首页首屏首条"建设，紧紧围绕庆祝新中国成立70周年主题，制作播出主题节目、开设专栏专题、展播优秀剧目，烘托出热烈的庆祝新中国成立70周年喜庆氛围。围绕全省中心工作，持续做大做强正面宣传，全力做好能源革命、第二届全国青年运动会等重点宣传，全面反映山西改革创新、奋发有为的新面貌。

（二）推动广电文艺繁荣发展

2019年全年电视剧立项9部、发证1部。网络影视剧规划备案18部、发放备案号12部。电视剧《右玉和她的县委书记们》、广播剧《闽宁镇》获第十五届精神文明建设"五个一工程"奖。电视剧《立秋》入选国庆展播剧目，纪录片《三矿》荣获中国电视纪录片长片十佳，《希望树》《红领巾少年派》《小主播大声说——我爱你，中国》等多档广播电视节目受到表彰或扶持。举办优秀网络视听节目评选活动，20部作品参加全国评选；2部作品获全国表彰，5部作品进入"学习强国"平台。

（三）有效确保广播电视播出安全

圆满完成全年各重要保障期的安全播出保障任务。特别是为了确保庆祝新中国成立70周年广播电视安全播出保障万无一失，山西省广电系统协调联动，认真组织开展行业安全大检查，整改落实各类安全隐患和问题，确保了国庆期间各项转播完整流畅、圆满成功，受到国家广电总局表扬。完善监管体系，省级广播电视综合监管平台正式投入使用，实现全天候、

全过程、不间断监测监听监看。

（四）持续规范阵地管理

坚持导向管理全覆盖，落实内容和产品备案、审核、审查等制度机制。2019年完成山西省112家播出机构、8家持证视听网站和13家备案视听机构年度工作检查，对71家视听机构进行备案管理。严格频道频率管理，关闭5个违规擅开频道。开展IPTV专项治理，下线违规内容13557小时、违规直播频道3套。深入开展境外卫星电视专项整治。连续四年发布《广播电视公益广告宣传主题指南》，全年受理和查处违法违规广告23起26条，停播违规广告3600余条次。

（五）推进高质量协同发展

深化媒体融合发展，2019年全年建立34名专家组成"媒体融合发展专家库"，确立12个媒体融合发展典型案例、先导单位和成长项目。全省市级广播电视播出机构全部成立了新媒体经营管理部门并开展业务；50余个县级融媒体中心挂牌。推动公共服务优化升级，实施16个无线发射台站基础设施改造工程，完成12个县应急广播体系建设。加快推进高清电视发展，山西卫视高标同播，长治台、晋城台、朔州台和山西省台公共、少儿频道完成高清化改造。深化"放管服效"改革，形成省级"互联网+政务服务"平台标准服务指南；在"减证便民"基础上，持续开展"最多跑一次"改革，压缩审批时限，申请材料精简率达30%，审批时限压缩率达50.7%。

（六）全面深化党的建设和干部队伍建设

精心组织"不忘初心、牢记使命"主题教育，强化守初心、担使命，认真找差距、抓落实。持续抓好中心组理论学习，在全系统组织开展学习交流活动，引导广大干部职工严把正确政治方向、舆论导向、价值取向。加强基层党组织建设，督促局系统40余个基层党组织进行了组建、换届工作，基层党组织书记培训全覆盖。效能建设稳步提升，健全制度60余项。全面建立干部个人能力提升档案。

五、内蒙古广电：守初心 担使命 促发展

内蒙古自治区党委宣传部副部长，自治区广播
电视局党组书记、局长　姜伯彦

2019年，内蒙古广播电视系统坚持以习近平新时代中国特色社会主义思想为指导，以庆祝新中国成立70周年为主线，以内蒙古"智慧广电"建设为载体，融合推进党建和业务工作，全区广播电视发展载体有效拓展、发展方式逐步转型、发展潜能不断释放。

（一）聚焦政治责任，宣传引领主动有力

以"舆论引导能力提升工程"为抓手，牢牢把握广播电视工作的政治方向、舆论导向和价值取向。组织开展重大主题、专题宣传53项，举办首届内蒙古广播电视公益广告大赛。3部作品获自治区第十四届精神文明建设"五个一工程"奖，1部作品获国家广电总局专项资金扶持。深度融入"一带一路"倡议，累计争取国家支持资金2400万元，在蒙古国扎实推进丝绸之路影视桥工程，制播《跟我学汉语》节目60期，中国影视剧在蒙古国所占市场份额从2014年的7%提升到2019年的20%以上。

（二）聚焦公共服务，民生短板有效补齐

以"公共服务提质增效工程"为抓手，着力提高广播电视公共服务的覆盖面和适用性。补齐覆盖短板，推进农村牧区广播电视有线、无线、直播卫星网络建设，内蒙古自治区广播、电视人口综合覆盖率分别达99.24%和99.22%，提前1年完成全面建成小康社会指标体系任务。补齐供给短板，推进边境地区和贫困旗县广播电视播出机构制播能力建设，拓展蒙古语广播电视节目传输服务平台，每天可为基层免费推送4个小时蒙古语节目。补齐服务短板，投入3000万元建成贯穿到嘎查村的四级运维机构（网点）4139个，配备技术人员9108人。

（三）聚焦阵地管理，安全保障全面加强

以"管理优化工程"为抓手，加快阵地管理向双向互动、超前引导、

过程控制、"疏堵"并重转变。编制台站标准化建设方案（2.0版），投资1000万元实施台站备用信号源系统和应急指挥中心建设。开展3轮安全大检查和"隐患排查月"等活动，内蒙局属发射台播出总体合格率99.99%，卫星地球站播出总体合格率100%，实现重要保障期零秒停播。制定广播电视监管平台建设方案，补齐对网络视听节目、IPTV等新媒体的监管短板。

（四）聚焦改革创新，"智慧广电"推进有力

组织制定的《内蒙古"智慧广电"建设方案》由内蒙古自治区人民政府办公厅正式印发。累计投入12.39亿元实施广电网络基本公共服务入户工程，发展农村用户46万户，全区智慧广电光纤网络达10万公里。投入1.74亿元推进智慧广电固边工程，在边境边远地区建成微波电路1500公里、无线覆盖试点区块160个，与部队方面共建智慧广电固边工程试点，率先实现广电军民融合发展。实施高清内蒙古工程，盟市级以上频道高清化比例达66.7%，争取国家投资近3000万元在贫困旗县推进应急广播体系建设。

（五）聚焦初心使命，党的建设全面加强

坚持以党的政治建设为统领，扎实开展"不忘初心、牢记使命"主题教育，党建工作质量全面提升，发展信心更加坚定，队伍合力更加凝聚。强化专业技术队伍建设，年内组织系统行业培训4087人次，与国家广电总局广科院共同完成的科研项目荣获"王选新闻科学技术奖"一等奖。

六、聚焦使命任务 坚持守正创新 推动辽宁广播电视高质量发展

辽宁省广播电视局党组书记、局长　刘向阳

2019年，辽宁省广播电视行业深入学习宣传贯彻习近平新时代中国特色社会主义思想，增强"四个意识"、坚定"四个自信"、做到"两个维护"，以庆祝新中国成立70周年为主线，以"七抓七强"工作部署为抓手，围绕实现新时代辽宁全面振兴、全方位振兴，聚焦使命任务，坚持守正创新，各项工作呈现新亮点，取得新成绩。

(一) 始终高举习近平新时代中国特色社会主义思想伟大旗帜

辽宁省广电行业各部门各单位坚持把学习宣传贯彻习近平新时代中国特色社会主义思想作为首要政治任务和头等大事。坚持强化理论武装，广泛开展专题学习培训。各级广电和网络视听媒体开设专题专栏，深化宣传阐释解读，2019年辽宁省直主要媒体播发报道1300余篇。全行业坚决忠诚核心、维护核心，认真学习贯彻习近平总书记对中国—东盟媒体交流年、第四届中阿广电合作论坛发来的贺信精神，做到了件件抓落实、事事有成效。

(二) 庆祝新中国成立70周年各项工作圆满完成

辽宁省各级广电和网络视听媒体，全方位、多层次开展宣传，推出了一批主题报道、专题专栏，形成了强大宣传声势，营造了共庆祖国华诞、共促振兴发展的浓厚氛围。各广播电视制作机构推出了一批精品力作，致敬新中国，礼赞新时代。各广播电视播出、传输、发射机构自觉把好关口、守好阵地，扎实做好广播电视安全保障工作，国庆重要保障期全系统4000名干部职工坚守安全保障一线，实现了全省重要直播转播零事故，受到了国家广电总局通报表扬。

(三) 意识形态工作责任制落实落细

把制度建设作为根本，夯实意识形态工作基础，出台了《意识形态管

理分级分类警示警告及表扬制度》等一系列意识形态管理制度规范，初步建立了全省广播电视意识形态管理制度体系。印发了《关于加强全省广电行业监管工作的意见》，进一步明确机构改革后全省各级广电管理部门的监管职责，各级广电管理部门与广电、网络视听机构全面签订意识形态安全责任书。持续强化重点领域监管，境外卫星管理工作受到国家广电总局肯定，在全国境外卫星电视管理工作会议上介绍了经验。

（四）精品力作创优出新

组织实施辽宁省广播电视节目提质创优工程，开展了全省广播剧、广播歌曲、电视纪录片、公益广告、播音主持5项大赛评选和"冰天雪地也是金山银山"原创网络视频征集展播活动，共评选推出广播电视和网络视听节目精品近200件，并于2019年国庆期间在全省组织集中展播。各广播电视节目剧目制作机构推出了一批优秀作品，其中，广播剧《今生无悔》获全国第十五届"五个一工程"优秀作品奖，14部广播电视作品获全省第十五届"五个一工程"奖，辽宁广电局获省"五个一工程"优秀组织奖。

（五）行业创新发展加快推进

在2019年国家广播电视和网络视听产业发展项目库入库项目评选中，辽宁省有7个创新项目入选，入库项目数量排在全国前列。媒体融合发展步伐加快，全省县级融媒体中心省级技术平台提前建成。产业基地建设取得新进展，建立了辽宁省广播电视科技创新基地。"走出去"工作力度持续加大，电视动画片《罗米熊与丹米兔》在蒙古国教育电视台少儿频道和综合频道同步播出，纪录片《巢里巢外》在美国国家地理频道等媒体播出，实现了辽宁电视动画片、纪录片首次走出国门。

（六）公共服务基础建设日臻完善

全力组织实施广播电视村村通向户户通升级工程，阜蒙、彰武、义县、朝阳、北票、建昌首批6个深度贫困县应急广播示范系统全部建成，辽宁省本级广播电视节目无线数字化覆盖工程首批37座无线发射台站如期完成发射覆盖任务，辽宁广播电视数字微波传输网（一期工程）于2019年国庆前开通启用。辽宁卫视高清节目本地上行系统建设任务历时两年完成，并顺利通过广电总局验收投入使用。

(七) 党的建设和人才队伍建设持续加强

全行业各部门各单位坚持以政治建设为统领，认真落实全面从严治党要求。扎实深入开展"不忘初心、牢记使命"主题教育。创新开展"红旗党支部"创建工作和"做表率、当先锋、树标杆"评比活动，有关工作经验被广电总局推广。持续推进行业人才队伍建设，着力加大教育培训力度，2019年共组织各类专题培训班11个，培训近千人次。分别与东北大学和辽宁大学建立了战略合作关系，共建全省广播电视专业技术人才和宣传管理人才教育培训基地。

七、吉林广电：稳中求进 开拓创新 推动"五个能力"不断提升

吉林省广播电视局党组书记、局长　王成胜

2019年，吉林省广电局紧紧围绕学习宣传贯彻习近平新时代中国特色社会主义思想的首要任务，紧紧围绕庆祝新中国成立70周年这条主线，坚持守正创新、服务大局，各方面工作呈现新亮点、取得新成绩。

（一）主题宣传有声有色，舆论引导力得到提升

吉林省各级广播电视和网络视听媒体扎实开展"头条"建设和"首页首屏首条"建设，策划推出"壮丽70年·奋斗新时代"等专题专栏专区和重点报道。圆满完成"中国梦"主题歌曲，庆祝新中国成立70周年纪录片、动画片、节目视频展播和各项活动直播转播工作。围绕吉林省委、省政府中心工作，加大正面宣传、形成强大声势。

（二）精品力作不断涌现，品牌影响力得到提升

2019年全年制作完成纪录片82部、纪录片栏目411集，规划立项电视剧、重点网络影视剧58部，征集网络视听节目精品131部。广播剧《大国工匠》获"五个一工程"奖；纪录片《燕归巢·过年》《稻米的故事》《海兰江畔稻花香》、音乐故事作品《承诺》等在总台央视播出。吉林广播电视台、延边广播电视台节目获国家广电总局资金扶持。吉林局组织拍摄的电视公益广告《全民运动健康中国》在国家广电总局评选中获奖并在全国展播。

（三）行业发展有突破，事业产业竞争力得到提升

吉林省广电局负责起草的《国家广播电视总局吉林省人民政府长春市人民政府广电5G创新应用战略合作备忘录》已由吉林省政府审议通过，并获得国家广电总局批复同意。全省广电行业3个项目入选国家广电总局2019年度"丝绸之路影视桥工程"项目库。全省直播卫星户户通升级完成

3.15万户。全省县级融媒体中心暨融媒体集群项目进入全面推开阶段。各级广播电视台制播能力全面提升。《吉林省广播电视设施保护条例修正案（草案）》经省十三届人大常委会第十七次会议一次审议通过。

（四）意识形态责任制有效落实，阵地管控力得到提升

按照吉林省委宣传部要求，健全完善宣传思想管理各项工作机制，加强内外联动。出台贯彻意识形态工作责任制实施细则和目标管理考核办法。争取项目资金4100余万元，强化技术台站基础设施建设和运行维护。组织开展全行业安全大检查，吉林省广电局被广电总局评为"国庆70周年广播电视行业安全保障工作先进集体"，连续5年被省政府评为安全生产目标责任制考核优秀等次。深入开展非法卫星地面接收设施、广播电视节目传送秩序、播出机构传播秩序、广播电视广告等专项整治。延边州、公主岭市、通榆县等地非法卫星地面接收设施拆除率都在99%以上。

（五）政务党务建设全面加强，队伍创造力得到提升

扎实开展"不忘初心、牢记使命"主题教育，把学习教育、调查研究、检视问题、整改落实贯穿全过程，取得明显成效。2019年深入开展"四力"教育实践，组织开展行业各类培训、竞赛20余次，累计参与7200余人次，有效提升行业监管、政务公开和政务服务水平。

八、黑龙江广电：改革创新闯新路 开创发展新局面

黑龙江省广播电视局党组书记、局长 李己华

2019年，黑龙江省广电局组织各级广播电视行政主管部门和行业单位积极适应新形势、担当新使命、履行新职责、展现新气象。一年来，黑龙江省广电行业紧扣学习宣传贯彻习近平新时代中国特色社会主义思想这一主题，紧紧围绕庆祝新中国成立70周年这条主线，高举旗帜、紧跟核心，围绕中心、服务大局，谋划在前、主动担当，增强"四个意识"、坚定"四个自信"、做到"两个维护"，使各项工作稳中求进、守正创新，呈现了新亮点，取得了新成绩。

（一）主题宣传氛围浓厚

以庆祝新中国成立70周年为主线，以黑龙江省70年来振兴发展的显著成效和突出成就为重点，精心策划、全景呈现，开展了形式多样、内容丰富的"壮丽70年·奋斗新时代"采访活动，开设了"解放思想推动高质量发展访谈""壮丽70年·龙江之歌成就巡礼"等专题专栏专页200多个，发布稿件5000多条，在龙江大地唱响了时代主旋律，奏响了同心共筑中国梦、龙江梦的荧屏声频最强音。

（二）内容生产繁荣发展

出台并实施《黑龙江省广播电视和网络视听节目创作精品生产三年行动计划》，策划扶持了一批广播电视和网络视听作品。黑龙江台的《致敬英雄》《一起传承吧》《遇事找法》《劳动最光荣》《歌声与微笑》等一批节目栏目，获广电总局通报表扬，2个少儿节目获广电总局专项资金扶持。《兴安岭上》等3部优秀纪录片在总台央视纪录频道播出。《中国粮食中国饭碗》等4个广告作品获评广电总局庆祝新中国成立70周年优秀广播电视公益广告；4个公益广告项目获得广电总局扶持资金27万元；40个公益广告项目获得黑龙江局扶持资金48万元。2019年举办了"记录新时代，振兴新

龙江"全省优秀纪录片评选展播活动和全省首届原创网络视听节目大赛，评选出优秀纪录片 20 部，优秀网络视听作品 119 部。

（三）意识形态阵地管理进一步强化

进一步完善了意识形态工作责任制，出台了《黑龙江省广播电视局意识形态风险防控管控应急预案》，成立了黑龙江局意识形态风险防控管控应急指挥部，建立了协调月例会制度。在重保期下发了《关于切实落实意识形态工作责任制加强安全播出工作的通知》，积极推动各级广电行业主管部门、播出机构、传输机构普遍建立意识形态工作责任制，确保全行业意识形态工作平稳安全。

（四）公共服务提质增效

2019 年争取并下达中央和省台节目运行维护资金 14973 万元，启动实施 8 个基础设施项目。黑龙江省广播电视无线数字化覆盖主体工程建成，开展了"广播电视无线数字化覆盖工程宣传日"活动。对广播电视覆盖盲点盲区进行全面摸底调查，解决了 1743 户、5473 名群众看不到电视听不到广播的问题。完成 2 个深度贫困县应急广播系统建设。推动省网络公司用户全部实现网上自助缴费。协调省住建部门将有线电视工程纳入房屋和市政工程强制性验收内容。

（五）对外交流亮点纷呈

成功承办中俄人文合作委员会媒体合作分委会第十二次会议和 2019 年"中俄电视周"活动，黑龙江省成为"中俄电视周"长期举办地。在俄罗斯、爱沙尼亚举办了"2019 中国黑龙江电视周"活动，18 部黑龙江省电视作品在俄、爱两国的 8 个传媒机构播出。策划拍摄的纪录片《我们的男孩》，作为中俄建交 70 周年献礼片在 2019 年国庆期间登陆总台央视纪录频道并 2 次播出，入选 2019 年中国外文局对外传播十大优秀案例，在广州纪录片节获得"金红棉组委会特别推荐优秀纪录片"大奖。

九、上海广电：深化改革创新 打造精品力作

上海市广播电视局局长　于秀芬

2019年是新中国成立70周年，是实施"十三五"规划的攻坚之年。上海广电局坚持以习近平新时代中国特色社会主义思想为统领，坚持守正创新，聚焦打响上海"文化品牌"，努力推动广播电视各项工作在传承中创新、在探索中前进、在巩固中发展。

（一）深化改革创新转型发展，在推动新一轮媒体改革上下功夫

推动广播电视高质量发展，做优做强广播电视台是上海广电系统工作的重中之重。上海局深入贯彻中央精神，积极推动上海广播电视台媒体改革转型发展，打造手段先进、竞争力强的新型主流媒体。2019年年初，上海广播电视台坚决落实中央领导要求，全力实施新一轮媒体改革，以更优的内容生产力有力担当起全国广电改革中的排头兵、先行者。

贯彻广电总局"精办频道频率""传统电视内容供给侧改革"精神，上海广播电视台从东方卫视转型升级加强内容制作推出全新版面、地面频道优化整合精简2个频道、纪录片制播体制改革、第一财经聚焦移动端、广播融合发展五方面进行改革。新一轮改革成果相继受到中宣部表扬7次，国家广电总局表扬19次，获得表扬的次数同比增长显著。

2019年，转型升级的东方卫视呈现出新面貌，版面气质焕然一新，推出了全新大型思想理论节目《这就是中国》，全国首档讲述时代英雄故事的大型情怀节目《闪亮的名字》，全国首档全景式警务纪实片《巡逻现场实录2018》，全国首档关注认知障碍的公益节目《忘不了餐厅》等节目，先后受到中央领导、中宣部领导的多次肯定。

（二）强化价值引领，深入推进广播电视节目创新创优

深入实施广播电视"节目质量提升计划"，指导广播电视、新媒体深化"头条"和"首页首屏首条"建设，推动广播电视节目创新创优。新闻作品

方面，2019年上海共4件作品荣获第29届中国新闻奖，其中一等奖1件、二等奖2件、三等奖1件。此外，《长江之恋》系列电视报道、《长江之恋——长江流域十二省市联合大直播》入选广电总局新闻作品推优。广播电视节目方面，《闪亮的名字》《这就是中国》等5档节目获评广电总局创新创优节目；8档节目被广电总局《监管日报》专题表扬；3档节目在广电总局宣传管理例会上作全国经验分享。纪录片等方面，精心摄制了《大上海》《长江之恋》《代号221》《彩色新中国》《上海解放一年间》等重大纪录片。共有8个项目荣获广电总局2018年度国产纪录片及创作人才扶持项目评选表彰，11部纪录片获得广电总局季度国产纪录片推优，上海局获得2018年度优秀国产纪录片及创作人才扶持项目优秀组织机构表彰。动画片方面，《愚公移山》《英雄冯子材》《犟驴小红军》《哈哈！地球人——劳动最光荣》4部沪产动画片被列入广电总局庆祝新中国成立70周年展播片目。

（三）聚焦打响品牌，在繁荣精品创作生产上下功夫

根据广电总局主题创作"五个一"的要求，上海局抓选题、抓规划、抓重点。在全面梳理上海广播电视和网络视听节目的情况下，层层选拔，梳理出电视剧、纪录片、动画片、广播电视节目、广播剧、网络视听作品六类重点项目清单，围绕庆祝新中国成立70周年、全面建成小康社会、建党100年等进行项目清单梳理，编制规划。对于重点项目提前介入，跟踪指导，召开研讨会，帮助项目推进实施，涌现出一批精品佳作。

1. 注重规划引导，加强创作生产规划

一是加强政策引导，提前规划优秀项目创作生产。将广播电视和网络视听产业作为打响"上海文化"品牌的重要组成部分，建立局台工作例会机制、重点视听网站定期谈话制度、开展总编辑例会、重点内容制作机构巡访机制，举办面向各类机构管理人员的研修班和通气会。

二是加强优秀项目储备和重点电视剧创作生产规划。围绕重要时间节点，着力推动优秀现实主义题材电视剧的创作生产。2019年共计12部沪产优秀电视剧名列国家广播电视总局第二批2018~2022百部重点电视剧选题

片单。

三是注重财政扶持，发挥专项资金的引领带动作用。以专项资金撬动网络创作生产，培训产业重点项目，引导产业创新发展。全年扶持包括网络剧《骨语》《芸汐传》，专业节目《带我去远方》《完美的餐厅》等网络视听节目。

2. 推动打造精品力作，打响"沪产剧"品牌

2019年上海努力打造电视剧扛鼎之作，共有33部沪产电视剧首轮播出。其中，《特赦1959》《老中医》在总台央视一套黄金时段热播，《国家孩子》等4部电视剧在总台央视八套晚间黄金时段播出。沪产剧在一线卫视首播的有12部，主要视频网站首播的有15部。《特赦1959》《老酒馆》《激荡》《遇见幸福》《国家孩子》《大时代》《时代交响曲》《青春抛物线》8部沪产优秀电视剧入选庆祝新中国成立70周年电视剧展播重点剧目推荐片单。《大江大河》在本届上海电视节中拿下包括白玉兰最佳中国电视剧奖、最佳导演、最佳编剧（改编）等在内的5项大奖，高满堂、李洲凭借《爱情的边疆》获最佳编剧（原创）奖，《天盛长歌》摄影李希获得最佳摄影奖，《小别离》获电视剧国际传播奖。

十、江苏广电：开启建设广播电视强省新航程

江苏省广播电视局党组书记、局长　缪志红

2019年，江苏广电认真贯彻落实中央和广电总局、江苏省委省政府决策部署，紧扣广播电视强省建设目标，稳中求进、开拓进取，各方面工作取得新进步，呈现新亮点。

（一）主题宣传更加浓厚

聚焦学习宣传贯彻习近平新时代中国特色社会主义思想、庆祝新中国成立70周年等重大主题、重大活动和重要会议，坚持网上网下同频共振，深化主题宣传融合传播，持续唱响时代主旋律。推出《壮丽70年·奋斗新时代》等系列专题专栏近400个，《思想的田野》等理论节目引起社会广泛关注。在中国国际影视节目展上集中发布国庆献礼作品30部，多部电视剧、纪录片、动画片入选广电总局推荐展播片目。首次面向长三角举办原创短视频大赛，营造致敬新中国、礼赞新时代的浓厚氛围。

（二）精品生产更加繁荣

深入实施"记录江苏""新时代精品"工程，加强重点题材、原创内容创作规划和跟踪指导，推出一批广播电视精品力作。策划创办南京（国际）动漫创投大会，深化实施江苏百人纪录片扶持计划，成功举办江苏省社会主义核心价值观动画短片创作大赛、江苏省广播电视公益广告优秀作品征集展播、江苏"歌唱祖国·一首歌一座城"大型全媒体主题音乐文化活动。发布江苏2019~2022重点电视剧选题规划首批剧目名单，创作规划引导机制进一步健全。

（三）公共服务更加完善

坚持面向基层、服务群众，抓提升、抓深化、抓创新，扎实推进广播电视惠民工程。2019年，江苏省高清电视频道达30套，开播6个县级高标清同播频道。新增高清数字电视家庭用户111.23万户。向30万经济薄弱地

区农村低保户补贴有线电视收视维护费1450万元。县级广播电视节目共享平台累计聚集公益性节目1.2万个、10万多分钟。新增完成2600个行政村应急广播终端建设任务。江苏有线建成智慧医疗服务云平台、名师空中课堂基础教育平台、新时代文明实践中心智慧云平台等公共服务平台。

(四) 融合创新更加深入

"荔枝新闻""我苏""荔直播"等新媒体矩阵辐射力、品牌影响力持续扩大。以县级广播电视台为主体建成县级融媒体中心38家。组织市、县广电媒体融合创新案例评选,涌现出一批县级广电媒体融合创新案例。发挥省级广播电视发展专项资金作用,资助扶持重点项目48个、资助资金8000万元。全省广播电视实际创收收入达348.44亿元。

(五) 依法监管更加强化

深化审批制度改革,2019年江苏省广电局行政许可事项由原来平均22.72个工作日缩短至15.45个工作日。依法查处违规视听网站34家、违规接收节目单位27家、违规传送节目单位5家,配合公安部门查处"中文寻星网"等案件2起,关停一批违规频率频道,广播电视发展秩序总体平稳有序。圆满完成庆祝新中国成立70周年等重要保障期安全播出保障任务。

(六) 自身建设更加有力

扎实开展"不忘初心、牢记使命"主题教育和"四力"教育实践活动,守初心、担使命更加自觉。举办"光影留声一路同行——江苏广电系统庆祝新中国成立70周年"、最美广电人学习宣传等活动,激励广电战线爱党爱国、爱岗敬业、干事创业。2019年新增高级职称人才120名,2人入选"国家广播电视总局媒体融合发展专家库"优秀专家学者,4人被授予"2019年全国广播电视技术能手"荣誉称号。

十一、守正创新 开拓进取 浙江广播电视网络视听工作取得新发展

浙江省广播电视局党组书记、局长 张伟斌

2019年,浙江广播电视战线紧紧把握大庆之年、落实之年总基调,紧扣庆祝新中国成立70周年工作主线,守正创新、开拓进取,推动浙江省全省广播电视网络视听工作开新局、谋新篇,涌现出了新亮点、新成绩。中央宣传部、国家广播电视总局和浙江省委省政府先后对浙江省广电局工作作出重要批示23次。

（一）围绕中心、服务大局,办好大事喜事

聚焦庆祝新中国成立70周年主题主线,举全系统之力办成了一批大事喜事,有力服务了中央和全省工作大局。第四届中国—阿拉伯国家广播电视合作论坛在浙江成功举办,中共中央总书记、国家主席习近平给本届论坛致贺信,中央政治局委员、中央书记处书记、中央宣传部部长黄坤明宣读贺信并发表主旨演讲。"浙江广电事业70周年系列庆祝活动"隆重热烈,浙江广播电视70年成就展累计吸引6万多人次参观。圆满完成安全播出和网络安全保障任务,确保了新中国成立70周年期间安全播出万无一失。

（二）巩固阵地、强化监管,管好行业秩序

严格落实意识形态工作责任制,压紧压实意识形态工作主体责任。进一步加强和改进视听评议工作,建立评议专家库和省市两级共享评议专家的合作机制。坚持和完善浙江省广播电视舆情季度研判通报机制,促进广播电视节目向上向好。落实加强广播电视和网络视听文艺节目管理的措施,开展相关明星片酬结构检查工作。开展IPTV专项治理、境外卫星电视管理和非法卫星地面接收设施专项整治等,加强违规违纪网络视听单位查处力度,行业秩序进一步规范。

（三）提升服务、破解难题,办好实事好事

开展"服务企业服务群众服务基层"活动,为基层群众办了一批实事

好事。深化"最多跑一次"改革，建立浙江省全省广电系统"2019年市场准入负面清单"和"证照分离"改革全覆盖试点事项清单。推进政府数字化转型工作，开展以提高网办率、及办率等指标任务的集中攻坚，实现主要指标对标全国领先。下放重点网络影视剧备案初审权，设立"横店网络影视剧审查中心"。深化广播电视对农服务和公益宣传，8件作品获广电总局广播电视公益广告扶持，250多个通用性对农服务节目获浙江省广电局表扬资助。

（四）聚焦主题、创新创优，抓好精品力作

2019年，全省共审查电视剧完成片45部2988集、动画完成片64部21674分钟，纪录片备案连续三年超百部，达155部，审查网络视听作品完成片115部。实施"新时代精品六个一工程"，加大"三个重大"视听作品创作力度。有24部、13部浙产剧分别入选广电总局"2018~2022年百部重点电视剧选题规划"和"庆祝新中国成立70周年推荐播出参考剧目"。10部作品在总台央视播出，21部浙产剧在一线卫视和头部互联网平台首播，其中《麦香》《可爱的中国》获中宣部"五个一工程"奖。浙产广播电视文艺作品在广电总局推优评选和各类评价中取得亮丽成绩单，开始走上高质量发展之路。

（五）优化结构、服务发展，壮大事业产业

聚焦高质量创新性发展，优化提升了一批广播电视网络视听项目和平台。15个项目入选2019年国家广播电视网络视听产业发展项目库。联合相关单位制订《浙江省超高清视频产业发展行动计划（2019~2022年)》，为浙江省超高清视频产业发展制订了任务书和路线图。2019年全年新增17个频道实现高清播出。成功举办戛纳电视节中国（杭州）国际影视内容高峰论坛、第十五届中国国际动漫节等重要节展活动，行业集聚效应更加凸显。"推动'一带一路'影视国际交流枢纽建设"入选浙江省推进"一带一路"建设十大标志性工程重点项目。

（六）强基固本、健全制度，抓好党的建设

按照中央和浙江省委部署，浙江省广播电视系统深入开展了"不忘初

心、牢记使命"主题教育,全省行业的理论武装、政治建设、干事创业能力进一步加强。制定出台《浙江省广播电视局整治形式主义突出问题切实减轻基层负担十条》,2019年"三类"文件和全省性会议同比下降28.6%和50%。加强行业人才队伍建设,全年举办各类培训班26期培训3000人。

十二、安徽广电开启创新发展新征程

安徽省广播电视局党组书记、局长　陈　烨

2019年，安徽省广电系统聚焦"举旗帜、聚民心、育新人、兴文化、展形象"使命任务，紧紧围绕庆祝新中国成立70周年这条主线，大力实施"舆论引导能力提升"、"新时代精品"、"智慧广电"建设、"公共惠民服务"和"行业管理优化"等五项工程，攻坚克难，开拓创新，圆满完成各项工作任务，迈出了安徽广电高质量发展新征程的坚实一步。

（一）聚焦主题主线，宣传引导有力有效

坚持把学习宣传贯彻习近平新时代中国特色社会主义思想作为首要任务，围绕庆祝新中国成立70周年这条主线，大力开展"新时代新气象新作为"系列宣传活动，组织优秀电视剧"百日展播""弘扬社会主义核心价值观共筑中国梦"主题原创网络视听节目征集及第二届中国红色微电影盛典等活动。视听评议工作4次受到安徽省委批示肯定。

（二）聚焦徽风皖韵，精品创作出新出彩

深化"互联网+广播电视奖评选"改革，出台安徽省广播电视精品专项资金管理办法，首次开展优秀广播电视节目（栏目）、优秀国产纪录片推选工作，电视剧《黄土高天》等3部精品荣获全国第十五届精神文明建设"五个一工程奖"，《传奇"兵王"王忠心》等2部广播作品荣获第二十九届中国新闻奖。创新实施的"皖美呈现——影像安徽记录计划"被评为安徽省宣传思想文化工作创新案例。

（三）聚焦为民惠民，公共服务增质增效

推动安徽省政府办公厅出台扎实推进应急广播体系建设的意见，2019年，安徽省建成应急广播终端34848个。首次完成全省多地多部门联动的应急信息发布演练，应急广播体系防灾预警、政策宣传等功能有效发挥。探索解决移动通信信号未覆盖地区不能安装户户通设备等难题，90个台站顺

利完成省级 3 套节目加播，全省广播和电视人口覆盖率均达 99.87%。圆满完成定点帮扶贫困村任务，贫困户满意率达 100%。

（四）聚焦融合升级，行业发展创新创优

"放管服"改革不断深化，政务服务事项窗口办理实现 100%，编辑记者、播音员主持人资格证发放事项在全国率先实现全程网办。深入开展媒体融合大调研、大培训，2019 年全省 61 个县（市）融媒体中心全部挂牌成立，成功研发人工智能广播监管系统，"广播电视台融合媒体内容数据安全防护系统"获国家版权认证。出台超高清视频产业发展行动方案，推动科大讯飞与沪、苏、浙三地人工智能语音项目合作，7 个项目入选国家广播电视和网络视听产业发展项目库，3 个项目入选"丝绸之路影视桥工程"。

（五）聚焦依法依规，阵地管理安全安定

深入开展安全播出大检查，强化重要保障期应急值守，圆满完成庆祝新中国成立 70 周年安全播出保障任务。取缔多个"黑广播""灰频率"，拆除收缴非法卫星地面接收设施，历史遗留的、难以解决的"小片网"联网整合基本完成，广播电视广告管理水平有效提升。IPTV 规范对接工作取得重大突破，中国电信安徽分公司第一阶段全面切割 10 万户现网用户，在全国率先实现对省广播电视台播控平台和电信、联通、移动传输平台及终端的全程全网监测，279 个"两微一端"账号实现监测全覆盖。

（六）聚焦初心使命，队伍建设提气提神

认真落实"不忘初心、牢记使命"主题教育总要求，坚持从革命传统教育和警示教育"双教育"入手，广泛开展"建设模范机关""争当优秀党员"活动，使党员干部在思想洗礼中补足精神之钙，激发干事创业热情。2019 年首次举办安徽省广播电视行业职业技能竞赛，并将竞赛纳入省级二类竞赛序列。强化日常管理，建立健全用制度管人、管权、管事的工作机制，修订制定制度 70 项。通过干部调学、举办专题培训等多种形式培训人员 2100 多人次，组织全省广电系列专业技术资格等申报评审，推动行业人才队伍进一步壮大。

十三、坚持守正创新 打造"五个广电" 推动福建广播电视和网络视听高质量发展

福建省广播电视局党组书记、局长 李 强

2019年,福建省广播电视局深入贯彻落实习近平总书记关于宣传思想工作的重要思想和对广播电视工作的重要指示批示精神,按照广电总局和福建省委省政府部署要求,围绕学习宣传贯彻习近平新时代中国特色社会主义思想这个首要任务,围绕庆祝新中国成立70周年这条主线,稳中求进、守正创新,着力打造主流广电、精品广电、智慧广电、惠民广电、高效广电,推动福建省广播电视和网络视听高质量发展。

(一)打造"主流广电",确保舆论引导正确、主动、有力

组织开展"礼赞新中国 我说新福建"短视频主题活动、"歌唱祖国·一首歌一座城——福建那么好听"全媒体活动,推动新思想"飞入寻常百姓家"。5首歌曲入选全国70首城市代表性歌曲,居全国第一位。配合做好外交部福建全球推介活动和国新办福建省主题新闻发布会等宣传报道,全网阅读量逾40亿次。成功举办第十一届海峡影视季、首届海峡两岸青年网络视听作品创作大赛等,积极探索海峡两岸融合发展新路。打造"视听福建"海外播映品牌,举办菲律宾·福建电视周等活动,努力把中国故事、福建故事传播得更广、更远、更精彩。

(二)打造"精品广电",力求创作传播出色、出新、出彩

建立主动策划、扎实立项、重点扶持、宣传推广"四个一批"工作机制,推动"闽派"广播电视节目、栏目、剧目创新创优。福建省参与制作的电视剧《可爱的中国》、广播剧《闽宁镇》荣获全国第十五届精神文明建设"五个一工程"奖。2019年全年34部电视剧获批立项,24部国产电视动画片通过制作备案,94部重点网络影视剧获批上线。电视剧《可爱的中国》《绝境铸剑》《姥姥的饺子馆》《那片花那片海》《战地迷情》、纪录片

《从井冈山到闽西》和广播剧《闽宁镇》等在中央广播电视总台播出。着力打造厦门、平潭、泰宁影视基地。

（三）打造"智慧广电"，促进产业发展升级、提质、增效

制定实施《关于加快推进"智慧广电"建设的实施意见》《福建省超高清视频产业发展行动计划（2019~2022年）》《关于加快推进高清和超高清电视发展的意见》等，加快媒体融合发展，打造智慧广电媒体，发展智慧广电网络。邀请国家广电总局首次参与第二届数字中国峰会，县级融媒体中心全部挂牌成立。6个省级电视频道、14个设区市级电视频道实现高标清同播。

（四）打造"惠民广电"，推动公共服务普惠、精准、便捷

提升未摘帽建档立卡贫困村的广播电视覆盖服务水平，2019年福建省广播、电视人口综合覆盖率分别达99.62%、99.71%。扎实推进有线电视网络升级改造，新增联网133个行政村，新增覆盖近40万户，广电网络双向化比例达91%。福建电视台乡村振兴·公共频道于2020年元旦开播，讲好老区苏区乡村振兴故事。

（五）打造"高效广电"，做到行业管理严实、高效、到位

落实意识形态工作责任制，福建省级广播电视监测网延伸至县级电视播出前端，IPTV省级集成播控分平台和电信三大运营商完成规范对接，圆满完成重要保障期安全播出任务。扎实开展"不忘初心、牢记使命"主题教育和增强"四力"教育实践工作，深化法治建设和"放管服"改革，行政审批服务事项网上可办率、"一趟不用跑""最多跑一趟"事项占比、行政审批服务群众满意度均达100%。

十四、聚焦主责主业 践行守正创新 推动江西广播电视高质量创新性发展

江西省委宣传部副部长，省广播电视局党组书记、局长 杨六华

2019年，江西广播电视系统坚持以习近平新时代中国特色社会主义思想为统领，认真贯彻落实中央和省委省政府决策部署，抓重点、补短板、强弱项，各方面工作取得了新成绩。

（一）坚持抓导向正方向，新闻舆论宣传呈现新亮点

深化广播电视"头条工程"和网络视听"首页首屏首条"建设，开设了"在习近平新时代中国特色社会主义思想指引下——新时代新作为新篇章"等专题专栏，组织习近平总书记再次视察江西系列报道。聚焦庆祝新中国成立70周年这条主线，开展了"礼赞新中国 奋进新时代"全省广播电视台优秀节目、公益广告、精品网络视听节目展播展映，推出了"我们的70年"专题报道等活动，形成了强大声势。2019年江西新闻上总台央视《新闻联播》总数306条，上总台央广中国之声《新闻和报纸摘要》《全国新闻联播》总数172条，较2018年同期分别增长2%和5%；2件广电作品荣获第29届中国新闻奖。

（二）坚持抓原创树品牌，精品创作生产结出新成果

重大革命题材电视剧《可爱的中国》在总台央视一套黄金时段播出，并荣获"五个一工程"特别奖；动画片《可爱的中国》被广电总局评为2018年度优秀国产电视动画片，入选庆祝新中国成立70周年展播片目；公益广告《致敬先烈系列》被评为庆祝新中国成立70周年优秀广播电视公益广告作品。江西卫视推出的原创红色人文季播节目《跨越时空的回信》社会反响强烈，并在广电总局宣传例会上介绍经验，中央纪委国家监委官方网站作专题推送，受到了中宣部、国家广电总局和江西省委的高度肯定，入选广电总局2019年18个重点广播电视节目创意选题。

(三）坚持抓改革激活力，事业产业发展实现新提速

出台了《关于推动江西省广播电视和网络视听业高质量发展的实施意见（2019~2023年）》，谋划未来五年改革发展思路。积极推动广播电视媒体融合发展，宜春市台媒体融合案例获评全国广播电视媒体融合典型案例。全省IPTV用户数量突破1000万户，形成新的产业增长点。高清制播能力建设加快推进，江西卫视频道、新闻频道、陶瓷频道等已经广电总局批准实现高清播出。8个项目进入广电总局产业发展项目库，9个项目获省级文化产业资金扶持，1个项目入选江西省文化产业招商引资项目。2019年，全省广播电视实际创收收入40.87亿元，同比增长9.72%。

(四）坚持抓基础惠民生，公共文化服务再上新台阶

深入实施广播电视惠民提升工程，加快广播电视节目无线传输质量大提高。争取国家项目资金1800万元，支持12个县（市）无线发射台实施基础项目改造建设，全省141个广播电视无线发射台站运行维护纳入财政保障，运行维护保障能力进一步增强。组织编制了江西省应急广播体系建设《总体规划》和《技术方案》，有力推进应急广播标准化规范化建设。全省已有40多个县（市、区）实施了应急广播系统建设。

(五）坚持抓监管促规范，行业阵地管理彰显新水平

组织修订了《江西省广播电视管理条例》，规范省市县三级广播电视行政管理政务服务事项。全系统坚持最高标准、最严要求，圆满完成了庆祝新中国成立70周年安全播出保障任务，受到广电总局通报表扬。完成了8个设区市前端无线模拟监测设备更新改造、IPTV监测调度大厅等项目建设，实现了对设区市有线无线广播电视节目以及IPTV集成播控平台信号监测的有效覆盖。开展IPTV专项整治和规范对接，为IPTV行业健康持续快速发展提供了良好环境。加强行业秩序整治，对部分广播电视台违规问题、违规广告，责令进行了整改。江西在广电总局地面卫星接收设施整治考评中继续位列第一方阵。

(六）坚持抓党建提素质，全面从严治党展现新气象

以开展"不忘初心、牢记使命"主题教育和"四力"教育实践为重点，

全面推进党的建设、人才队伍建设。持续推进"放管服"改革，江西局 61 项依申请类政务服务事项全部实现了"一次不跑"和"只跑一次"。全年举办各类培训班 15 期，培训人才 1000 多人次。江西传媒职业学院及 2 名个人代表江西省入选第 45 届世界技能大赛中国集训，受到江西省政府通报表扬。全省广电系统 3 人入选中宣部文化名家暨"四个一批"人才及宣传思想文化青年英才，1 人入选"国家广播电视总局媒体融合发展专家库"优秀专家学者，4 人被授予"2019 年全国广播电视技术能手"荣誉称号。

十五、山东广电：以新作为谋划改革发展新篇章

山东省委宣传部副部长，省广播电视局党组书记、局长　李昌文

2019年，山东省广电局坚持以习近平新时代中国特色社会主义思想为指导，坚持稳中求进、守正创新，担当作为、狠抓落实，以新姿态谋划改革、以新作为推动发展，全省广播电视和网络视听改革发展呈现新面貌。

（一）举旗帜、抓导向，重大宣传主动有为

充分发挥广播电视和网络视听的"喉舌"功能、"阵地"作用，聚焦学习宣传贯彻习近平新时代中国特色社会主义思想，推出一系列重点报道、新闻评论和新媒体作品。围绕庆祝新中国成立70周年，开展优秀电视剧和"壮丽70年 精彩新山东"网络视听作品展播活动，圆满完成安全播出保障任务，营造出浓墨重彩、喜庆热烈的浓厚氛围。做好新旧动能转换、打好三大攻坚战等重点工作宣传，为高质量发展提供了有力舆论支撑。

（二）强内容、攀高峰，精品创作成果丰硕

秉承"鲁剧"创作优良传统，实施"百部影视精品创作生产推进计划"，全年备案公示电视剧41部1553集，同比增长近一倍。《一马三司令》在总台央视一套、八套播出，《温暖的村庄》《逆流而上的你》等4部剧在省级卫视播出；《库尔班大叔和他的子孙们》等7部电视剧入选庆祝新中国成立70周年展播名单。备案网络重点影视剧356部，《心灵法医》《伪钞者之末路》列热播排行榜前三名。备案动画片5部126集，同比增长150%；7部纪录片获广电总局推荐，《稷下学宫》在爱奇艺平台播出。庆祝新中国成立70周年国家广电总局优秀电视剧百日展播、2019青岛国际影视博览会在青岛成功举办。

（三）优服务、扩覆盖，公共服务提质增效

积极推动公共服务标准化，最大限度满足群众基本文化权益。大力实施广播电视户户通扶贫工程，所有贫困户全部接入有线电视，97.3万贫困

户接入数字电视信号,占建档立卡贫困户总数的97%。实施省级电视节目无线数字化覆盖工程,为87%以上群众免费提供24套以上无线数字电视节目。省级应急广播云平台投入运行,50个县级平台实现联动对接。实施全省数字微波干线网升级改造工程,信号覆盖水平进一步提高。

(四)抓改革、破难题,改革发展动力增强

坚持高标准、创一流,出台了《关于加快推进全省广播电视和网络视听产业高质量发展的指导意见》。推进"一窗受理·一次办好"改革,编制全系统权责清单、"互联网+监管"清单,发展环境持续优化。建成县级融媒体中心省级技术平台,116个县(市、区)实现与省平台联动,"县级融媒体中心省级技术平台"入选全国媒体融合典型案例,"闪电新闻"客户端入选全国媒体融合成长项目。全省21个频道实现高清播出,烟台市实现5G直播。"中国广电·青岛5G高新视频实验园区"成功落地,中宣部副部长、国家广电总局党组书记、局长聂辰席和山东省委书记刘家义出席揭牌仪式。

(五)强监管、正导向,阵地管理坚决有力

严格落实意识形态责任制,坚决守好阵地、确保安全。启动全国首个基于云计算的视听新媒体监管平台建设,强化监听监测,进行问题提醒45件次、核查处理37件次、重点约谈6次,查处违规频道3起、违规栏目35个。开展卫星电视传播秩序专项整治行动,拆除非法安装使用卫星设施1万余套。开展IPTV专项整治,用户规模达2000万以上。建立电视剧采购合同、黄金时段待播电视剧备案管理制度,开展影视行业税收秩序整顿。

(六)抓党建、强队伍,能力素质不断提升

严格落实管党治党政治责任,强化政治引领,以一流队伍保障一流业绩。持续深入学习习近平新时代中国特色社会主义思想,高标准开展"不忘初心、牢记使命"主题教育,不断增强"四个意识"、坚定"四个自信"、做到"两个维护"。开展"能力提升年""工作落实年""作风转变年"活动,出台《关于加强作风建设打造一流机关的意见》《关于实施干部能力提升工程的意见》，举办各类专题培训班 19 期，培训人数 1100 人次。开展"对标先进""七赛七比""我讲我的业务"等活动，推行"五化""十要"工作法，凝聚起担当作为、争创一流的强大力量。

十六、创新实施"1234转型工程"推动河南广电高质量发展

河南省广播电视局党组书记、局长　李宏伟

2019年,河南省广播电视局积极应对新一轮技术革命带来的传播格局深刻变化,着眼做大做强广播电视主流媒体、守牢守好宣传舆论阵地,在全省广电行业创新实施"1234转型工程",通过盘活资源、用好市场激发行业改革创新活力,有力推动了河南广电高质量发展。

(一)增加一个频率,交通广播拉动收听、收入双攀升

随着经济的快速发展和交通基础设施的日益完善,河南省机动车数量不断增长。河南省广电局着眼市场和听众需求,先后支持郑州、开封、洛阳、安阳、焦作、许昌、信阳、三门峡8个市级台,成功向广电总局申请增设或更名了"交通广播"频率,新乡、平顶山、驻马店、周口、商丘5个市级台正在办理更名或增设。"交通广播"辨识度高,听众群体定位明确,直接拉动收听效果好,实现了听众数量和广告收入双攀升。以郑州"交通广播"为例,2019年车载台收听率为27.27%,比更名前增长了7.32%,全年广告创收占郑州人民广播电台经营收入的60%以上。

(二)搞好两个结合,影视综合体成为产业发展新业态

河南省市级广播电视台基本都有电视演播厅,但普遍配套不齐全、利用率不高。为了让资源"活"起来、阵地"强"起来、运营"赚"起来,河南省广电局指导商丘广播电视台探索试点、挖潜增效,把电视演播厅与电影厅相结合,建成全省首个影视综合体。经过一年多的运营实践,影视综合体经营红火,门前经常是车水马龙,与试点建设前门可罗雀的景象形成了鲜明对比。2019年,影视综合体举办演艺活动110场次,放映电影2100多场次,观众达15万人次,经营收入突破600万元,推动商丘台创收增长30%。这一成功经验正在其他地方台进行复制。

(三)融合三个服务,多元化经营实现两个效益双增长

河南省广播电视局深入学习贯彻习近平总书记关于推动媒体融合向纵

深发展的重要论述，针对县级媒体融合发展起步晚、面临较多困难的实际，指导项城融媒体中心融合政用服务、商用服务、家用服务，实施多元化经营，实现了社会效益和经济效益综合提升。在政用服务方面，融合电台、电视台、报纸、微信、微博、网站、App，发挥全媒体优势，创办50多个政务栏目，举办公益活动上百场，有力服务了当地党委政府的中心工作。在商用服务方面，融合全市70家网站、42个微信公众号，整合公交站点等户外广告资源，实施统一管理、一体化经营，同时运作1000多个微信群，形成了"一呼百应"的商业效应，2019年融媒体中心收入达到3300万元。在家用服务方面，开设"维权哥""帮帮团""爆料团"等特色专栏，全媒联动深度黏合受众126万人，全方位服务人民群众的衣食住行。"项城经验"正在河南全面推广，有力推动了县级融媒体发展，促进了县级广播电视台创收解困。

（四）搞活四大企业，改革创新引领全行业高质量发展

2019年，河南省广电局大力支持河南影视制作集团、大象融媒体集团、河南有线网络集团、河南文化影视集团四个重点企业改革创新，对推动全省广电行业高质量发展发挥了重要的示范作用。扶持河南影视制作集团拍好剧、出大片，推出了《蓝盔行动》《大国粮仓》《兴衰之鉴》等一批优秀影视精品。指导大象融媒体集团实施"技术驱动、移动优先"战略，抖音号订阅用户接近千万，"猛犸新闻"App下载量突破800万，IPTV用户达到1600万。推动河南有线网络集团实施智慧广电建设初见成效，黄泛区农场智慧网试点通过广电总局评审验收，为全国贡献了河南智慧、河南方案。指导河南文化影视集团开疆拓土，省外新增4家奥斯卡影院，2019年奥斯卡院线票房收入10.9亿元，集团营业收入6.83亿元，在市场普遍走低的形势下实现了稳步增长。

十七、坚持守正创新 聚焦主责主业 湖北广电高质量发展谱新篇

湖北省委宣传部副部长，省广播电视局党组书记、局长 陈正祥

2019年，湖北省广播电视系统高擎习近平新时代中国特色社会主义思想，突出政治建设，紧扣主线主题，勇担使命任务，深化改革、守正创新、担当作为，不断提升行业治理能力，有力推动高质量创新性发展，充分展现新时代广电气象。

（一）聚焦主线主题，舆论引导强劲有力

紧紧围绕学习宣传贯彻习近平新时代中国特色社会主义思想这条主线，抓紧抓实抓细"首要政治任务"，深化拓展广播电视"头条"和视听新媒体"首页首屏首条"建设，用心用情用力、精心精细精准，把鲜活的思想讲透彻、讲生动，在春风化雨、润物无声中，凝聚力量、滋养人心、引领方向，推动党的创新理论"飞入寻常百姓家"、落地生根、开花结果。

紧紧围绕庆祝新中国成立70周年这个主题，精心组织"壮丽70年·奋斗新时代"大型宣传报道活动，在重要时段、重要媒体平台统一开设专题专栏，播发消息13000条、系列报道2300篇、融媒体传播9700项；IPTV和43家互联网视听服务机构，在首页首屏统一开设"我们的70年"专题专栏，推送相关信息1500条。

紧紧围绕世界第七届军人运动会这一盛事，用全球视野、国际表达和融合传播，大力宣扬军运精神，生动讲述军运故事，有力提升国家和城市形象。精心组织全国两会、纪念"五四"运动100周年、庆祝澳门回归20周年等重大主题宣传，深入开展湖北"一芯两带三区"区域和产业发展战略布局宣传报道，凝聚强大精神动力，营造良好舆论氛围。

（二）聚焦"高原""高峰"，精品创作成果丰硕

始终坚持以人民为中心的创作导向，充分发挥政策资金扶持引领作用，

实施广播电视节目创新创优工程，创造性搭建全省节目内容交流共享平台，成功举办"江与河的对话——湖北影视展播周"活动，成立湖北电视剧制作协会，完善创作生产种子库、项目库、宣发库，精心组织"湖北省礼赞新中国成立70周年2019网络视听作品大赛"，一批主旋律强劲、正能量充沛、荆楚特色鲜明、群众喜闻乐见的作品脱颖而出。

广播剧《今生无悔》获中宣部"五个一工程"奖，《老酒馆》等9部作品入选广电总局"庆祝新中国成立70周年电视剧百日展播"，《猎场》等3部作品摘得中广联"十佳优秀电视剧"称号，《老中医》《外交风云》等5部作品在总台央视或一线卫视播出；《戏码头》《奇妙的汉字》等10多个节目获广电总局推优；公益广告《本色》获广电总局庆祝新中国成立70周年公益广告创作第一名；《荣耀乒乓》等4部网络视听作品获广电总局扶持，网络动画剧《灵笼》荣获"金龙奖""金海豚奖"最佳系列动画片。

（三）聚焦群众需求，公共服务提质增效

积极争取政策支持，将户户通、"村村响"公共服务重点工程纳入全省市（州）党政领导班子年度政绩目标考核内容，"村村响"纳入年度美丽乡村建设成效评价内容。开展户户通、"村村响"公共服务绩效评价，启动"村村响"省级广播节目融合共享平台和监管平台建设。基本完成中央广播电视节目无线数字化覆盖工程台站和自动播控系统建设任务，省级91个骨干台站建成开播。安排专项资金712万元，帮扶"616"工程对口县、贫困县广播电视公共服务建设，扎实推进定点扶贫蕲春县和驻村帮扶潜江市高石碑镇老堤村精准脱贫工作。优化政务服务，精简申报材料，压缩审批时限，实现"一网通办""一事联办"。

（四）聚焦高质量发展，改革创新跨步向前

在广电总局的大力支持下，成功创建"中国（湖北）网络视听产业园"，着手搭建政策服务、产业投融资、版权联动、技术应用服务、人才交流培养、产业展示交流等六大平台，努力形成企业集聚、产业集群、技术集成、人才集合、要素集约、服务集中的产业生态；成功创建"中国（湖北）广播电视媒体融合发展创新中心"，着手构建国家级融媒体理论研究、技术开发、产品研发、大数据应用、人才培养五大中心，努力形成具有湖北特色的以广电为主轴架构的媒体融合发展新格局。推动智慧广电建设，研究起草《湖北省智慧广电建设规划》，开展广电5G网络业务承载试验；推进高清电视发展，全省地市级以上电视主频道高清化达到78.6%；加快全省有线电视网络整合发展，湖北省楚天视讯公司转企改制工作取得重大进展，基本实现"全省一网"。

（五）聚焦行业治理，依法管理规范有序

严格落实意识形态责任制，制定出台《湖北省广播电视局关于防范化解意识形态领域重大风险工作的实施方案》。强化综合治理，压实主体责任，完善工作机制，创新监管手段，加强视听节目和广告播放监管，开展卫星电视专项整治，组织安全播出检查和应急演练，严把内容关、导向关、传输关、安全关，有力保障重大活动宣传政治导向绝对正确、安全播出绝对安全。

2019年，湖北局下达违规广告整改通知书19份、核查整改书8份，依法关闭有害视听网站112家，查处销售非法卫星电视接收设施案件41起，境外卫星电视管理考评成绩连续五年满分，稳居全国第一方阵，先后被广电总局、军运会组委会评为"广播电视安全播出保障先进集体""军运会网络安全保卫工作先进单位"。

（六）聚焦党建引领，管党治党全面加强

始终把党的政治建设放在首位，增强"四个意识"、坚定"四个自信"、做到"两个维护"，不断强化政治机关属性和政治工作者定位。坚持思想引领、学习在先，认真组织"不忘初心、牢记使命"主题教育，扎实开展增强"四力"教育实践工作，湖北省委常委领导到局机关调研指导并讲授党课。始终把纪律规矩挺在前面，严肃执纪问责，驰而不息纠治形式主义、官僚主义，推进全面从严治党向纵深发展，形成良好政治生态。加强作风

建设，坚持务实、创新、担当、斗争、从严，锻造过硬队伍，湖北局两个基层组织被评为省直"红旗党支部"。加强队伍建设，加大年轻干部培养选拔力度，开发线上人才服务平台，全年举办各类培训班 23 期，被广电总局评为全国广电资格考试组织工作一等奖单位。

十八、守正创新 开拓进取 谱写广电湘军新篇章

湖南省委宣传部副部长，省广播电视局党组书记、局长　张　严

2019年是全面贯彻落实党的十九大精神的深化之年，是决胜全面建成小康社会、实施"十三五"规划的冲刺之年。湖南省广播电视系统牢固树立"四个意识"，坚持守正创新、开拓进取，聚焦巩固壮大主流思想舆论，聚焦行业高质量创新性发展，聚焦阵地建设和管理，各项工作成绩显著，亮点纷呈。

（一）加强导向引领，主题宣传浓墨重彩

湖南省广电媒体深入推进"头条"建设，不断深化习近平新时代中国特色社会主义思想宣传报道。以庆祝新中国成立70周年为主线，推出《新时代新作为新篇章》等专题专栏，一大批优秀新闻作品不断涌现，《人民至上》等网络纪录片累计点击量达1.2亿余次。圆满完成"不忘初心、牢记使命"主题教育、三大攻坚战、扫黑除恶、首届中非经贸博览会等重点工作的宣传报道，为经济社会发展营造良好舆论氛围。积极落实外宣工作和"走出去"决策部署，6家企业、2个项目分别入选2019～2020年国家文化出口重点企业和重点项目，综艺节目《声入人心》《声临其境》落地欧美，芒果TV与中东广播中心达成战略合作，实现社会效益和经济效益双丰收。

（二）深化创新推优，精品生产亮点纷呈

强化精品创作，80多个精品力作荣获国家级奖项和专项扶持。《十八洞村这五年》《我的青春在丝路》获中国新闻奖一等奖；《声入人心》获评白玉兰奖最佳电视综艺节目。电视剧《共产党人刘少奇》《那座城这家人》获"五个一工程"奖。成功举办湖南省第四届网络原创视听节目大赛，《中国出了个毛泽东·故园长歌》等9部作品获得广电总局推优扶持。5个纪录片项目获得总局专项扶持，6部动画片入选庆祝新中国成立70周年展播片目。公益广告项目获广电总局专项扶持数量居全国前三，庆祝新中国成立70周

年优秀作品入选数量居全国第一；在第二十六届中国国际广告节黄河奖中，斩获3金2银2铜。

（三）积极引导扶持，产业发展稳步增长

认真落实国家关于广播电视、网络视听产业发展的重要部署，狠抓园区和项目建设，稳步推进产业高质量发展。一是收入持续增长。2019湖南省广电行业总收入344.18亿元，实际创收314.56亿元，分别同比增长16.48%和16.26%。湖南卫视继续保持全国领先的收视率和创收能力；长沙市广播电视台连续6年获评"全国最具综合实力城市台"；国有控股主流媒体集团芒果超媒旗下芒果TV实现营业收入81.09亿元，同比增长44.63%。二是马栏山视频文创园部省共建项目落实落地。2019年引进企业648家，国家广播电视网工程技术研究中心马栏山分中心正式设立，全国互联网与音视频广播发展研讨会暨中国数字广播电视与网络发展年会永久落户；成功举办2019中国新媒体大会，发布了视频文创产业"马栏山指数"；获批广电总局首家5G高新视频多场景应用重点实验室。三是媒体融合发展稳步推进。110家县级融媒体中心挂牌成立，浏阳市融媒体中心获评"全国地方融媒体发展十大建设样板中心"和全国"指尖融媒榜最具影响力县级融媒中心"。四是科学规划产业发展。出台《湖南省超高清视频产业发展行动计划（2019~2022年）》，推动广播电视纳入湖南省工程建设领域市政公用服务报装范围，为湖南省有线集团每年创收近4亿元。

（四）坚持服务民生，公共服务提质增效

提升广播电视公共服务水平，村村响、户户通、无线覆盖、公益电影等惠民工程成效显著。一是克服诸多困难，提前完成全省15万套直播卫星户户通及60座高山台站省级6套电视节目无线数字化覆盖的建设任务。二是在分批推进11个深度贫困县的应急广播体系建设的同时，建成了全省农村广播节目媒资库，促进村村响提质升级。三是公益电影制作播出影响日增，湘剧电影《李贞还乡》获第二届中国戏曲电影展优秀影片奖，《欧阳海》《远在江湖》全年发行11万余场，《半条被子》《农村交通事故警示片》累计放映 17 万余场，影响广泛。

（五）严格行业监管，有效保障传播秩序

依法依规加强管理，牢牢守住意识形态阵地。一是狠抓安全检查，严格值班值守，改善基础设施建设，确保安全播出。二是下大力气补短板，加强有线数字电视与 IPTV 监管平台等各类系统建设。三是强化监测监评。组建了一支 200 多人的监评队伍，基本建成省市两级监评体系；全年组织专项监测 20 余次，出刊近 400 期，约谈有关媒体 40 余次。四是狠抓专项整治，依法规范境外卫星电视传播、商业广告播出与有线网络传输秩序，常态化开展违规设置频道频率、打击治理"黑广播"和 IPTV 管理专项整治，有效维护行业秩序。

十九、广东广电：乘湾区之势 献广电之力

广东省广播电视局党组书记、局长 刘小毅

2019 年是《粤港澳大湾区发展规划纲要》实施的第一年，广东省广电系统高举习近平新时代中国特色社会主义思想伟大旗帜，在广电总局的指导下，认真贯彻落实中央决策部署和广东省委省政府工作安排，围绕粤港澳大湾区文化圈建设，加快推动广东广电事业产业高质量创新发展。

（一）做强湾区广电宣传主阵地

紧紧围绕庆祝新中国成立 70 周年、《粤港澳大湾区发展规划纲要》实施、港珠澳大桥通车、澳门回归 20 周年等重要时间节点，大力开展宣传报道，持续营造湾区主题宣传高潮。组织广东广播电视台、深圳广播电影电视集团、珠海市广播电视台利用无线、有线和卫星等传输覆盖手段，高质量转播"大湾区之声"，完成在珠三角地区覆盖落地任务。落实在省内有线电视网播出的境外电视频道实施"统一签订协议、统一接收信号、统一监控处理、统一运作经营、统一广告插播、统一传输播出"的"六统一"管理，从源头上把好行业监管关；圆满完成庆祝新中国成立 70 周年重要保障期行业安全保障任务，受到广电总局表彰。

（二）推动湾区题材精品不断涌现

广东局将湾区题材的广播电视节目、网络视听作品纳入重点扶持范围，推动电视剧《夺金》《追梦》进入总台央视一套播放剧目；推进内地、香港、澳门三地影视创作者合力制作庆祝澳门回归 20 周年的献礼电视剧《弯弯的大湾》；集合 11 家大湾区城市电视台共同推出季播类节目《启航大湾区》，获得中宣部表扬；专题纪录片《一个美国制片人眼中的粤港澳大湾区》在海外掀起收视热潮；策划推出首届"健康中国·传承中医药文化——粤港澳大湾区网络视听作品征评展播活动"，获得良好反映。

（三）以智慧广电助力智慧湾区建设

广东局与广东省工信厅联合编制《广东省超高清视频产业发展行动计

划（2019~2022年)》，抢抓粤港澳大湾区发展机遇，率先建设全国超高清视频产业发展示范省，同时启动"5G+智慧视听"产业园区与省级网络视听产业试点机构建设工作，截至2019年年底，广东省行业单位共制作4K超高清节目超过6000小时，是2018年的5倍多，全省4K机顶盒用户数累计2149万户，占总电视用户64%。广东省网络公司编制了《粤港澳大湾区智慧广电建设纲要》，与科大讯飞携手推进智慧广电Home Screen OS平台及生态应用，顺利开通澳门跨境广电光纤联网专用链路。同时，广东省网络公司、深圳广电集团积极谋划大湾区广电5G试验网建设，向广电总局申请在粤港澳大湾区开展广电5G发展先行先试工作。

（四）为湾区文化共融贡献广电力量

广东局高质量组织举办香港国际影视展"广东馆"、中国国际影视动漫版权保护和贸易博览会、中国（广州）国际纪录片节，广电品牌节展影响力持续扩大。广东广播电视台牵头组建粤港澳大湾区广电联盟，创新协作机制，强化湾区广电舆论引导，以美食、历史、人文等文化共鸣点积极开展交流互动，各地市广电单位通过组建粤港澳大湾区融媒体工作室，制播湾区地缘特色节目，开展湾区网络视听活动，不断加强粤语节目的交流、传播和共融，为粤港澳大湾区文化圈建设充分发挥广电作用。

二十、聚焦主责主业 坚持创新发展——2019年广西广播电视工作实现新作为

> 广西壮族自治区党委宣传部副部长，自治区广播电视局
> 党组书记、局长 张虹

2019年，广西壮族自治区广播电视系统按照国家广电总局和自治区党委、政府的工作部署，紧紧围绕庆祝新中国成立70周年主题主线，以"实施一项'壮美广西·智慧广电'工程、举办一系列中国—东盟电视周活动、建设一个中国—东盟网络视听产业基地、创作一批高质量广播电视和网络视听精品"的"四个一"重点工作为抓手，开拓创新、锐意进取，广播电视事业建设取得显著成效。

（一）聚焦阵地建设，安全播出工作实现"零事故"

全区广电行业全面落实意识形态工作责任制，完成庆祝新中国成立70周年、全国及自治区"两会"、"壮族三月三·八桂嘉年华"、第十六届中国—东盟博览会等重大宣传任务，营造了礼赞新中国、奋进新时代的浓厚氛围。全区广电行业以高度的政治自觉圆满完成新中国成立70周年全区安全播出工作，广西广电局被国家广电总局评为"国庆70周年广播电视行业安全保障工作先进集体"。

（二）聚焦改革创新，智慧广电建设实现良好开局

大力实施"壮美广西·智慧广电"工程建设，推动智慧广电建设写入广西壮族自治区《政府工作报告》，全国第二个以政府名义在全省区推动智慧广电工程建设。2019年工程项目投入资金11亿元，完成投资预算18.456亿元的59.9%。数字广西"广电云"村村通户户用工程完成联网5311个行政村，占目标任务4385个的121%；全区的行政村总数14335个，联网总数达12374个，联网率86.3%。完成建设光纤线路5万公里，占目标任务4.9万公里的102.6%；完成新增用户80万户。广西广电局在国家广电总局举办

的全国推进智慧广电建设高峰论坛上作了典型发言。

(三) 聚焦对外交流,成功承办首届中国—东盟电视周

积极对标国家战略,彰显广西特色,主动承办了首届中国—东盟电视周系列活动。2019年9月,由广西壮族自治区政府、国家广电总局主办,广西广电局主要承办的首届中国—东盟电视周系列活动在南宁成功举办,中国和东盟8个国家10位省部级领导嘉宾出席了活动。本次电视周活动是全国省区首个与国家广电总局共同举办面向东盟的广播电视交流活动,得到了各级领导和中外嘉宾的一致好评,获得了中宣部副部长、国家广电总局党组书记、局长聂辰席的批示肯定。广西局在全国广播电视对外工作会议上作了典型发言。

(四) 聚焦部区合作,推动广西壮族自治区政府与国家广电总局签订合作框架协议

2019年7月11日,广西壮族自治区政府与国家广电总局签订了《关于加快广西广播电视发展的合作框架协议》,双方在推进"壮美广西·智慧广电"工程建设、建设中国—东盟网络视听产业基地、提升广西广播电视国际传播能力、打造广西广播电视和网络视听节目精品、培育高素质专业化广电人才队伍、提升广西边境地区广播电视信号覆盖6个方面开展深入合作。广西壮族自治区党委领导就此项工作批示肯定。

(五) 聚焦创新创优,打造广播电视和网络视听精品

大力推进广播电视节目创新创优,电视专题片《壮美广西》等5部广播电视作品获中国新闻奖,一批纪录片、电视剧和动画片入选国家广电总局2019年重点选题和电视重点剧本扶持。电视公益广告宣传片《我们在守护》获得国家广电总局2018年度全国广播电视公益广告电视类一类作品扶持。纪录片《新长征路上的青春之歌——记广西优秀共产党员黄文秀》入选国家广电总局推优纪录片。

(六) 聚焦监管服务,提高行政效能和服务水平

加强广播电视宣传管理、网络视听管理和传媒机构管理工作,坚持依法行政、依法管理。创新开展政务服务工作,在全区率先、全国领先使用智能机器人"智慧小电"进行政务服务,实现群众办事"全程自助服务""智能化审批""不见面审批"。广西局33项政务服务事项100%实现"网上办理""最多跑一次",局政务服务窗口事项办结率为100%,群众满意率为100%,连续五年被评为"自治区政务服务中心群众最满意政务服务窗口单位"。

(七)聚焦脱贫攻坚,打造广电扶贫工作新亮点

行业扶贫方面,在广西极度贫困地区以及边境地区实施"壮美广西·智慧广电"数字广西广电云村村通户户用工程。完成4个极度贫困县"壮美广西·智慧广电"村村通户户用工程建设,完成12个深度贫困县应急广播体系建设。定点扶贫方面,共投入帮扶资金98.15万元,围绕着"两不愁三保障",解决贫困村基础设施建设、发展村集体产业、贫困户生活困难等难点问题。

(八)聚焦党的建设,锤炼广电队伍

坚持把政治建设摆在首位,以增强"四力"为重点,打造忠诚、干净、担当的广电队伍。认真组织"不忘初心、牢记使命"主题教育活动,开展"传承红色基因,勇担使命""守初心、持恒心、强信心"等专题研讨。转变工作作风,广西局党组成员14次带队到广播电视基层一线台站、各市县局等开展调研311人次。树立先进典型,开展全区广播电视集体和个人记二等功评选活动,给予30个集体和40名个人记二等功。加强干部队伍建设,推荐选拔2019年度"广西广播电视百名人才"。

二十一、强化行业管理 推进政策落地 不断提升海南自贸港广播电视国际化水平

海南省旅游和文化广电体育厅党组书记 林光强

2019年,海南厅持续深入学习贯彻习近平总书记在庆祝海南建省办经济特区30周年大会上的重要讲话精神和《中共中央国务院关于支持海南全面深化改革开放的指导意见》,全面推进落实广电总局支持"海南省通过有线电视网络加密定向传送境外电视频道"政策,创新境外电视频道传送审批及监管新模式,有效提升了海南广播电视国际化服务水平和营商环境,助力海南自由贸易港建设。

(一) 强化政策解读,优化审批程序

广电总局批准海南在全岛通过有线电视网络向经许可用户加密定向传送经国家批准落地的境外电视频道,意义重大,社会效益明显,海南省委深改办(自贸办)将其列入"制度创新"案例。为此,海南厅高度重视政策落地,大力宣传推广新的传送方式的优越性,及时印发《关于做好有线电视网络传送境外电视频道工作的通知》,向社会公开发布政策解读,广泛宣传,营造氛围。全省各级广电行政管理部门积极鼓励省境外卫视地方服务机构主动上门服务,采取多种途径、多种形式推动制度创新成果转化,政策落地。同时,优化接收境外电视节目许可审批流程,施行不见面网上申报,开展"一站式"服务,完成时限缩减至5个工作日,大大提高了行政审批效率,得到广大用户的一致好评。

(二) 开展业务培训,提升服务水平

按照广电总局推进落实海南全岛通过有线电视网络传送国家批准落地的境外电视频道工作的有关要求,海南厅协同相关部门,多次组织开展全省境外卫星电视管理培训和有线境外电视系统收视授权业务工作培训,进一步磨合、完善、规范安全管理和收视授权相关工作流程,有效提高了相

关人员服务水平和工作效率，为有效推广新模式奠定了良好的技术和服务基础。

（三）强化行业监管，确保可管可控

海南厅认真落实意识形态工作责任制，按照"先行先试、风险可控、分步推进、突出特色"的原则，严格依法依规加强有线电视网络传送境外电视频道管理。建立健全监管机制，联合中视卫星电视节目有限公司、中国有线海南分公司和省境外电视服务机构共同签订合作框架协议，明确各方责任。同时，制定了《海南省有线电视网络加密定向传送境外电视频道管理暂行办法》，规范管理和服务流程，确保中央对境外卫视"统一监管、定向服务、可管可控"的要求落实到位。在实施过程中，海南厅强化事中、事后监管，加强对用户的收视检查，确保用户严格按许可证载明接收内容和收视对象范围收视。

（四）推进政策落地，彰显创新成效

一是定点定向服务，满足个性化需求。利用有线电视网络定向加密传送境外电视频道，技术安全可靠，可灵活、便捷地满足不同用户对境外卫视节目的个性化收视需求。一年来，有效解决了长期不好解决的在海南工作、生活和为海南自贸区（港）建设提供服务的国内外专家、港澳台同胞、海外侨胞等约300户收视境外资讯和电视节目的问题。

二是确保可管可控，信号源安全可靠。通过有线电视网络传送的境外电视频道能有效防止因雷达、微波及日凌、雨衰等环境和自然天文现象对信号造成的干扰，内容安全，信号可靠。通过采取技术手段，有效确保国家对境外卫星电视落地传播的安全要求落到实处。

三是防止资源浪费，降低用户收视成本。目前，海南省已有100余家旅游宾馆酒店通过有线电视接收境外电视频道，保持了酒店楼面整洁美观，消除因设置卫星设施带来的安全隐患，大幅节省了前期接收设备、机房的投资，长期卫星前端机房设施运行维护、人力、用电等费用。同时，还大幅降低各级广电行政管理部门查处非法设置卫星设施接收传送境外卫视节

目行为的执法成本。

四是物理消除隐患,确保安全播出。通过新的传输方式,酒店无需设置卫星电视地面接收设施前端,乱装乱收的情况得到遏制,更有效地防范非法插播事故发生,确保广播电视安全播出。

2020年是海南自由贸易港建设的元年,海南厅将在认真总结前阶段通过有线电视网络加密定向传送境外电视频道工作成效的基础上,继续大胆探索,锐意改革,进一步强化服务,提升管理水平,积极适应海南自由贸易港建设营商环境和国际旅游消费中心建设的新需求,不断提升海南广播电视国际化水平,为海南自由贸易港建设扛起广电担当,作出更大贡献。

二十二、重庆广电：牢记职责使命 坚持守正创新 全力推动广播电视高质量创新性发展

重庆市文化和旅游发展委员会党委书记、主任　刘　旗

2019年，重庆市广播电视系统紧紧围绕学习宣传贯彻习近平新时代中国特色社会主义思想这个首要任务，紧紧围绕庆祝新中国成立70周年这条主线，增强"四个意识"、坚定"四个自信"、做到"两个维护"，坚持稳中求进、守正创新，各方面工作取得了新的成绩。

（一）聚焦主题主线，以政治担当唱响时代主旋律

圆满完成习近平总书记来渝视察、庆祝新中国成立70周年、全国全市两会、"晒文化·晒风景"大型文旅推介活动、2019智博会等重大会议、活动和重点工作的主题宣传报道。精心策划推出《把习近平总书记的殷殷嘱托全面落实在重庆大地上》《脱贫攻坚进行时》《书记晒文旅》《壮丽七十年奋斗新时代》《在行动》《看效果》等系列报道，播出《信仰的力量》《思想的田野》《风再起时看巴渝》等专题节目。播出庆祝新中国成立70周年主题公益广告483921条次，加强网络视听媒体"首页首屏首条"建设，形成主题宣传声势、营造舆论氛围。

（二）坚持内容为王，以时代责任推出精品力作

电视剧《共产党人刘少奇》《麦香》、广播剧《"事儿妈"宋小娥》获中宣部"五个一工程"奖。《大头小当家》等3部作品入选广电总局少儿节目精品扶持项目。电视剧《重庆谈判》、动画片《酷跑英雄》《龙图战队》、纪录片《破晓》《城门几丈高》《中俄书途》等入选广电总局重点选题及展播名单等多项荣誉，并分别在总台央视和多家省级卫视播出。推进影视文化走进南美洲取得零的突破，分别向秘鲁、智利进行优秀影视作品版权输出。《重庆国际马拉松赛形象宣传片》获得米兰国际体育电影电视节奖项，《不一样的求学路、一样的求知报国路》入选庆祝新中国成立70周年优秀

公益广告作品名单并推荐全国播出。网络视听作品《士兵的荣耀》纳入广电总局"庆祝新中国成立70周年精品网络视听节目上线仪式"首推精品节目，网络动画片《魔道祖师（羡云篇）》累计播放量超6.5亿次。

（三）促进惠民共享，以均衡体系增强文化获得感

广播、电视综合覆盖率稳步提升，分别达到99.17%、99.4%，行政村通有线电视达75%，有线电视覆盖用户数同比增长35.6%，达1000万户。中央和重庆本地15套无线数字电视节目全面开播，无线数字广播和电视覆盖用户数同比增长673%、516%。改造无线发射台站18座，累计改造51座。完成7.4万户直播卫星户户通建设，累计达到98.03万户。各级财政投入4700万元开展应急广播体系建设，3个区县建成并达到县级应急广播技术标准，现有广播终端7万只喇叭。重庆成为全国16个首批广电5G试点建设城市之一。

（四）贯彻创新驱动，以开放思维促进转型升级

16个区县挂牌组建融媒体中心，其中潼南融媒体经验被《人民日报》专刊报道，吸引斯里兰卡媒体高级人才研修班参观交流。"两江云"市级融媒体基础云平台获2018年度广播影视科技成果应用与技术革新一等奖，重庆广电集团"i12亲子社区+"入选广播电视媒体融合成长项目，《智慧行业IPTV平台》等7个项目入选广播电视和网络视听产业发展项目库。发布重庆市超高清视频产业发展行动计划，大力推进超高清视频产业发展和相关领域的应用，重庆国际频道在北美、欧洲41个国家和地区落地。推动文旅产业融合发展，大足石刻修缮工程全媒体直播活动受众超130万人次，舞剧《杜甫》短视频话题热度达5.2亿次，其片段《丽人行》播放量累计突破8亿，《书记晒文化晒风景》系列节目阅读量达24.5亿人次。视听新媒体实现收入5.24亿元，同比增长122%。全市网络文化经营单位和广播电视制作经营单位分别达943家、502家，注册资本金总额分别达66亿元、46.5亿元。新媒体信息扶贫项目上线运行优质节目超2000小时，日均页面浏览量近40万次。网络视听注册用户295万个、新增网络影视剧（含微电影）

5993 部、网络视听节目播放次数 332 亿次，分别是 2018 年的 3.6 倍、1.6 倍、32 倍。

（五）把握正确方向，守住守好意识形态阵地

圆满完成庆祝新中国成立 70 周年安全播出保障任务，消除问题隐患 410 项，全市总停播事故次数、重大停播事故次数较 2018 年同期分别下降 23.76%、16.67%，市文化旅游委获得先进集体表彰。开展广播电视广告专项整治，停播违规广告 104 条、未备案养生类节目 23 档。推进打击非法安装地面卫星接收设施行动，强制拆除设备 220 套，收缴设备 66 套，169 家境外卫星电视节目接收单位运行规范。重庆 IPTV 集成播控平台下线违规节目 10620 小时。处理违规网站信息 9000 余条、查处 19 家违规网站和 13 家涉嫌传播色情视听节目的网站。成功举办重庆市广播电视技术能手竞赛，在全国率先实现以奖代评等创新性突破，获全国广播电视技术能手竞赛优秀组织奖。

二十三、守底线 促发展 推动四川广播电视工作不断强起来

四川省委宣传部副部长，省广播电视局党组书记、局长 李 酌

2019年，四川广电系统把学习宣传贯彻习近平新时代中国特色社会主义思想作为首要任务，把庆祝新中国成立70周年作为工作主线，全面贯彻广电总局和四川省委省政府决策部署，坚持守正创新，聚焦主责主业，按照"守底线、促发展"工作思路，在完成重大任务、举办重大活动、防范重大风险中打了几场大仗硬仗。

（一）主题主线宣传氛围浓厚

指导广电媒体和视听新媒体整体联动，《在习近平新时代中国特色社会主义思想指引下——新时代新作为新篇章》《壮丽70年·奋斗新时代》《治蜀兴川新成就21市州巡礼》等专题专栏闪耀荧屏声频网屏，新中国成立70周年重点节目选题征集、"滚滚看巨变巴蜀正青春"网络视听节目征集推选展播、"壮丽七十年·七十村看变迁"五省藏区大型新闻采访等活动精彩纷呈，党的十九届四中全会和省委十一届六次全会等重大主题宣传浓墨重彩。零事故完成各项安全播出任务，被广电总局授予"国庆70周年广播电视行业安全保障工作先进集体"荣誉。

（二）脱贫攻坚惠民利民便民

全年建成443个贫困村广播村村响、25万户电视户户通工程，提前一年完成广播电视脱贫攻坚任务。针对"两不愁三保障"回头看大排查出的6.24万户看不到电视问题，通过调剂预算资金购买、多方捐赠、维修维护、鼓励自主购买等方式全部整改到位。定点扶贫石渠县，实施扶贫项目13个，全县贫困发生率从精准识别时的22.88%降至0.42%，减贫成效在全州12个摘帽县中列第一。四川局被评为全省定点扶贫先进单位，3名第一书记被评为先进个人。应急广播和地震电视预警系统在疫情防控、长宁地震等灾难中发挥作用，广电惠民服务月活动全省同步启动，受到人民群众真心欢迎。

(三)"一节一奖一会"出新出彩

中宣部批复将"金熊猫"国际传播奖落户四川,并与四川电视节同步举办,设纪录片、电影、电视剧、新媒体四大类别奖项和评委会特别奖。第十五届四川电视节吸引近 30 个国家(地区)、31 个省(区、市)上千家机构约 6000 人参加(其中海外嘉宾近 100 名),参与交易节目 11358 部(集),达成意向金额 34.86 亿元。陈宝国担任首届"金熊猫"国际传播奖评委会主席,海内外参评作品 1005 部,评选出 13 项大奖,其中纪录片 6 部、电视剧 8 部、评委会特别奖 1 部。第七届中国网络视听大会吸引 2000 余家机构、6300 余位嘉宾参加,促成意向性项目 100 个、金额 1000 亿元以上。

(四)产业发展成果丰硕

促成四川省政府与广电总局签署《推进四川省超高清视频应用与产业发展合作备忘录》,"中国(成都)网络视听产业基地"和"中国(成都)超高清创新应用产业基地"两大国家级基地落户。启动全省 1 市 5 县智慧广电实验区建设。应急广播体系建设受到亚广联等国际业界广泛关注。举办 5G 时代超高清视频产业生态发展对话会暨项目签约仪式,签约项目 39 个、金额 330 亿元。省市广电媒体加快转型,185 个县级融媒体中心挂牌运行。获批 16 个高清频道,全省高清频道达到 38 个,居全国前三。

(五)队伍整体素质和精神面貌焕然一新

扎实开展"不忘初心、牢记使命"主题教育,初心写在行动上,使命落在岗位上,全行业队伍面貌焕然一新。组织开展了"名记者、名主持人增强'四力'边界行"走基层采访行动,14 个采访组行程 6 万多公里,足迹遍布 14 个市(州)、30 个边界县,采访到 300 余个单位 5000 余人,34 期新闻报道和 50 篇主播手记,广电人与基层干部职工和群众同吃同住同交流,记录下大量基层动人故事和一手数据,赢得中宣部及主流媒体点赞。从讲政治、守纪律高度推进全省 IPTV 进行专项整治,实现"一省一平台",解决了多年未解决的问题。

二十四、贵州广电：对标高质量 全力推动智慧广电创新发展

贵州省委宣传部副部长，省广播电视局党组书记、局长　耿　杰

2019年，贵州广电系统坚持以习近平新时代中国特色社会主义思想为指导，根据国家广电总局和贵州省委省政府部署要求，加强统筹，整合资源，凝聚力量，全力推进中国（贵州）智慧广电综合试验区建设（以下简称试验区），探索出了一条智慧广电建设的贵州路径。

（一）科学谋划，统筹推进试验区建设

一是认真贯彻落实广电总局和贵州省委省政府主要领导及多位分管领导批示指示，明确试验区建设工作方向。二是丰富完善智慧广电体系，形成了"一云、双网、一主三用"的智慧广电发展格局，不断拓展丰富民用、政用、商用功能，构建全新的智慧广电生态链。三是建立中国（贵州）智慧广电综合试验区建设联席会议制度，省委省政府分管领导担任召集人，省直各部门、各市（州）党委政府分管领导为成员，并召开联席会议第一次全体会议。四是印发《中国（贵州）智慧广电综合试验区发展规划》和《中国（贵州）智慧广电综合试验区建设实施方案》，确定近期任务和远期目标。五是召开试验区建设成果发布会，发布建设成果，启动重点项目，贵州省委书记孙志刚和省长谌贻琴分别作出批示，广电总局和贵州省委省政府领导出席会议并致辞。

（二）多方合作，聚力建设试验区

一是积极争取广电总局帮助支持，与广电总局规划院、设计院、广科院签署战略合作协议，为试验区建设提供政策、项目、技术等必要支撑。二是加强与贵州省直部门和市、县政府对接，与近30家单位签署合作协议，运用智慧广电资源助力各地各部门深化改革、加快发展。三是借力高科技企业推动试验区建设，与华为、阿里、腾讯、浪潮等公司签署战略合作协议，在5G、云计算、物联网等领域深入合作。

（三）协同覆盖，切实完善智慧广电网络

一是在形成有线、无线、卫星混合传输网络全覆盖的基础上，持续实施多彩贵州"广电云"村村通、户户用工程，累计投入资金近50亿元，敷设光缆34万公里，建成了覆盖城乡、便捷高效的基础信息光纤网络。二是积极推进宽带窄带融合网覆盖，建成窄带物联网基站1000多座，覆盖全省9个市（州）城区。三是按照广电总局部署，积极推进有线电视网络整合和广电5G试验网试点建设，不断提升广电网络智慧业务承载能力。

（四）科技引领，努力打造智慧广电融合媒体

一是大力推动和开展超高清技术体系建设，建成了全球首个采用IP无压缩标准的4K超高清全媒体转播平台。二是积极开展贵州广电大数据实践，建成运维支撑中心大数据平台，多层次挖掘广电用户和收视行为的数据价值，探索开展"黔新闻"智能推送业务。三是推进县级融媒体中心建设，搭建了面向全省各级融媒体中心的省级广播电视融媒体业务技术支撑平台——"动静云"平台，目前已有36个区县融媒体中心"动静云"中央厨房系统全部开通投入使用。

（五）拓展运用，丰富智慧广电生态

依托进村入户的智慧广电网络，不断深化拓展智慧广电政用、民用、商用功能，积极开发建设雪亮工程、公安物联网、全域智慧旅游服务平台、智慧养老云平台、"阳光校园·智慧教育"等智慧广电业态；新时代学习大讲堂视讯系统，延伸至省属国有大型企业及高校，覆盖全省各系统各行业；开发"云上贵州"大数据平台"广电节点"，完成数据平台项目示范建设，为全省视频数据汇聚、存储、分析、交换、应用提供支撑。

二十五、努力推动云南广播电视高质量创新性跨越式发展取得新业绩

云南省广播电视局党组书记、局长 李 涛

2019年，云南省广电系统以"12345"发展思路为抓手，围绕主题主线，聚焦行业重点，强化政治建设，推动广播电视高质量创新性跨越式发展取得新业绩。

（一）围绕主题主线，亮点工作凸显

围绕学习宣传贯彻习近平新时代中国特色社会主义思想这一首要任务和庆祝中华人民共和国成立70周年这条主线，制定宣传和舆论引导方案，推出一系列庆祝新中国成立70周年的新闻报道、主题专栏、纪录片、公益广告、影视剧、动画片。2部电视剧、电视动画片和1部纪录片被广电总局确定为云南省庆祝新中国成立70周年选题规划。云南局被广电总局评为全国公益广告优秀组织单位。圆满完成庆祝新中国成立70周年活动重要保障期安全播出和转播工作，被广电总局表彰为国庆70周年广播电视行业安全保障工作先进集体。

（二）聚焦行业特点，工作扎实有效

唱响新时代主旋律。指导全省脱贫攻坚宣传，云南省脱贫攻坚广播电视宣传获得中宣部及国家广电总局表扬肯定。"弘扬社会主义核心价值观共筑中国梦"等主题精品作品获得国家广电总局、云南省委宣传部表彰。深入开展扫黑除恶专项斗争宣传。

走出去亮点呈现。组织云南省广播电视学会代表团首次赴台开展原创电视精品推介暨广播电视交流与合作；组织系统企业参加2019年首届中国—东盟电视周"中国—东盟媒体合作成果展"；持续跟进"缅甸吉祥网"在缅落地运营，推动"老挝百村DTMB数字电视覆盖工程项目"等项目立项和建设；云南局、台共设展台参加2019法国戛纳秋季电视节。

事业产业发展取得新成效。《"数字云南·智慧广电"三年行动计划（2020~2022年）》写入"数字云南"三年行动计划，统筹多方资源建成云南广电云平台，"云南广电云"App和微信公众号于2019年9月上线试运行；在云南局属49座中波（实验）台、基层广播电视台站全面推进规范化、标准化、智慧化美丽台站建设；参与云南省县级融媒体中心建设。

阵地管理进一步强化。采取重点节目备案、季度评审推优、优秀节目经验分享、问题通报、行政约谈等多种手段，对宣传导向、内容管理进行动态跟踪引导，加大对广播电视节目、网络视听节目监测监管力度，发现各类疑似问题节目20个，全年编发《监听监看》等各类简报77期。备案审查公示电视剧（含电视动画片）13部。审查网络影视剧规划备案72部。加大虚假违法违规广告治理，下发《播出广告违规整改通知书》22份。

惠民工程推进有力。加快推进27个广播电视无线发射台站基础设施二期建设。推进中央广播电视节目无线数字化覆盖工程并完成省级验收工作，完成全省16个州市平台、116个县区平台以及550个发射台站自动化系统设备安装和调试。扎实推进深度贫困县应急广播体系建设，工程建设进度位于全国前列。

行业扶贫和定点扶贫成效显著。统筹推进有线、无线、直播卫星三种覆盖方式，圆满完成2018年摘帽的33个贫困县、2019年计划摘帽的33个贫困县建档立卡贫困村和直过民族、2900个易地扶贫搬迁集中安置点广播电视信号覆盖情况核查，均达到现行考核标准。与富源县签订《富源县挂包帮工作2019年责任书》，全年投入扶贫资金60万元，2019年4月30日，省政府正式宣布富源县脱贫摘帽。

（三）强化政治建设，全面从严治党

深入推进基层党建工作，扎实开展"不忘初心、牢记使命"主题教育，主题教育综合评估成绩在省委第十一巡回指导组指导的7个单位中排名第二。认真抓好党风廉政建设责任制落实，严格落实党风廉政第一责任人责任和"两个责任""一岗双责"，严格履行监督执纪职责，积极组织开展内部巡察,压实管党治党责任,坚持把党建和党风廉政建设与业务工作同部署、同落实、同检查、同考核。切实加强干部队伍建设,扎实做好机构改革后干部调整配备和处级领导干部选拔任用。

二十六、不忘初心 牢记使命 奋力开创西藏广播电视工作新局面

西藏自治区党委宣传部副部长，自治区广播电视局党组书记、副局长 德吉卓嘎

2019年，在广电总局的有力指导下，在自治区党委、政府的坚强领导下，全区广播电视战线深入学习宣传贯彻习近平新时代中国特色社会主义思想，自觉承担起举旗帜、聚民心、育新人、兴文化、展形象的使命任务，守正创新、砥砺前行，在服务全区发展稳定大局中展现了新作为。

（一）"两个维护"坚定坚决

增强"四个意识"、坚定"四个自信"、做到"两个维护"，把坚决维护习近平总书记的核心地位、坚决维护党中央权威和集中统一领导作为明确的政治准则和根本的政治要求，把习近平新时代中国特色社会主义思想作为全行业的政治主心骨、思想定盘星、行动指南针，加强理论武装，全面系统掌握，自治区广电局党组理论学习中心组学习27次，创新开展学习习近平新时代中国特色社会主义思想、"明职责、强担当、抓落实"思想大交流活动，推动学习往深里走、往心里走、往实里走。

（二）舆论宣传亮点纷呈

紧紧围绕庆祝新中国成立70周年和纪念西藏民主改革60周年这条主线，开展"壮丽70年·奋斗新时代"大型主题采访活动，开设《共产党来了苦变甜》等专题专栏专区。精心组织党的十九届四中全会等重大会议活动宣传，扎实开展发展稳定生态三件大事宣传，制定《关于进一步加强脱贫攻坚宣传工作的意见》，推出《脱贫攻坚在行动》等节目栏目。加强创作生产，启动创作电视剧《甜茶馆》，打造《种子方舟》《羌塘巨变》《阿古顿巴》等广播剧、纪录片、动画片，制作播出2019年春节藏历新年电视晚会等文艺节目，打造《向祖国报告》等融媒体直播网络视听作品。《金色童年——我们眼中的中国红》荣获广电总局庆祝新中国成立70周年优秀少儿

节目一等奖,《幸福不忘共产党》获评广电总局庆祝新中国成立70周年优秀广播电视公益广告作品,纪录片《神秘藏戏世界之约》在尼泊尔国家电视台播出。

(三) 事业产业快速发展

地市级广播电视电影藏语节目制作中心、西藏有线数字电视总前端灾备中心项目进展顺利,广播电视无线发射台站基础设施、县级广电中心建设完成,智能化平台建设项目有序推进,27个县级应急广播体系建设项目基本完成,启动智慧广电规划编制。中央广播电视节目无线数字化覆盖项目投入使用,建立全区广播电视公共服务台账,为森布日极高海拔生态搬迁点配备广播电视直播卫星接收设备,做好玉麦乡有线数字电视建设,全区广播电视综合人口覆盖率分别达到98.07%和98.61%。开展"十四五"规划编制调研,申报10项重大政策、6大项8小项重点项目。全区有线数字电视用户约21万户,全区影视制作经营机构发展到193家。全区广播电视总收入达12.25亿元。

(四) 行业管理切实加强

修订《自治区设立互联网传播视听节目管理规定》等规章制度,《广播电影电视志》完成终审,普法宣传深入开展,"放管服"改革不断深化。排查各类风险52大项222小项、逐一制订防范预案。审查备案50多部(件)广播电视节目、电视剧、网络视听节目,完成全区76座广播电视播出机构、112个频率频道许可证换证工作。加强对全区广播电视节目的监听监看,编发《视听评议》24期、《监听监看快报》20期。开展非法卫星地面广播电视设施清查整治,加强广告监管,组织IPTV专项治理,做好防范5G基站干扰广播电视卫星接收及安全播出日常管理工作,圆满完成庆祝新中国成立70周年、西藏民主改革60周年期间安全保障任务。

(五) 党的建设扎实有效

落实落细党建责任、意识形态责任制,推行党建定方案、定目标、定措施、定责任、定时限"五定工作法",区局连续5年召开基层党建"联述联评联考"会议。全行业深入开展"不忘初心、牢记使命"主题教育，区局开展学习375次、形成调研报告35篇、整改问题86个、建立健全规章制度118项。打造"五个一起"联学共建促业务机制、党员攻坚行动等党建与业务深度融合载体，推动区局基层党建工作实现大提升。扎实开展增强"四力"教育实践工作，坚持理论学习与实践锻炼相结合，不断加大队伍建设力度。落实6座新建实验台90名人员编制。深入开展扶贫领域腐败和作风问题专项治理，对27座中波、11座实验台进行内部审计，营造风清气正的政治生态。

二十七、陕西广电：以"五项工程"为抓手 全力推进广播电视高质量发展

陕西省广播电视局党组书记、局长　王福豹

2019年是新中国成立70周年，是决胜全面建成小康社会的关键一年。陕西省广电局以习近平新时代中国特色社会主义思想为指导，以实施"五项工程"为抓手，不断推动广播电视做强做大，更好服务党和国家事业全局。

（一）以实施"舆论引导能力提升"工程为抓手，深化媒体"头条"建设和"首页首屏首条"建设

精心策划广播电视节目，不断宣传报道习近平新时代中国特色社会主义思想。《陕西脱贫故事》《我的家乡在陕西》《70年70秒》等一批有深度、接地气的节目，围绕庆祝新中国成立70周年、脱贫攻坚、"不忘初心、牢记使命"主题教育等主题主线活动进行了一系列有特色、有影响的宣传，营造宣传氛围，引导全党全社会增强"四个意识"、坚定"四个自信"、做到"两个维护"。

（二）以实施"新时代精品"工程为抓手，广播电视节目从"高原"向"高峰"不断迈进，网络视听节目内容品质不断升级

电视剧《黄土高天》荣获国家第十五届精神文明建设"五个一工程"优秀作品奖，《共和国血脉》《密查》《兰桐花开》3部作品在总台央视黄金时段播出。动画片《红色延安》《先辈的足迹》入选庆祝新中国成立70周年推荐展播动画片目录，《记忆延安城》被广电总局评为2019年第四季度优秀国产动画片。纪录片《西出长安》荣获"第25届中国纪录片学术盛典"系列片好作品。《一米天空》《加油宝贝》2档节目获全国优秀少儿广播电视栏目。《庆祝改革开放40周年——陕西一日》《黑车问题"病根"何在？主持人连发三问切中要害》入选全国优秀广播电视新闻作品。14部重

点网络影视剧通过审查取得上线许可,数量位居全国第五位,网络微电影《青山新语》入选广电总局2019年"弘扬社会主义核心价值观 共筑中国梦"主题原创网络视听节目推选和展播活动优秀节目。

(三)以实施"智慧广电"建设工程为抓手,开启"智能媒体"步伐

构建"丝路云"媒体云,为省内各新闻单位、政府机构、国企单位提供融媒体一站式解决方案。依托覆盖全省的广电网络资源,综合运用物联网、云计算、信息智能终端等新一代信息技术,实现社区网络化、智能化、互动化和协同化管理。依托陕西广电网络及"秦岭云"建设县级融媒体中心,实现虚拟云化"中央厨房"系统,全媒体矩阵发布系统,"爱"系列移动客户端系统,新时代文明实践中心运营系统,"秦岭云"高清互动电视系统,智能应急广播系统。与全省政务服务"一网通办"平台深度对接,同步上线公安、社保、民政、工商等22项基础政务服务项目,目前全省107个县及市辖区县级融媒体中心全部入驻"秦岭云"省级平台。首期完成了西安永兴坊与延安新华广播旧址两处5G试点工作。4K、VR、AI、AR、无人机等业务的开展和技术应用得到加强。

(四)以实施"视听中国"播映工程为抓手,积极参加国际展映展播活动,推动国际传播走出去

电视剧《那年花开月正圆》《好先生》《小别离》《恋爱先生》《我的真朋友》《小麦进城》《大秦帝国》《空巢姥爷》《我在北京,挺好的》,动画片《三滴血》《山海宝贝》《漫赏秦腔》等十多部作品,先后在美国、加拿大、日本、澳大利亚、新加坡、泰国、印尼、菲律宾、新西兰等国家和地区发行和播出,体现当代中国价值观念和中华优秀传统文化精髓魅力,讲好中国故事、陕西故事。

(五)以实施"管理优化"工程为抓手,阵地管理不断加强

深入推进"放管服"改革,下放审批权限,为影视机构设立等提供了良好的营商环境。导向管理落实到采、编、播的各个环节,严格督导落实播前审查和重播重审制度。全年保持安全播出和网络安全零责任事故,圆满完成庆祝新中国成立 70 周年等重要保障期安全传输保障任务。节目监管、广告监管持续用力，境外卫星电视接收实施整治活动稳步推进，IPTV 专项整治活动共下线各类节目 9589 部以及 2 个违规视听类专区、6 路轮播频道。新增广播电视节目制作经营机构 278 家，增长速度历年来最快。

二十八、甘肃广电：传承丝绸之路精神 加快智慧广电建设

甘肃省委宣传部副部长，省广播电视局党组书记、局长　彭鸿嘉

近年来，甘肃广电系统以深入学习贯彻习近平总书记关于媒体融合发展的重要论述为指引，认真贯彻落实国家广电总局关于智慧广电建设的一系列战略部署，以推进"如意甘肃·智慧广电"建设为抓手，突出建设、应用、服务三大重点任务，推动广播电视公共服务转型升级高质量发展。

（一）重技术补短板，推进"云、网、端"基础建设

针对甘肃省广电技术装备现状，坚持以技术创新为引领，以基础设施建设为突破口，着力推进智慧广电"云、网、端"建设。倾心打造"飞天云"。以打造智慧广电媒体为重点，充分利用云计算、大数据、区块链等信息技术，结合4K超高清、3D立体声等先进广电技术，自主设计建设了架构为"一云+七平台+N系统"的"融媒飞天云"技术体系（1.0版），重构了多个全媒体新闻生产业务模型和工作流程，有效提高了全媒体新闻制播效率。精心编织"广电网"。以组织实施甘肃下一代广播电视网项目为抓手，建成了省到市、市到县10G OTN传输环网。推进"宽带乡村"建设，全省广播电视光缆网络已达10.8万公里，全省市县、乡镇、行政村有线电视光缆通达率分别达到100%、88.7%和60.3%。专心培育"用户端"。以推进全省IPTV规范管理为抓手，指导省广电总台建成了集弹性云计算、开放存储、数据库、负载均衡、云盾等功能于一体的网络视听集成播控平台，实现了视听节目在互联网和移动互联网之间大小屏联动互动传播，覆盖用户505万户1500万人。

（二）求实效提质量，促进"政、民、商"三大应用

始终把提升广电技术在政用、民用、商用领域的融合服务能力，作为实现全省广播电视行业社会效益和经济效益的重要途径。打造"智慧业务政用平台"。以"便民、利民、惠民"为原则，按照"智慧广电+"理念，

组织实施了"雪亮工程"、美丽乡村工程和智慧城市建设工程，着力打造广电政用平台。建成并投入运营的甘肃省党员教育智慧云电视平台，集内容点播、频道直播、学习排行、专题课程推送、会议直播等功能于一体，为开展全省党员教育提供了有力支撑。拓展广电新型民用空间。以开发家庭电视智能终端为抓手，指导省广电网络公司开展CCTV4K超高清电视服务，开发了"甘肃有线"手机App、百草园（全民阅读）手机App、全视网、欢乐家庭、电视图书馆等新产品。力推5G领域商用合作。指导省广电网络公司等省内广电企业单位，加强与中国有线、华为技术、华数集团、爱奇艺、腾讯等知名企业的战略合作，在广电互联互通、5G技术应用、云计算应用、智慧城市项目、国家文化大数据西北中心建设等方面开展广泛合作，更多地运用"互联网+广电"思维，推动广电业务向4K、8K、AI、VR领域迈进。

（三）保民生抓重点，提供"全、均、新"公共服务

在智慧广电建设中大力提升以"全覆盖、均等化、新体验"为定位的广播电视公共服务能力。力推广播电视全覆盖。以实现广电公共服务标准化全覆盖为目标，统筹有线、无线和卫星，积极提升改造转播中央广播电视节目、直接服务农村地区的无线发射台站基础设施，大力组织实施地面无线数字电视覆盖工程，推动全省广播和电视人口综合覆盖率在现有98.57%、98.90%的基础上向100%迈进。推进公共服务均等化。针对甘肃省自然灾害种类多、频度高的现状，扎实推进深度贫困县基层应急广播体系建设工程；通过政府购买服务等途径，做好全省170万村村通和536万户户通用户设施设备的运行维护，有效保障广大人民群众收听收看广播电视的基本文化权益。提升用户体验新层次。针对不同区域、不同人群、不同家庭的个性化需求，向有条件、有需求的用户提供更加丰富的节目内容和其他信息服务、文化服务、生产生活资讯等个性化、特色化服务，推动广播电视公共服务由户户通向人人通、移动通升级，不断提升用户体验层次，逐步从传统的"你播我看"看电视，向今后的"智慧互联"用电视转变，让广电服务更加亲民便民惠民。

二十九、高举旗帜 守正创新 推动青海广播电视工作高质量发展

青海省广播电视局党组书记、局长　申红兴

2019年，青海省广电系统认真贯彻落实中央和青海省委省政府决策部署，高举旗帜、守正创新，围绕主题主线，讴歌新时代，唱响主旋律，在服务全省工作大局、助力经济社会发展中作出了积极贡献。

（一）舆论宣传浓墨重彩

聚焦庆祝新中国成立70周年和青海解放70周年，全省各级广播电视播出机构和网络视听新媒体开设专题专栏专区，重点宣传阐释习近平新时代中国特色社会主义思想，全方位展示习近平总书记领袖风范。扎实推进"壮丽70年·阔步新时代"主题宣传报道工作，圆满完成了新中国成立70周年庆祝大会、阅兵仪式、庆祝游行和联欢活动盛况的直播转播工作和全国全省重大节庆、重大活动、重点工作的宣传报道。

（二）安全播出万无一失

聚焦庆祝新中国成立70周年，以最高标准、最严要求、最佳状态，上下协同筑牢了坚实的安全播出防线，多措并举在广播电视监测监管上下功夫，完善了《突发事件应急监测指挥调度预案》等制度，确保了庆祝新中国成立70周年和青海解放70周年安全播出，实现了广播电视重点时段、重要保障期"零"停播率的目标。

（三）精品力作出新出彩

借势借力推出重点献礼纪录片《代号221》和动画片《在那遥远的地方》等精品力作，被广电总局列为"庆祝新中国成立70周年纪录片公益展播节目"，在全国卫视频道、纪录片专业上星频道及"学习强国"平台进行展播。纪录片《代号221》播出当天全国卫视专题类节目收视率"夺冠"，首播后全网短视频播放量突破2000万，引起社会热烈反响，并荣获中国（广州）国际纪录片节组委会特别推荐优秀纪录片奖和广电总局2019年第

三季度优秀国产纪录片奖，动画片《在那遥远的地方》在全国广播电视工作会议上被广电总局提名。

（四）脱贫攻坚另辟蹊径

积极寻求广电总局支持，协调上海东方卫视走进互助，拍摄直播了公益扶贫节目《我们在行动》，活动专门邀请了淘宝直播的网红名人推介非物质文化遗产——"青绣"，使青绣走出青海、走向全国、走向世界，把"指尖上的艺术"发展成了"指尖上的经济"。当晚两个小时的网上直播，近700万人参与，公益扶贫订单取得了1312.1万元的成交金额，相当于全省青绣产业一个月的收益，直播节目约帮助2500名绣娘人均增收近1800元。

（五）智慧广电建设有序推进

推动省政府办公厅出台《青海省推进"智慧广电"建设实施方案》，继福建省之后全国第二家制定出台实施方案。"智慧广电"试点工作取得初步成效，成功举办青海"智慧广电"发展论坛，邀请广电和通信领域知名企业5G专家为青海省"智慧广电"发展积极建言献策。落实1000万元加快推进省广播电视综合监管及智慧服务大数据平台建设。

（六）公共服务提质增效

加大广播电视惠民工程实施力度，指导实施投资5183万元12个深度贫困县应急广播体系建设工程；加快推进投资2910万元10座中波台和5座广播电视无线发射台站基础设施实施更新改造项目；在全省实施的贫困地区1567个村级综合文化服务中心广播器材配置项目圆满收官；完成投资193万元藏传佛教学院尼姑僧舍配置广播电视设施项目；连续第四年实施投资1900万元政府购买直播卫星户户通维护服务项目；面向全省17个深度贫困县实施投资300万元2.4万台收音机进贫困户项目；省民族语影视译制中心译制完成《红海行动》《彭德怀元帅》等影视节目译制片1522集（1130小时），其中译制的《红海行动》荣获第八届青海省文学艺术奖。重点惠民工程扎实推进，全省广播电视公共服务提质增效，努力满足人民群众多元化的收听收看需求，全省广播电视综合人口覆盖率均达到98.8%。

三十、聚焦主线 服务大局 宁夏广播电视工作取得新成效

宁夏回族自治区广播电视局党组书记、局长　马宇桢

2019年，宁夏广电系统以习近平新时代中国特色社会主义思想为指导，紧紧围绕学习宣传贯彻习近平新时代中国特色社会主义思想这个首要任务，紧紧围绕庆祝新中国成立70周年这一大事喜事，守责担责、履职尽责，圆满完成了各项目标任务。

（一）舆论引导坚强有力

紧紧围绕庆祝新中国成立70周年这条主线，持续加大习近平新时代中国特色社会主义思想和党的十九届三中、四中全会，自治区党委十二届八次、九次全会，全国全区两会、"不忘初心、牢记使命"主题教育、脱贫攻坚等重要会议、重大活动和重要时间节点的宣传力度，习近平新时代中国特色社会主义思想宣传深入人心，庆祝新中国成立70周年宣传振奋人心，中国梦、社会主义核心价值观宣传浸润人心，扶贫攻坚、高质量发展、主题教育宣传砥砺人心。主旋律更响亮，正能量更强劲，为全区经济社会发展提供了坚强思想保证和有力舆论支持。

（二）阵地管理规范有序

严格落实意识形态工作责任制，坚决执行导向管理全覆盖要求，审查审看公益广告2253件，影视作品500余部。强化广播电视广告管理，查处违规广告68条，下达整改通知7份、行政处罚决定书1份，处理相关责任人52人。突出抓好广播电视安全传输保障工作，被广电总局评为"庆祝新中国成立70周年广播电视安全保障先进集体"。深入开展境外卫星电视传播秩序专项整治，查处非法卫星电视地面接收设施90台（套）。

（三）融合发展深入推进

按照"把宁夏作为一个全媒体平台来规划建设"的要求，加强顶层设计，编制完成了《宁夏回族自治区融媒体平台建设方案》，制定了《关于全

区媒体融合发展改革的意见》;《自治区和县级融媒体平台项目建议书》《自治区融媒体平台项目可行性研究报告》获自治区发展改革委批准;成功举办了 2019 宁夏媒体融合发展改革论坛和媒体融合业务培训班,夯实媒体融合发展人才基础,着力把媒体融合项目打造成为经得起历史检验的政治工程、民心工程、阳光工程、廉政工程。目前,自治区级媒体融合有序推进,14 个县级融媒体中心全部挂牌。

（四）精品创作成果丰硕

策划推出了《品牌宁夏》栏目,收视率达 0.06%,高于同时段电视节目平均收视率 0.04 个百分点。纪录电影《重走来时路》在总台央视 9 频道、10 频道三次播出。14 集短视频《宁夏故事》通过 70 多家网络媒体平台推送,全网覆盖 2.05 亿人。5 集纪录片《塞上江南》完成拍摄制作和审查。30 集电视剧《灵州盛会》入选国家广电总局、中国影视家协会优秀剧本扶持项目。完成电视剧《闽宁镇》的前期调研和立项工作。深入实施"网络视听节目精品创作传播"工程,向国家广电总局推荐 16 部优秀网络视听作品。

（五）服务能力显著提升

与中广联合会共同举办创优创新获奖作品宣介会。成功举办了第四届宁夏公益广告大赛、第三届中国银川互联网电影节、第一届宁夏智慧广电新业务新产品发布会暨应用展,品牌影响力进一步提升。创作拍摄 5 支扶贫公益广告,助力打赢精准脱贫攻坚战。争取国家广电总局项目资金 1350 万元,实施并基本完成了同心、西吉、海原应急广播建设。完成中央广播电视节目无线数字化覆盖工程验收。深化"放管服"改革,压缩办理时限 50%。

（六）从严治党落实有力

扎实开展"不忘初心、牢记使命"主题教育,实现了理论学习有收获、思想政治受洗礼、干事创业敢担当、为民服务解难题、清正廉洁作表率。认真落实党建工作责任制,明确党建责任书、路线图、时间表,形成了目标管理、定期研究、抓点示范、督查通报的机关党建工作机制。深入开展党的十九大、十九届四中全会，自治区党委十二届八次、九次全会会议精神和"强三性、增四力"等学习教育，持续强化干部理论武装，全系统贯彻落实党中央决策部署的思想自觉政治自觉行动自觉不断增强。

三十一、聚焦意识形态领域安全 新疆广播电视阵地管理工作取得新成效

新疆维吾尔自治区广播电视局党组书记、副局长　徐贵相

2019年，新组建的新疆广播电视局党组在广电总局的帮助指导下，在自治区党委的坚强领导下，严格落实意识形态工作责任制，把党管意识形态的要求落实到广播电视和网络视听机构的内容、产品、市场管理等各方面各环节，有力服务了新疆社会稳定和长治久安总目标。

（一）强化事前事中事后监管

督促指导广播电视播出机构严格执行播前三审、重播重审、上星综合频道节目备案、重点时段重点节目主要负责同志审查签字、违规节目处理处罚、问题节目公开批评、收听收看等制度，加强广播电视节目全流程管理。督促指导视听节目网站严格执行总编辑负责制，全面落实网络视听节目"先审后播""未审不播"管理制度，规范节目审播管理程序。全年未发现广播电视播出舆论导向错误内容。

（二）加强电视剧和网络视听节目服务管理

制定《电视剧及重点网络影视剧审查工作规程》，规范网络视听节目和电视局审查管理。对2012年以来14家持证、备案网站发布的网络视听节目进行逐一审读清查，发现违法、违规内容60余起，删除有害内容近100条。加大与自治区网信办沟通和执法合作力度，建立信息互联互通和快速处置机制，及时对监测到的色情网站、问题内容网站进行关停。

（三）加强机构管理

坚持和完善广播电视行业管理工作季度考核通报机制，推动各地广播电视行业管理工作提质增效。组织对广播电视持证机构进行清查，及时清理注销不符合条件的持证机构419家，督促4家播出机构对擅自增加频道、变更呼号的违规行为进行整改。依法开展打击治理"黑广播"和集中整治

违规设置使用调频广播电台专项行动。

（四）加强重要时间节点节目监听监测

在全国"两会"、斋月、庆祝新中国成立70周年等重要时间节点，制定应急处置预案，实行24小时值班制度，严格执行三级值班和每日零报告制度，全年共处置广播电视安全播出事故6起，确保了全疆广播电视和网络视听节目内容安全和播出安全。

（五）加强卫星电视管理

创新卫星电视管理办法，通过实行季度考核通报、将境外卫星电视传播秩序专项整治纳入社区（街道）网格化管理等办法，推进专项整治工作深入开展，全年收缴非法卫星地面接收设施5562套，得到广电总局充分肯定。

（六）加强实验工作力度

组织全疆22个实验台开展了五轮监听监测，发现新频率29个、新时段11个，实验频时合格率达100%。推进节目传输中心指挥调度平台建设，完成17部短波发射机的升级改造，提高全疆基层台站实验工作智能化水平。组织完成50216套农村广播大喇叭设备和362台调频发射机前端的升级改造，提升抵御非法信号干扰能力。

三十二、围绕中心服务大局 新疆生产建设兵团打造公益传播工作新亮点

新疆生产建设兵团文化体育广电和旅游局党组书记、局长 王子彬

2019年,新疆生产建设兵团广播电视工作始终坚持以习近平新时代中国特色社会主义思想为指导,增强"四个意识"、坚定"四个自信"、做到"两个维护",在广电总局的正确指导下,以党的"不忘初心、牢记使命"主题教育为抓手,充分发挥广电工作优势,助力脱贫攻坚和公益传播,积极打造兵团广电工作新亮点。

(一) 发挥行业职能,广告扶贫助力脱贫攻坚

新疆生产建设兵团广电系统充分发挥行业职能,将助力脱贫攻坚作为重大政治任务,主动沟通协调中央广播电视总台关心支持兵团脱贫攻坚工作,把兵团贫困程度最深、脱贫任务最为艰巨的南疆师团中具有一定规模和产量、普惠贫困人群广泛的"兵团红色旅游和兵团特色产品"纳入总台"广告精准扶贫"项目。

2019年,共制作"四十七团沙海老兵村""昆玉地毯""铁门关香梨""兵团红枣"等多支精准扶贫广告,在总台央视、央广多个频道和频率免费滚动播出,为兵团节约广告价值1.8亿元。依托总台的媒体影响力和广告传播效果,使兵团红色旅游和特色产品品牌知名度及社会影响力显著提高,产业发展和市场前景更加广阔,为助力兵团脱贫攻坚工作、带动群众增收致富作出积极贡献。

广告播出之后,四十七团沙海老兵村红色旅游线路品牌影响和社会影响得以提升,2019年接待游客逾5.42万人次,游客数量较2018年全年接待3.72万人次显著增长,直接推动四十七团旅游产业发展。昆玉地毯销量同比增长20%;铁门关香梨平均价格由地头8.5元/公斤,增长到15元/公斤,使加工包装销售实现大幅增值,既帮助种植户解决了香梨销售之忧,

也带动了相关从业人员增收。

（二）唱响主旋律，公益传播营造良好舆论氛围

新疆生产建设兵团广电系统坚持正确政治方向，将推动公益传播作为切实履行"不忘初心、牢记使命"的具体工作实践，以庆祝新中国成立70周年和兵团成立65周年为契机，把公益广告创作作为广播电视新闻舆论宣传的重要组成部分，围绕弘扬社会主义核心价值观，整合多方资源，唱响主旋律，传播正能量。与总台联合制作《向祖国致敬》《@中国》等一批优秀公益广告作品于国庆期间在总台央视多个频道播出。片中人物、91岁高龄的沙海老兵杨世福高度评价："透过电视荧屏，我看到的不仅是一个生动诠释了老兵精神的红色公益广告，也是体现兵团广电坚持以习近平新时代中国特色社会主义思想为指导，忠实履行'不忘初心、牢记使命'，生动展现兵团形象，大力弘扬兵团精神，进一步增强兵团文化自信。"

国庆期间，兵团在总台央视播出的公益广告数量多、周期长、形态多样，为提升兵团社会影响，增强全国电视观众对兵团的认知和印象起到积极作用，为大力宣传兵团精神、老兵精神、胡杨精神营造了良好的舆论氛围，为推动兵团公益传播影响力、弘扬主流价值观发挥了重要作用。

2020年，新疆生产建设兵团广电系统将在广电总局和兵团党委的坚强领导下，强化政治担当、历史担当，严格落实意识形态工作责任制，紧紧围绕"举旗帜、聚民心、育新人、兴文化、展形象"的使命任务，以高度的政治自觉、崭新的精神风貌、务实的工作作风，认真贯彻落实广电总局部署要求，深入推进体制机制改革，统筹做好各项工作，努力打造新的工作亮点，争取创造更加优异的成绩。

附 录

附录一 2019年中国广播电影电视发展大事记

1月

1月4日 中国网络视听节目服务协会发布《网络短视频平台管理规范》及《网络短视频内容审核标准细则》，从机构把关和内容审核两个层面为规范短视频传播秩序提供了依据。

1月6~8日 2019年全国广播电视工作会议在京召开。中宣部副部长、广电总局党组书记、局长聂辰席代表广电总局党组在会议上作工作报告。会议强调聚焦主题主线，坚持守正创新，加快推动广播电视工作强起来。

1月8日 2018年度国家科学技术奖揭晓，共评选出278个项目和7名科技专家。其中，广电总局广播电视规划院等单位参与的"数字电视广播系统与核心芯片的国产化"项目获国家科学技术进步奖二等奖。

1月15日 中宣部与国家广电总局联合印发《县级融媒体中心建设规范》，广电总局同时配套发布了《县级融媒体中心省级技术平台规范要求》（GY/T321-2019）。

1月22日 广电总局科技司和全国广播电视标准技术委员会在北京召开广电行业标准《县级融媒体中心网络安全规范》《县级融媒体中心运行维护规范》《县级融媒体中心监测监管规范》审查会。与会专家一致认为该三项标准对县级融媒体网络安全建设、运行维护工具、监测系统和监测监管机构监管平台建设具有实质性指导作用,可操作性强,同意通过审查。

2月

2月15日 国家发展改革委、中宣部、工信部、财政部、国家广电总局等18部门联合印发《加大力度推动社会领域公共服务补短板强弱项提质量促进形成强大国内市场的行动方案》,对加大力度推动社会领域公共服务补短板、强弱项、提质量提出了总体要求和行动任务。

2月20日 "中国—东盟媒体交流年"开幕式在北京举行,中国国家主席习近平和东盟轮值主席国泰国总理巴育·詹欧差向开幕式致贺信。中共中央政治局委员、中央宣传部部长黄坤明出席开幕式,宣读习近平主席贺信,并会见了出席活动的东盟十国代表。中国国家广播电视总局局长聂辰席代表中方组委会致辞。中国与东盟各国相关政府部门、媒体代表1500余人出席了开幕式活动。

3月

3月1日 工业和信息化部、国家广电总局、中央广播电视总台联合印发《超高清视频产业发展行动计划(2019-2022年)》。《行动计划》明确将按照"4K先行、兼顾8K"的总体技术路线,大力推进超高清视频产业发展和相关领域的应用。预计到2022年,我国超高清视频产业总体规模将超过4万亿元,4K产业生态体系基本完善,8K关键技术产品研发和产业化取得突破,形成一批具有国际竞争力的企业。

3月20~23日 第二十七届中国国际广播电视信息网络展览会(CCBN2019)在北京举行。展会以"融合引领视界 智慧连接未来"为主题,围绕媒体深度融合和智慧广电创新发展,聚焦人工智能、5G、云计算、大数据、物联网、超高清、虚拟现实(VR)、混合现实(MR)等新一代信息技术与广播电视的深度融合应用,全面呈现了我国广播电视科技领域取得的创新成果和事业产业发展的创新局面。

3月21日 中国广播电视网络有限公司与中国中信集团有限公司及阿里巴巴集团分别签署了战略合作框架协议,标志着有线电视网络"全国一网"融合发展向前迈进了重要一步。

3月26~28日 2019年春季北京电视节目交易会在北京会议中心举行。本届交易会参展制作机构约460家,参展剧目约900部。

3月27日 国家广电总局、中央广播电视总台联合主办、IPTV总分平台共同实施的庆祝新中国成立70周年大型全媒体活动《歌唱祖国·一首歌一座城》在北京启动。活动在全国各地区选取70首代表不同城市的歌曲,通过"城"与"歌"的结合,集中展现一个时代的声音,记录新时代、书写新时代、讴歌新时代。

3月29日 广电总局召开电视剧工作会议。时任广电总局副局长张宏森主持会议。会议要求,2019年的电视剧工作要聚焦庆祝新中国成立70周年主题主线,着力打造精品项目,突出宣传报道,加强舆论引导,更加扎扎实实地做好电视剧创作播出工作。

3月29日 国家政务服务平台广电总局旗舰店正式上线,完成了对外展示页面的设计和对接、政务服务事项实施清单填报、打通政务数据对接链路等任务,实现广电总局重要政务信息的集中发布和主要服务系统的链接服务。

3月29日 广电总局第3号令《未成年人节目管理规定》向社会公布,于4月30日起施行。该规定将未成年人节目管理工作纳入法治化轨道,引导、规范节目创作、制作和传播,切实保障未成年人合法权益,促进未成年人健康成长。

4月

4月3日 国网公司七家子公司分别与新疆广电网络公司签署战略合作协议,从渠道、终端、内容、网络建设、市场推广、国际传播等多方面开展合作。这是在全国一网整合发展的大背景下，国网公司和新疆广电网络公司共聚力量、融合发展的开局之举。

4月11日 广电总局发布《县级融媒体中心网络安全规范》《县级融媒体中心运行维护规范》《县级融媒体中心监测监管规范》。三项标准对县级融媒体网络安全建设、运行维护工具、监测系统和监测监管机构监管平台建设具有实质性指导作用，可操作性强。

4月15日 全国广播电视创新创优工作座谈会在上海召开，中宣部副部长、广电总局党组书记、局长聂辰席出席会议并讲话，进一步动员部署全国广播电视系统庆祝新中国成立70周年宣传工作，进一步推动广播电视创新创优工作深入开展。时任广电总局副局长范卫平出席会议并作总结讲话。上海市委常委、宣传部部长周慧琳，上海市副市长宗明出席会议。周慧琳代表上海市委市政府致欢迎辞。

4月16日 广电总局共梳理完成"互联网+监管"事项目录清单65项子项，并上报国务院办公厅。这是广电总局落实国务院办公厅关于加快"互联网+监管"系统建设的基础性工作，有利于广电总局进一步明确监管职责，确定监管措施和流程，公开设定依据和监管结果，完善事中事后监管，不断提升监管能力和水平。

4月25日 广电总局在京举办网络视听庆祝中华人民共和国成立70周年宣传活动。25家视听网站、部分省广电局和中国网络视听节目服务协会的代表参加了活动。在本次活动中，广电总局组织25家视听网站举行了网络视听庆祝新中国成立70周年统一标识和"我们的70年"专题频道的上线仪式，活动后将推广至全国所有具备条件的视听平台。

4月30~5月5日 第十五届中国国际动漫节成功举办。本届动漫节共有2645家中外企业机构、5778名客商展商和专业人士参展参会，实际成交及达成签约交易、意向合作项目1368项，涉及金额139.84亿元，动漫节消费涉及金额25.2亿元，总计165.04亿元。

5月

5月9日 2019世界超高清视频（4K/8K）产业发展大会在广东举行。会上，8K超高清产业生态示范项目、超高清演播室实验平台项目等9个项目举行签约仪式，广东省获授"超高清视频产业发展试验区"牌匾。

5月13~22日 国家广电总局举办"亚洲文明对话大会"特色活动之"亚洲影视周"优秀电视节目展播活动等系列活动。32个国家66家主流媒体机构携手合作，通过多种方式播出优秀影视节目。

5月15日 由国家广电总局主办的亚洲文明对话大会"亚洲文明全球影响力"平行分论坛在北京国家会议中心举行。国家广播电视总局局长聂辰席出席论坛开幕式并作主旨演讲。来自亚洲及欧洲、美洲地区的政府官员、著名专家学者、资深媒体人和艺术家围绕"亚洲价值、全球共享"的论坛主题，交流分享了亚洲文明的丰富内涵与当代价值，共同探讨亚洲文明在全球化时代的新使命新作为。来自40多个国家和地区的240多名中外代表参加论坛。论坛期间，国家广电总局分别与阿根廷公共传媒管理总局签署了《中国国家广播电视总局与阿根廷联邦公共传媒管理总局影视节目互播授权合作协议》，与亚洲—太平洋广播联盟签署了《中国国家广播电视总局与亚洲—太平洋广播联盟合作框架协议》，与新加坡资讯通信媒体发展局签署了《中国国家广播电视总局与新加坡资讯通信媒体发展局关于电视和网络视听内容合作的谅解备忘录》。

5月15日 广电总局"广播电视媒体融合典型案例、先导单位和成长项目"首次征集和评选工作启动，该项活动旨在深入贯彻落实习近平总书记全国宣传思想工作会议和十九届中央政治局第十二次集体学习重要讲话精神，加快推进广播电视媒体与新兴媒体深度融合发展，充分发挥先进典型的示范作用和重点项目的带动作用。

5月16日 国家广电总局指导举办亚洲网络视听传播政策与合作成果发布活动，该活动邀请亚太地区150余位业内人士和专家学者围绕"繁荣网络文化,讲好亚洲故事"主题分享经验与思考,并发布了由广电总局发展研究中心撰写的《亚太地区网络视听发展与治理情况研究报告》和中外网络视听传播合作成果。

5月16日 国家广电总局参与主办的第三届世界智能大会在天津开幕。国家主席习近平致信祝贺。大会期间,广电总局正式发布《广播电视人工智能应用白皮书》和《广播电视行业应用大数据技术白皮书》,并为设立在广电总局广科院的"广播电视人工智能应用国家广播电视总局重点实验室"揭牌。

5月16~20日 在第十五届深圳文博会上,广电总局指导深圳广电集团举办了"庆祝新中国成立70周年优秀国产影视主题展映活动",集中展映20部优秀纪录片、动画片、电视剧和网络视听节目。

5月22日 广电总局政府网站(www.nrta.gov.cn)全新改版上线。按照广电总局领导提出的"新闻性、准确性、针对性""突出主线,突出亮点,做强宣传,回应关切"的要求,新版网站主要从专题专栏、政务服务、搜索检索、对接中国政府网、无障碍访问、标志标识规范化等多方面进行整体升级与优化。

5月28~30日 第七届中国网络视听大会在成都举行,中宣部副部长、广电总局党组书记、局长聂辰席出席大会并发表主旨演讲。大会以"守正创新,激发视听新活力"为主题,围绕庆祝新中国成立70周年主题主线举办40余场政策和行业专题研讨,推动全行业坚守正道传播正能量,践行新发展理念推动高质量创新发展。网络视听全产业链的2000余家机构的6300余人参会。

5月28日 中国(浙江)影视产业国际合作区正式启用。合作区是商务部、中宣部、文旅部、国家广电总局四部委共同命名的国家文化出口基地,正式启用后,将成为影视作品创作生产和出口产品译制的重要平台、中华文化走出去的重要窗口和中国影视产业国际化发展的重要基地。

6月

6月3日 广电总局召开"不忘初心、牢记使命"主题教育领导小组办公室会议和指导组会议。办公室会议围绕广电总局主题教育实施方案,进一步明确责任、细化工作部署。

6月6日 广电总局召开会议,对总局开展"不忘初心、牢记使命"主题教育进行动员部署。中宣部副部长、广电总局党组书记、局长聂辰席作动员讲话,中央第十五指导组组长陈凤翔出席会议并讲话,广电总局党组成员、副局长高建民主持会议。

6月6日 中国广电获工信部发放5G商用牌照。中国广播电视网络有限公司(中国广电)与中国电信、中国移动、中国联通同时获得5G商用牌照。2016年5月5日,工信部已向中国广电颁发《基础电信业务经营许可证》,中国广电获准在全国范围内经营互联网国内数据传送业务、国内通信设施服务业务。

6月13日 广电总局发布《关于建立广播电视和网络视听产业发展项目库的通知》,旨在充分发挥广播电视和网络视听产业项目支撑作用,为发展规划做好储备。

6月14日 第25届上海电视节"白玉兰绽放"颁奖典礼在上海东视剧场举行。该届白玉兰奖共收到来自全球52个国家和地区近1000部报名作品,共入围62部作品。

6月14日 "视听中国—中国电视节目海外播映计划"2019发布会在上海举办。"视听中国"是广电总局推出的中华文化走出去品牌活动,以视听内容为载体,充分发挥广电总局视听媒体国际传播和人文交流的优势,传播中华优秀文化,讲好中国故事。

6月16日 第十一届海峡论坛·海峡影视季在厦门开幕。海峡影视季举办十年来,始终以继承和弘扬中华优秀文化为己任,为促进两岸同胞心灵契合,推动广播电视行业共同发展发挥了重要作用。

6月22日 由国务院新闻办公室、国家广电总局、中国驻日本大使馆共同主办的"中国动漫日本行——从水墨中来"系列活动在大阪举行。此次活动是中国动漫第一次以"国家队"名义大规模在日本展出，130部作品全方位展示新中国成立70年来，尤其是党的十八大以来中国动漫艺术创作的成果。本次展出16部作品于大阪G20峰会期间在东京电视台网络平台进行展播。

6月25日 粤港澳大湾区首个专业媒体联盟——粤港澳大湾区广电联盟在广州成立。粤港澳大湾区广电联盟由广东广播电视台发起，联合粤港澳三地21家广电机构组建成立，其中港澳广电媒体10家、广东广电媒体11家。联盟的创建，是大湾区媒体搭建合作平台、创新协作机制、共谋创新发展的一次积极探索。

6月25日 广电总局、湖南省政府在北京共同召开2019中国（长沙）马栏山视频文创产业园部省共建推进工作会议，签署了落实部省共建合作的三个合作项目协议。

6月26日 广电总局发布《关于推动国家广播电视和网络视听产业基地（园区）建设发展的通知》。该通知旨在推进全国广播电视和网络视听产业高质量发展，推动和规范广播电视和网络视听产业基地（园区）充分发挥示范先导作用，增强集聚和规模效应，促进产业做大做优做强。

7月

7月1日 广电总局举办"不忘入党初心·勇担时代使命"主题党日活动。中宣部副部长、广电总局党组书记、局长聂辰席出席活动并讲党课。广电总局党组理论学习中心组专题学习习近平总书记在中央政治局第十五次集体学习时的重要讲话精神。

7月11日 广电总局与广西壮族自治区政府签署关于加快广西广播电视发展的《合作框架协议》。

7月24日 由国家广电总局、中国驻东盟使团、菲律宾常驻东盟使团、东盟秘书处和中国公共外交协会联合主办的中国—东盟媒体高峰论坛在印度尼西亚首都雅加达举行。

7月30日 第四届丝绸之路（敦煌）国际文化博览会、第九届敦煌行·丝绸之路国际旅游节在甘肃开幕。其间，广电总局和甘肃省政府共同主办"推进智慧广电建设"高峰论坛。论坛期间，广电总局与甘肃省政府签署《加快智慧广电建设推动广播电视公共服务转型升级高质量发展合作备忘录》。

8月

8月5日 由广电总局指导，北京、上海、浙江、江苏、湖南五家卫视共同制作的电视理论节目《思想的田野》开播。该节目以"理论宣讲大篷车"为载体和标志，让大篷车作为流动的演播室行进在神州大地，走进城市街道和田间地头，以"寻访+解读"的手法，发现故事、阐释思想、宣讲理论，以生动鲜活的方式多角度展现习近平新时代中国特色社会主义思想的时代价值和理论魅力。该节目入选"壮丽七十年荧屏庆华诞""视听中国全球播映"活动主推片目。

8月9~11日 由中国广播电影电视社会组织联合会电视制片委员会、福建省广电局等单位指导，厦门市委宣传部等部门主办的"志·山海"2019第二届影视基地峰会举办。

8月11日 广电总局印发《关于推动广播电视和网络视听产业高质量发展的意见》的通知。

8月14日 国家广电总局与俄罗斯数字发展与通信传媒部在黑龙江启动"2019年中俄电视周暨视听中国·俄罗斯"活动。

8月14日 山东局启动视听新媒体综合监管平台。该平台基于省级政务云平台，包含综合监管云平台、各类视听新媒体监测系统和大屏幕数据可视化系统三部分，采用云计算、大数据、人工智能等新一代信息技术和新型算法，能够高性能分析识别视听节目的音视频数据，对全省视听新媒体进行实时动态监测。该平台系统数据纳入全省一体化政务信息资源体系统筹管理，并与其他系统可进行开放共享。

8月16日 20集纪录片《激荡中国》在深圳卫视、第一财经播出，优酷同步网络播出。该片将新中国成立70年分成20个主题，围绕制度创新和技术创新，探寻当代中国发展进步的活力和启示。

8月20日 广电总局启动"庆祝新中国成立70周年精品网络视听节目上线仪式""庆祝新中国成立70周年精品网络视听节目展播季"和"精彩短视频，礼赞新中国"主题宣传月活动。

8月21~24日 第二十八届北京国际广播电影电视展览会（BIRTV2019）在北京国际展览中心举行，中宣部副部长、广电总局党组书记、局长聂辰席等领导到会指导参观。

8月23日 广电总局举办"壮丽七十年荧幕庆华诞"——"视听中国全球播映"活动启动仪式，活动于8月至10月期间举办，精选79部中国优秀电视剧、纪录片、动画片在全球50个国家60家主流媒体播出。

8月25日 "我爱你中国——国家广播电视总局庆祝新中国成立70周年优秀电视剧百日展播活动"启动仪式在山东青岛举办。中宣部副部长、广电总局党组书记、局长聂辰席，山东省委书记刘家义等同志出席。中央广播电视总台、各省广电局、各省广播电视台相关负责人及86部推荐电视剧的近500名主创人员参加了启动仪式。

8月26日 中国广电·青岛5G高新视频实验园区项目战略合作备忘录签署及揭牌仪式在山东青岛举行。中宣部副部长、广电总局党组书记、局长聂辰席，山东省委书记刘家义出席仪式，共同为"中国广电·青岛5G高新视频实验园区"揭牌。仪式现场签署了《中国广电·青岛5G高新视频实验园区项目战略合作备忘录》，发布了《中国广电·青岛5G高新视频实验园区规划》。

8月23~29日 由国家广电总局、北京市委宣传部指导，北京广电局主办的第三届北京纪实影像周成功举办。开幕式上发布了"我和我的祖国"

庆祝新中国成立70周年纪录片、短视频征集活动的优秀作品。

9月

9月5日 广电总局发布《AVS2 4K超高清编码器技术要求和测量方法》《AVS2 4K超高清专业卫星综合接收解码器技术要求和测量方法》等两项广播电视行业标准。

9月15日 按照广电总局庆祝新中国成立70周年宣传部署，全国各地有线电视网络中的有线电视机顶盒开机启动后，电视机启动画面统一呈现广电总局庆祝新中国成立70周年宣传标识，营造了庆祝新中国成立70周年浓厚热烈的宣传氛围。全国30个省（区、市）有线电视网络互动平台（西藏尚无有线互动平台）和深圳天威视讯统一上线了庆祝新中国成立70周年开机画面。

9月18~25日 广电总局、广西壮族自治区人民政府、中国—东盟中心联合主办，广西局、广西台、广电总局发展研究中心、广西广电网络公司等单位共同承办2019年中国—东盟电视周系列活动，活动包括"中国—东盟影视金曲盛典""中国—东盟视听产业基地揭牌仪式""中国—东盟媒体合作成果展""中国—东盟优秀电视片展播""中国—东盟广播电视及新媒体论坛暨电视交易会"等。

9月20日 广电总局卫星直播中心完成北京冬奥纪实频道上星传输工作，为全国1.4亿多直播卫星用户提供了更为丰富的电视节目。

9月21日 第16届中国—东盟博览会在南宁开幕，中国—东盟媒体交流年主题特设环节在开幕大会上呈现，全面展示中国与东盟国家媒体交流合作成果。

10月

10月1日 广电总局严格按照中央要求，精心组织庆祝中华人民共和国成立70周年庆祝大会、阅兵、群众游行、联欢活动的直播转播工作，切实落实意识形态责任制,严格安全播出、网络安全、设施保护各项保障措施。直播期间,广电总局领导全程指挥调度直播安全保障工作,圆满完成了"庆祝中华人民共和国成立70周年联欢活动"广播电视安全播出保障工作。

10月2日 纪录片《长江之恋》在东方卫视播出。该片入选庆祝新中国成立70周年推荐展播纪录片、动画片目录、入选"壮丽七十年荧屏庆华诞"——"视听中国全球播映"活动主推片目。并获得了2019年度中国最具影响力的十大纪录片奖项。

10月17日 第四届中国—阿拉伯国家广播电视合作论坛在浙江杭州举行。中共中央政治局委员、中宣部部长黄坤明出席开幕式,宣读习近平主席贺信并发表主旨演讲。习近平主席的贺信指出,中阿友好合作进入历史新阶段,希望中阿双方携手努力,推动媒体融合发展,打造智慧广电媒体,发展智慧广电网络,为增进中阿民心相通、推动中阿战略伙伴关系发展作出更大贡献。

10月18日 第七届世界军人运动会在武汉举行。开幕式直播期间,广电总局安全播出指挥部成员全程指挥调度直播安全保障工作。

10月18日 《国家广播电视总局2019-2028年立法工作规划》印发。《规划》中明确,要在5至10年内完成法律1项、行政法规12项以及部门规章24项的制定、修订工作。

10月21日 广电总局电视剧司、发展研究中心举办重大革命历史题材电视剧《外交风云》创作研评会。专家充分肯定该剧极具里程碑意义。《外交风云》是庆祝新中国成立70周年广电总局"优秀电视剧百日展播"推荐剧目,首次全景式展现新中国外交历史变换的重大历史题材电视剧,以宏大的笔触,生动的故事,将外交史化为一堂沉浸式的"爱国主义教育课",展现出我国第一代领袖和外交官们的光辉事迹,赢得了全年龄层观众的喜爱。

10月30~11月1日 由广电总局、四川省政府主办,四川局、四川台承办的2019（第十五届）四川电视节在成都举行。电视节首次举办金熊猫国际传播奖颁奖典礼。电视节期间，广电总局举行了"中国（成都）网络视听产业基地"和"中国（成都）超高清创新应用基地"授牌仪式。

11月

11月1~5日 国务院总理李克强出席在泰国曼谷举行的东亚合作领导人系列会议，国家广播电视总局局长聂辰席陪同出席会议并参加相关活动。中国—东盟（10+1）领导人会议期间，双方领导人发表《深化中国—东盟媒体交流合作的联合声明》，重申中国与东盟媒体交流合作和共同发展对增进双方人民相互了解和长久友谊以及深化中国—东盟关系的重要意义，一致同意在媒体政策沟通、合作报道、内容合拍、节目互播、参加节展、媒体产业合作、人员培训、未来合作等八个方面加强合作。

11月1日 国家广电总局副局长高建民率代表团访问乌兹别克斯坦，在国务院总理李克强和乌兹别克斯坦总理阿里波夫共同见证下，与乌兹别克斯坦国家电视广播公司总裁阿·哈热耶夫签署了《中华人民共和国国家广播电视总局与乌兹别克斯坦国家电视广播公司合作协议》。

11月9日 由国家广电总局、希腊比雷埃夫斯大学和中国驻希腊使馆共同主办的"视听中国·走进希腊"暨中希广电视听合作发布会在希腊比雷埃夫斯成功举办。此次活动首次与国外高校合作，开展交流对话，向希腊年轻受众介绍一个真实、立体、全面的中国。

11月12日 2019年秋季北京电视节目交易会开幕式在京举办，共推介电视剧节目700余部，网络剧68部，电影、网络大电影20部，纪录片、电视栏目45部，动画片33部，网络文学作品75部。

11月13日 由国家广电总局、古巴广播电视委员会和中国驻古巴使馆共同主办的纪录片《习近平治国方略》开播仪式暨"视听中国·走进古巴"活动在哈瓦那成功举行。通过《习近平治国方略》的推介与开播，与古巴民众分享中国的治国理念和发展经验，以及中国人民为追求美好生活而不懈奋斗的精彩故事。

11月17日 由中共湖南省委宣传部、湖南广播电视台特别策划，湖南卫视、湖南都市、芒果TV联合制作的大型理论片《长江黄河如此奔腾——解读共和国70年》在湖南卫视开播。该节目以新潮的"画风"、年轻化的语态，从重大历史节点中选取了许多鲜为人知的片段，通过科技感十足的舞台创新演绎，运用增强现实、时空凝结等多种虚拟技术和艺术表现形式，让观众更有代入感，犹如身临其境。

11月18日 2019年亚洲—太平洋广播联盟技术委员会全体会议在日本东京召开。会上，亚广联宣布"斯里兰卡科伦坡莲花电视塔"项目荣获"2019年亚广联绿色广电工程奖"。该项目由广电总局设计院设计并全程参与施工建造，于9月24日竣工。

11月18日 国家互联网信息办公室、文化和旅游部、国家广电总局联合印发了《网络音视频信息服务管理规定》，自2020年1月1日起施行。国家互联网信息办公室有关负责人表示，出台这个规定，旨在促进网络音视频信息服务健康有序发展，保护公民、法人和其他组织的合法权益，维护国家安全和公共利益。

11月21日 2019世界5G大会开幕，中国广电在大会上发表了建设5G精品网络标准先行、规划引领、合作发展、产业支持、用户至上、突出广电特点等发展理念，并发布了广电5G建设的总体时间表。

11月29日 广电总局发布《关于开展"证照分离"改革全覆盖试点的公告》，自12月1日起，对广播电视行业10项涉及企业经营许可事项开展"证照分离"改革试点工作。

11月29日 2019中国新媒体大会在长沙举行。会上发布了中国记协的《2019中国新媒体研究报告》和广电总局发展研究中心课题组完成的全国视频文创产业发展指标评估体系（马栏山指数）研究成果。

12月

12月9~12日 2019中国（广州）国际纪录片节在广州举行，时任广播电视总局副局长范卫平出席开幕式并作主旨演讲。共有 130 个国家与地区的 3441 部作品参评参展。其中，国外纪录片 2790 部，占比超过八成。

12月10日 广电总局在苏州台召开广播电视媒体融合先导单位、典型案例和成长项目首次评审会议。

12月21日 中宣部、国家广电总局出台《国有影视企业社会效益评价考核试行办法》，强调推动国有影视企业把社会效益放在首位、实现社会效益和经济效益相统一，促进国有影视业健康繁荣发展。

12月23日 中国—东盟媒体交流年闭幕式在泰国曼谷举办，国家广电总局副局长高建民出席并致辞。中国—东盟媒体交流年于 2019 年 2 月开幕，中国和东盟各方在主题报道、联合制作、媒体培训和新兴媒体等 8 个方面共同策划实施了近 50 项重点活动。

12月30日 广电总局媒体融合发展专家库确定首批专家。首批专家 84 人，其中"优秀专家学者"57 人，"优秀行业从业人员"27 人。首批专家涉及面广，分布层级多，代表性强，专业素质高。下一步，广电总局将建立与专家们常态化工作联系机制，充分发挥专家的智库作用，推动广电媒体融合向纵深发展，助力提升广电行业治理体系和治理能力现代化水平。

附录二 2019年全国各省、自治区、直辖市广播电视发展基本数据一览表[①]

地区	2019 年发展基本数据
北京市	广播、电视综合人口覆盖率均为100%。持《广播电视节目制作经营许可证》机构11417家,持《信息网络传播视听节目许可证》机构125家。制作电视剧65部2762集,电视动画片32部7275分钟,网络剧944部,网络电影3397部,网络影视类动画片72部。有线广播电视实际用户598.92万户,其中数字电视实际用户593.46万户,4K超高清用户110.39万户。IPTV用户229.53万户。广播电视总收入2358.40亿元,其中创收收入2111.39亿元。
天津市	广播、电视综合人口覆盖率均为100%。持《广播电视节目制作经营许可证》机构792家,持《电视剧制作许可证(甲种)》2家。生产完成并获准发行的电视剧10部、动画片3部。制作公益广告122条。有线广播电视实际用户356.02万户,其中数字电视实际用户351.12万户。广播电视总收入70.27亿元,其中创收收入58.86亿元。
河北省	广播、电视综合人口覆盖率分别为99.58%、99.68%。户户通用户74万余户,其中累计为贫困户免费安装户户通设备3万户。生产完成并获准发行的电视剧2部。启动4K超高清电视制播和传输覆盖体系建设前期筹备工作。有线广播电视实际用户695.78万户,其中数字电视实际用户570.82万户。广播电视总收入100.49亿元,其中创收收入59.28亿元。
山西省	广播、电视综合人口覆盖率分别为98.91%、99.59%。广播电视直播卫星用户360万户。15个县已完成应急广播体系建设工程。持《广播电视节目制作经营许可证》机构235家,持《信息网络传播视听节目许可证》机构8家、备案视听网站13家。完成电视剧1部。公益广告制作3790余条约4000分钟,播放182.3万条次约226万分钟。有线广播电视实际用户372.50万户,其中数字电视实际用户数300.52万户。IPTV用户550万户。广播电视总收入69.23亿元,其中广告收入35.84亿元。

[①] 本节数据来源于国家广播电视总局规划财务司、全国省级广播电视行政部门及部分播出运营机构所提供的材料。

续表

地区	2019 年发展基本数据
内蒙古自治区	广播、电视综合人口覆盖率分别为 99.24%、99.22%。户户通用户 217 万户。15 个深度贫困县已实施应急广播体系建设工程。持《广播电视节目制作经营许可证》机构 188 家，持《信息网络传播视听节目许可证》机构 4 家。有线广播电视实际用户 218.20 万户，其中数字电视实际用户数 213.40 万户，高清用户数 110.28 户，有线宽带用户数 92.45 万户。IPTV 用户 203 万户。草原之声广播在蒙古国乌兰巴托落地播出每天 8 小时。内蒙古广播电视台蒙古语卫视频道信号覆盖亚太 53 个国家和地区。发展蒙古国无线数字电视用户 4.01 万户。广播电视总收入 55.13 亿元，其中创收收入 20.64 亿元。
辽宁省	广播、电视综合人口覆盖率分别为 99.24%、99.27%。6 个深度贫困县已实施应急广播体系建设工程。持《广播电视节目制作经营许可证》机构 324 家，持《信息网络传播视听节目许可证》机构 10 家。生产完成并获准发行的电视剧 2 部、动画片 8 部。有线广播电视实际用户 663.45 万户，其中数字电视实际用户 615.86 万户。IPTV 用户约 366 万户。广播电视总收入 70.09 亿元，其中创收收入 39.75 亿元。
吉林省	广播、电视综合人口覆盖率分别为 99.36%、99.41%。完成户户通升级 3.06 万户。55 个村和 216 个自然屯完成应急广播体系建设。互联网视听节目持证、备案网站 24 家。制作完成电视剧 5 部。有线广播电视实际用户 435.64 万户，其中数字电视实际用户 426.05 万户。IPTV 用户 157 万户。广播电视总收入 56.72 亿元，其中创收收入 34.49 亿元。
黑龙江省	广播、电视综合人口覆盖率分别为 99.21%、99.12%。持《信息网络传播视听节目许可证》机构 3 家。制作电视剧 1 部 57 集、电视动画片 16 部 149 集。制作公益广告 1551 条，播出 187.54 万条次 188.55 万分钟。有线广播电视实际用户 666.21 万户，其中数字电视实际用户 652.27 万户。广播电视总收入 61.08 亿元，其中创收收入 35.22 亿元。
上海市	广播、电视综合人口覆盖率均为 100%。持《广播电视节目制作经营许可证》机构 2800 家，持《信息网络传播视听节目许可证》机构 32 家。生产完成并获准发行的电视剧 40 部 1729 集、电视动画片 18 部。有线广播电视实际用户 452.71 万户，其中数字电视实际用户 425.43 万户。NGB 网络覆盖 714 万户，高清用户规模达 424.5 万端，宽带用户规模近 71.4 万户。上海广播电视台制播节目内容全年向海外输出 2299 小时节目。广播电视总收入 737.24 亿元，其中创收收入 638.40 亿元。
江苏省	广播、电视综合人口覆盖率均为 100%。完成省级平台、4 个设区市级平台、30 个县级平台应急广播体系建设。持《广播电视节目制作经营许可证》机构 1285 家，持《信息网络传播视听节目许可证》机构 26 家。生产完成并获准发行电视剧 10 部、动画片 22 部。有线广播电视实际用户 1545.68 万户，其中数字电视实际用户 1499.96 万户，数字高清电视及交互用户 615 万户，有线网络宽带接入用户 267.4 万户。IPTV 用户 1148.3 万户。广播电视总收入 376.63 亿元，其中创收收入 348.44 亿元。

续表

地区	2019年发展基本数据
浙江省	广播、电视综合人口覆盖率分别为99.73%、99.82%。实施完成41.68万户"低保户"有线数字电视提升工程。审查电视剧45部、动画片64部、网络视听作品115部。制作公益广告2.9万条，播出311.82万条次181.95万分钟。有线广播电视实际用户1346.73万户，其中数字电视实际用户1327.25万户。广播电视总收入507.03亿元，其中创收收入443.48亿元。
安徽省	广播、电视综合人口覆盖率分别为99.87%、99.87%。户户通用户748.69万户。持《广播电视节目制作经营许可证》机构674家，持《信息网络传播视听节目许可证》7家。生产完成并获准发行的电视剧共2部、电动动画片6部。有线广播电视实际用户786.55万户，其中数字电视实际用户587.71万户。IPTV用户700万户。广播电视总收入101.51亿元，其中创收收入66.20亿元。
福建省	广播、电视综合人口覆盖率分别为99.62%、99.71%。村村通用户2.50万户。户户通用户207.2万户。持《信息网络传播视听节目许可证》机构21家。生产完成并获准发行的电视剧2部、动画片12部。电视纪录片生产106部。公益广告制作12381条，播出226.45万次285.30万分钟。有线广播数字电视实际用户727.40万户，其中数字电视实际用户727.40万户。全省高清用户超344.26万。广播电视总收入预计162.79亿元，其中创收收入预计130.38亿元。
江西省	广播、电视综合人口覆盖率分别为98.62%、99.14%。户户通用户144.6万户。全省应急广播、村村响或大喇叭等公共广播系统覆盖基层行政村约4623个。持《广播电视节目制作经营许可证》机构224家，持《信息网络传播视听节目许可证》机构15家。生产完成并获准发行的电视剧2部、动画片1部。有线广播电视实际用户551.85万户，其中数字电视实际用户526.85万户。广播电视总收入62.61亿元，其中创收收入40.87亿元。
山东省	广播、电视综合人口覆盖率分别为99.13%、99.10%。持《广播电视节目制作经营许可证》机构1003家，持《信息网络传播视听节目许可证》机构12家。生产完成并获准发行电视剧7部，动画片126集1288分钟。有线广播电视实际用户1579.20万户，其中数字电视实际用户1448.58万户。IPTV用户达2000万。广播电视总收入172.72亿元，其中创收收入126.07亿元。
河南省	广播、电视综合人口覆盖率分别为99.44%、99.47%。4个县启动应急广播试点县建设。广播电视直播卫星用户31.47万户。制作公益广告6662条，播出155万余条次3.57万小时。有线广播电视实际用户903.09万户，其中数字电视实际用户784.90万户。IPTV用户1300万户。广播电视总收入83.93亿元，其中创收收入54.44亿元。
湖北省	广播、电视综合人口覆盖率分别为99.79%、99.70%。户户通用户143.86万户，村村通用户60.78万户。建成村村响市州级平台10个、县级平台92个，村级广播系统2.57万个。持《广播电视节目制作经营机许可证》机构407家，持《信息网络传播视听节目许可证》机构11家。生产完成并获准发行的电视剧2部、动画片2408分钟。有线广播电视实际用户1071.48万户，其中数字电视实际用户数1055.00万户，有线网络互联网实际用户数420万户。广播电视总收入194.79亿元，其中创收收入146.68亿元。

续表

地区	2019年发展基本数据
湖南省	广播、电视综合人口覆盖率分别为99.36%、99.72%。建成村村响县级播控平台101个，乡镇广播站1740个，村级广播室2.74万个。持《广播电视节目制作经营许可证》机构401家，持《信息网络传播网络视听节目许可证》机构13家、备案机构18家。生产完成并获准发行电视剧11部、动画片2部。有线广播电视实际用户790.51万户，其中数字电视实际用户725.50万户。有线网络宽带接入用户110万户，IPTV用户1241万户。广播电视总收入344.18亿元，其中创收入314.56亿元。
广东省	广播、电视综合人口覆盖率分别为99.98%、99.98%。持《广播电视节目制作经营许可证》机构1659家，持《信息网络传播视听节目许可证》机构65家。生产完成并获准发行的电视剧20部，电视动画片75部。公益广告制作1.4万条380万分钟。有线广播电视实际用户1767.05万户、其中数字电视实际用户1705.31万，IPTV用户超过1800万户。OTT用户4807万户。广播电视总收入780.23亿元，其中创收入705.68亿元。
广西壮族自治区	广播、电视综合人口覆盖率分别为97.81%、98.92%。"广电云" 村村通户户用工程已完成联网5311个行政村。持《广播电视节目制作经营许可证》机构298家，持《信息网络传播视听节目许可证》机构11家。有线广播电视实际用户数674.34万户，其中数字电视实际用户660.81万户。IPTV用户约490万户。OTT用户约270万户。广播电视总收入77.22亿元，其中创收入41.02亿元。
海南省	广播、电视综合人口覆盖率分别为99.06%、99.08%。完成13乡镇87个行政村应急广播系统建设。持《广播电视节目制作经营许可证》机构236家，持《信息网络传播视听节目许可证》机构10家。生产完成并获准发行电视剧1部。有线广播电视实际用户155.77万户，其中数字电视实际用户145.06万户。宽带用户终端41万个。IPTV用户115万户。三沙卫视已覆盖香港、澳门两个特别行政区，以及东南亚等国家，境外覆盖人口1630万。广播电视总收入39.92亿元，其中创收入38.24亿元。
重庆市	广播、电视综合人口覆盖率分别为99.17%、99.40%。广播电视直播卫星用户98.03万户。3个区县已建成应急广播体系。生产完成并获准发行电视剧4部，备案公示动画片3部。重点网络影视剧信息规划备案作品92部、初审通过68部、节目规划备案27部、成片审核5部，上线4部。有线广播电视实际用户624.06万户，其中数字电视实际用户552.12万户。数字高清及互动业务终端272万。IPTV用户达430万户。重庆国际频道在海外41个国家和地区落地，影视节目和服务出口总额24.62万元，出口量324小时。广播电视总收入66.72亿元，其中创收入54.15亿元。
四川省	广播、电视综合人口覆盖率分别为98.23%、98.95%。户户通用户680万户。村村响6242个。县级应急广播系统99个。民族语言广播影视译制节目1万小时。持《广播电视节目制作经营许可证》机构926家，持《信息网络传播视听节目许可证》机构24家。生产完成并获准发行电视剧21部。有线广播电视实际用户1023.40万户，其中数字电视实际用户948.97万户。有线电视宽带用户314万户。IPTV用户1600万户。广播电视总收入219.69亿元，其中创收入106.16亿元。

续表

地区	2019年发展基本数据
贵州省	广播、电视综合人口覆盖率分别为94.63%、97.00%。持《广播电视节目制作经营许可证》机构120个，持《信息网络传播视听节目许可证》机构6个。生产完成并获准发行电视剧2部。网络电影备案13部。有线广播电视实际用户813.02万户，其中数字电视实际用户813.02万户，农村用户达到403万户，宽带用户达265万户。IPTV用户535万户。广播电视总收入112.31亿元，其中创收收入99.28亿元。
云南省	广播、电视综合人口覆盖率分别为98.95%、99.14%。广播电视直播卫星用户1091.35万户。持《广播电视节目制作经营许可证》机构226家。生产完成并获准发行电视剧1部；网络影视剧上线备案4部。有线广播电视实际用户376.28万户，其中数字电视实际用户361.70万户。IPTV用户342.17万户。OTT用户377.29万户。云南澜湄国际卫视与东南亚等国家合作开办《中国剧场》《中国动漫》《电视中国农场》等栏目，拥有1000万泰国用户，是唯一一个整频道落地泰国的省级电视频道。广播电视总收入66.14亿元，其中创收收入41.01亿元。
西藏自治区	广播、电视综合人口覆盖率分别为98.07%、98.61%。完成27个县级应急广播体系建设项目。持《广播电视节目制作经营许可证》机构193家，持《信息网络传播视听节目许可证》机构2家。公益广告制作2410条，播出13.87万次47.01万分钟。有线广播电视实际用户24.64万户，其中数字电视实际用户21.92万户。广播电视总收入12.25亿元，其中创收收入0.85亿元。
陕西省	广播、电视综合人口覆盖率分别为98.87%、99.38%。村村通累计开通92.15万套。户户通累计开通186.10万套。完成10个深度贫困县和3个贫困县应急广播建设。持《广播电视节目制作经营许可证》机构880家，持《信息网络传播视听节目许可证》机构10家。生产完成并获准发行电视剧3部，动画片4部。有线广播电视实际用户745.76万户，其中数字电视实际用户745.76万户。双向电视用户133.01万户；有线网络宽带接入用户124.54万户。IPTV用户430万户。广播电视总收入73.78亿元，其中创收收入51.75亿元。
甘肃省	广播、电视综合人口覆盖率分别为98.57%、98.90%。村村通用户170万户。户户通用户543万户。组织实施17个县区应急广播体系建设。《广播电视节目制作经营许可证》持证机构369家，《信息网络传播视听节目许可证》持证机构12家。有线广播电视实际用户174.79万户，其中数字电视实际用户122.15万户，高清电视用户115.34万户、宽带用户53.82万户。有线电视网络宽带接入用户25.38万户。IPTV用户591万户。广播电视总收入34.01亿元，其中创收收入13.90亿元。
青海省	广播、电视综合人口覆盖率分别为98.81%、98.82%。完成1个县应急广播建设。持《广播电视节目制作经营许可证》机构134家，持《信息网络传播视听节目许可证》证3家。联合拍摄完成并获准发行纪录片1部、动画片1部。有线广播电视实际用户97.16万户，其中数字电视实际用户95.95万户。数字高清电视用户11.68万户，交互用户2.96万户，有线网络宽带接入用户3.79万户。IPTV覆盖用户143.55万户。广播电视总收入12.75亿元，其中创收收入3.39亿元。

续表

地区	2019年发展基本数据
宁夏回族自治区	广播、电视综合人口覆盖率分别为99.61%、99.88%。基本完成同心县、西吉县、海原县应急广播建设。持《广播电视节目制作经营许可证》机构207家。有线广播电视实际用户108.00万户，其中数字电视实际用户106.87万户。IPTV用户103万户。广播电视总收入13.72亿元，其中实际创收收入5.50亿元。
新疆维吾尔自治区	广播、电视综合人口覆盖率分别为98.30%、98.52%。审批同意89家机构开展广播电视节目制作经营业务，核发《电视剧制作许可证（乙种）》机构5家。重点网络影视剧发放上线备案号5部。播出公益广告119万余条次。有线广播电视实际用户280.75万户，其中数字电视实际用户279.23万户。广播电视总收入233.80亿元，其中创收收入199.94亿元。
新疆生产建设兵团	村村通接收设备2.16万套，户户通接收设备2.36万套。建成1639个连队广播及"大喇叭"系统。为23家影视企业办理广播电视节目制作经营许可业务。核发253张兵团广播电视频率频道使用许可证。有线广播电视实际用户34.51万户，其中数字电视实际用户26.49万户。广播电视总收入6.92亿元，其中创收收入2.09亿元。

附录三 2019年全国广播电视发展主要指标一览表[1]

2019年全国广播电视发展主要指标一览表（一）

	宣传情况				覆盖情况			有线电视发展情况				有线广播电视网络传输干线总长（不含县级前端以下）
	广播节目播出时间	电视节目播出时间	广播节目制作时间	电视节目制作时间	广播综合人口覆盖率	电视综合人口覆盖率	无线广播人口综合覆盖率	无线电视人口综合覆盖率	有线广播电视实际用户	数字电视实际用户	付费数字电视实际用户	有线电视用户占本地区总户数比重	
	万小时	万小时	万小时	万小时	%	%	%	%	万户	万户	万户	%	万公里
全国合计	1553.40	1950.99	801.87	345.58	99.13	99.39	98.15	97.80	20661.43	19417.44	7986.53	46.22	218.87
国家广播电视总局	—	—	0.06	0.00	—	—	—	—	—	—	—	—	4.00
中央广播电视总台	18.08	23.74	28.88	19.53	—	—	—	—	—	—	—	—	—
其他部门所属单位	—	4.38	0.00	0.81	—	—	—	—	—	—	—	—	—
北京市	18.23	12.90	11.64	18.83	100.00	100.00	100.00	99.80	598.92	593.46	106.21	109.13	21.18
天津市	14.97	15.33	9.77	1.71	100.00	100.00	100.00	100.00	356.02	351.12	126.13	89.77	0.41
河北省	83.25	92.82	42.98	16.08	99.58	99.68	99.22	98.53	695.78	570.82	192.01	26.47	13.77
山西省	57.44	63.60	25.64	13.87	98.91	99.59	98.67	99.34	372.50	300.52	88.13	28.84	7.19
内蒙古自治区	67.41	66.44	29.23	8.70	99.24	99.22	99.01	97.73	218.20	213.40	150.34	25.32	2.10
辽宁省	68.75	79.09	40.40	15.39	99.36	99.27	99.15	98.27	663.45	615.86	163.44	43.38	3.21
吉林省	58.09	52.05	25.14	9.34	99.21	99.41	99.01	97.03	435.64	426.05	233.83	42.48	1.74
黑龙江省	60.10	60.26	23.40	8.86	100.00	99.12	99.21	99.12	666.21	652.27	238.83	42.90	8.98
上海市	14.89	16.04	13.71	5.16	100.00	100.00	100.00	100.00	452.71	425.43	201.87	82.02	5.43
江苏省	77.01	75.82	55.45	18.82	100.00	100.00	100.00	100.00	1545.68	1499.96	724.78	61.89	4.35
浙江省	76.80	73.85	54.32	17.63	99.73	99.82	99.71	99.08	1346.73	1327.25	536.24	79.46	3.85
安徽省	58.18	64.65	22.75	8.03	99.87	99.87	99.85	99.78	786.55	587.71	148.73	36.45	3.23

[1] 附录及全书主要数据由国家广播电视总局规划财务司提供，计算结果保留小数点后两位。

续表

	宣传情况			覆盖情况				有线电视发展情况				
	广播节目播出时间	电视节目播出时间	广播节目制作时间	电视节目制作时间	广播综合人口覆盖率	电视综合人口覆盖率	无线广播综合人口覆盖率	无线电视综合人口覆盖率	有线广播电视实际用户	数字电视实际用户	付费数字电视实际用户	有线电视用户占本地区总户数比重	有线广播电视网络传输干线总长（不含县级前端以下）
	万小时	万小时	万小时	万小时	%	%	%	%	万户	万户	万户	%	万公里
福建省	53.15	41.28	26.03	6.11	99.62	99.71	98.54	97.50	727.40	727.40	474.14	67.30	20.78
江西省	37.69	68.48	16.83	8.65	98.62	99.14	98.32	98.90	551.85	526.85	191.02	42.49	10.36
山东省	102.43	142.44	59.07	24.01	99.13	99.10	98.75	98.50	1579.20	1448.58	654.11	49.19	44.16
河南省	69.65	95.48	29.99	13.75	99.44	99.47	99.43	99.45	903.09	784.90	37.52	27.48	4.94
湖北省	52.69	68.90	24.67	8.80	99.79	99.70	99.62	99.48	1071.48	1055.00	471.97	51.19	3.17
湖南省	48.39	76.41	22.03	11.40	99.36	99.72	98.48	98.68	790.51	725.50	274.20	37.06	11.34
广东省	81.90	87.75	57.23	26.62	99.98	99.98	99.17	99.20	1767.05	1705.31	826.61	65.51	23.67
广西壮族自治区	42.93	60.61	22.14	7.92	97.81	98.92	95.98	97.22	674.34	660.81	215.36	42.06	1.16
海南省	14.45	10.13	7.59	2.06	99.06	99.08	99.06	99.08	155.77	145.06	27.96	58.16	0.23
重庆市	20.11	31.51	9.05	6.34	99.17	99.40	93.16	92.47	624.06	552.12	255.75	49.24	0.66
四川省	69.44	118.79	29.37	14.82	98.23	98.95	96.60	97.09	1023.40	948.97	593.36	31.78	2.79
贵州省	25.54	47.53	14.94	4.37	94.63	97.00	86.07	78.11	813.02	813.02	395.11	59.89	0.95
云南省	39.42	90.88	22.64	15.01	98.95	99.14	96.96	97.05	376.28	361.70	251.98	26.38	3.10
西藏自治区	15.26	35.91	3.84	1.61	98.07	98.61	96.51	96.87	24.64	21.92	1.23	30.56	0.47
陕西省	45.24	57.11	22.99	13.39	98.87	99.38	98.06	98.22	745.76	745.76	180.82	72.61	4.02
甘肃省	37.22	54.78	14.61	6.45	98.57	98.90	94.98	95.34	174.79	122.15	86.24	20.63	1.67
青海省	25.50	31.27	5.00	2.08	98.81	98.82	98.75	98.63	97.16	95.95	19.00	54.26	0.75
宁夏回族自治区	13.27	16.89	5.06	2.35	99.61	99.88	99.12	96.37	108.00	106.87	55.05	48.32	0.51
新疆维吾尔自治区	85.92	113.89	25.42	7.07	98.30	98.52	98.16	98.26	280.75	279.23	64.59	42.11	3.04
新疆生产建设兵团	—	—	—	—	—	—	—	—	34.51	26.49	—	—	1.63

2019年全国广播电视发展主要指标一览表（二）

	从业人员	总收入	实际创收收入	广告收入	广播广告收入	电视广告收入	网络媒体广告收入	网络收入	有线电视收视维护费收入	付费数字电视频道收入	三网融合业务收入	新媒体业务收入	网络视听节目服务收入	资产总额
	万人	亿元	亿元	亿元	亿元	亿元	亿元	亿元	亿元	亿元	亿元	亿元	亿元	亿元
全国合计	99.44	8107.45	6766.90	2075.27	121.24	877.61	828.76	753.35	326.68	50.40	116.12	1361.16	609.28	21836.96
国家广播电视总局	0.99	85.39	33.86	1.79	—	1.00	0.63	4.06	—	—	0.82	8.98	0.39	328.69
中央广播电视总台	4.01	626.09	614.21	346.50	7.87	333.71	4.74	—	—	—	—	62.99	1.25	1874.45
其他部门所属单位	0.43	61.67	50.85	24.18	—	20.58	2.93	—	—	—	—	1.24	1.09	147.26
北京市	9.42	2358.40	2111.39	689.30	4.96	56.91	471.25	23.99	9.93	0.66	5.86	661.86	265.48	4737.16
天津市	0.91	70.27	58.86	8.04	3.09	4.52	0.01	7.69	3.74	0.86	1.44	4.38	0.16	288.24
河北省	3.94	100.49	59.28	15.63	4.70	9.57	0.32	20.16	8.94	0.61	3.06	6.06	0.00	280.93
山西省	2.64	69.23	35.84	8.88	2.92	5.72	0.06	8.71	5.59	0.26	0.42	1.32	0.01	130.47
内蒙古自治区	1.87	55.13	20.64	3.30	1.00	2.25	0.00	13.42	6.49	1.23	0.54	1.24	0.00	123.52
辽宁省	2.51	70.09	39.75	12.94	4.61	7.77	0.10	21.14	15.00	0.45	1.78	0.38	0.08	214.94
吉林省	2.06	56.72	34.49	9.97	2.45	7.33	0.01	17.59	8.82	3.43	1.50	1.76	0.00	329.11
黑龙江省	2.49	61.08	35.22	12.17	3.95	8.00	0.00	16.08	11.34	0.90	2.27	0.40	0.04	187.73
上海市	3.68	737.24	638.40	178.54	5.71	38.44	124.44	36.30	12.30	3.94	10.68	138.17	80.95	1674.93
江苏省	5.90	376.63	348.44	76.30	11.39	48.32	1.79	76.45	31.94	4.55	9.12	17.36	1.85	1658.72
浙江省	5.62	507.03	443.48	91.97	11.73	66.87	5.60	79.93	28.43	5.89	14.82	32.00	9.35	2125.20
安徽省	3.04	101.51	66.20	28.98	3.48	17.01	5.62	13.39	7.14	0.95	0.54	2.52	0.09	191.83
福建省	2.99	162.79	130.38	21.86	2.83	8.35	4.97	35.40	8.97	2.79	4.82	7.38	0.19	300.45
江西省	1.97	62.61	40.87	12.91	2.02	9.71	0.51	14.03	7.31	0.84	0.56	1.79	0.26	127.19

续表

	从业人员	总收入	实际创收收入	广告收入	广播广告收入	电视广告收入	网络媒体广告收入	网络收入	有线电视收视维护费收入	付费数字电视频道收入	三网融合业务收入	新媒体业务收入	网络视听节目服务收入	资产总额
	万人	亿元	亿元	亿元	亿元	亿元	亿元	亿元	亿元	亿元	亿元	亿元	亿元	亿元
山东省	5.34	172.72	126.07	47.29	8.33	29.40	5.23	42.42	19.62	1.81	3.94	9.03	0.02	467.60
河南省	4.68	83.93	54.44	14.71	3.79	8.56	0.12	14.34	9.04	0.87	1.11	7.87	—	253.71
湖北省	3.72	194.79	146.68	16.53	4.04	10.47	0.91	36.33	15.95	1.61	7.74	77.77	0.10	461.62
湖南省	4.86	344.18	314.56	151.72	5.26	93.43	45.89	26.16	13.10	2.07	3.49	41.44	17.36	898.13
广东省	7.38	780.23	705.68	207.43	8.74	33.35	149.24	82.06	40.37	4.06	15.96	233.28	215.17	2382.39
广西壮族自治区	1.82	77.22	41.02	5.90	1.46	4.01	0.10	22.15	7.76	0.53	2.40	2.75	—	187.19
海南省	0.64	39.92	38.24	6.31	0.55	5.14	0.56	4.37	2.30	0.14	1.04	0.33	0.04	78.42
重庆市	1.42	66.72	54.15	10.40	1.53	7.39	0.21	18.89	7.82	1.34	4.12	5.24	2.51	165.24
四川省	4.73	219.69	106.16	20.49	4.17	10.41	0.90	38.21	13.74	2.70	7.07	7.28	0.34	564.62
贵州省	1.86	112.31	99.28	15.35	2.39	8.01	0.04	32.30	8.39	2.62	4.15	2.25	—	273.76
云南省	2.12	66.14	41.01	13.06	2.00	10.35	0.19	13.85	7.20	0.79	1.92	1.85	0.01	210.34
西藏自治区	0.42	12.25	0.85	0.50	0.01	0.48	—	0.34	0.28	0.01	—	—	—	16.50
陕西省	1.96	73.78	51.75	8.00	2.81	4.72	0.19	18.13	8.29	2.38	4.21	2.52	0.14	225.16
甘肃省	1.47	34.01	13.90	3.51	1.08	2.17	0.04	4.97	2.39	0.28	0.38	0.96	—	173.06
青海省	0.44	12.75	3.39	1.11	0.21	0.87	—	1.61	0.68	0.21	—	0.20	—	28.27
宁夏回族自治区	0.47	13.72	5.50	1.59	0.29	0.97	0.06	1.97	0.84	0.57	0.22	0.36	—	55.41
新疆维吾尔自治区	1.66	233.80	199.94	7.92	1.86	1.62	2.08	6.58	2.64	1.02	0.15	18.15	12.40	674.69
新疆生产建设兵团	—	6.92	2.09	0.20	—	0.20	—	0.33	0.33	—	—	0.03	—	—

附录四 2019年全国广播电视总收入构成情况图表

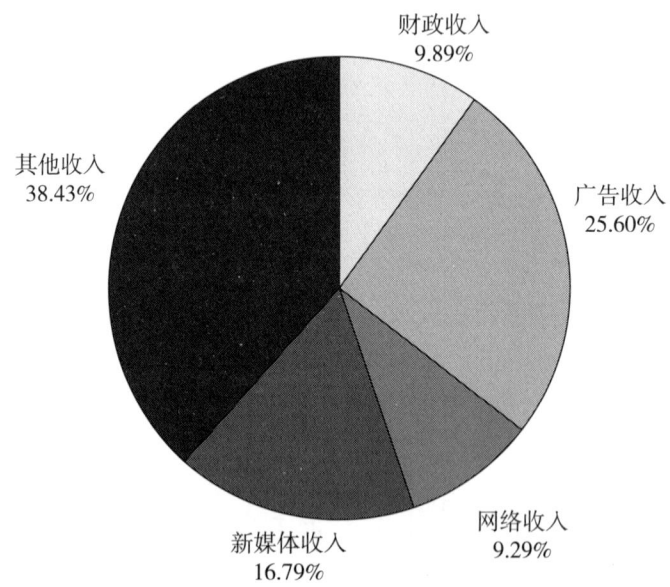

2019年全国广播电视总收入分类构成情况

指标	总收入（亿元）	占全国广电总收入比重（%）
财政收入	801.97	9.89
广告收入	2075.27	25.60
网络收入	753.35	9.29
新媒体收入	1361.16	16.79
其他收入	3115.69	38.43
全国总收入	8107.45	100.00

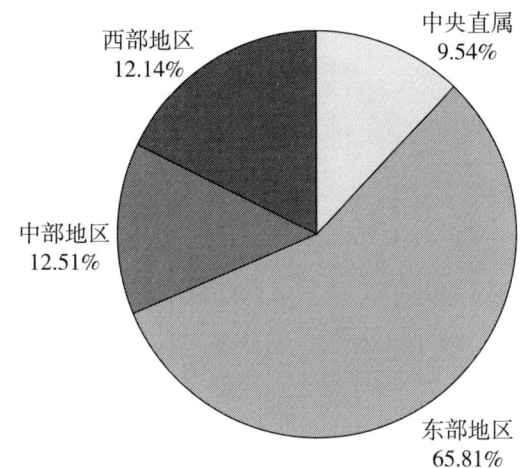

2019 年全国广播电视总收入区域构成情况

地区	总收入（亿元）	占全国广电总收入比重（%）
中央直属	773.15	9.54
东部地区	5335.87	65.81
中部地区	1013.98	12.51
西部地区	984.44	12.14
全国合计	8107.45	100.00

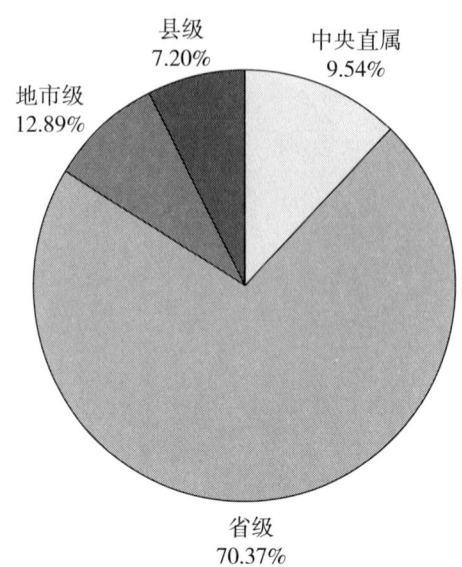

2019 年全国广播电视总收入分级构成情况

地区	总收入（亿元）	占全国广电总收入比重（%）
中央直属	773.15	9.54
省级	5705.33	70.37
地市级	1045.06	12.89
县级	583.91	7.20
全国合计	8107.45	100.00

附录五 2019 年全国广播电视广告收入分布情况图表

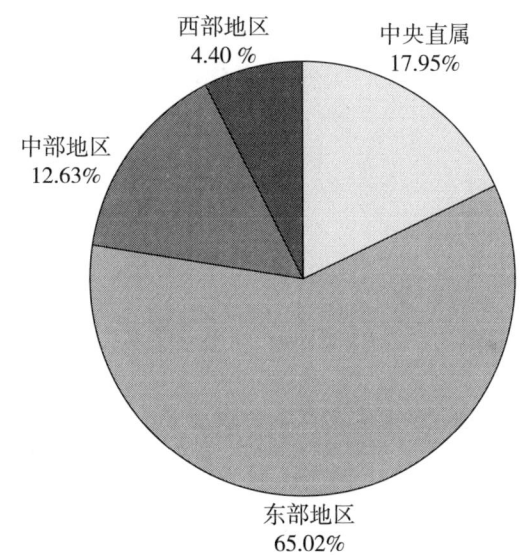

2019 年全国广播电视广告收入区域构成情况

地区	广告收入（亿元）	占全国广告总收入比重（%）
中央直属	372.47	17.95
东部地区	1349.30	65.02
中部地区	262.18	12.63
西部地区	91.32	4.40
全国合计	2075.27	100.00

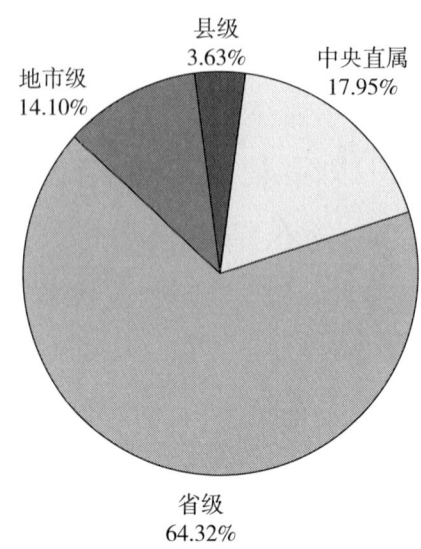

2019年全国广播电视广告收入分级构成情况

地区	广告收入（亿元）	占全国广告收入比重（%）
中央直属	372.47	17.95
省级	1334.78	64.32
地市级	292.63	14.10
县级	75.39	3.63
全国合计	2075.27	100.00

附录六 2019年全国公共广播电视制作、播出情况图表

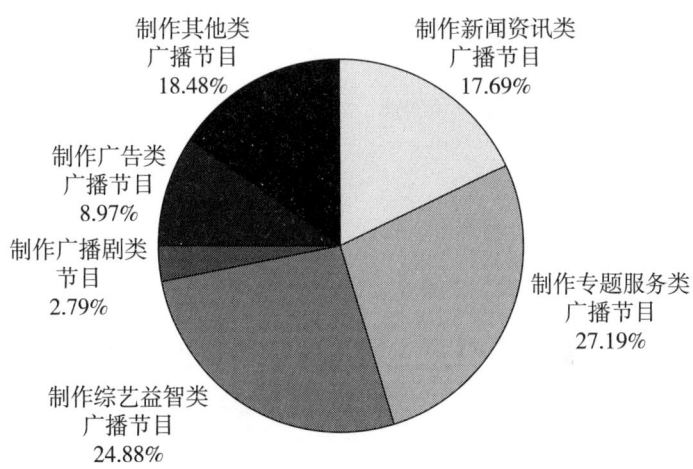

2019年全国公共广播节目按类别制作时间情况

制作广播节目类别	时间（万小时）	占全年制作广播节目时间比重（%）
制作新闻资讯类广播节目	141.88	17.69
制作专题服务类广播节目	217.99	27.19
制作综艺益智类广播节目	199.52	24.88
制作广播剧类节目	22.41	2.79
制作广告类广播节目	71.92	8.97
制作其他类广播节目	148.15	18.48
全年制作广播节目时间合计	801.87	100.00

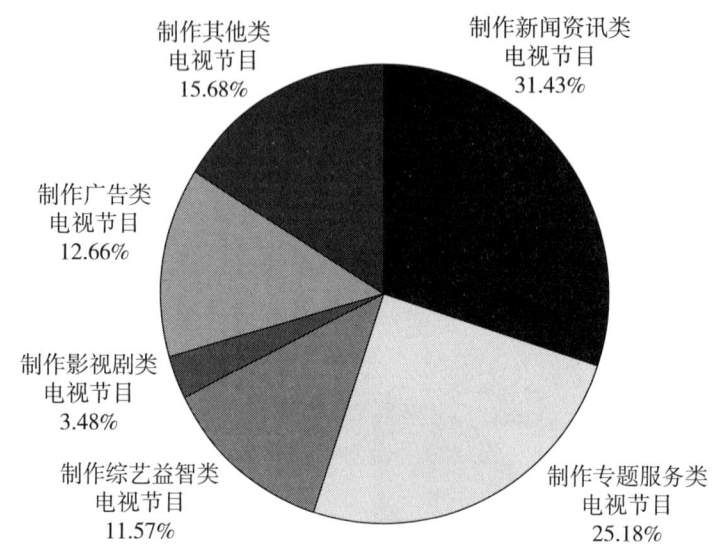

2019 年全国公共电视节目按类别制作时间情况

制作电视节目类别	时间（万小时）	占全年制作电视节目时间比重（%）
制作新闻资讯类电视节目	108.61	31.43
制作专题服务类电视节目	87.03	25.18
制作综艺益智类电视节目	39.98	11.57
制作影视剧类电视节目	12.03	3.48
制作广告类电视节目	43.74	12.66
制作其他类电视节目	54.19	15.68
全年制作电视节目时间合计	345.58	100.00

附 录

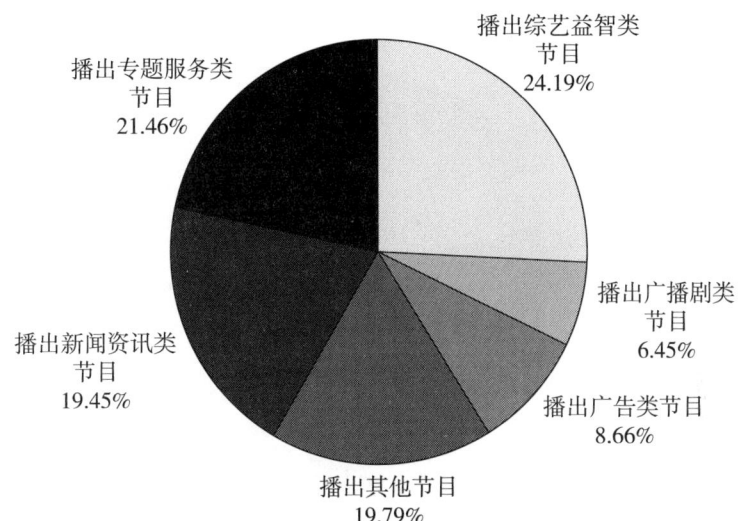

2019 年全国公共广播节目按类别播出时间情况

广播节目播出类别	时间（万小时）	占全年广播节目播出时间的比重（%）
播出新闻资讯类节目	302.15	19.45
播出专题服务类节目	333.29	21.46
播出综艺益智类节目	375.76	24.19
播出广播剧类节目	100.22	6.45
播出广告类节目	134.49	8.66
播出其他节目	307.48	19.79
全年公共广播节目播出合计	1553.40	100.00

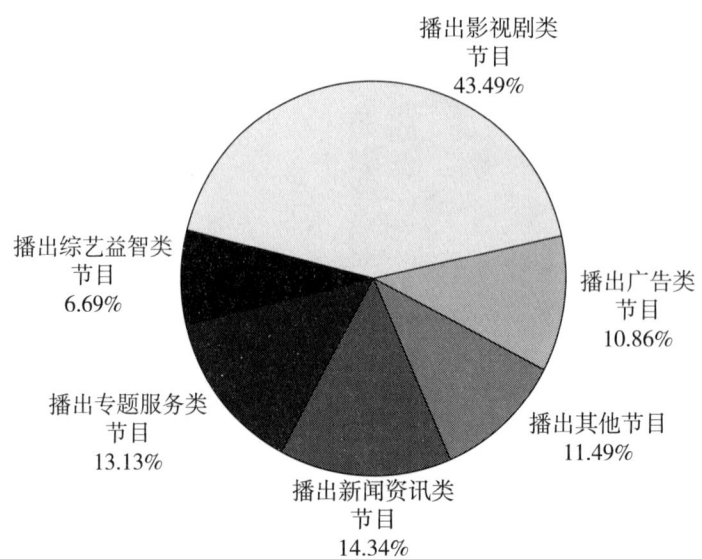

2019年全国公共电视节目按类别播出时间情况

电视节目播出类别	时间（万小时）	占全年电视节目播出的比重（%）
播出新闻资讯类节目	279.72	14.34
播出专题服务类节目	256.20	13.13
播出综艺益智类节目	130.50	6.69
播出影视剧类节目	848.45	43.49
播出广告类节目	211.97	10.86
播出其他节目	224.16	11.49
全年公共电视节目播出时间合计	1950.99	100.00

附录七 2019年全国广播电视人才队伍情况图表

2019年全国广播电视行业从业人员情况一览表（一）

单位：人

从业人员	长期职工	女	党员	管理人员	专业人员	从业人员按职业划分					其他人员
						编辑、记者	播音员、主持人	工程技术人员	艺术人员	经营人员	
全国合计	994422	924597	413654	318346	166394	523250	172246	31001	152592	30846	70908	304778
国家广播电视总局	9889	9731	4023	4670	1760	6597	177	3	4987	412	129	1532
中央广播电视总台	40097	37132	19686	9730	5354	21027	8498	590	4291	1549	1439	13716
其他部门所属单位	4331	4078	2346	1751	884	2832	1585	39	441	119	472	615
北京市	94223	85940	45852	15181	16237	43022	10387	1892	10568	5220	8203	34964
天津市	9079	7767	4212	3055	1263	6414	2628	258	1443	358	348	1402
河北省	39431	36262	16630	14129	6426	19130	6089	1440	4514	1443	2529	13875
山西省	26382	22459	11139	8636	4151	14465	7280	890	3630	398	886	7766
内蒙古自治区	18685	15946	7825	6635	1946	11805	4877	948	3467	280	554	4934
辽宁省	25109	24450	10215	11327	4433	14786	4493	1042	4667	1423	1673	5890
吉林省	20566	19635	7387	7541	3287	14188	4591	741	3805	305	4141	3091
黑龙江省	24856	24397	9727	10165	5232	12140	4449	810	4146	518	1630	7484
上海市	36829	35527	17384	8373	5737	20714	4302	565	5708	3550	4459	10378
江苏省	58992	56898	23539	20593	8060	33820	10708	1920	9381	1376	6429	17112
浙江省	56199	50317	23809	16169	9053	29333	9170	1717	9536	1198	4791	17813
安徽省	30376	27368	11998	10057	5369	17141	4716	1112	4031	749	5706	7866
福建省	29927	27966	11939	8793	5553	13561	4611	770	3764	533	1690	10813

续表

	从业人员	长期职工	女	党员	管理人员	专业人员	从业人员按职业划分					
							编辑,记者	播音员,主持人	工程技术人员	艺术人员	经营人员	其他人员
江西省	19718	18170	7141	7360	4523	7735	2730	711	2059	246	459	7460
山东省	53411	49604	20666	19039	7239	31308	12150	2572	10311	1166	3041	14864
河南省	46761	45321	19094	18223	7332	22256	10142	1752	6692	428	1441	17173
湖北省	37165	36004	15006	16167	7021	19097	6486	1139	5836	756	3333	11047
湖南省	48558	45564	19692	16005	8230	23154	6555	1001	6184	1196	2733	17174
广东省	73840	68588	28407	19554	12778	36704	8276	1821	12308	2517	4317	24358
广西壮族自治区	18152	17188	6857	7073	3793	10311	3818	696	3648	562	506	4048
海南省	6436	6149	2699	1763	862	3368	1407	292	868	395	244	2206
重庆市	14167	13097	5348	3858	2330	6656	2310	423	1844	537	910	5181
四川省	47344	42230	18347	16209	9612	22471	7248	1427	5395	1269	3968	15261
贵州省	18568	17094	7184	5490	4249	8740	3117	645	2671	170	832	5579
云南省	21166	20285	8331	7706	2893	12807	5640	816	4536	312	781	5466
西藏自治区	4199	3499	1935	2169	479	2690	871	238	816	58	6	1030
陕西省	19569	18667	8001	7026	3626	11767	3807	796	4145	804	1534	4176
甘肃省	14695	13900	5802	5780	3119	7285	3190	604	1884	324	737	4291
青海省	4445	3278	1860	1262	411	2911	1162	329	779	65	193	1123
宁夏回族自治区	4659	4359	1917	1657	749	2762	1174	233	908	111	179	1148
新疆维吾尔自治区	16598	15727	7656	5200	2403	10253	3602	769	3329	499	615	3942

2019年全国广播电视行业从业人员情况一览表（二）

单位：人

	合计	按学历分			按年龄分			按专业技术职务分			
		研究生	本科及大专	高中及以下	35岁及以下	36岁至50岁	51岁及以上	正高级	副高级	中级	初级
全国合计	994422	56734	762877	174811	446729	424805	122888	11476	41401	144006	412188
国家广播电视总局	9889	1137	7765	987	3681	4860	1348	433	1377	3113	2871
中央广播电视总台	40097	5732	28381	5984	19136	16459	4502	854	2232	8298	18941
其他部门所属单位	4331	1180	3012	139	2433	1578	320	96	254	840	2097
北京市	94223	13066	73432	7725	64334	24796	5093	2093	2496	6377	22797
天津市	9079	734	7676	669	3961	4026	1092	235	754	1591	3944
河北省	39431	1071	29546	8814	14780	19912	4739	477	1800	6047	16525
山西省	26382	657	19986	5739	9199	13326	3857	255	1124	4652	9677
内蒙古自治区	18685	607	15474	2604	6246	9026	3413	519	1702	4390	7229
辽宁省	25109	1115	19675	4319	6469	13836	4804	306	1398	5554	10270
吉林省	20566	820	15272	4474	6295	10510	3761	449	1757	3804	11256
黑龙江省	24856	802	19787	4267	7175	13446	4235	581	2139	5253	8241
上海市	36829	4595	28568	3666	21030	12743	3056	473	1393	5271	10814
江苏省	58992	2991	45397	10604	26476	25121	7395	380	2205	7555	27103
浙江省	56199	2376	45134	8689	27716	21738	6745	361	2039	8133	26297
安徽省	30376	1052	23115	6209	11787	13813	4776	195	830	3713	11667
福建省	29927	776	23211	5940	14157	12388	3382	201	1091	3310	11294

续表

	合计	按学历分			按年龄分			按专业技术职务分			
		研究生	本科及大专	高中及以下	35岁及以下	36岁至50岁	51岁及以上	正高级	副高级	中级	初级
江西省	19718	608	13893	5217	6525	9981	3212	163	572	2240	7269
山东省	53411	1869	42678	8864	22630	24211	6570	416	2639	9097	27794
河南省	46761	971	30248	15542	17726	23665	5370	188	1393	7294	18560
湖北省	37165	1588	27468	8109	13076	18430	5659	299	1229	6671	17931
湖南省	48558	2089	35940	10529	22798	20443	5317	208	1078	5537	27715
广东省	73840	4542	56566	12732	39093	27430	7317	726	2089	8353	29807
广西壮族自治区	18152	879	15111	2162	6986	8149	3017	110	767	3236	10209
海南省	6436	243	4928	1265	3074	2475	887	25	161	498	2829
重庆市	14167	596	11635	1936	6689	5835	1643	124	537	1453	7108
四川省	47344	1726	34881	10737	19871	19474	7999	263	957	4820	19488
贵州省	18568	291	14540	3737	9344	7472	1752	63	595	2010	5598
云南省	21166	632	17592	2942	8295	10165	2706	324	1547	4579	7707
西藏自治区	4199	167	3155	877	2232	1716	251	51	157	591	2536
陕西省	19569	677	15260	3632	7695	9136	2738	150	806	3053	10581
甘肃省	14695	448	11413	2834	5320	7041	2334	131	646	2335	4965
青海省	4445	100	3751	594	1903	1789	753	58	272	552	1441
宁夏回族自治区	4659	165	4084	410	1695	2185	779	107	327	870	2477
新疆维吾尔自治区	16598	432	14303	1863	6902	7630	2066	162	1038	2916	7150

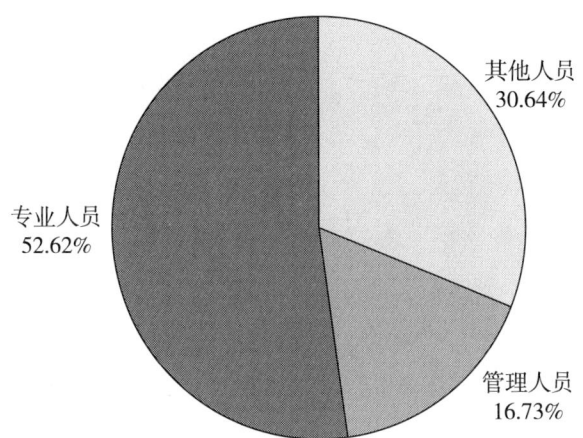

2019 年全国广播电视行业从业人员分类构成情况

类　别	人数（万人）	占全国广电从业人员比重（%）
管理人员	16.64	16.73
专业人员	52.33	52.62
其他人员	30.47	30.64
从业人员总计	99.44	100.00

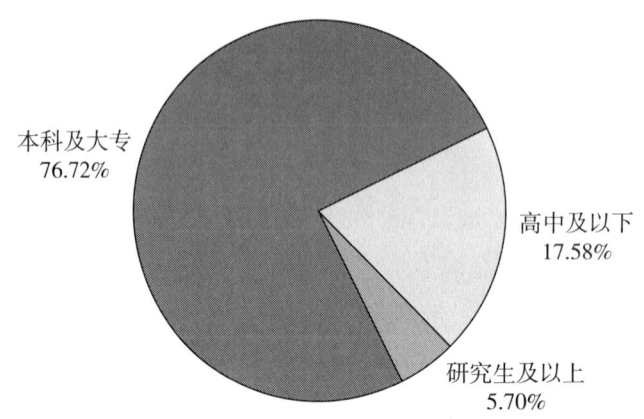

2019年全国广播电视行业从业人员学历构成情况

各学历从业人员	人数（万人）	占全国广电从业人员比重（%）
研究生及以上	5.67	5.70
本科及大专	76.29	76.72
高中及以下	17.48	17.58
从业人员总计	99.44	100.00

附 录

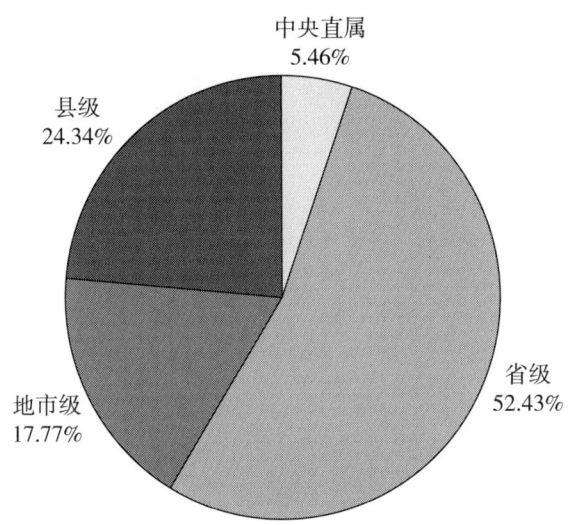

2019年全国广播电视行业从业人员分级构成情况

地 区	从业人员（万人）	占全国从业人员比重（%）
中央直属	5.43	5.46
省级	52.14	52.43
地市级	17.67	17.77
县级	24.20	24.34
全国合计	99.44	100.00

《中国广播电影电视发展报告（2020）》编写工作机构

编 审 组

祝燕南　杨明品　崔承浩

编 撰 组

吕岩梅	于秀娟	李秋红	李　岚	陈　林	朱新梅
王德慧	沈雅婷	戚　雪	王　羽	胡　祥	张苗苗
莫　桦	黄田园	董潇潇	彭　锦	赵京文	孙　晖
高　星					

编 辑 部

主　任：张苗苗
副主任：戚　雪
成　员：王德慧

统计分析组

王高峰　姚宁洲　李学伟

保　障　组

宋　锋　陈秀敏　刘汉文　李亚飞　曹淑芹　王　东
靳　丹　吉　京　王兴会　王小溪　刘继生　周　菁
周力上　顾　芳　贺　涛

《中国广播电影电视发展报告（2020）》提供材料单位

国家广播电视总局办公厅

国家广播电视总局政策法规司

国家广播电视总局宣传司

国家广播电视总局电视剧司

国家广播电视总局传媒机构管理司

国家广播电视总局网络视听节目管理司

国家广播电视总局媒体融合发展司

国家广播电视总局科技司

国家广播电视总局安全传输保障司

国家广播电视总局规划财务司

国家广播电视总局公共服务司

国家广播电视总局国际合作司（港澳台办公室）

国家广播电视总局人事司

中央广播电视总台

中国广播电视网络有限公司

国家广播电视总局无线电台管理局

国家广播电视总局监管中心

国家广播电视总局广播电视卫星直播管理中心

国家广播电视总局广播影视发展研究中心

国家广播电视总局广播电视科学研究院

国家广播电视总局广播电视规划院

中广电广播电影电视设计研究院

中国电视艺术委员会

国家广播电视总局研修学院

国家广播电视总局广播影视人才交流中心

中国广播电视社会组织联合会

中国广播电视国际经济技术合作总公司

北京市广播电视局

北京广播电视台

天津市广播电视局

天津广播电视台

河北省广播电视局

河北广播电视台（集团）

山西省广播电视局

山西广播电视台

内蒙古自治区广播电视局

内蒙古广播电视台

辽宁省广播电视局

辽宁广播电视台

吉林省广播电视局

吉林广播电视台

黑龙江省广播电视局

黑龙江广播电视台

上海市广播电视局

上海广播电视台

江苏省广播电视局

江苏省广播电视总台（集团）

浙江省广播电视局

浙江广播电视集团

安徽省广播电视局

安徽广播电视台

安徽广电传媒产业集团

福建省广播电视局

福建省广播影视集团

江西省广播电视局

江西广播电视台

山东省广播电视局

山东广播电视台

河南省广播电视局

河南广播电视台

湖北省广播电视局

湖北广播电视台

湖南省广播电视局

湖南广播电视台

广东省广播电视局

广东广播电视台

广西壮族自治区广播电视局

广西广播电视台

海南省旅游和文化广电体育厅

海南广播电视总台（集团）

重庆市文化和旅游发展委员会

重庆广播电视集团（总台）

四川省广播电视局

四川广播电视台

贵州省广播电视局

贵州广播电视台

云南省广播电视局

云南广播电视台

西藏自治区广播电视局

西藏广播电视台

陕西省广播电视局

陕西广播电视台

甘肃省广播电视局

甘肃省广播电视总台

青海省广播电视局

青海广播电视台

宁夏回族自治区广播电视局

宁夏广播电视台

新疆维吾尔自治区广播电视局

新疆广播电视台

新疆生产建设兵团文化体育广电和旅游局